国家自然科学基金重点项目（41831284）
陕西师范大学"一带一路"智库集成
陕西师范大学一流学科经费支持

The Global Space
and
The Belt and Road Research

全球空间与
"一带一路"研究

主编 曹小曙 詹小美 王天琪

陆港卷
Inland Port Volume

黄晓燕 著

陕西师范大学出版总社

图书代号　ZZ20N2123

图书在版编目（CIP）数据

全球空间与"一带一路"研究.陆港卷 / 黄晓燕著.—西安：陕西师范大学出版总社有限公司，2020.10

（全球空间与"一带一路"研究丛书 / 曹小曙，詹小美，王天琪主编）

ISBN 978－7－5695－1359－2

Ⅰ.①全… Ⅱ.①黄… Ⅲ.①"一带一路"—国际合作—研究②陆路运输—运输经济—研究—中国 Ⅳ.①F125

中国版本图书馆CIP数据核字（2020）第201363号

全球空间与"一带一路"研究·陆港卷
QUANQIU KONGJIAN YU "YI DAI YI LU" YANJIU·LUGANG JUAN

黄晓燕　著

选题策划 / 刘东风　郭永新
责任编辑 / 王淑燕
责任校对 / 陈柳冬雪
封面设计 / 观止堂_未泯
出版发行 / 陕西师范大学出版总社
　　　　　（西安市长安南路199号，邮编710062）
网　　址 / http://www.snupg.com
印　　刷 / 中煤地西安地图制印有限公司
开　　本 / 720mm×1020mm　1/16
印　　张 / 21.75
插　　页 / 4
字　　数 / 320千
版　　次 / 2020年10月第1版
印　　次 / 2020年10月第1次印刷
书　　号 / ISBN 978－7－5695－1359－2
定　　价 / 78.00元

总序

人类一直试图寻找理解自身发展的钥匙，构建全球发展的空间秩序，以此来刻画塑造人类命运的力量之一。过去几千年的人类演化中，世界版图的空间格局实际上一直处于纷繁复杂的变动状态，已濒于从国家和国际体系中滑落的边缘。人类期待着一个崭新的全球发展的空间秩序的出现。

当今时代的所谓空间秩序起源于威斯特伐利亚体系，它以一个由独立国家组成的体系为基础，各国不干涉彼此的内部事务，并通过大致的均势遏制各自的野心。此体系后延伸至维也纳体系、雅尔塔体系。但就几个体系的本质而言，均未脱离几大资本主义强国具有绝对的话语权与控制力的特征。

目前，由于种种原因，发达国家能够根据自身对原料或市场的需要来界定世界其他地区的角色，特别是经济角色，而经济角色又往往显著地影响着政治、文化、社会角色。历史学家常常认为，当历史上的大转型发生在欧洲和北美之外的地区时，它们只当作是对欧洲已发生事情的仿效和响应。罗斯福认为美国地位独特，经济上充满活力，是唯一没有地区竞争的国家，既是大西洋国家，也是太平洋国家，可以利用地位优势掌握发言权，决定东西两侧大洋的命运。基辛格也认为美国不仅仅是一个国家，还是上帝神圣计划的推手和世界秩序的缩影。沃勒斯坦提出了"欧洲世界体系"的观点，意思是其他遥远地区被卷入了一个由欧洲支配的经济体系，在这一体系中，欧洲成为一个"核心"，并且有效地促使世界上其他地区要么接受这个体系中"边缘"或"半边缘"的经济角色，要么完全待在这一体系之外。

21世纪以来，横跨各个国家和地区的资本、信息、商品、服务以及人员的流动日益增长，带来了经济活动不断全球化的趋势。世界经济正在被全球化——区域一体化的复杂系统重新塑造。人类社会经济活动在空间上的投影构成了现实世界中不同范围、不同规模、不同等级的社会经济单元。

就一般意义而言，全球、区域、国家、地方四个层级是目前构成世界范围内人类活动单元的主要空间形式。长期以来国家疆界与经济空间的一致，正在被经济的国际化所撼动，国家控制其疆界范围内经济的能力正在逐渐减退。代之而起的是在全球尺度上经济的复杂性，并由此引发的各种空间尺度上重新建立控制力的尝试，国家的地位正在被重新定义。当然，在塑造世界经济的过程中，国家仍是一个非常重要的力量，甚至国家有可能成为一个经济单元，从而塑造全球版图的不同部分。

"一带一路"倡议正是在上述背景下产生的，它是人类社会首次提出的平等互利的全球和平发展倡议。"地球村庄"作为一个空间既具有整体性，又具有单元性，中国作为单元的组成部分，是一个情景编织者，"一带一路"要讲述的是一个没有中心的故事。

在一部人类历史贯穿于全球空间的塑造变动中，全球空间既包含地理空间，也包含文化空间、经济空间、社会空间等众多的空间形态。本套书要讲述的即是上述不同空间的全球故事。

曹小曙

2016年5月2日

前言

全球供应链的发展增加了海运和内陆货运配送的压力。随着港口规模的扩大、船舶大型化的发展和港口吞吐能力的倍增，集装箱港口之间竞争的重点已从单纯地提高吞吐能力转移到拓展内陆腹地市场。内陆可达性已成为港口竞争力的基石，陆港成为国际贸易物流系统的重要组成部分。陆港的建设能够利用国际、国内两种资源，开拓国际和国内两大市场，搭建起所在地与更大范围区域，甚至世界物流网络和经济交流的平台，深度参与全球经济分工。陆港还具有增加箱量、减少污染、运输便捷、安全性高的优点。因而，陆港可以大大降低货物运输的港口费用。

中国在西部大开发背景下，特别是在"一带一路"构想提出后，出现了陆港建设热潮，带动了区域经济的快速发展。共建"一带一路"倡议是中国实施全方位对外开放的重大举措，为构建面向世界的全方位对外开放体系，提升全球化水平和区域协同化发展奠定了基础。"一带一路"倡议顺应了经济全球化的历史潮流，顺应了全球治理体系变革的时代要求，顺应了各国人民过上更好生活的强烈愿望，自2013年提出以来，已经成为世界上最受欢迎的全球公共产品和最大规模的国际合作平台。互联互通作为"一带一路"倡议的重要主题，可以推进区域基础设施、基础产业和基础市场的形成，促进贸易投资自由化和便利化，是我国向外开展经济走廊、开发园区、自贸区等合作共建项目的基础。陆港作为"一带一路"中大陆桥连接的重要节点，是策应国家"一带一路"和互联互通发展构想的重要载体之一。陆港的建设将为亚欧大陆经济中心城市之间建立国际贸易网络、实现亚欧经济一体化打下基础，也将使国际海洋物流网与陆地物流网连为一体，国际物流直接深入内陆地区和国际经济中心城市，助力全球经济一体化。

陆港建设是推进区域一体化发展的主要路径。推进区域一体化发展，增强沿海与中西部的协同发展，必须形成区域间相互支撑、良性互动的发展格局，构建起集综合交通、体制机制、信息系统于一体的快速、便捷、高效的陆海互联互通体系，以此来拉近区域内部的时空距离，为各区域产业要素的链接与聚合搭建平台。陆海互联互通格局的实现，包括基础设施、制度规章、人员交流等多个方面，涉及贸易、金融等多领域的政策机制创新，事关国际、国内两个层面。陆港及多式联运廊道的建设是陆海互联互通的根基，对于推进区域一体化建设将产生重要作用。

改革开放是实现"中国梦"的强大动力。陆港建设是推动内陆地区成为国家全方位开放新格局主力军的重要抓手。从开放的大视野审视，内陆开放是我国新一轮对外开放的最大潜力和动力所在，是拓展开放型经济广度和深度的关键所在。要推动内陆地区开发开放，建立国家全方位开放新格局，必将要求内陆地区积极融入"一带一路"倡议，趁势崛起，成为国际物流、贸易的枢纽和开放高地。以陆港为依托，连接内陆地区与沿海地区，连接"一带一路"，不仅能够让内陆城市成为主动策划、组织和参与国际经贸活动、产业集聚和综合服务的基地与腹地，成为商品、资金、技术、信息与人才汇聚的中心，更将使内陆地区成为推动国家形成全方位开放新格局中的主力军。

"全球空间与'一带一路'研究"系列书之"陆港卷"在经济全球化和"一带一路"的时代背景和框架下，从地理学视角系统梳理和总结了全球陆港建设的基础理论，深入分析了全球城市和物流发展的格局特征，比较研究了全球陆港发展建设的案例特点，重点讨论了中国陆港空间格局、建设模式及发展案例。

全书共有七章：第一章从经济全球化发展背景与趋势、经济全球化与国际贸易、"一带一路"建设时代背景和框架、"一带一路"引领新型全球化等方面阐述了全球化和"一带一路"背景；第二章从经济走廊建设、中欧班列运行、自由贸易试验区和境外产业园区建设、"丝绸之路经济带"发展等方面深入分析了"一带一路"建设现状；第三章从陆港的概念分类、形成模式、对社会经济和环境的影响等方面梳理总结了陆港的基础理论；第四章在全球层面剖析了城市规模、等级体系与交通基础设施发展特点及趋势，重点讨论了全球物流绩效指数的格局特征；第五章深入剖析了全球陆港建设案例；第六章详细阐述了中国陆港空间格局及建设模式；第七章深度解读了中国陆港发展的案例。

陕西师范大学西北国土资源研究中心研究生谭玮宝、康晨晨绘制了书中部分图表，路改改、李尚谦参与了资料收集工作，在此表示感谢。

目录

第三章　陆港的基础理论

第四章　全球城市发展背景和物流绩效指数

第五章　全球陆港案例

第六章　中国陆港空间格局及建设模式

第一章

经济全球化与"一带一路"

习近平总书记指出，经济全球化是社会生产力发展的客观要求和科技进步的必然结果。以互联网为代表的数字经济和信息技术革命的飞速发展，以及全球交通基础设施改善和现代交通方式革新带来的时空压缩，使得人们生活在一个互为邻里的"地球村"中。未来，具有开放、共享等特征的人工智能、大数据、量子通信、区块链等新一轮科技革命和产业变革将进一步推动经济全球化深入发展。"在生产要素自由流动的全球市场中，不同国家能够充分发挥自身优势，开展良性竞争，在互通有无中积累财富，改善国民生活。……自由贸易创造了真正的双赢、多赢局面，经济全球化进程极大促进了财富增长和社会发展。"（《人民日报》，2019）

"世界正处在经济全球化向何出（处）去的十字路门，面前有两条路线：一条路线是在'本国优先'的口号之下，通过贸易保护主义找出路，这是一条利益全球化的路线，显然不是出路。另一条路线是在人类命运共同体的构想之下，通过社会生产力的合理布局、通过金融资本和实体经济的合理结合、通过全球治理优化和经济政治秩序的合理系统改革，推动经济全球化进入新的阶段。"（郑必坚，2017）正如习近平主席在世界经济论坛所说，"正确的选择是，充分利用一切机遇，应对一切挑战，引导好经济全球化走向"，由此而来的"一带一路"倡议是经济全球化深入发展、世界格局变化以及中国自身发展模式转变共同作用的结果。

第一节
经济全球化发展背景与趋势

一、经济全球化的演进

"全球化"一词最初由经济学家莱维在1985年提出。国际货币基金组织在1997年的《世界经济展望》中指出，经济全球化是指第二次世界大战后全球物资、劳务和资本构成的国际市场的融合。经济全球化也被理解为世界各国由于资金、技术、商品及人员的广泛流动而相互开放、相互联系、相互依赖的一体化过程。迄今为止，全球化概念并没有统一定义。相对而言，学界比较认可世界贸易组织（World Trade Organization，WTO，简称"世贸组织"）的定义，即生产者与投资者的行为日益国际化的过程，是商品、资本和劳动力市场的国际一体化。

经济全球化早在地理大发现助推资本主义向海洋扩张时期就已启动，而全球化特征日益明显应该是在20世纪70年代后。全球通信系统的建立标志着人类社会开始进入相互联系、共同生存的全球化时代。到2008年金融危机爆发前，经济全球化达到了高潮。随后的信息技术发展、互联网普及更使得经济全球化成为一种清晰的经济常态，并对经济主体的决策过程产生重要影响。

全球化是源于人类意识及人类社会性的一种必然趋势，且随着世界历史的发展呈现出不同的阶段性特征。对于全球化的发展阶段，学术界有不同的划分方式（蔡拓，2015；李长久，1997；马俊如等，1999；黄晓辉，2003；伊丹丹，2019），但较为共性的认识是迄今为止，经济活动的全球化主要经历了三个阶段：

第一阶段，从15世纪末16世纪初以航海大发现为起点的大规模的洲际交流到19世纪末帝国主义殖民体系形成前，是经济全球化的初级阶段。这一阶段的全球化是帝国列强殖民主义全球化，以海权优势争夺陆权空间。这一阶段，广大发展中国家沦为资本主义国家的原料产地和商品销售市场。

第二阶段，从19世纪末帝国主义殖民体系形成至20世纪90年代世界贸易组织建立前，是经济全球化的深化阶段，通常称为经济体系化阶段。这一阶段的全球化是霸权主义全球化，通过两国霸权或一国独霸形成全球海洋霸权与分割破碎的陆权空间。这一阶段也是资本经济的全球化。世界的中心是掌握巨量资本的帝国主义国家，各国经济活动均处于帝国主义国家的控制之下。

第三阶段，20世纪90年代，以世界贸易组织的建立为主要标志，世界经济进入一个新的发展阶段，即全球化阶段。这一阶段的全球化是以跨国公司为载体的产业跨国大转移为基础展开的，是利益交织、权力多极与多国治理的全球化，工业化向更广阔的陆海空空间拓展。

"人类社会的发展已经历了三次经济全球化，至今仍在继续，未来也仍将持续。经济全球化已成为世界经济发展的历史潮流和必然趋势，是不可逆转的。"未来要实现的新的经济全球化，或者说是第四次经济全球化，将具有许多新的特点和新的形态。新的全球化"应该是世界上各个国家不仅共同参与也共同主导的经济全球化"；"是继续坚持和维护实践已充分证明是正确有效的贸易自由化、多边贸易合作体制、多边经济技术合作体制等规则体制，并不断加以完善、创新和发展的经济全球化"；"是消除了霸权与强权、丛林法则与零和博弈，而实行真正体现民主、平等、公正、合理的共商共建共享理念为指导思想的经济全球化"；"是有利于不断地促进世界和平、稳定、安宁和共同发展、共同繁荣、共同富裕的经济全球化"。（滕文生，2019）

二、经济全球化的表现和动力机制

当前阶段的经济全球化，在产品流动方面表现为贸易全球化，在要素流动方面表现为资本全球化以及资本流动带来的劳动要素配置的全球化。

1. 贸易全球化
随着全球货物贸易、服务贸易、技术贸易的加速发展，经济全球化促进了世界多边贸易体制的形成，从而加快了国际贸易的增长速度，促进了全球贸易自由化的发展。如图1-1，世界贸易占全球国内生产总值（Gross Domestic Product，GDP）的比重自1970年的27.32%持续上升。在2001年中国加入WTO以后，这一比重更是不断上升，2008年比重达到最高60.90%，但受到经济危机的影响，在2009年有一个大幅回落，目前比重再次接近最高。在2018年这一比重为59.44%。

就目前的贸易结构来说，货物贸易仍居于主导地位，说明当前的经济全球化中，产品生产全球化仍居于主要位置，全球产业价值链的网络联系仍是经济全球化最重要的特征。1980年货物贸易占全球GDP的比重是34%，2008年达到51.44%。次贷危机后，货物贸易有一个较大幅度的下降，但是随后迅速地回升，基本上回到了危机前所占比重。2018年货物贸易占全球GDP比重为46.14%。1970—2018年服务贸易发展迅速，一直处于稳步上升过程中。

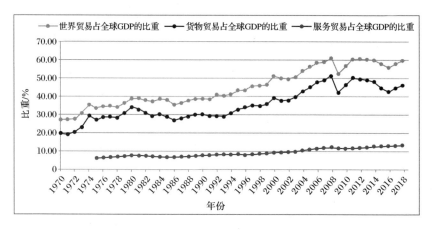

（数据来源：世界银行数据库）

图1-1　1970—2018年世界贸易占全球GDP的比重

出口导向型国家（地区）加入世界市场是贸易全球化得以大发展的原因。而它们的参与及进程是由跨国公司主导的产业转移来推动的，所以其间表现出的贸易全球化特征都是基于产业全球化的。产业大转移促使生产过程全球化，产业价值链布局全球化即生产工序过程也开始日益全球化。

2. 资本全球化

资本全球化包括产业资本全球化、金融资本全球化和劳动要素流动和配置的全球化。产业资本国际化是指资本的生产和经营过程超出一国范围，在国际范围内形成各国之间相互依赖、相互补充的格局，它是生产社会化超越国界向国际发展的表现。现代化的工业生产以标准化零部件的方式进行，而产品生产的过程是可分解的，且不同的生产工序对于要素禀赋结构需求存在着差异。在现有的技术和价格体系下，有些生产工序需要采取劳动密集的生产方式进行，有些生产工序则需要采用资本密集的生产方式进行，这为生产工序层面的全球化提供了可能。现代运输技术和通信技术的快速发展，以及国际市场交易制度与体系的日益完善，使得跨国间的交易成本大幅下降，令跨国公司分解产品生产过程，从产品工序层面利用各国要素禀赋优势变得更为可行，从而使得现在的生产全球化不仅能够从产品层面来挖掘各国间要素的比较优势，而且可以从产品零部件的层面来挖掘各国间要素禀赋结构差异的比较优势，使发达国家的外包业务成为一种趋势。就产业资本全球化来说，主要是指外商直接投资（Foreign Direct Investment，FDI）的兴起，20世纪80年代中期后逐渐成为经济全球化中的主导力量。FDI增长趋势决定了贸易的扩张进程。FDI占全球GDP的比重从1970年到1992年大体平稳，1992年至2000年持续上升，2000年后出现较大的波动。（见图1-2）

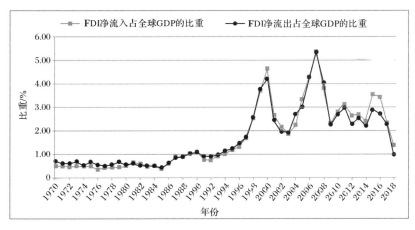

（数据来源：世界银行数据库）

图1-2　1970—2018年FDI占全球GDP的比重

金融资本全球化也是经济全球化的重要组成部分，主要表现为金融市场国际化、金融交易国际化、金融机构国际化和金融监管国际化。20世纪80年代中期以后，金融资本全球化成为全球化的重要组成部分，此时中心国家通过金融资本向外围国家输出通货膨胀、输入实物资本的条件逐步具备。金融资本全球化是经济全球化的重要特征，又是推动经济全球化的巨大力量。

3. *劳动要素流动和配置的全球化*

"在这一轮的经济全球化浪潮中，劳动力要素的全球化规模是史无前例的。""这一轮的劳动要素流动的全球化主要是从生产效率低的低收入国家劳动力转移到高生产率的发达国家，提高了劳动力要素在全球的配置效率。""就从此轮的全球化特征来看，劳动要素的全球化流动远不是主导力量，产业资本全球化流动所带来的包括劳动在内的生产要素全球再配置是基本的主导力量。"（袁志刚，2013）

三、经济全球化的新特征和新趋势

21世纪以来，尤其是在金融危机后，世界经济处于艰难调整和复苏的过程中，经济全球化也出现波动、变化，呈现出速度放缓、内容变化、格局分化、规则重构等新特点。西方大国经济实力下降，保护主义变本加厉，保守主义倾向明显。与此同时，以金砖五国为代表的新兴国家实力上升，维护全球化、支持自由贸易的意愿与能力同步提高。

1. *经济全球化呈现多极化趋势*

全球经济格局呈现多极化趋势是经济全球化的显著特点。新兴市场国家和发展中国家群体性崛起，使世界初步形成经济增长中心多元化格局，并为世界多极化进程注入新动力。21世纪初以来，全球经济的格局经历了转折性变化。"上个世纪60年代到90年代初期，发达国家在全球经济中的比重呈现缓慢提升的态势，由1960年的76.6%上升至1990年的83.7%。而本世纪初期开始，在发展中国家尤其是中国高速增长的推动下，这一格局出现了重大逆转，发展中国家比重开始快速上升，发展中国家经济总量占全球的比重实现了翻番，由2000年的18%左右上升到2016年的36%左右。"（国务院发展研究中心"国际经济格局变化和中国战略选择"课题组，2019）。图1-3表示了1990—2018年全球主要国家的GDP数值。由图1-3（a）可知，1990年的GDP

大国主要是美国、日本、德国、法国、意大利等发达国家。2000年中国GDP超越意大利，跻身GDP大国前十之列。［见图1-3（b）］到2018年，中国GDP在全球排名第二位，仅次于美国。［见图1-3（c）］

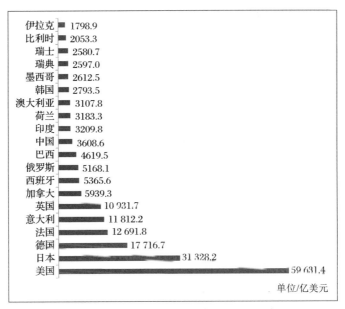

（a）1990年全球GDP排名前二十位的国家

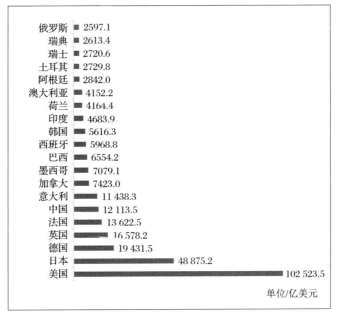

（b）2000年全球GDP排名前二十位的国家

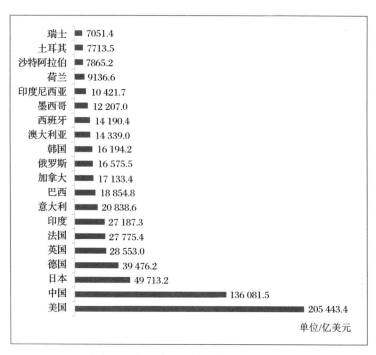

（c）2018年全球GDP排名前二十位的国家

（数据来源：世界银行数据库）

图1-3　1990—2018年全球主要国家的GDP

　　新兴工业大国在经济全球化中的重要性越来越突出。冷战结束后，俄罗斯和东欧转轨国家加入西方发达国家主导的全球分工。发展中国家的地位明显上升。越来越多的发展中国家持续推进贸易投资自由化、便利化，越来越深地参与到全球生产价值链当中，在跨境贸易与投资中的地位不断提升。以吸收外商直接投资为例，发展中国家占全球直接投资流入额的比重从明显低于发达国家发展到与发达国家接近，个别年份甚至超过了发达国家。

　　作为发展中的后起之秀，中国、印度、巴西、俄罗斯、南非金砖五国在国际贸易与投资中的角色越来越突出。根据世界银行数据，截至2018年年底，金砖五国GDP经济总量合计约为20.24万亿美元，约为全球的23.58%。根据WTO数据，1992年金砖五国的货物对外贸易占全球贸易总额的比重是5.8%，2008年占比上升到15.0%，2015年达到最高值19.1%，近全球贸易的1/5。2018年中国已经成为世界第一贸易大国（见图1-4），货物贸易总额为24 174.4亿美元占全球比重高达11.75%。2018年全球商业服务贸易出口额排名前二十位的国家中，美国排名第一位，商业服务贸易出口额达8057.4亿美元，中国排名第五位，商业服务贸易出口额为2318.1亿美元。（见图1-5）金砖五国商业服务贸易也在不断扩张，商业服务贸易中的电讯、计算机相关的服务出口，五国出口占比已达18%，接近货物贸易的水平。21世纪之后，金砖五国的对外投资开始扩大。2000年金砖五国对外直接投资占全球比重只有0.6%，2008年已经上升到8.8%，全球金融危机后五国对外直接投资的势头更为迅猛，2014年达到年份值16.7%。发展中国家2014年整体对外直接投资占比达到37.7%，而2000年，这一比例只有5.0%。

新兴大国在国际贸易和投资中的重要性上升表明它们已经深入经济全球化，从国际分工与贸易投资中获得了相当多的收益，同时也意味着它们对经济全球化有更多的利益诉求。

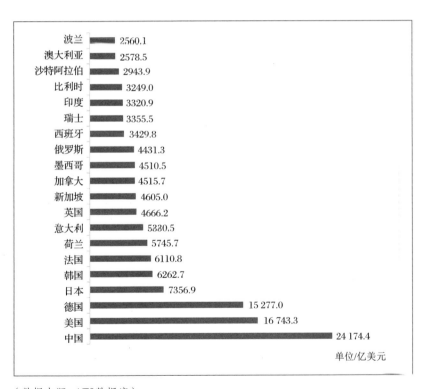

（数据来源：WTO数据库）

图1-4 2018年全球货物贸易出口额排名前二十位的国家

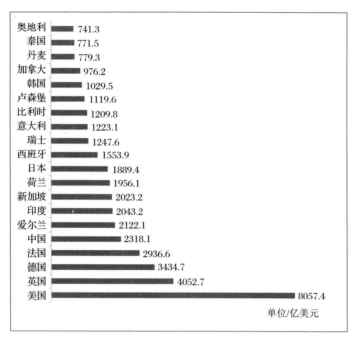

（数据来源：WTO数据库）

图1-5 2018年全球商业服务贸易出口额排名前二十位的国家

2.经济全球化的推进速度和贸易依存度明显下降

由于面临人口增速放缓、老龄化加速和环境保护日益严格等诸多约束，全球经济将进入低速增长期。尽管长期来看全球化仍将继续深入发展，但近期将面临诸多挑战。近年来，经济全球化的推进速度明显下降。跨境贸易与投资快速发展，是经济全球化深入推进的重要表现。1998—2007年，全球货物贸易出口、服务贸易出口和跨境直接投资年均增速分别达到10.9%、10.8%和11.9%。2008年国际金融危机的爆发是一个分水岭，此后，跨境贸易和投资明显减速。2008—2018年，全球货物贸易出口和服务贸易出口年均增速分别下降到1.0%和3.2%。2007年跨境直接投资在达到18 938亿美元后出现收缩，2008—2017年年均增速为-0.42%。显然，全球化由世纪初的扩张转向收缩，国际贸易不再是世界经济复苏的拉动力。

贸易依存度指的是全球进出口额与GDP之比，是反映经济全球化的核心指标。当贸易规模的增速超过产出增长速度，贸易依存度上升。如图1-6所示的世界贸易依存度变化趋势，20世纪80年代中期经济全球化步入快车道，21世纪全球贸易增长加速，世界贸易依存度飙升。货物贸易和服务贸易出口占全球GDP的比重在2008年达到25.4%，2008—2009年金融危机后，经两年短暂反弹，贸易依存度转为负增长，持续下跌到2016年，2017年降到22%后缓慢上升。

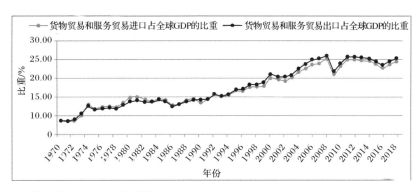

（数据来源：世界银行数据库）

图1-6 1970—2018年货物贸易和服务贸易进出口占全球GDP的比重

经济全球化的内容也在发生变化。"从内容变化看，服务贸易在经济全球化中的地位有所上升。2008年国际金融危机爆发后，货物贸易与服务贸易增长速度都明显下降，但货物贸易增速下降幅度更大，服务贸易平均增速达到货物贸易平均增速的32倍。"（隆国强，2019）服务贸易出口占全球GDP的比重在2008年达到12.40%，近十年在波动中维持，2018年为13.31%。

3.经济全球化的动力机制面临严峻挑战

推动经济全球化的基本因素仍在发挥作用。"一是市场机制日益展现出全球性的影响。市场机制在全球扩张，决定了各方面资源在世界范围内的优化配置，是国际分工体系形成的体制基础，是全球经济融合的制度性推动力量。二是技术进步推动经济活动'无国界'发展。信息技术的迅猛发展和广泛应用，进一步降低了跨国沟通和信息搜索等成本，'无国界'开展经济活动的便利性越来越突出。三是新兴中产阶级的大量涌现将进一步推动全球化需求的发展。在新兴发展中国家中，涌现出规模庞大的新中产消费者。他们更易于接受全球化的生活方式和消费方式，支撑经济全球化进一步深入发展。四是价值链全球分布的生产模式不可逆转。全球价值分工已经成为国际生产模式的核心。以中间产品贸易为代表的全球价值链贸易，对世界各经济体的重要性显著增加。在价值链贸易模式下，各国产业结构的关联性和依存度大增。"（王蕴等，2019）

但经济全球化的动力机制面临严峻挑战。以资本的全球扩张为主导，不断做大全球化"蛋糕"，成为推动全球化深入发展的主要动力机制。这一动力机制有三个支柱：一是以降低关税和非关税壁垒为核心的贸易自由化；二是以市场开放为重点的资本全球化；三是以新自由主义为指导的全球经济治理。它们共同支撑并发挥作用。但金融危机使世界经济进入周期下行阶段，全球化动力机制严重削弱：一是世界经济增长传统动力弱化，对数量扩张型粗放式全球化发展模式形成挑战。二是发达国家和发展中国家力量对比发生了质的变化，西方主导型的全球化推进方式受到挑战，发展中国家整体性崛起，针对全球化收益分配再平衡的要求越来越强烈，因此必然会提出改革的要求。三是以新自由主义为主导的全球化治理理念不适应全球化发展的新格局。

4.全球经济治理体系加速调整，贸易规则面临变革与重构

全球经济治理体系是由理念、规则和机构组成的一套复杂的国际体系，为经济全球化提供制度保障。全球经济治理体系存在碎片化与低效率的现象，已经难以有效应对国际经济面临的新问题。经过数十年的演进，全球经济治理体系中区域贸易安排纵横交错，加剧了治理体系的碎片化，降低了治理体系的效率和各国经济政策的协调性。2008年的国际金融危机充分暴露了全球经济治理体系在防范金融风险、培育经济动能等方面的不足。同时，信息技术进步、网络安全、气候变化等新情况、新问题也对全球经济治理体系提出了新要求。"从理念层面看，一直处于主导地位的自由贸易理念正受到所谓'公平贸易'理念的挑战。从规则层面看，新的经贸规则从以往的边境措施向边境后措施深度拓展。从治理平台看，多边贸易谈判停滞不前，但区域一体化组织如雨后春笋般涌现出来，成为制定国际经贸规则的新平台，世界贸易组织这个多边组织的改革被提上日程。"（隆国强，2019）

当今世界面临百年未有之大变局，世界贸易增长不确定性增大，国际经贸规则面临重构，未来世界贸易格局的挑战多于机遇。长期以来，以关税及贸易

总协定（Gnenral Agreement on Tariffs and Trade，GATT）和WTO为基本框架的多边贸易体制促进了全球贸易自由化和投资便利化。（唐宜红等，2017）然而，全球贸易模式正在发生深刻变革，多边贸易谈判举步维艰，难以达成共识，全球贸易治理遇到困境。基于传统贸易形态的WTO多边贸易规则面临较大的调整压力。（王蕴等，2019）进入21世纪，商品、投资、服务、知识及人员在全球生产网络中的跨境流动成为全球贸易的新特点。生产的全球一体化要求各国市场规则的一致性以及各国标准的相容性，促使国际贸易规则从"边境规则"向"边境内规则"扩展，涉及一国的国内政策、文化偏好、政治经济制度甚至伦理问题等领域。而现有WTO规则基于传统的贸易形态，其设定仍主要为了促进商品跨国自由流动，依旧落后于国际贸易发展的要求，面临着较大的调整压力。

此外，在多边贸易体制的推动下，主要经济体在全球贸易及经济总额中的份额发生了根本性变化：以G7为代表的发达国家在全球商品出口贸易中的份额由50%以上降至30%左右，相对应以金砖五国为代表的新兴经济体所占份额显著上升。新兴经济体在全球贸易中的重要性愈加凸显，促使其在全球贸易治理中从规则接受者向规则制定的参与者转变，趋于多极化的治理结构使得发达国家在推行有利于自身的贸易规则时面临更大的阻力。经济全球化的整体推进陷入停滞，各个经济体积极寻求自由贸易安排的局部突破，以寻求对未来贸易规则的主导权。

5.反全球化浪潮出现

"经济全球化是一把双刃剑。一方面，它促进了国际贸易、科技和文化等迅速发展，推动了人类社会不断发展进步；另一方面，在多重因素作用下，经济全球化也造成了全球发展的严重结构性失衡，从而制约了全球化的持续深入推进。当今世界出现种种反全球化逆流，也正说明了旧有的全球化模式已经不可持续。"（李澜涛，2019）

全球化的理论基础可追溯到亚当·斯密的贸易思想，自由贸易促进资源在世界范围内的有效配置，贸易双方都可从中获利，但并不是所有要素的所有者都能获得福利改善。由于财富分配不均衡、社会发展不均衡等因素，经济全球化并没有惠及所有国家，不同国家对经济全球化的接受程度也不同。这一阶段全球化已导致全球层面严重的经济与贫富分化，政治极化与社会多元化，并由此在全球范围内掀起了一股强大的反全球化潮流，直接导致了各国内部矛盾尖锐且难以调和。民众参与政治的热情空前，对平等、公正的全球化强力呼吁，国家领导人的领导力面临空前挑战，全球局势动荡加剧。

暗流涌动的反全球化浪潮，不仅持续冲击以自由贸易为核心的世界经济秩序，还在深度破坏以连接为基础的全球供应链秩序。贸易保护主义和单边主义加剧的危机，让全球供应链的"断链"风险更加凸显。反全球化问题的核心是全球治理机制的失灵。全球治理机制失灵指国际规则体系不能有效管理全球事务，不能应对全球性挑战，致使全球问题不断产生和积累，出现世界秩序失调的状况。

第二节
经济全球化与国际贸易

一、经济全球化背景下国际贸易发展新趋势

1.国际贸易自由化程度加深

在经济全球化背景下，当今世界出现了贸易自由化的趋势。从理论和实践两个角度说，全球贸易自由化是发展的方向，也是大势所趋。理论上，自由贸易是成本最小、收益最大的方式。就国际贸易理论而言，贸易自由化或自由贸易都是福利最大化的。不恰当的限制贸易的措施和政策都有损于本国，也有损于他国的福利最大化。

随着国际竞争日趋激烈，各国在贸易过程中的贸易摩擦不断加剧，贸易壁垒层出不穷。不过从整体来看，国际贸易发展趋势良好，国际贸易总额呈递增趋势。虽然2018年国际环境波动，尤其是中美贸易摩擦加剧，并影响到国际贸易环境，但总体而言，国际贸易量并未缩减。相反，贸易自由化水平进一步提升，市场作用日益凸显。因此，在未来的国际贸易中，贸易自由化程度会不断加深。国际贸易规则更加强调高标准、高水平的便利化与自由化。

2.国际贸易结构走向高级化

（1）货物贸易日渐萎缩

全球更大范围内离岸外包是20世纪末以来全球化急速扩张的主要推动力。

从1980年到2018年，全球货物贸易出口额基本呈增长态势（见图1-7）。但近年来货物生产价值链的贸易密集程度降低了。按绝对值计算，货物产出和贸易都在持续增长，但在全球生产线上产出的商品中，跨境贸易所占比重有所下降。

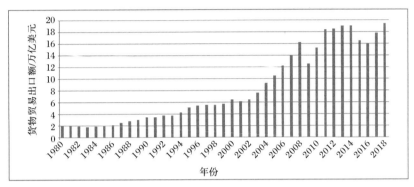

（数据来源：WTO数据库）

图1-7　1980—2018年全球货物贸易出口额

从2007年到2017年，出口占商品生产价值链总产出的比重从28.1%下降到22.5%，贸易额增长也有所放缓。1990年至2007年间，全球贸易额的平均增速是实际GDP增速的2.1倍，但自2011年以来，这一增速仅为1.1倍。根据经济合作与发展组织（Organisation for Economic Co-operation and Development，OECD）的世界投入产出表计算的货物离岸外包指数来看，爱尔兰、卢森堡和比利时等欧洲小国的货物离岸外包水平自21世纪以来持续上升，2007年均已达到50%以上。到2014年，货物离岸外包指数排前五位的国家（卢森堡、匈牙利、爱沙尼亚、比利时和立陶宛）的货物离岸外包指数都在60%以上。但是贸易大国货物离岸外包的趋势则有所不同。中国自2004年之后开始下降。2011—2012年前后，美国、德国及印度的离岸外包指数也都转而下降，只有日本持续上升。综合来看，除了日本，其他世界主要贸易大国在后危机时代货物离岸外包都出现了不同程度的收缩。

（2）服务贸易快速增加

跨境服务的增长速度比货物贸易快，它们产生的经济价值远远超过传统贸易统计数据所涵盖的价值。2018年，全球商业服务贸易出口额达5.77万亿美元（见图1-8），与19.45万亿美元的全球货物贸易出口额相比是相形见绌。但在过去十年中，服务贸易的增长速度比商品贸易快60%以上（Mckinsey Global

Institute，2019），包括电信和IT服务、商业服务和知识产权费用在内的一些细分行业的增长速度要快2到3倍。在几乎所有的价值链中，进口服务正在取代国内服务。在未来，随着制造商越来越多地引入新型租赁、订制和其他"作为服务"的商业模式，商品和服务之间的区别将继续变得模糊。

根据世界贸易组织发布的《2019世界贸易报告——服务贸易的未来》，2005年至2017年，服务贸易增速高于货物贸易，平均每年增长5.4%。2005年至2017年，发展中经济体对服务贸易的贡献增长了逾10个百分点。服务业中小企业比制造业中小企业出口更快。服务增值占国际货物和服务贸易价值的近一半。

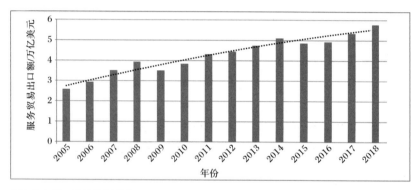

（数据来源：WTO数据库）

图1-8 2005—2018年全球商业服务贸易出口额

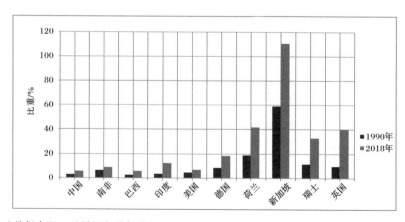

（数据来源：世界银行数据库）

图1-9 1990—2018年主要国家服务贸易占全球GDP比重

由图1-9可知，1990—2018年主要国家服务贸易占全球GDP比重大幅提升，其中提升幅度最大的国家为新加坡，提升了51.36%，其次是荷兰和瑞士，分别提升了23.03%和21.06%。不同于货物离岸外包的收缩趋势，主要贸易大国的服务离岸外包的趋势出现了分化。德国和日本总体上始终在扩张，中国和美国于2012年之后开始收缩，印度则大幅度收缩。从行业来看，全球主要服务行业的离岸外包一直在扩张，其中计算机与信息服务离岸外包扩张最突出。总体来看，危机后的服务离岸外包依然处于扩张期，但是在绝对水平上还远低于货物离岸外包。

（3）贸易产品向高端领域转变

随着科学技术的快速发展，国际产业结构不断优化升级，各国在国际贸易中逐渐提高产品附加值，加大科技投入力度，以此来提升出口产品的技术含量。这也使得国际贸易中的产品结构不断优化，中高端产品贸易数量急剧增长。具体表现：首先，从产品类型来看，高技术产品在国际贸易中的数量大幅增长，技术类产品所创造的价值比传统产品价值高；其次，从产品结构来看，农副产品的比例逐渐缩小，科技产品交易比例大幅提升，同时，第二、第三产业产品贸易数量快速上升，远远超过农业产品的贸易总额。中高端贸易在国际贸易中逐渐占据主流趋势，这也说明经济全球化背景下，国际产业结构在不断优化升级，全球经济呈现飞速发展的状态。服务贸易日益向金融、保险、电信、信息、咨询等新兴服务业倾斜，传统的运输业、旅游业所占份额持续下降。

3.国际贸易主体以跨国集团为主

在经济全球化背景下，贸易投资一体化趋势明显，跨国公司对全球贸易的主导作用日益增强。在经济全球化的推动下，生产要素特别是资本在全球范围内更加自由地流动，跨国公司通过在全球范围内建立生产和营销网络，推动了贸易投资一体化进程，并对国际经济贸易格局产生深刻影响。跨国集团的发展为国际贸易提供了重要保障，也实现了贸易结构的优化。

跨国公司已成为全球范围内资源配置的核心力量。目前世界上的跨国公司已超过8万家，它们掌握着全球70%的技术转让和90%的国际投资。跨国企业是技术研发的主要出资者。根据联合国贸易和发展会议发布的《世界投资报告

2019》数据，2018年贸易和发展会议百强企业中的跨国企业在研发方面的投资超过3500亿美元，占所有企业出资研发的1/3以上。技术、制药和汽车业的跨国企业研发支出最多。国际贸易竞争已经从以比较优势为主，转变为以跨国公司数量和在国际范围内整合资源的能力为主。一国的贸易实力逐渐体现在跨国企业数量以及质量方面。

国际贸易格局由产业间贸易转向产业内贸易、公司内贸易。行业内部贸易成为新特色，尤其是零部件贸易在国际贸易中的总量不断提升。"上世纪80年代，国际贸易总量的70%左右是工业制成品。到2010年，全世界总贸易额的60%是中间品的贸易，即零部件、原材料等各种中间品的贸易，40%是工业制成品的贸易。截至去年（2018），全球贸易量中的70%以上是零部件、原材料等中间品。"（黄奇帆，2019）

4.国际贸易摩擦不断增多

随着经济全球化不断向纵深方向发展，在激烈的国际竞争中，国际贸易摩擦日趋激烈。世界上很多国家利用贸易壁垒、反倾销调查等一系列不合规的手段进行利益博弈，导致发生贸易摩擦的领域不断扩大，尤其是在全球市场自由化模式下，部分国家为了维护自身利益，通过贸易壁垒对他国进行打压，对国际贸易环境产生了不利影响。

贸易摩擦加剧对地区和全球局势产生深远影响。由于全球经济增速放缓，中美之间的贸易冲突，以及英国无序脱欧所带来的地区风险增加，根据2019年4月世界贸易组织发布的《全球贸易数据与展望》报告，世贸组织将2019年全球贸易增长预期下调1.4个百分点，至1.2%，将2020年全球贸易增长预期下调至2.7%，低于之前预期的3.0%。

总的来看，伴随世界经济持续下行，贸易紧张局势加剧，下行压力和消极因素交织，全球贸易陷入疲软态势。在单边主义和保护主义抬头、贸易摩擦升级、英国脱欧不确定性凸显、非关税措施激增、大宗商品依赖度加重、数字经济发展不均衡、地缘政治局势紧张、气候危机迫近和世界贸易组织陷入改革纷争等复杂多变的形势下，国际贸易将面临诸多挑战。

5.创新研发和数字贸易愈发重要

全球价值链如果没有技术就不可能存在。之前的数字技术浪潮——从即时通信到供应链管理软件——减少了距离和复杂性的障碍，使公司能够与世界各地的供应商和客户进行交互。数字技术使商品和服务贸易得以大幅增长。今天，包括先进的机器人技术、人工智能、物联网、三维打印（3D打印）和区块链在内的一系列新技术已经开始渗透全球价值链，其影响将在未来几年不断扩大。其中一些技术，包括数字平台和物流应用，将继续降低交易成本，促进贸易流动。制造业的自动化技术将改变生产商品的方式和降低包括劳动力在内的不同投入的相对成本。这可能会放大关键消费市场附近更为本地化的生产趋势。最后，可再生能源、电动汽车、增强现实和虚拟现实等技术创新可以改变贸易流动的内容和模式。新技术可能会抑制货物贸易，并进一步推动服务和数据流动。随着新技术在全球价值链中的扩散，它们将为新参与者创造机会，并为现有者提供转变业务模式的机会。世界上不同的地区也可以发展新的竞争优势。

当前，劳动力成本在国际贸易中的重要性持续下降，创新研发愈发重要。2019年麦肯锡发布的《全球化大转型》报告指出只有不到20%的货物贸易是基于劳动力成本套利的。在众多贸易价值链中，这一比例在过去十年中一直下降。全球价值链正越来越倾向知识密集型，越来越依赖高技能劳动力。自2000年以来，在所有价值链中，无形资产（如研发、品牌和知识产权）的投资占收入的比例增加了1倍多，从5.5%增至13.1%。

数字贸易已经成为一种主流趋势。数字贸易不仅提高了贸易效率，而且降低了贸易成本，为国际贸易提供了新的渠道和贸易方式。电子商务的发展，让国际贸易总额在近年来得到大幅提升。2018年公布的全球电商贸易数据显示，电商贸易总额突破3万亿元。而且随着全球经济一体化的深入发展，尤其是网络信息化的普及，电商贸易水平将进一步提升，电商贸易也将成为国际贸易的主流趋势。未来，经济全球化深入发展，国际分工不断深化，都仍将是国际贸易持续发展的重要推动力。国际贸易的形式发生改变，数字产品贸易、服务贸易、产业内贸易占比将明显提高。而在信息技术推动下，跨境电子商务将快速发展，新的国际贸易方式将催生新的监管模式。

二、全球贸易与集装箱运输

1.国际集装箱运输发展背景

全球经济地理运输需求在全球范围内迅速增长及变化。持续全球化、一些地区人口密度和GDP的高增长，意味着商品和人员流动的持续增加，从而改变了世界经济的地理格局。全球贸易最大的特点就是货物能在不同时区、不同语言、不同单位情况下实现无缝运输。其中，集装箱运输功不可没。随着集装箱运输应用于多式联运，在船舶、卡车和火车之间，集装箱的无缝流动，使货物可以直接从亚洲工厂转移到美国或欧洲零售商店的货架上或仓库中。

1956年，美国第一艘装有58只集装箱的被改装的半集装箱船从纽约港驶往休斯敦，开启了国际集装箱运输史的新篇章。集装箱船大型化专业化码头的建设、自动化装卸系统的投入与使用和集装箱化率提高，促使全球集装箱运输业飞速发展。从货运量来看，2000年全球集装箱货运量为22 530万TEU（Twenty feet Equivalent Unit，20英尺标准集装箱），2011年达到55 873.4万TEU，年平均增长速度约为8%。全球总货运量的70%以上都采用了集装箱运输。集装箱为物流提供了新的维度。在没有集装箱的情况下，即时（Just In Time，JIT）制造和精确物流是不可想象的。集装箱运输成本低廉，是国际货物运输的主要形式，它的发展改变了世界经济的格局。近年来，外包和离岸制造产业日益增多，集装箱货物在多式联运的市场发生了根本的变化。世界上80%的商品将在一个不同于货物消费国的国家生产。在国民经济日益一体化和更强大的国际分工过程中，商品交换的增加、制造业份额和产品价值的增加以及生产的全球化，使集装箱运输成本降低并与低价值货物出口相适宜。通过增加向大型海港运输集装箱货物的支线船舶也能促进集装箱贸易的增长。

随着产业经济的国际转移和国际贸易格局的改变，港口重心从欧美转移到亚洲。根据《中国交通运输统计年鉴》，2000年中国沿海港口集装箱吞吐量为2098.5万TEU，2019年规模以上港口国际标准集装箱吞吐量为26 107万TEU。集装箱化率（按全国沿海集装箱吞吐量占货物总吞吐量的占比计算）从2000年的不到10%增加到2019年的18.7%。目前全球96%的集装箱来自中国，中国集装箱运输市场占了全球的半壁江山。（杨雪等，2019）中国科学院预测科学研究中心发布的《2019年全球Top20集装箱港口预测报告》显示，排名前五位的港口分别为上海港、新加坡港、宁波舟山港、深圳港和广州港。2019年全球前二十大集装箱港口中中国仍占半数，前十大集装箱港口中有七个来自中国。

过去的半个世纪，是全球集装箱多式联运迅猛发展的时期。我国集装箱从航运市场开始起步。目前我国港口能力和国际航运能力不断增长，港口集装箱吞吐量在全球港口中占有重要席位。近年来，我国政府积极推动多式联运发展，外贸集装箱市场继续扩大，内贸集装箱多式联运也提速发展，以中欧班列为代表的国际铁路集装箱联运成为"一带一路"耀眼的名片。同时，陆空联运，邮政快递业的联运市场，冷链、商品车、危化品的专项多式联运市场也在快速发展。从生产到运输，集装箱多式联运成为物流业供给侧改革的重中之重，多式联运成为我国物流业发展的头号工程。

2.集装箱运输面临新趋势和新挑战

全球贸易和集装箱运输行业面临着来自外部和内部的双重变革。一方面，世界政治经济局势动荡，引发国际贸易格局变幻莫测，中国正在由出口导向转变为进出口并重模式，集装箱运输业也将随之而变；另一方面，以新技术、新业态为主导的新时代正在促使贸易方式发生变化。贸易形式和集装箱运输的局面正在发生巨大变化，不管是硬件设施还是软环境都在变化，云计算、大数据、互联网、物联网、人工智能等新技术的出现，是集装箱运输发展需要面对的机遇和挑战。当前，世界贸易形势发展动能不足，国际经贸规则深刻调整已成趋势，全球贸易战频发，主要经济体增速分化明显，这些特点均影响着集装箱运输业的发展。

（1）集装箱运输业供需关系趋于平衡

现今市场形势日益严峻，船公司纷纷投资建造更大型的船舶，集装箱船大型化趋势加快。为了自身的生存，班轮运输业也越来越朝着联盟合作方向发展。目前运输需求愈发强劲，船舶运力供应也越来越紧张，这导致了船舶的拆解减速。航运货运量正以每年4%至4.5%的速度增长，而集装箱船队则以每年3.9%的速度在增长。因此，集装箱运输运力供应和运输需求正趋于平衡。在集装箱船闲置数量方面，也显现出积极的变化。2018年年初，全球集装箱船队共有65艘船舶闲置，闲置运力共计19.1万TEU。2015年，共有330艘船舶136万TEU运力闲置。（海事服务网，2018）

（2）新兴市场集装箱运输业具有巨大增长潜力

20世纪90年代，世界经济贸易的发展带动了各大洲、地区、国家间贸易货物运输量的不断增长。与此相对应的，国际集装箱运输事业也日新月异。特别是各发达国家与发展中的亚洲、太平洋地区国家间的集装箱运输形成了新的规模。从世界各国运输发展规律看，集装箱运输方式最适合于散件贸易货物实现大规模运输。未来，集装箱运输业仍有巨大的增长潜力。中国仍将是全球集装箱运输的重要市场，但其他地区对集装箱货物的需求也是市场潜力所在。

（3）贸易集装箱化将成为趋势

各行各业正在通过调整其贸易货物的规格等形式，使其适应集装箱运输，即贸易集装箱化。采用集装箱运输既可以起到很好的保护物品和保护环境的作用，也便于运输、装卸、储存等物流环节的作业，可以大大提高作业效率，还能够充分利用运输工具的装载空间。随着世界贸易量的不断增长，甚至有人预测，未来十年，全球90%的普通货物都将使用集装箱运输。

（4）新技术带来更多创新机会

当前，我们正处于人类迄今所知的规模最大的科技革命之中，这一革命对航运业整个物流链中的每个环节——从生产到运输都产生了重大影响。投资和开发新的系统，以实现更高的效率，尤其是推动区块链技术加速发展将给集装箱运输带来更多的创新机会。

第三节
"一带一路"建设时代背景和框架

一、时代背景和建设原则

当今世界正发生着复杂深刻的变化，国际金融危机的深层次影响继续显现。世界经济缓慢复苏、发展分化，国际投资贸易格局和多边投资贸易规则时刻做着深刻调整，各国面临的发展问题依然严峻。随着全球经济一体化的不断加深，区域经济合作也在不断向前发展，为主动融入全球经济发展格局、扩大同周边国家的利益汇合点和战略契合点，习近平总书记富有创新思维地提出了"一带一路"合作倡议。2013年9月7日，国家主席习近平在哈萨克斯坦纳扎尔巴耶夫大学做题为《弘扬人民友谊 共创美好未来》的演讲，提出共同建设"丝绸之路经济带"。2013年10月3日，习近平主席在印度尼西亚国会发表题为《携手建设中国—东盟命运共同体》的演讲，提出共同建设"21世纪海上丝绸之路"。"丝绸之路经济带"重点畅通中国经中亚、俄罗斯至欧洲（波罗的海），中国经中亚、西亚至波斯湾、地中海，中国至东南亚、南亚、印度洋。"21世纪海上丝绸之路"的重点方向是从中国沿海港口过南海到印度洋，延伸至欧洲；从中国沿海港口过南海到南太平洋。根据"一带一路"走向，陆上依托国际大通道，以沿线中心城市为支撑，以重点经贸产业园区为合作平台，共同打造新亚欧大陆桥、中蒙俄、中国—中亚—西亚、中国—中南半岛等国际经济合作走廊；海上以重点港口为节点，共同建设通畅安全高效的运输大通道。"丝绸之路经济带"和"21世纪海上丝绸之路"合起来简称"一带一路"。

共建"一带一路"要顺应世界多极化、经济全球化、文化多样化、社会信息化潮流，秉持开放的区域合作精神，致力于维护全球自由贸易体系和开放型世界经济。共建"一带一路"旨在促进经济要素有序自由流动、资源高效配置和市场深度融合，推动沿线各国实现经济政策协调，开展更大范围、更高水平、更深层次的区域合作，共同打造开放、包容、均衡、普惠的区域经济合作架构。共建"一带一路"符合国际社会的根本利益，彰显人类社会共同理想和美好追求，是国际合作以及全球治理新模式的积极探索，将为世界和平发展增添新的正能量。

2015年3月28日，国家发改委、外交部、商务部联合发布的《推动共建丝绸之路经济带和21世纪海上丝绸之路的愿景和行动》确定了共建"一带一路"的五项原则：一是恪守联合国宪章的宗旨和原则。遵守和平共处五项原则，即尊重各国主权和领土完整、互不侵犯、互不干涉内政、和平共处、平等互利。二是坚持开放合作。"一带一路"相关的国家基于但不限于古代"丝绸之路"的范围，各国和国际、地区组织均可参与，让共建成果惠及更广泛的区域。三是坚持和谐包容。倡导文明包容，尊重各国发展道路和模式的选择，加强不同文明之间的对话，求同存异、兼容并蓄、和平共处、共生共荣。四是坚持市场运作。遵循市场规律和国际通行规则，充分发挥市场在资源配置中的决定性作用和各类企业的主体作用，同时发挥好政府的作用。五是坚持互利共赢。兼顾各方利益和关切，寻求利益契合点和合作最大公约数，体现各方智慧和创意，各施所长，各尽所能，把各方优势和潜力充分发挥出来。

"一带一路"是促进共同发展、实现共同繁荣的合作共赢之路，是增进理解信任、加强全方位交流的和平友谊之路。中国政府倡议，秉持和平合作、开放包容、互学互鉴、互利共赢的理念，全方位推进务实合作，打造政治互信、经济融合、文化包容的利益共同体、命运共同体和责任共同体。

"一带一路"建设是沿线各国开放合作的宏大经济愿景，需各国携手努力，朝着互利互惠、共同安全的目标相向而行。努力实现区域基础设施更加完善，即安全高效的陆海空通道网络基本形成，互联互通达到新水平；投资贸易便利化水平进一步提升，高标准自由贸易区网络基本形成，经济联系更加紧密，政治互信更加深入；人文交流更加广泛深入，不同文明互鉴共荣，各国人民相知相交、和平友好。

二、"六廊六路多国多港"的主体框架

"一带一路"贯穿亚欧非大陆，一头是活跃的东亚经济圈，一头是发达的欧洲经济圈，中间广大腹地国家经济发展潜力巨大。2017年5月14日，国家主席习近平在"一带一路"国际合作高峰论坛开幕式上发表主旨演讲称："我们已经确立'一带一路'建设六大经济走廊框架"，"要完善跨区域物流网建设。我们也要促进政策、规则、标准三位一体的联通，为互联互通提供机制保障"。

"六廊六路多国多港"是共建"一带一路"的主体框架，为各国参与"一带一路"合作提供了清晰的导向。"六廊"主要指六大国际经济合作走廊：新亚欧大陆桥、中蒙俄、中国—中亚—西亚、中国—中南半岛、中巴、孟中印缅经济走廊。"六路"指公路、铁路、航运、航空、管道、空间综合信息网络，是基础设施互联互通的主要内容。"多国"指一批先期合作国家，争取示范效应，体现合作

成果。"多港"指共建一批重要港口和节点城市，繁荣海上合作。

第四节
"一带一路"引领新型全球化

一、中国在经济全球化新阶段的角色定位

世界经济发展长周期带来的重心转移，意味着发展中国家将同发达国家一道迎接经济全球化的新阶段，这也是"一带一路"宏大构想应运而生的历史条件。自"一带一路"提出以来，已经获得了100多个国家和国际组织的响应和参与。许多发展中国家成为"一带一路"的支点，一些发达国家也积极参与。当今世界经济发展呈现出发达经济体矛盾激化、发展中经济体和平崛起的现象，而且发展中经济体的增速已经快于发达经济体。2016年，新兴市场国家和发展中国家对世界经济增长的贡献率已经达到80%。习近平主席提出的"金砖＋"构想还将推动发展中经济体在南南合作中进一步加快发展。与此同时，世界经济长周期、大变动进程当中的新动能，应当是既包括发展中经济体的大发展，也包括发达经济体的再发展。总之"一带一路"反映的就是这样一种通过长周期、通过新动能、通过大变动，并且通过发展中经济体和发达经济体的新协调，推动经济全球化进入新阶段的宏大构想。

"一带一路"宏大构想标志着经济全球化正在由海洋经济全球化迈向海陆经济全面打通，将出现一个人类历史上前所未有的新经济。"一带一路"整合了集装箱海运、高速公路、高速铁路、空运、互联网、现代网络金融产品等新老工具，全方位打通海洋经济和内陆经济，从而全面带动中国东、中、西部的经济跃升，带动欧亚大陆从东到西，直到连通非洲、美洲经济大陆的合作和发展。

重振世界经济增长之势需要一个更有活力、更加包容、更可持续的新型全球化环境。中国改革开放四十多年的历史昭示，融入经济全球化是中国的关键抉择，改革开放的历史也反映了中国对全球化认识的逐步加深、中国加入全球化以及助推全球化的过程。随着中国经济实力和经济地位的持续提升，中国应

参与引领国际经贸新规则，从而推动新型全球化的发展。中国经济实力的提升客观上具备了引领全球化的条件，中国与经济全球化的关系经历了从旁观者到参与者的过程，目前正面临充当引领者的挑战。

中国自改革开放后，通过建设社会主义市场经济制度、加入世界贸易组织等，取得了巨大的经济成就，并于2010年超过日本成为世界第二大经济体，以中国为首的新兴经济体对世界经济增长的贡献日益增大。2013年，习近平总书记首次提出了共建"丝绸之路经济带"和"21世纪海上丝绸之路"等建设新型国际合作关系的重大举措。"一带一路"倡议、亚洲基础设施投资银行与人民币国际化等国际经济合作措施的实施，标志着中国的国际地位和国际影响力明显提升，中国也逐步迈入了主动引领全球经济合作和推动全球经济治理改革的新时期。习近平总书记在党的十九大报告中提出，坚持和平发展道路，推动构建人类命运共同体，再一次彰显了中国的全球化观——助推为全人类共同利益服务的全球化趋势。

中国在全球贸易治理中扮演的角色已经发生变化，从被动的适应者、追随者转变为主动的参与者和建设者。但中国的发展水平和全球治理能力仍然有待提升，如此才能更多地为全球贸易治理贡献中国智慧。全球化迫切需要一种有效的治理体制，而世界秩序转型也为全球治理的制度创新提供了契机。随着中国经济实力的增强和国际地位的提升，参与全球治理是时代的要求，未来五到十年是中国参与全球治理机制改革的机遇期。

全球贸易已经发生结构性变化，全球贸易区域结构以中、美、德三国为主。中国位于领先地位的原因在于中国的低成本劳动力供应进入"刘易斯"拐点，交通运输技术的进步在中国进入平稳期，其他发展中国家的基础设施短缺，主要国家的利益亦出现了分化，全球价值链呈现出区域价值链的结构。因此，可以判断多边推动的全球经济治理合作阶段到此结束，继续推动全球多边框架下的经济合作效果有限。今后全球合作更多将是区域化的，由具有相同利益的集团共同推动。

二、"一带一路"与新型全球化

当今世界到了亟须构建国际新秩序、谋求和平与发展的关键时期。"一带一路"倡议提出的经相关各国向内陆辐射，惠及整个国家和地区的思路是旧的全球化贸易模式不能做到的，其将推动全球化实现本质上的改善和优化。在新型全球化形成过程中，"一带一路"将发挥积极的引领作用。新型全球化的三大特征是包容性、共赢性和创新整合性。（赵白鸽，2017）

1. "一带一路"是为了全人类共同利益服务的全球化

"一带一路"倡议是中国主动参与国际经济合作的重大举措，标志着中国逐步迈入了主动引领全球经济合作和推动全球经济治理变革的新时期。（毛艳华，2015）2017年1月17日，习近平主席出席世界经济论坛2017年年会开幕式，并发表了题为《共担时代责任 共促全球发展》的主旨演讲，强调要让经济全球化进程更有活力、更加包容、更可持续，而当前最迫切的任务是引领世界经济走出困境，并希望"一带一路"可以为实现联动式发展注入新能量，为解决当前世界和区域经济面临的问题寻找方案。"一带一路"倡议为各国深化合作、共同应对全球挑战提供了重要机遇，有助于推动实现普惠世界的全球化。

国内学者普遍认为"一带一路"的建设可以引领全球化为全人类共同利益服务，有助于打造区域利益共同体和人类命运共同体。林毅夫（2015）认为"一带一路"是中国外交的新倡议，旨在通过沿线国家间的互联互通、基础设施建设和经贸往来，促进各国间的政治互信、经济融合和文化包容。高虎城（2015）指出，"一带一路"建设有利于中国构建全方位开放新格局，有利于沿线国家优势互补和互利共赢，有利于打造区域利益共同体和命运共同体。蔡武（2014）认为建设"一带一路"有助于构建人类命运共同体意识，将为沿线各国发展提供新机遇，更是维护地区和平与稳定的需要。"一带一路"还是打造中国与相关各国互利共赢的"利益共同体"和共同发展繁荣"命运共同体"的伟大构想。（汤敏，2015）

新型全球化是一种自觉的探索，是在重塑人类社会的发展格局。可以期待，随着"一带一路"建设的顺利推进，全球化将以一种全新的面貌呈现在世人面前，让世界变得持久和平、普遍安全、共同繁荣、开放包容、清洁美丽。此外，辜胜阻等强调"一带一路"倡议为新型全球化带来了新的机遇，它有助于推进共享型全球化的形成，构建政治互信、经济融合、文化包容的利益共同体、责任共同体和命运共同体。应习文强调"一带一路"倡议是新版全球化的一种尝试，不仅可以解决全球经济结构不平衡等问题，而且能为全球经济增长提供新动力。中华人民共和国成立七十多年的历史和改革开放四十多年的历史昭示，在特定的历史条件下，中国会采取特定的道路促进本国经济的发展。而"一带一路"就是特定历史发展阶段中国道路的一种实现形式，它不仅是促进本国经济发展的伟大倡议，而且是中国道路在欧亚非和南太平洋地区范围内打造利益共同体、命运共同体的伟大实践。赵可金还提到，在"一带一路"建设构想中，通过推动以基础设施互联互通为载体，撬动战略部署、体制机制和社会文化方面的包容开放，有助于塑造一个地区和全球人类命运共同体的美好未来。赵磊认为"一带一路"具有四大特性，跨区域性、非排他性、非门槛性、非主导型，强调中国以及美国、俄罗斯等大国都应发挥建设性作用，一起摒弃任何主导、支配意识的存在。因此，"一带一路"建设是致力于谋求全球、全人类的共同利益的。

2. "一带一路"是包容性的全球化

"包容性全球化"是针对过去三十年经济全球化的弊端而提出的一个新的概念，是理解"一带一路"倡议的重要理论视角。共建"一带一路"为推动经济全球化深入发展提供了新的思维，这就是包容性全球化，将为世界的和平与发展带来中国智慧和中国方案。包容性是指它"不仅涵盖了'丝绸之路经济带'与'21世纪海上丝绸之路'沿线国家和其他发展中国家，还包括了在技术、环保、标准等领域有优势的发达国家以及一切愿意参与新型全球化的国家。"（赵白鸽，2017）"一带一路"使更多的老百姓在其中有参与感、获得感和幸福感，可以说"一带一路"倡议是老百姓版本的全球化，是真正为人类共同利益服务的全球化，这与跨国公司或少数利益集团把世界变成投资场所的全球化有本质的不同。龚晓莺、陈健认为通过"一带一路"引领，完全可以实现不一样的全球化，即包容性全球化。

"一带一路"既有利于发展中国家，也有助于发达国家。"一带一路"倡议旨在促进沿线各国的经济互通、共同发展，所以它引领的全球化必然可以普惠发达国家，特别是发展中国家。"一带一路"就是中国引导经济全球化、倡导新型国际合作的重大举措。林毅夫提到"一带一路"沿线的许多亚欧国家经济发展水平较低，"一带一路"倡议可以发掘其经济增长的潜力，帮助发展中国家逐渐完成从发达国家"输血"的发展援助模式向自身"造血"的发展合作新模式的转变。"一带一路"倡议有能力引领全球化朝着更加公平、开放、融合的方向发展。它与共建"人类命运共同体"一道，体现了中国特色的全球化观，而且它普惠沿线国家的能力彰显了新型全球化的包容性。

3. "一带一路"是创新整合性的全球化

"创新"指的是区别于以往的参与和共享方式，"一带一路"充分利用当今世界电子信息、生物技术、智能制造等科学技术，让全球化更广泛、更深入、更快速地惠及所有参与方。

"整合"指的是"一带一路"凝聚了全球不同区域、不同发展阶段的国家，不同文化与宗教信仰的人民，不同的资源（自然资源、人文资源、技术资源、资金资源等）以及不同的参与方（政府、非政府组织、智库、企业、媒体），推动"一带一路"更好发挥"多元、多边、多样"的协同效应和全球效应。

4. "一带一路"是更加公平的全球化

"一带一路"建设着眼于整体上调整、完善经济全球化乃至世界经济发展的格局。全球化实质上是不平衡不充分的全球化，是少数国家和特定区域范围内的全球化，最终造成了全球的碎片化。历史上许多曾创造过辉煌文明的欧亚内陆国家因被边缘化而缺失发展机遇，以致成为全球化的"洼地"。"一带一路"所串联的，很多是现今比较落后的国家和地区。在这些国家之间形成互联互通、互助互利的纽带，形成共赢合作之网，将会让以发达国家市场为中心的世界经济活动发生转向，改变目前世界发展体系中已经固化的中心—边缘等级结构，甚至可能最终在欧美发达国家构成的大西洋发展轴心和由美洲、东亚等国构成的太平洋发展轴心外出现全新的亚欧大陆型发展轴心。

2019年联合国秘书长安东尼奥·古特雷斯表示，"一带一路"倡议切实加快了发展中国家的发展进程，为实现公平的全球化奠定了良好的基础。"一带一路"倡议已成为南南合作领域非常重要的合作方案，推动广大发展中国家进行基础设施建设，助力发展中国家的可持续发展进程，这正是推动实现公平全球化的有效途径。而公平的全球化是各国实现共同繁荣的必经之路。所有促进国家和地区间互联互通、促进贸易自由、促进信息和知识共享的努力都将推动实现公平的全球化。

第二章

"一带一路"发展现状

　　自"一带一路"倡议提出以来，从点成线再到面，取得了令人瞩目的建设成绩。2018年8月，习近平总书记在北京主持召开推进"一带一路"建设工作五周年座谈会，提出"一带一路"建设要从谋篇布局的"大写意"转入精雕细琢的"工笔画"，向高质量发展转变，造福沿线国家人民，推动构建人类命运共同体。2019年3月5日，十三届全国人大二次会议开幕，国务院总理李克强做政府工作报告指出我国对外开放全方位扩大，共建"一带一路"取得重要进展。共建"一带一路"引领效应持续释放，同沿线国家的合作机制不断健全，经贸合作和人文交流加快推进。2019年4月26日，习近平主席出席第二届"一带一路"国际合作高峰论坛开幕式并发表主旨演讲。相关报道显示："一带一路"倡议提出六年来成绩斐然、硕果累累，已成为当今世界广泛参与的国际合作平台和普受欢迎的国际公共产品。"一带一路"建设已经成为消除各国基础设施赤字、推动世界经济包容和强劲增长的有效途径之一，体现出以和平合作、开放包容、互学互鉴、互利共赢为核心的"丝路精神"。

第一节
"一带一路"建设总体情况

根据推进"一带一路"建设工作领导小组办公室2019年4月22日发表的《共建"一带一路"倡议:进展、贡献与展望》报告,当前"一带一路"建设取得的成绩主要包括:

一、国际共识持续扩大

共建"一带一路"倡议及其核心理念已写入联合国、二十国集团、亚太经合组织以及其他区域组织等有关文件中。2015年7月,上海合作组织发表了《上海合作组织成员国元首乌法宣言》,支持关于建设"丝绸之路经济带"的倡议。2016年9月,《二十国集团领导人杭州峰会公报》通过了关于建立"全球基础设施互联互通联盟"倡议。2016年11月,联合国193个会员国协商一致通过决议,欢迎共建"一带一路"等经济合作倡议,呼吁国际社会为"一带一路"建设提供安全的环境。2017年3月,联合国安理会一致通过了第2344号决议,呼吁国际社会通过"一带一路"建设加强区域经济合作,并首次载入"人类命运共同体"理念。2018年,中拉论坛第二届部长级会议、中国—阿拉伯国家合作论坛第八届部长级会议、中非合作论坛峰会先后召开,分别形成了中拉《关于"一带一路"倡议的特别声明》《中国和阿拉伯国家合作共建"一带一路"行动宣言》和《关于构建更加紧密的中非命运共同体的北京宣言》等重要成果文件。

签署共建"一带一路"政府间合作文件的国家和国际组织数量逐年增加。根据中国一带一路网数据显示,截至2020年1月底,中国已经同138个国家(见表2-1)和30个国际组织签署200份共建"一带一路"合作文件。"一带一路"遍布亚洲、非洲、欧洲、大洋洲、南美洲和北美洲。

"一带一路"建设以来,各国政府根据本国国情,积极进行发展对接。"一带一路"与欧盟"容克计划"、俄罗斯"欧亚经济联盟"、蒙古国"发展之路"、哈萨克斯坦"光明之路"、波兰"琥珀之路"等众多发展战略实现对接。

表2-1 已同中国签订共建"一带一路"合作文件的国家一览表

所在洲	国　家	数量
非洲	苏丹、南非、塞内加尔、塞拉利昂、科特迪瓦、索马里、喀麦隆、南苏丹、塞舌尔、几内亚、加纳、赞比亚、莫桑比克、加蓬、纳米比亚、毛里塔尼亚、安哥拉、吉布提、埃塞俄比亚、肯尼亚、尼日利亚、乍得、刚果布、津巴布韦、阿尔及利亚、坦桑尼亚、布隆迪、佛得角、乌干达、冈比亚、多哥、卢旺达、摩洛哥、马达加斯加、突尼斯、利比亚、埃及、赤道几内亚、利比里亚、莱索托、科摩罗、贝宁、马里、尼日尔	44
亚洲	韩国、蒙古国、新加坡、东帝汶、马来西亚、缅甸、柬埔寨、越南、老挝、文莱、巴基斯坦、斯里兰卡、孟加拉国、尼泊尔、马尔代夫、阿联酋、科威特、土耳其、卡塔尔、阿曼、黎巴嫩、沙特阿拉伯、巴林、伊朗、伊拉克、阿富汗、阿塞拜疆、格鲁吉亚、亚美尼亚、哈萨克斯坦、吉尔吉斯斯坦、塔吉克斯坦、乌兹别克斯坦、泰国、印度尼西亚、菲律宾、也门	37
欧洲	塞浦路斯、俄罗斯、奥地利、希腊、波兰、塞尔维亚、捷克、保加利亚、斯洛伐克、阿尔巴尼亚、克罗地亚、波黑、黑山、爱沙尼亚、立陶宛、斯洛文尼亚、匈牙利、北马其顿、罗马尼亚、拉脱维亚、乌克兰、白俄罗斯、摩尔多瓦、马耳他、葡萄牙、意大利、卢森堡	27
大洋洲	新西兰、巴布亚新几内亚、萨摩亚、纽埃、斐济、密克罗尼西亚联邦、库克群岛、汤加、瓦努阿图、所罗门群岛、基里巴斯	11
南美洲	智利、圭亚那、玻利维亚、乌拉圭、委内瑞拉、苏里南、厄瓜多尔、秘鲁	8
北美洲	哥斯达黎加、巴拿马、萨尔瓦多、多米尼加、特立尼达和多巴哥、安提瓜和巴布达、多米尼克、格林纳达、巴巴多斯、古巴、牙买加	11

注：资料收集截至2020年1月底。（资料来源：中国一带一路网）

二、基础设施建设发展迅猛

"一带一路"建设以来，中国和沿线国家在铁路、公路、港口、航空、能源、通信等领域开展了大量合作，有效提升了沿线国家的基础设施建设水平。区域间商品、资金、信息、技术等交易成本大大降低，有效促进了跨区域资源要素的有序流动和优化配置，实现了互利合作、共赢发展。

铁路合作方面。以中老铁路、中泰铁路、匈塞铁路、雅万高铁等合作项目为重点的区际、洲际铁路网络建设取得重大进展。泛亚铁路东线、巴基斯坦1号铁路干线升级改造、中吉乌铁路等项目正积极推进前期研究，中国一尼泊尔跨境铁路已完成预可行性研究。中欧班列初步探索形成了多国协作的国际班列运行机制。中国、白俄罗斯、德国、哈萨克斯坦、蒙古国、波兰和俄罗斯七国铁路公司签署了《关于深化中欧班列合作协议》。

公路合作方面。中蒙俄、中吉乌、中俄、中越国际道路直达运输试运行活动先后成功举办。2018年2月，中吉乌国际道路运输实现常态化运行。中越北仑河公路二桥建成通车。中国正式加入《国际公路运输公约》。中国与15个沿线国家签署了包括《上海合作组织成员国政府间国际道路运输便利化协定》在内的18个双多边国际运输便利化协定。《大湄公河次区域便利货物及人员跨境运输协定》实施取得积极进展。

港口合作方面。目前，我国港口已经与世界200多个国家、600多个主要港口建立航线联系，海运互联互通指数保持全球第一。巴基斯坦瓜达尔港开通集装箱定期班轮航线，起步区配套设施已完工，吸引30多家企业入园。斯里兰卡汉班托塔港经济特区已完成园区产业定位、概念规划等前期工作。希腊比雷埃夫斯港建成重要中转枢纽，三期港口建设即将完工。阿联酋哈利法港二期集装箱码头已于2018年12月正式开港。中国与47个沿线国家签署了38个双边和区域海运协定。中国宁波航交所不断完善"海上丝绸之路航运指数"，发布了16+1贸易指数和宁波港口指数。

航空运输方面。中国与126个国家和地区签署了双边政府间航空运输协定。与卢森堡、俄罗斯、亚美尼亚、印度尼西亚、柬埔寨、孟加拉国、以色列、蒙古国、马来西亚、埃及等国家扩大了航权安排。五年多来，中国与沿线国家新增国际航线1239条，占新开通国际航线总量的69.1%。

能源设施建设方面。中国与沿线国家签署了一系列合作框架协议和谅解备忘录，在电力、油气、核电、新能源、煤炭等领域开展了广泛合作，与相关国家共同维护油气管网安全运营，促进国家和地区之间的能源资源优化配置。中俄原油管道、中国—中亚天然气管道保持稳定运营，中俄天然气管道东线将于2019年12月实现部分通气，2024年将全线通气。中缅油气管道全线贯通。

通信设施建设方面。中缅、中巴、中吉、中俄跨境光缆信息通道建设取得明显进展。中国与国际电信联盟签署《关于加强"一带一路"框架下电信和信息网络领域合作的意向书》。与吉尔吉斯斯坦、塔吉克斯坦、阿富汗签署丝路光缆合作协议，实质性启动了丝路光缆项目。

三、经贸合作不断深化

贸易规模持续扩大，贸易与投资自由化、便利化水平不断提升。中国对"一带一路"国家贸易和投资总体保持增长态势。根据国家统计局数据，2019年，中国对"一带一路"沿线国家进出口总额92 690亿元，比上年增长10.8%。其中，出口52 585亿元，增长13.2%；进口40 105亿元，增长7.9%。中国与沿线国家服务贸易由小到大、稳步发展。世界银行研究组分析了共建"一带一路"倡议对71个潜在参与国的贸易影响，发现共建"一带一路"倡议将使参与国之间的贸易往来增加4.1%。（Baniya et al.，2020）在贸易与投资自由化便利化建设方面，中国发起《推进"一带一路"贸易畅通合作倡议》，83个国家和国际组织积极参与。海关检验检疫合作不断深化，自2017年5月首届"一带一路"国际合作高峰论坛以来，中国与沿线国家签署了100多项合作文件，实现了50多种农产品食品检疫准入。中国和哈萨克斯坦、吉尔吉斯斯坦、塔吉克斯坦农产品快速通关"绿色通道"建设积极推进，农产品通关时间缩短了90%。中国进一步放宽外资准入领域，营造高标准的国际营商环境，设立了面向全球开放的12个自由贸易试验区，并探索建设自由贸易港，吸引沿线国家来华投资。中国平均关税水平从加入世界贸易组织时的15.3%降至目前的7.5%。中国与东盟、新加坡、巴基斯坦、格鲁吉亚等多个国家和地区签署或升级了自由贸易协定，与欧亚经济联盟签署经贸合作协定，与沿线国家的自由贸易区网络体系逐步形成。贸易方式创新进程加快。跨境电子商务等新业态、新模式正成为推动贸易畅通的重要新生力量。2018年，通过中国海关跨境电子商务管理平台零售进出口商品总额达203亿美元，同比增长50%，其中出口84.8亿美元，同比增长67.0%，进口118.7亿美元，同比增长39.8%。"丝路电商"合作蓬勃兴起，中国与17个国家建立双边电子商务合作机制，在金砖五国等多边机制下形成电子商务合作文件，加快了企业对接和品牌培育的实质性步伐。

国际产能合作和第三方市场合作稳步推进。目前中国已同哈萨克斯坦、埃及、埃塞俄比亚、巴西等40多个国家签署了产能合作文件，同东盟、非盟、拉美和加勒比国家共同体等区域组织进行合作对接，开展机制化产能合作。中国与法国、意大利、西班牙、日本、葡萄牙等国签署了第三方市场合作文件。

合作园区蓬勃发展。中国各类企业遵循市场化和法治化原则，自主赴沿线国家共建合作园区，推动这些国家借鉴中国改革开放以来通过各类开发区、工业园区实现经济增长的经验和做法，促进当地经济发展，为沿线国家创造了新的税收源和就业渠道。同时，中国还分别与哈萨克斯坦、老挝建立了中哈霍尔果斯国际边境合作中心、中老磨憨—磨丁经济合作区等跨境经济合作区，与其他国家合作共建跨境经济合作区的工作也在稳步推进。

四、多元化融资体系不断完善

投融资体系不断推进，开放性和政策性金融支持力度持续加大，多双边投融资机制和平台发展迅速，为"一带一路"建设提供了强有力的支撑。近年来，阿联酋阿布扎比投资局、中国投资有限责任公司等主权财富基金对沿线国家主要新兴经济体投资规模显著增加。丝路基金与欧洲投资基金共同投资的中欧共同投资基金于2018年7月开始实质性运作，投资规模5亿欧元，有力促进了共建"一带一路"倡议与欧洲投资计划相对接。截至2018年12月，亚投行成员已经有93个，来自"一带一路"的国家超过六成。中国出资400亿美元成立丝路基金，2017年获增资1000亿元人民币，已签约19个项目。24个国家设立中资银行各类机构102家，新加坡、马来西亚、印度尼西亚、泰国数量最多。人民币跨境支付系统覆盖40个"一带一路"国家的165家银行。银联卡发卡超过2500万张，覆盖超过540万家商户，比倡议提出前增长超14倍。

多边金融合作支撑作用显现。中国财政部与阿根廷、俄罗斯、印度尼西亚、英国、新加坡等27个国家的财政部核准了《"一带一路"融资指导原则》。中国人民银行与世界银行集团下属的国际金融公司、泛美开发银行、非洲开发银行和欧洲复兴开发银行等多边开发机构开展联合融资，截至2018年年底已累计投资100多个项目，覆盖70多个国家和地区。

金融机构合作水平不断提升。截至2018年年底，中国出口信用保险公司累计支持对沿线国家的出口和投资超过6000亿美元。中国银行、中国工商银行、中国农业银行、中国建设银行等中资银行与沿线国家建立了广泛的代理行关系。德国商业银行与中国工商银行签署合作谅解备忘录，成为首家加入"一带一路"银行合作常态化机制的德国银行。

金融市场体系建设日趋完善。截至2018年年底，熊猫债发行规模约达2000亿元人民币。中国进出口银行面向全球投资者发行20亿人民币"债券通"绿色金融债券，金砖五国新开发银行发行首单30亿人民币绿色金融债券，支持绿色丝绸之路建设。

金融互联互通不断深化。已有11家中资银行在28个沿线国家设立76家一级机构，来自22个沿线国家的50家银行在中国设立7家法人银行、19家外国银行分行和34家代表处。两家中资证券公司在新加坡、老挝设立合资公司。中国先后与20多个沿线国家建立了双边本币互换安排，与7个沿线国家建立了人民币清算安排，与35个沿线国家的金融监管当局签署了合作文件。人民币国际支付、投资、交易、储备功能稳步提高，人民币跨境支付系统业务范围已覆盖近40个沿线国家和地区。中国—国际货币基金组织联合能力建设中心、"一带一路"财经发展研究中心挂牌成立。

五、人文交流取得重要进展

"国之交在于民相亲，民相亲在于心相通。"习近平主席指出："一带一路"要行稳致远，离不开"民心相通"的支撑和保障，需要实施好"增进民心相通"这项基础性工程。

"一带一路"倡议提出以来，中国与沿线国家文化交流形式多样。互办艺术节、电影节、音乐节、文物展、图书展等活动，合作开展图书、广播、影视精品创作和互译互播。丝绸之路国际剧院、博物馆、艺术节、图书馆、美术馆联盟相继成立。中国与中东欧、东盟、俄罗斯、尼泊尔、希腊、埃及、南非等国家和地区共同举办文化年活动，形成了"丝路之旅""中非文化聚焦"等10余个文化交流品牌，打造了丝绸之路（敦煌）国际文化博览会、丝绸之路国际艺术节、海上丝绸之路国际艺术节等一批大型文化节会，在沿线国家设立了17个中国文化中心。中国与印度尼西亚、缅甸、塞尔维亚、新加坡、沙特阿拉伯等国签订了文化遗产合作文件。中国、哈萨克斯坦、吉尔吉斯斯坦的"丝绸之路：长安-天山廊道的路网"联合申遗成功。"一带一路"新闻合作联盟建设积极推进。丝绸之路沿线民间组织合作网络成员已达310家，成为推动民间友好合作的重要平台。

教育培训成果丰富。中国设立"丝绸之路"中国政府奖学金项目，与24个沿线国家签署高等教育学历学位互认协议。2017年沿线国家3.87万人接受中国政府奖学金来华留学，占得奖学金学生总数的66.0%。香港、澳门特别行政区分别设立共建"一带一路"相关奖学金。在54个沿线国家设有孔子学院153个、孔子课堂149个。中国科学院在沿线国家设立硕士、博士生奖学金和科技培训班，已培训5000人次。

旅游合作逐步扩大。中国与多个国家共同举办旅游年，创办丝绸之路旅游市场推广联盟、海上丝绸之路旅游推广联盟、"万里茶道"国际旅游联盟等旅游合作机制。与57个沿线国家缔结了涵盖不同护照种类的互免签证协定，与15个国家达成19份简化签证手续的协定或安排。2018年中国出境旅游人数达1.5亿人次，到中国旅游的外国游客人数达3054万人次，俄罗斯、缅甸、越南、蒙古国、马来西亚、菲律宾、新加坡等国成为中国主要的客源市场。

卫生健康合作不断深化。自首届"一带一路"国际合作高峰论坛召开以来，中国与蒙古国、阿富汗等国，世界卫生组织等国际组织，比尔及梅琳达·盖茨基金会等非政府组织相继签署了56个推动卫生健康合作的协议。

救灾、援助与扶贫持续推进。自首届"一带一路"国际合作高峰论坛以来，中国向沿线发展中国家提供20亿人民币紧急粮食援助，向南南合作援助基金增资10亿美元。

第二节
经济走廊发展现状

六大经济走廊中，中蒙俄、新亚欧大陆桥、中国—中亚—西亚经济走廊经过亚欧大陆中东部地区，不仅将充满经济活力的东亚经济圈与发达的欧洲经济圈联系在一起，更畅通了连接波斯湾、地中海和波罗的海的合作通道。中国—中南半岛、中巴和孟中印缅经济走廊经过亚洲东部和南部这一全球人口最稠密地区，连接沿线主要城市和人口、产业集聚区。澜沧江—湄公河国际航道和在建的地区铁路、公路、油气网络，将"丝绸之路经济带"和"21世纪海上丝绸之路"联系到一起，让经济效应辐射至南亚、东南亚、印度洋、南太平洋等地区。

一、中蒙俄经济走廊

中蒙俄经济走廊既是全方位深化与俄罗斯、蒙古国合作的重要通道，也是连通东亚经济圈和欧洲经济圈的重要桥梁。国家发改委确定的中蒙俄经济走廊分为两条线路：一是从华北京津冀到呼和浩特，再到蒙古国和俄罗斯；二是东北地区从大连、沈阳、长春、哈尔滨到满洲里和俄罗斯的赤塔。两条走廊互动互补形成一个新的开放开发经济带，统称为中蒙俄经济走廊。

中蒙俄经济走廊纵贯欧亚大陆，东联亚太经济圈，西联发达的欧洲经济圈，是"一带一路""六廊六路多国多港"合作框架的重要组成部分。中、蒙、俄三国同属新兴经济体，地理毗邻，互为好邻居、好伙伴，有着巨大的合作发展空间。建设中蒙俄经济走廊的关键，是把"丝绸之路经济带"同俄罗斯跨欧亚大铁路、蒙古国"草原之路"倡议进行对接；加强铁路、公路等的互联互通建设，推进通关和运输便利化，促进过境运输合作，研究三方跨境电网建设，开展旅游、智库、媒体、环保、减灾救灾等方面的务实合作。近年来在三方的共同努力下，中蒙俄经济走廊建设取得了实质性进展。

2014年9月11日，国家主席习近平在出席中国、俄罗斯、蒙古国三国元首会晤时提出，将"丝绸之路经济带"同俄罗斯"跨欧亚大铁路"、蒙古国"草原之路"倡议进行对接，打造中蒙俄经济走廊。

2015年7月9日，国家主席习近平在乌法同俄罗斯总统普京、蒙古国总统额勒贝格道尔吉举行中俄蒙元首第二次会晤，共同批准了《中俄蒙发展三方合作中期路线图》。其间，根据三国元首首次会晤达成的共识，三国有关部门分别签署了《关于编制建设中俄蒙经济走廊规划纲要的谅解备忘录》《关于创建便利条件促进中俄蒙三国贸易发展的合作框架协定》《关于中俄蒙边境口岸发展领域合作的框架协定》，明确了三方联合编制《建设中蒙俄经济走廊规划纲要》的总体框架和主要内容。

2016年6月23日，国家主席习近平在塔什干同俄罗斯总统普京、蒙古国总统额勒贝格道尔吉举行中俄蒙元首第三次会晤。会晤后，三国元首见证了《建设中蒙俄经济走廊规划纲要》和《中华人民共和国海关总署、蒙古国海关与税务总局和俄罗斯联邦海关署关于特定商品海关监管结果互认的协定》等合作文件的签署。9月13日，国家发改委公布《建设中蒙俄经济走廊规划纲要》，标志着"一带一路"框架下的第一个多边合作规划纲要正式启动实施。

2018年三国签署《关于建立中蒙俄经济走廊联合推进机制的谅解备忘录》，进一步完善了三方合作工作机制。三国签署并核准的《关于沿亚洲公路网国际道路运输政府间协定》正式生效。中国与俄罗斯、蒙古国实现国际通信陆缆连接，中俄、中蒙边界互联互通项目取得积极进展，中俄天然气管道东线开工建设；中国与蒙古国签订边贸本币结算协定，与俄罗斯签署一般贸易和投资本币结算协定；三方合作在防汛防洪、边境防火、森林资源保护利用、野生物种保护、防沙治沙等诸多领域持续深化。2018年，中俄、中蒙进出口贸易分别达到1066.5亿美元、79.3亿美元，是2013年的1.2倍、1.3倍。中国连续多年成为俄罗斯和蒙古国的第一大贸易伙伴。

中蒙俄经济走廊在基础设施互联互通建设方面，形成了以铁路、公路和边境口岸为主的跨国基础设施联通网络。

铁路建设方面，中俄之间，滨洲铁路完成电气化改造，与俄罗斯西伯利亚大铁路相连；莫斯科至喀山高铁已被列入俄罗斯国家交通战略。贝阿干线和跨西伯利亚大铁路改造也获得俄罗斯联邦政府拨款200亿卢布（约合3.03亿美元）。中蒙之间，白阿铁路、长白铁路如期转线贯通。策克口岸跨境铁路通道项目已于2016年5月26日正式开工建设，为不久的将来策克口岸贸易量大幅度提升奠定了坚实的基础。

公路建设方面，中蒙俄完成了《沿亚洲公路网政府间国际道路运输协定》的签署工作，并组织开展了三国卡车试运行活动。已建成中国境内与蒙古国相连的四条公路；乌兰巴托新国际机场高速公路于2018年10月全线贯通；扎布汗省114千米公路即将投入使用、67千米公路建设启动中；巴彦洪格尔省129.4千米公路于2017年6月开工。

口岸建设方面，中俄之间共有6个陆路边境口岸，其中4个主要对俄边境口岸承担了中俄间陆路运输货物总量的65%；中蒙之间的陆路边境口岸包括二连浩特在内共13个，其中9个主要对蒙边境口岸承担了中蒙货运总量的95%。从国内看，内蒙古已经建成满洲里、二连浩特、甘其毛都和策克四大口岸，全部实现年进出境货运量1000万吨。

二、新亚欧大陆桥经济走廊

新亚欧大陆桥又名"第二亚欧大陆桥"，由中国东部沿海向西延伸，经中国西北地区和中亚、俄罗斯抵达中东欧。它是连接中国与欧洲经济圈的核心通道，比西伯利亚大陆桥缩短了2000—5000千米陆上运距，缩短了上万千米海运距离。新亚欧大陆桥是从江苏省连云港市到荷兰鹿特丹港的国际化铁路交通干线，国内由陇海铁路和兰新铁路组成。大陆桥途经江苏、安徽、河南、陕西、甘肃、青海、新疆7个省区，到中哈边界的阿拉山口出国境。出国境后可经3条线路抵达荷兰的鹿特丹港。中线与俄罗斯铁路友谊站接轨，进入俄罗斯铁路网，途经斯摩棱斯克、布列斯特、华沙、柏林达荷兰的鹿特丹港，全长10 900千米，辐射30多个国家和地区。

1992年12月1日，横贯亚欧两大洲的铁路大通道——新亚欧大陆桥开通运营。当前新亚欧大陆桥东桥头堡起点的连云港已经开通了至阿拉山口、喀什、霍尔果斯、阿拉木图等集装箱进出境多条通道，极大地促进了新亚欧大陆桥运输通道的发展。"一带一路"背景下，通过在沿桥地带实行沿海地区的开放政策，根据需要可继续设立各种开发区和保税区；试办资源型开发区；按照高起点和国际接轨的要求，建立资源和资源加工型新型企业；促进沿线地区工业化和城市化；利用外资，试办中国西部农业合作开发区，营造亚欧农产品批发交易中心；根据交通枢纽、资源状况、地理位置，以中心城市为依托，在沿桥地区建立若干个经济发展区，如以日照为中心的国际经济贸易合作区等。新亚欧大陆桥经济走廊必将发挥更大的作用。

近年来，中国与新亚欧大陆经济走廊沿线国家的政治互信进一步加强，多层次的政策沟通机制逐步形成，新亚欧大陆桥经济走廊建设取得重大进展。2018年7月7日，第七次中国—中东欧国家领导人会晤在保加利亚索非亚举行，《中国—中东欧国家合作索非亚纲要》对外发布。中欧互联互通平台和欧洲投资计划框架下的务实合作有序推进。2019年新亚欧大陆桥经济走廊上中欧班列开行8225列，国内开通城市达60多个，联通亚欧大陆110多个城市，网络覆盖欧洲全境。

三、中国—中亚—西亚经济走廊

中国—中亚—西亚经济走廊东起中国，向西经中亚至阿拉伯半岛，是"丝绸之路经济带"的重要组成部分。该条经济走廊由新疆出发，抵达波斯湾、地中海沿岸和阿拉伯半岛，主要涉及中亚五国（哈萨克斯坦、吉尔吉斯斯坦、塔吉克斯坦、乌兹别克斯坦、土库曼斯坦）、伊朗、土耳其等。

从中国与中亚国家的政策沟通来看，依托常态化的高层互访和政府间合作机制，推动了中国—中亚—西亚经济走廊建设。2014年6月5日，中国—阿拉伯国家合作论坛第六届部长级会议在北京召开。习近平主席在会议开幕式上发表重要讲话，倡导构建中阿"1+2+3"合作格局，即以能源合作为主轴，以基础设施建设、贸易和投资便利化为两翼，以核能、航天卫星、新能源三大高新领域为新的突破口，全面加强中国同阿拉伯国家之间的合作，这为中阿关系发展和"丝绸之路经济带"建设创造了良好条件。

近年来，中国积极推进"丝绸之路经济带"建设同哈萨克斯坦"光明之路"、土库曼斯坦"强盛幸福时代"等经济政策之间的全面对接，先后与哈萨克斯坦、沙特阿拉伯、伊朗、乌兹别克斯坦、吉尔吉斯斯坦、阿拉伯联合酋长国、塔吉克斯坦建立了全面战略伙伴关系，与土库曼斯坦、约旦、卡塔尔、伊拉克、科威特、阿曼建立了战略伙伴关系，与土耳其、阿富汗建立了战略合作伙伴关系，与以色列建立了创新全面伙伴关系。我国积极发挥上海合作组织、中国—阿拉伯国家合作论坛、中国—海合会战略对话、中亚区域经济合作等区域性合作机制的作用，推动中国—中亚—西亚经济走廊建设。

我国与欧亚经济联盟、亚洲相互协作与信任措施会议、亚洲合作对话积极对接"一带一路"合作倡议，加强了国家间的相互合作。此外，中国—亚欧博览会、中国—阿拉伯博览会、欧亚经济论坛、中亚合作论坛等平台也发挥了积极作用。

目前中国—中亚—西亚经济走廊在交通、能源、通信等基础设施互联互通方面取得进展。截至目前，推进《中亚区域运输与贸易便利化战略（2020）》运输走廊建设中期规划有序实施；完成了《上海合作组织成员国政府间国际道路运输便利化协定》的制定、谈判、签署和生效工作；开展了与中亚有关国家国际道路运输协议谈判，签订《中哈俄国际道路临时过境货物运输协议》并组织开展了试运行活动。2018年2月，中吉乌公路货运正式运行。在民航联通方面，我国与哈萨克斯坦、土耳其、沙特阿拉伯、阿联酋、卡塔尔、阿曼等国家开通了直线航班，国际航线已基本覆盖中亚和西亚国家。"中亚地区是我国管道天然气进口主要来源地。中国—中亚天然气管道C线已于2014年投入运行，D线正在建设之中。D线投产后，中国从中亚进口天然气输气能力将从每年550亿立方米提升到每年850亿立方米。此外，中哈天然气管道二期第一阶段（设计年输气能力100亿立方米）已于2013年竣工通气，第二阶段正在建设之中。中国与中亚国家之间的电力基础设施合作日益密切。2016年8月，哈尔滨电气国际工程有限公司承建的中国和乌兹别克斯坦两国'一带一路'标志性工程'安格连1×150MW燃煤火电厂总承包项目'成功并网发电。中国和塔吉克斯坦两国重大合作项目——杜尚别2号热电厂一期工程和二期工程已分别于 2014 年和 2016 年竣工。"（来有为，2019）华为技术有限公司与哈萨克斯坦电信公司合作建设覆盖哈萨克斯坦全境的4G通信网络。中国对外已建成分别经由新疆霍尔果斯、阿拉山口口岸至哈萨克斯坦，经由阿图什口岸至吉尔吉斯斯坦以及经由喀什口岸至塔吉克斯坦的 4 条跨境信息通道。

四、中国—中南半岛经济走廊

中国—中南半岛经济走廊是中国连接中南半岛的大陆桥，也是中国与东盟合作的跨国经济走廊。其以中国西南省份为起点，南下贯穿中南半岛国家（缅甸、越南、老挝、柬埔寨、泰国和马来西亚）直抵新加坡，以沿线中心城市为依托，以铁路、公路为载体和纽带，以人流、物流、资金流、信息流为基础，形成优势互补、区域分工、联动开发、共同发展的区域经济体。中国—中南半岛经济走廊建设自启动以来，建设成效显著，在促进中国与中南半岛国家之间的政策沟通、设施联通、贸易畅通、资金融通、民心相通中发挥了重要作用。

2014年12月20日，国务院总理李克强出席在曼谷举行的大湄公河次区域经济合作第五次领导人会议并发言。李克强总理着眼于次区域经济合作方向和重点，就发掘新的增长动力和合作模式，深化中国同中南半岛五国关系提出了共同规划建设全方位交通运输网络和产业合作项目、打造融资合作的新模式、促进经济社会可持续和协调发展三条建议。

2016年5月26日，第九届泛北部湾经济合作论坛暨中国—中南半岛经济走廊发展论坛在广西南宁举行，会议发布《中国—中南半岛经济走廊倡议书》，标志着中国—中南半岛经济走廊建设正式步入全面落地实施阶段。中国—中南半岛跨境电商结算平台、中国—东盟（钦州）华为云计算及大数据中心、龙邦茶岭跨境经济合作区试点建设项目、南海国际邮轮母港及航线建设工程、缅甸中国（金山都）农业示范区等9个项目签约，总投资额达784亿元人民币。

中国—中南半岛经济走廊在基础设施建设等方面取得积极进展，昆（明）曼（谷）公路全线贯通，中老铁路、中泰铁路、雅万高铁等区际铁路网络建设取得重大进展，泛亚铁路东线已完成可行性研究，航运、地铁等合作项目稳步推进。中国企业创新合作方式，与东道国政府及企业共商建设项目，推进中南半岛国家的基础设施建设进程。

一是铁路合作方面，由中国铁路总公司与印尼维卡公司牵头组建合资公司共同建设的印尼雅万高铁，是"21世纪海上丝绸之路"倡议向前迈进的重要一步，是印尼"全球海洋支点"战略的重要落地项目。雅加达至万隆高铁全长142.3千米，最高设计时速350千米，建成后车程将由现在的3个多小时缩短至40多分钟。2019年5月，全线首条隧道瓦利尼隧道成功贯通。2020年3月，雅万高铁项目第二座隧道——5号隧道顺利实现贯通。中老铁路于2016年12月全面开工，计划2021年12月建成通车。中老铁路是中国"一带一路"倡议与老挝"变陆锁国为陆联国"战略的对接项目，北起中老边境口岸磨丁，南至老挝首都万象，全长414千米。第二条中越国际铁路中国段也已全线开通运营。中泰铁路一期、中缅铁路等合作项目也提速加档，全面推进。

二是公路合作方面，为推动中国与中南半岛国家间人员和货物便捷流动，大湄公河次区域便利货物及人员跨境运输协定全面实施并取得积极的进展。贯穿中国、老挝和泰国的昆曼公路小磨高速公路于2017年9月正式通车试运营，缩短了中老泰三国之间人员与货物流通的时间。2019年3月，中越芒街口岸北仑河公路二桥建成通车。

三是航运合作方面，中国与中南半岛国家签署了双边政府间航空运输协定，与柬埔寨、马来西亚等国家扩大了航权安排。2017年10月，中柬合资的澜湄航空（柬埔寨）股份有限公司正式通航。2018年2月，首条中国大陆航线暹粒至石家庄线正式开通。2019年1月，由中国建筑集团有限公司承建的泰国素万那普机场扩建项目卫星厅新候机楼主体结构封顶。

四是地铁合作方面，2017年9月，河内轻轨二号线项目投入商业运营。2018年9月，全线13.5千米的越南河内轻轨吉灵—河东线项目正式试运行。

五、中巴经济走廊

中巴经济走廊建设倡议是国务院总理李克强于2013年5月访问巴基斯坦时提出的。初衷是加强中巴之间交通、能源、海洋等领域的交流与合作，加强两国互联互通，促进两国共同发展。该条经济走廊起点位于新疆喀什，终点在巴基斯坦瓜达尔港，全长3000千米，北接"丝绸之路经济带"、南连"21世纪海上丝绸之路"，是贯通南北丝绸之路的关键枢纽，是一条包括公路、铁路、油气和光缆通道在内的贸易走廊。中巴经济走廊被称为"一带一路"的"旗舰项目"，外交部部长王毅曾表示："如果说'一带一路'是一首惠及多个国家的交响乐的话，那么中巴经济走廊就是这首交响乐甜蜜的开场曲。"

2015年4月，中巴两国政府初步制定了修建由新疆喀什市到巴方西南港口瓜达尔港的公路、铁路、油气管道及光缆覆盖"四位一体"通道的远景规划。中巴两国将在沿线建设交通运输和电力设施，预计总工程费将达到450亿美元，计划于2030年完工。

4月20日，国家主席习近平和巴基斯坦总理纳瓦兹·谢里夫举行了中巴经济走廊5大项目破土动工仪式，并签订了中巴51项合作协议和备忘录，其中超过30项涉及中巴经济走廊。

六、孟中印缅经济走廊

孟中印缅经济走廊建设倡议是2013年5月国务院总理李克强访问印度期间提出的，得到印度、孟加拉国、缅甸三国的积极响应。该倡议对深化四国间友好合作关系，建立东亚与南亚两大区域互联互通有重要意义。

2013年12月，孟中印缅经济走廊联合工作组第一次会议在昆明召开，各方签署了会议纪要和孟中印缅经济走廊联合研究计划，正式建立了四国政府推进孟中印缅合作的机制。2014年12月，在孟加拉国考斯巴萨举行了孟中印缅经济走廊联合工作组第二次会议。联合工作组展开了广泛讨论并展望了孟中印缅经济走廊的前景，优先次序和发展方向。

第12次孟中印缅地区合作论坛于2015年2月10日至11日在缅甸仰光召开。论坛的主题是"加强孟中印缅地区的合作"，会议结束时发表的联合声明表示孟中印缅地区合作论坛应继续作为一个多轨平台发挥作用；承认保护环境可持续性需要共同框架；强调促进贸易和交通便利化改革的需要；同意考虑开发和利用水道；鼓励成员国商务和工业部门开展更多交流；决定考虑孟中印缅旅游圈的概念；同意考虑建立一个新闻媒体联合报道计划以提升本地区的全球知名度；同意于2016年在中国云南省召开第13次论坛讨论地区合作。

作为一项长期、复杂而艰巨的系统工程，孟中印缅经济走廊建设在推进实施中面临诸多风险与挑战，其进度落后于预期。

七、国际陆海贸易新通道

1.国际陆海贸易新通道建设背景

国际陆海贸易新通道原名中新互联互通南向通道，是在"一带一路"框架下，以内蒙古、广西、海南、重庆、四川、贵州、云南、西藏、陕西、甘肃、青海、宁夏等中国西部相关省区市为关键节点，利用铁路、海运、公路等运输方式，向南通达新加坡等东盟主要国家，并进而辐射澳新、中东及欧洲等区域，向东连接东北亚、北美等区域，向北与重庆、兰州、新疆等地的中欧班列连接，是西部地区实现与东盟及其他国家区域联动和国际合作、有机衔接"一带一路"的复合型对外开放通道。

2015年11月7月，中国与新加坡签署政府间合作协议，启动中新（重庆）战略性互联互通示范项目。该项目不设物理边界，而是以"现代互联互通和现代服务经济"为主题，以重庆为运营中心，聚焦金融服务、航空产业、交通物流、信息通信四大重点领域开展合作，着力提升西部地区互联互通水平，催化和带动整个西部地区乃至更广泛区域的开放发展。2017年5月10日，"渝桂新"南向通道测试班列开行，试运行后，这条班列线路被纳入中新（重庆）战略性互联互通示范项目的基础项目，更名为"南向通道"。2017年8月，重庆、广西、贵州、甘肃四省区市签署《关于合作共建中新互联互通项目南向通道的框架协议》，建立了四省区市共同推进南向通道的框架机制，确定了共商共建共享的原则。2018年6月和8月，青海、新疆相继加入合作共建南向通道工作机制。2018年11月12日，国务院总理李克强同新加坡总理李显龙共同见证两国签署《关于中新（重庆）战略性互联互通示范项目"国际陆海贸易新通道"建设合作的谅解备忘录》，南向通道正式更名为国际陆海贸易新通道，简称陆海新通道。2019年1月7日，重庆、广西、贵州、甘肃、青海、新疆、云南、宁夏8个西部省区市在重庆签署合作共建中新互联互通项目国际陆海贸易新通道框架协议，将合作推进陆海新通道建设。2019年8月15日国家发改委发布关于印发《西部陆海新通道总体规划》的通知，指出西部陆海新通道位于我国西部地区腹地，北接"丝绸之路经济带"，南连"21世纪海上丝绸之路"，协同衔接长江经济带，在区域协调发展格局中具有重要战略地位。

2.国际陆海贸易新通道意义和定位

国际陆海贸易新通道以重庆和新加坡为核心枢纽，以广西沿海港口为重要交汇点，以西部各省区沿线重要城市为关键节点，以陆海联运干线和跨境陆路干线为主线，以综合物流平台和信息服务平台为依托，贯穿西部地区，连接东盟，辐射欧亚，衔接陆海，内外互动、东西互济。

国际陆海贸易新通道将有利于提升西部地区交通基础设施建设和物流管理水平，改变西部地区由于自然地理条件长期形成的交通不畅、经济闭塞的局面，促进西部地区的开发开放，推动西部地区经济社会发展再上一个新台阶；同时，新通道也有助于缓解东部铁路和长江航运的压力，节省运输时间和成本，形成东西互济的交通格局。陆海贸易新通道是西部地区发展的新机遇，也是"一带一路"倡议深化的新机遇。

《西部陆海新通道总体规划》中将国际陆海贸易新通道定位为推进西部大开发形成新格局的战略通道；连接"一带"和"一路"的陆海联动通道；支撑西部地区参与国际经济合作的陆海贸易通道；促进交通物流经济深度融合的综合运输通道。

3.国际陆海贸易新通道空间布局

《西部陆海新通道总体规划》中明确了国际陆海贸易新通道国内部分"主通道＋重要枢纽＋核心覆盖区＋辐射延展带"的空间布局：自重庆经贵阳、南宁至北部湾出海口，自重庆经怀化、柳州至北部湾出海口，以及自成都经泸州（宜宾）、百色至北部湾出海口三条通路，共同形成西部陆海新通道的主通道。发挥重庆位于"一带一路"和长江经济带交汇点的区位优势，建设通道物流和运营组织中心；发挥成都国家重要商贸物流中心的作用，增强对通道发展的引领带动作用。建设广西北部湾国际门户港，发挥海南洋浦的区域国际集装箱枢纽港作用，提升通道出海口功能。围绕主通道完善西南地区综合交通运输网络，加强贵阳、南宁、昆明、遵义、柳州等西南地区重要节点城市和物流枢纽与主通道的联系，依托内陆开放型经济试验区、国家级新区、自由贸易试验区和重要口岸等，创新通道运行组织模式，提高通道整体效率和效益，有力支撑西南地区经济社会高质量发展。强化主通道与西北地区综合运输通道的衔接，联通兰州、西宁、乌鲁木齐、西安、银川等西北重要城市。结合西北地区禀赋特点，充分发挥铁路长距离运输优势，协调优化运输组织，加强西部陆海新通道与"丝绸之路经济带"的衔接，提升通道对西北地区的辐射联动作用，有力促进西部地区的开发开放。

新通道的项目建设分为硬件和软件两个方面。硬件建设主要是铁路、港口、机场、公路、口岸、多式联运基地、物流基础设施等建设；软件建设主要是班列班轮常态化运行管理、陆港管理、多式联运管理体系、国际贸易通关便利化信息平台建设等。

第三节
中欧班列发展现状

一、中欧班列通道

中欧班列是由中国铁路总公司组织，按照固定车次、线路、班期和全程运行时刻开行，运行于中国与欧洲以及"一带一路"沿线国家间的集装箱等铁路国际联运列车，是深化我国与沿线国家经贸合作的重要载体和推进"一带一路"建设的重要抓手。①中欧班列通道不仅连通欧洲及沿线国家,也连通东亚、东南亚及其他地区;不仅是铁路通道,也是多式联运走廊。

中欧班列具有安全快捷、绿色环保、受自然环境影响小等综合优势,已成为国际物流中陆路运输的骨干方式,为服务中国对外经贸发展,贯通中欧陆路贸易通道,实现中欧间的道路联通、物流畅通,推进国家"一带一路"建设提供了运力保障。"推进中欧班列的有序发展,对提升'一带一路'沿线各国基础设施互联互通和经贸合作水平,适应日益增长的亚欧大陆国际货物运输需求,释放'丝绸之路经济带'物流通道潜能,将丝绸之路从原来的'商贸路'变成产业和人口集聚的'经济带',具有重要意义。"(马斌,2018)

根据《中欧班列建设发展规划(2016—2020年)》,中欧班列铺划了西、中、东三条通道。西通道一是由新疆阿拉山口(霍尔果斯)口岸出境,经哈萨克斯坦与俄罗斯西伯利亚铁路相连,途经白俄罗斯、波兰、德国等,通达欧洲其他各国。二是由霍尔果斯(阿拉山口)口岸出境,经哈萨克斯坦、土库曼斯坦、伊朗、土耳其等国,通达欧洲各国;或经哈萨克斯坦跨里海,进入阿塞拜疆、格鲁吉亚、保加利亚等国,通达欧洲各国。三是由吐尔尕特(伊尔克什坦),与规划中的中吉乌铁路等连接,通向吉尔吉斯斯坦、乌兹别克斯坦、土库曼斯坦、伊朗、土耳其等国,通达欧洲各国。西通道经陇海、兰新等铁路干线运输,主要货源吸引区为西北、西南、华中、华南等地区。

中通道由内蒙古二连浩特口岸出境,途经蒙古国与俄罗斯西伯利亚铁路相连,通达欧洲各国。中通道经京广、集二等铁路干线运输,主要货源吸引区为华北、华中、华南等地区。

东通道由内蒙古满洲里(黑龙江绥芬河)口岸出境,接入俄罗斯西伯利亚铁路,通达欧洲各国。东通道经京沪、哈大等铁路干线运输,主要货源吸引区为东北、华东、华中等地区。

二、中欧班列枢纽节点

按照铁路"干支结合、枢纽集散"的班列组织方式,在内陆主要货源地、主要

---

① 参见国家发改委2016年10月8日发布的《中欧班列建设发展规划(2016—2020年)》中对中欧班列的概念解释。

铁路枢纽、沿海重要港口、沿边陆路口岸等地规划设立一批中欧班列枢纽节点。

内陆主要货源节点具备稳定货源，每周开行 2 列以上点对点直达班列，具有回程班列组织能力，同时兼具中欧班列货源集结直达功能。规划的内陆主要货源节点包括重庆、成都、郑州、武汉、苏州、义乌、长沙、合肥、沈阳、东莞、西安、兰州。

主要铁路枢纽节点在国家综合交通网络中具有重要地位，具备较强的集结编组能力，承担中欧班列集零成整、中转集散的功能。规划的主要铁路枢纽节点包括北京（丰台西）、天津（南仓）、沈阳（苏家屯）、哈尔滨（哈尔滨南）、济南（济西）、南京（南京东）、杭州（乔司）、郑州（郑州北）、合肥（合肥东）、武汉（武汉北）、长沙（株洲北）、重庆（兴隆场）、成都（成都北）、西安（新丰镇）、兰州（兰州北）、乌鲁木齐（乌西）、乌兰察布（集宁）。

沿海重要港口节点在过境运输中具有重要地位，具备完善的铁水联运条件，每周开行3列以上点对点直达班列，承担中欧班列国际海铁联运功能。规划的沿海重要港口节点包括大连、营口、天津、青岛、连云港、宁波、厦门、广州、深圳、钦州。

沿边陆路口岸节点指中欧班列通道上的重要铁路国境口岸，承担出入境检验检疫、通关便利化、货物换装等职能。规划的沿边陆路口岸节点包括阿拉山口、霍尔果斯、二连浩特、满洲里。

三、中欧班列运行线路及建设现状

中欧班列的开行有利于推动"一带一路"倡议的发展，加快物流网络现代化建设，全面提升对外开放水平；对节约物流成本，提高国际市场竞争力，促进中国经济社会发展具有积极意义。2011年3月19日，从中国重庆到德国杜伊斯堡的"渝新欧"集装箱货运班列发车，标志着中国和欧洲之间的铁路货运新模式——中欧班列正式开通。中欧班列运行线分为中欧班列直达线和中欧班列中转线。中欧班列直达线是指内陆主要货源地节点、沿海重要港口节点与国外城市之间开行的点对点班列线；中欧班列中转线是指经主要铁路枢纽节点集结本地区及其他城市零散货源开行的班列线。（见表2-2）

表2-2　中欧班列运行线路和节点城市

国内发（到）城市	边境口岸	境外到（发）城市	项目
重庆	阿拉山口（霍尔果斯）、满洲里	杜伊斯堡（德国）、切尔克斯克（俄罗斯）	渝新欧、渝满欧
武汉	阿拉山口（霍尔果斯）、满洲里	梅林克帕尔杜比采（捷克）、汉堡（德国）、莫斯科（俄罗斯）、里昂（法国）	汉新欧、鄂满欧
成都	阿拉山口（霍尔果斯）、二连浩特	明斯克（白俄罗斯）、罗兹（波兰）、伊斯坦布尔（土耳其）	蓉新欧、蓉蒙欧
郑州	阿拉山口（霍尔果斯）、二连浩特	汉堡（德国）、罗兹（波兰）	郑新欧、郑蒙欧
苏州	满洲里	华沙（波兰）	苏满欧
广州	满洲里	莫斯科（俄罗斯）、卡卢加州沃尔西诺（俄罗斯）	粤绥欧、粤满欧
东莞	阿拉山口（霍尔果斯）	莫斯科（俄罗斯）、德国	粤满欧、粤满俄
长沙	阿拉山口（霍尔果斯）、二连浩特	杜伊斯堡（德国）、乌兹别克斯坦	湘满欧、湘新欧
天津	阿拉山口（霍尔果斯）、满洲里、二连浩特	乌兰巴托（蒙古国）、莫斯科（俄罗斯）	津蒙欧、津满欧
西安	阿拉山口（霍尔果斯）	热姆（哈萨克斯坦）、华沙（波兰）	长安号/西新欧
合肥	阿拉山口（霍尔果斯）	汉堡（德国）	合新欧
义乌	阿拉山口（霍尔果斯）	马德里（西班牙）、德黑兰（伊朗）、车里雅宾斯克（俄罗斯）、马扎里沙里夫（阿富汗）	义新欧
武威	阿拉山口（霍尔果斯）	阿拉木图（哈萨克斯坦）	天马号
营口	满洲里	汉堡（德国）、莫斯科（俄罗斯）、华沙（波兰）、岑特罗力特（俄罗斯）、多布拉（斯洛伐克）、卡卢加（俄罗斯）	沈满欧、营满欧
昆明	阿拉山口（霍尔果斯）、二连浩特	鹿特丹（荷兰）、罗兹（波兰）	昆新欧
厦门	阿拉山口（霍尔果斯）、满洲里	罗兹（波兰）等	厦蓉欧
兰州	阿拉山口（霍尔果斯）	汉堡（德国）	兰州号
长春	满洲里	施瓦茨海德（德国）	长满欧

国内发（到）城市	边境口岸	境外到（发）城市	项目
临沂	阿拉山口（霍尔果斯）、二连浩特	阿拉木图（哈萨克斯坦）、乌兰巴托（蒙古国）、汉堡（德国）	临沂号/临满欧
南昌	阿拉山口（霍尔果斯）、二连浩特	鹿特丹（荷兰）	赣满欧
连云港	阿拉山口（霍尔果斯）	伊斯坦布尔（土耳其）、杜伊斯堡（德国）	连新欧
哈尔滨	满洲里	比克良（俄罗斯）、叶卡捷琳堡（俄罗斯）	哈满欧
通辽	满洲里	圣彼得堡（俄罗斯）	通满欧
石家庄—保定	阿拉山口（霍尔果斯）、二连浩特	明斯克（白俄罗斯）	冀满欧
沧州	满洲里	杜伊斯堡（德国）	冀满欧
赤峰	满洲里	俄罗斯	赤满欧
乌鲁木齐	阿拉山口（霍尔果斯）	阿拉木图（哈萨克斯坦）	新丝路号
贵阳	阿拉山口（霍尔果斯）、二连浩特	杜伊斯堡（德国）	到重庆后续入渝新欧
库尔勒	阿拉山口（霍尔果斯）	杜伊斯堡（德国）等	双向
太原	阿拉山口（霍尔果斯）、二连浩特	阿拉木图（哈萨克斯坦）等、莫斯科（俄罗斯）等	双向
南京	阿拉山口（霍尔果斯）、满洲里	阿拉木图（哈萨克斯坦）、莫斯科（俄罗斯）	南满欧
南宁	二连浩特、满洲里	乌兰巴托（蒙古国）等、莫斯科（俄罗斯）等	双向
大连	满洲里	汉堡（德国）等	双向
银川	阿拉山口（霍尔果斯）	德黑兰（伊朗）等	双向
西宁	阿拉山口（霍尔果斯）	阿拉木图（哈萨克斯坦）等、杜伊斯堡（德国）等	双向
包头	阿拉山口（霍尔果斯）、二连浩特	德黑兰（伊朗）、乌兰巴托（蒙古国）、阿斯塔纳（哈萨克斯坦）	蒙新欧
武威	阿拉山口（霍尔果斯）	阿拉木图（哈萨克斯坦）等	双向
沈阳	满洲里	伊尔库茨克（俄罗斯）	沈满欧

中欧班列是"一带一路"建设的重要内容。目前，中欧班列不仅在开行规模、覆盖范围、货运品类等方面实现了重大突破，而且形成了相对清晰的运营模式和相对稳定的运营格局。这主要得益于中国改革开放的深化、"一带一路"的推进以及中国与沿线国家协调机制的建立和完善。目前，中欧班列有以下五个特点：

1.开行的规模和质量均大幅度提升

开行规模稳步增长。根据《大陆桥视野》公布的相关数据，2011年，中欧班列全年开行量仅17列；2019年，中欧班列共开行8225列。（见图2-1）累计开行超过12 000列，提前两年实现了《中欧班列建设发展规划（2016—2020年）》确定的"年开行5000列"目标。截至2019年年底，中国境内开行中欧班列的城市达到62个，可到达欧洲15个国家的51个城市，铺行的路线达到68条，累计开行了14 691列，发送72.5万个标准箱，同比增长34%，综合重箱率达到94%。

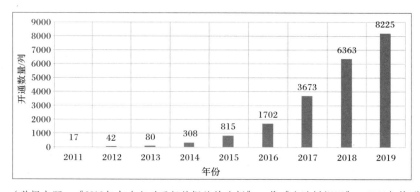

（数据来源：《2019年中欧班列开行数据总结分析》，载《大陆桥视野》，2020年第1期）

图2-1　2011—2019年中欧班列开通数量

开行质量也有大幅提升。中欧班列从原来的去二回一，到2018年年底的去三回二，到2019年回来的占去的99%，基本实现双向运输平衡，重箱率已经达到88%，比2018年提高了4个百分点，安全保障水平也得到了提高。

四大边境口岸中欧班列运量继续增长。2019年全年，经满洲里口岸进出境中欧班列达2167列，同比增长20.3%；集装箱18.47万个标准箱，同比增长25%；货值260.93亿元，同比增长3.7%。目前，满洲里口岸的中欧班列线路由2018年的52条增加到2019年的57条，开行数量连续三年增幅超20%。中欧班列的返程班列也大幅增加，返程货物由原来单一的木材类商品扩展至汽车、高端汽车配件、红酒以及粮油产品等20多个品类。这些商品在中国国内通关时间已缩短至3小时以内，在俄方通关时间不超过6小时。

2019年经二连浩特铁路口岸出入境的中欧班列达1516列，首次突破1500列，创历史最好成绩。目前该口岸中欧班列线路已开行33条，涉及23个省份，其中常态化运行14条，包括郑州、长沙、重庆、西安、厦门、成都、苏州等国内城市，国外发送地覆盖德国、俄罗斯、白俄罗斯、荷兰等欧洲国家。进出口货物日益丰富，涵盖汽车及配件、机械设备等多个品种。

2019年阿拉山口口岸累计监管中欧货运班列3545列，同比增长36.08%；货运量217.08万吨，增长105.58%；共309 970个标准箱，增长38.93%；货值约188.35亿美元，增长73.85%。其中，出口班列2086列，货运量130.33万吨，185 458个标准箱，货值约135.81亿美元；进口班列1459列，货运量86.75万吨，124 512个标准箱，货值约52.54亿美元。

2019年，霍尔果斯海关共计监管中欧班列3044列，同比增长83%，货运量达277.7万吨。其中，出口班列2655列，主要来自连云港、郑州、成都、重庆等市及直辖市；返程班列389列，主要来自德国、波兰、乌兹别克斯坦、哈萨克斯坦等国。出口货物由原来的机电类产品扩展至服装、百货、电子产品、化工产品等，返程班列主要以棉纱、建材、汽车配件为主。

2.货物品种不断丰富

中欧班列开通初期运输货物品类相对单一，主要是将当地生产的笔记本电脑、手机等IT（信息技术）产品运往欧洲。随着开行规模的扩大，"中欧班列逐渐分化为与当地经济特点相结合的两种类型：一种类型的线路强调当地生产的商品在所运货品中的特殊地位，如'渝新欧'以服务于当地笔记本电脑、机械制品等企业的进出口为重要目标；另一种类型的线路重视发挥交通枢纽等区位优势，集结其他地区货物统一运输。"（马斌，2018）中欧班列所运货物类产品扩展至电子产品、机械制品、化工产品、木制品、纺织品、小商品、食品、木材等。汽车整车出口成为新增长点。中欧班列出口运邮实现了常态化。

3.形成了清晰的运营模式

形成相对清晰的运营模式是中欧班列能够不断发展的基础。当前国内货物通过中欧班列运往国外的流程是境内货运委托人与地方线路平台公司签订货物运输协议，线路平台公司再与境内外铁路运输承运方签署协议，由它们分别负责境内段和境外段的实际运输业务，并最终将货物交付给境外收货方。目前，中欧班列向货运市场提供四种类型的班列，即主要服务于大型出口企业的"定制班列"、常态化开行的"公共班列"、货物随到随走的"散发班列"以及为小微企业服务的拼箱业务。相应的，形成了清晰的三种运营组织模式：一是由地方政府主导的国有或国有控股企业参与成立班列运营企业，如"渝新欧""郑欧""蓉欧""汉欧"等；二是由铁路系统内部中铁集运下属的全资公司中铁多联作为运营平台企业与地方平台共同主导运营组织，比如西安的"长安号"，由中铁集装箱西安分公司、西安陆港集团、陆港大陆桥公司组成联合体；三是由民营企业自发开通和主导，如"营满欧""义新欧"。（王杨堃，2019）

4.具有相对稳定的格局

中欧班列已形成以"三大通道、四大口岸、五个方向、六大线路"为特点的基本格局。"三大通道"分别是指中欧班列经新疆出境的西部通道和经内蒙古出境的中、东部通道。西部通道由新疆阿拉山口、霍尔果斯口岸出境，经哈萨克斯坦、俄罗斯、乌克兰、白俄罗斯等国后进入波兰、德国等；中部通道由内蒙古二连浩特口岸出境，经蒙古国、俄罗斯、白俄罗斯、乌克兰等国进入西欧；东部通道由内蒙古满洲里口岸出境，经俄罗斯、乌克兰、白俄罗斯等国进入西欧。"四大口岸"分别是处在三大通道上的阿拉山口、满洲里、二连浩特、霍尔果斯，它们是中欧班列出入境的主要口岸。其中，阿拉山口是班列出入量最大的口岸，其次是满洲里，二连浩特居第三位，霍尔果斯承接的班列数也在逐步增长。"五个方向"是中欧班列主要终点所在的地区，目前，这部分地区主要包括欧盟、俄罗斯及部分中东欧、中亚、中东、东南亚国家等。其中，欧盟、俄罗斯、中亚是中欧班列线路最为集中的地区和国家，中东、东南亚仅有少量班列线路。"六大线路"是指自开通至今运营质量相对较高的班列线路，即成都、重庆、郑州、武汉、西安、苏州所开行的线路在规模、货源组织以及运营稳定性等方面的表现较为突出。

5.辐射带动效应显著，机制化建设取得显著进展

随着中欧班列的发展，为沿线国家与中国，特别是中国的内陆地区扩大开放提供了安全、便捷、高效的贸易通道，现在基本上实现了铁水联运、铁海联

运，也就是多式联运，为当地经济增长和社会就业做出了贡献。2018年中欧班列运输的货值达到330亿美元，同比增长106%。中国、白俄罗斯、俄罗斯等签署了关于深化中欧班列的合作协议，成立了中欧班列运输联合工作组，立陶宛、拉脱维亚和奥地利铁路部门还成为观察员，联合工作组推动各方在运输组织、市场营销、信息协作等方面的深入合作，国内也成立了中欧班列运输协调委员会。

四、中欧班列发展中存在的问题

中欧班列在推动我国中西部地区经济发展、促进内陆城市对外开放与经济发展中有着举足轻重的地位，但也存在一些问题。已有研究发现目前中欧班列运输市场中返程班列运行时间不稳定、通关效率较低，利益驱使下重复建设问题屡见不鲜，整个运输市场无序竞争现象比较严重，与海运市场相比竞争力不足；现有的开行方案尚需进一步优化，综合服务水平有待提升。（蒋晓丹等，2017；李佳峰，2016）总结起来，中欧班列目前存在的主要问题包括：

1.货运需求不足带来的出口货源争抢与进口货源匮乏问题

中欧班列成本高、依赖补贴和返程空驶问题一直受到各相关方的关注。中欧班列发运量不足中欧贸易出口额的3%，且由于当前全球经济特别是欧洲地区经济复苏仍然乏力，短期内外贸需求很难大幅增长。据中国物资储运协会统计，目前中欧班列始发地对货源的争夺已拓展至1500千米范围内，导致部分地方政府为确保班列正常开行，通过大量补贴来帮助企业降低物流成本。各班列在国内拼抢货源、竞相压价、线路过于集中，在国际谈判中则抬高价格和各地政府补贴，严重扰乱了市场正常秩序，影响中欧班列长期健康运行。

2.运输组织上还存在通关一体化障碍和口岸及通道能力不足等问题

中欧班列途经国家较多，通关需要多国协调，在检疫和通关等方面存在不同程度的浪费时间的现象。任何通过地区的政治不稳定都会导致中欧班列通行受阻，中欧班列沿线国家铁路运输及关检的规定和限制不同也会使通关效率降低。我国铁路与国外铁路在轨距、车辆规格、运输规范等方面不尽相同。我国和西欧国家铁路是标准轨距（1435毫米），而俄罗斯、哈萨克斯坦、蒙古国铁路为宽轨（1520毫米），在班列运输过程中，需要两次换轨。此外，由于车辆载重规格不一致，在换装时会发生短／溢装和甩货。尽管物流专业人员可以根据国内外运输规则、关检规定提前进行规划，但实际操作中仍存在很多不确定性，时常造成口岸拥堵。尽管铁路部门对国际铁路运输通道和口岸站不断加大投入，但运力紧张现象时有发生，尤其是在国内西部资源富集地区。"另外，国外铁路口岸站及后方通道运力不足的问题突出，特别是，哈萨克斯坦的多斯特克口岸站长期以来接运能力和集装箱专用平车严重不足，其后方通道为单线铁路，运输十分紧张，导致我国出口货物经常在该口岸长时间等待换装挂运。"（赵青松，2015）

3.投资建设和运营成本高

中欧班列运输与海运相比，运价明显偏高。由于欧盟实行的统一货运运价率是独联体各国铁路运费的4倍多，是中国铁路运费的2倍多。在各类亚欧铁路货物列车中，波兰、德国、捷克等欧盟国家的运费最高，而欧盟铁路运费在短期内是难以改变的，这将造成中欧班列货物运输的成本很难降低，导致其难以具有竞争力。

4.缺乏统筹和协调的整合机制

2001年，中国政府就建立了新亚欧大陆桥国际协调机制，为国际经贸交流及成员跨部门合作提供了平台，对推动新亚欧大陆桥沿线国家经贸合作产生了积极的影响。联合国开发计划署和亚洲开发银行的中亚区域经济合作机制也对推动新亚欧大陆桥沿线国家的交通合作发挥了重要作用。但目前，尚缺乏中欧班列沿线各国的有效的国际协调机制，亟需统一完善各国跨境铁路基础设施，提升中欧班列在各国口岸的换轨效率，共同打造具有服务效率高、成本低的国际铁路物流通道。此外，大多数中欧班列由各地平台公司负责运营，在协调运力、运费和通关模式方面，缺乏合力。中欧班列仅是在品牌标志、运输组织上初步实现了形式上的统一，但在服务标准、全程价格、经营团队、协调平台等方面的协调整合上，还面临诸多困难。

第四节
中国自由贸易试验区和境外产业园区建设现状

一、中国的自由贸易试验区

为顺应全球化经济治理新格局、对接国际贸易投资新规则，把握对外开放主动权，积极参与全球经济治理，为中国开放发展赢得有效空间，中国做出建设自由贸易试验区（简称"自贸区"）的战略决策。目前，中国已经形成了一个由南至北、由东至西的"1＋3＋7"自贸区试点新格局。2013年8月—2017年3月，国务院先后批复成立上海、广东、天津、福建等11个自贸区，赋予自贸区大胆创新、深化改革、形成经验、复制推广的使命。

中国首个自贸区于2013年8月22日在上海设立，全称为中国（上海）自由贸易试验区（上海自贸区）。2014年12月12日，党中央、国务院决定设立广东自贸区、天津自贸区、福建自贸区。2016年8月31日，党中央、国务院决定设立辽宁自贸区、浙江自贸区、河南自贸区、湖北自贸区、重庆自贸区、四川自贸区、陕西自贸区。

上海自贸区以发展国际贸易、金融服务、航运服务、专业服务、高端制造为重点，其政策与经验强调可复制和可推广性。

广东自贸区依托港澳、服务内地、面向世界，将自贸试验区建设成为粤港澳深度合作示范区、"21世纪海上丝绸之路"重要枢纽和全国新一轮改革开放先行地。

天津自贸区为第二批自贸区中面积最大的自贸区，且为北方首个自贸区，战略定位将挂钩京津冀协同发展，重点发展融资租赁业、高端制造业和现代服务业。

福建自贸区立足两岸、服务全国、面向世界，要建设成为制度创新的试验田，深化两岸经济合作的示范区和建设"21世纪海上丝绸之路"沿线国家和地区开放合作的新高地。

辽宁自贸区主要是落实中央关于加快市场取向体制机制改革、推动结构调整的要求，着力打造提升东北老工业基地发展整体竞争力和对外开放水平的新引擎。

浙江自贸区主要是落实中央关于"探索建设舟山自由贸易港区"的要求，就推动大宗商品贸易自由化，提升大宗商品全球配置能力进行探索。

河南自贸区主要是落实中央关于加快建设贯通南北、连接东西的现代立体交通体系和现代物流体系的要求，着力建设服务于"一带一路"建设的现代综合交通枢纽。

湖北自贸区主要是落实中央关于中部地区有序承接产业转移、建设一批战略性新兴产业和高技术产业基地的要求，发挥其在实施中部崛起战略和推进长江经济带建设中的示范作用。

重庆自贸区主要是落实中央关于发挥重庆战略支点和连接点重要作用、加大西部地区门户城市开放力度的要求，带动西部大开发战略深入实施。

四川自贸区主要是落实中央关于加大西部地区门户城市开放力度以及建设内陆开放战略支撑带的要求，打造内陆开放型经济高地，实现内陆与沿海沿边沿江协同开放。

陕西自贸区主要是落实中央关于更好发挥"一带一路"建设对西部大开发带动作用、加大西部地区门户城市开放力度的要求，打造内陆型改革开放新高地，探索内陆与"一带一路"沿线国家经济合作和人文交流新模式。

二、境外产业园区

在国际经济新格局深刻变革、全球新一轮产业转移以及中国对外投资地位演变的大背景下，我国先后提出了"一带一路"倡议和国际产能合作构想。国际产能合作是我国深化与有关国家互利合作和共同发展的重要内容，也是推进"一带一路"等重大经济和外交战略的重要抓手。境外合作园区正在成为我国实现产业结构调整和全球产业布局的重要承接平台，这不仅有助于更好地落实"一带一路"倡议，更是国际产能合作的重要载体。在中国企业对接"一带一路"沿线各国战略与规划的过程中，顺利寻求市场和发展平台至关重要，境外园区建设便起到了先行示范的作用。

"一带一路"倡议提出以来，我国境外产业园区作为经贸合作的重要载体，已经成为中国企业走出去的重要平台。境外经贸合作区是中国海外产业园区的创新发展模式，属于中资控股企业在境外投资设立、双方政府认可、基础设施较为完备、公共服务功能相对健全的一种海外园区。境外产业园区是产能合作双方实现共赢的载体。中国企业境外集聚于经贸合作区实现"抱团"发展，可以降低交易成本和合作风险。

根据中国国际贸易促进委员会公布的通过确认考核的境外产业园区数据，截至2020年4月，中国已在"一带一路"40多个国家，在钢铁、水泥、有色金属、汽车、机械、纺织等产能合作重点领域成功建设了103个境外经济贸易合作区（中国境外经贸合作区投促办公室，2018，见表2-3），累计投资300多亿美元，入区企业4600多家，上缴东道国税费31亿美元。柬埔寨西哈努克港经济特区、泰国泰中罗勇工业园、埃及苏伊士经贸合作区、埃塞俄比亚东方工业园、中国-白俄罗斯工业园等工业园区已成为双边合作的典范。

当前建成的境外产业园区以工贸型产业园区和综合型产业园区为主，入园企业一般以中小企业为主。（温灏，2017）境外产业园区可以发挥集群效应，整体性解决单个企业在产能合作中面临的基础设施金融合作、政策沟通等方面的难题。"虽然'一带一路'倡议受到了大多数沿线国家的欢迎和支持，但在推动产业园区建设时，仍面临着多方面挑战。"（张波等，2018）

一是合作机制不健全，制约园区规划的建设进程。由于"一带一路"沿线国家的政治体制、发展水平、发展模式各不相同，目前尚没有在境外产业园区建设中形成普遍适用的合作机制。境外园区建设较国内可能更为复杂，目前，合作机制尚不完善，部分国家的园区建设发展受到一定制约。

二是政治环境复杂，加大园区发展的不确定性。欧美大国在相关地区的博弈带来一定的地缘政治风险。"一带一路"从东南亚经中东延伸到北非，是欧美大国博弈的焦点，地缘政治风险较为突出，对产业园区的规划建设、招商引资以及稳定运行带来挑战。

三是安全形势严峻影响市场主体参与积极性。"一带一路"沿线的很多区域存在武装冲突的风险，部分国家局势仍不稳定，甚至仍有一些地方存在军事冲突。随着地缘政治关系的变化，局部军事冲突也可能对周边国家的稳定产生影响。这些矛盾在一定程度上会给"一带一路"项目的落地带来困难。

四是经济金融风险给企业投资回报带来挑战。"一带一路"沿线国家主要是发展水平较低的新兴市场国家，这些国家原本就缺乏充足的投资资金，加上私营部门与境外主体出资有限。资金来源的不确定性已成为"一带一路"倡议发展的阻碍，单一的投融资模式也难以满足项目建设的需要。

表2-3 "一带一路"沿线境外产业园区建设情况

区域	合作区名称	所在国家	实施企业	企业所在省区或所属
非洲	埃及苏伊士经贸合作区	埃及	中非泰达投资股份有限公司	天津
	埃塞俄比亚东方工业园	埃塞俄比亚	江苏永元投资有限公司	江苏
	华坚埃塞俄比亚轻工业城	埃塞俄比亚	赣州华坚国际鞋城有限公司	江西
	华锦矿业经贸园区	津巴布韦	福建新侨商贸有限公司	福建
	中国—肯尼亚（东非）经济贸易合作区	肯尼亚	中国武夷实业股份有限公司	福建
	毛里求斯晋非经贸合作区	毛里求斯	山西晋非投资有限公司	山西
	中毛（宏东）海洋经济合作园	毛里塔尼亚	福建宏东远洋渔业有限公司	福建
	莫桑比克贝拉经贸合作区	莫桑比克	安徽省外经建设（集团）有限公司	安徽
	海信南非开普敦亚特兰蒂斯工业园区	南非	青岛海信中非控股股份有限公司	山东
	越美（尼日利亚）广东经贸合作区	尼日利亚	广东新广国际集团中非投资有限公司	广东
	莱基自由贸易区	尼日利亚	越美集团有限公司	浙江
	国基工贸园区	塞拉利昂	中非莱基投资有限公司	央企
	中苏农业开发区	苏丹	河南国基国际实业集团有限公司	河南
	江苏—新阳嘎农工贸现代产业园	坦桑尼亚	山东国际经济技术合作集团有限公司	山东
	非洲（乌干达）山东工业园	乌干达	江苏海企德明进出口有限公司	江苏
	赞比亚国际投资贸易合作区	赞比亚	昌邑国际经济技术合作有限公司	山东
	赞比亚农产品加工合作园区	赞比亚	江西国际经济技术合作公司	江西
	赞比亚中国经济贸易合作区	赞比亚	青岛端昌棉业有限公司	山东
	赞比亚中国经济贸易合作区	赞比亚	中国有色矿业集团有限公司	央企
	中非现代畜牧业循环经济工业区有限公司	埃塞俄比亚	新乡市市港皮业有限公司	河南

续表

区域	合作区名称	所在国家	实施企业	企业所在省区或所属
南美洲	奇瑞巴西工业园区	巴西	奇瑞汽车股份有限公司	安徽
欧洲	中白工业园	白俄罗斯	中工国际股份有限公司	央企
	俄中托木斯克木材工贸合作区	俄罗斯	中航林业有限公司	央企
	俄罗斯乌苏里斯克经贸区	俄罗斯	康吉国际投资有限公司	黑龙江
	黑河二七丰中俄阿穆尔农业（畜牧）	俄罗斯	黑河市北丰农业科技服务有限公司	黑龙江
	俄罗斯龙跃林业经贸合作区	俄罗斯	黑龙江省牡丹江龙跃经贸有限公司	黑龙江
	宾海华宇经济贸易合作区	俄罗斯	黑龙江东宁华信经济贸易有限责任公司	黑龙江
	俄罗斯泰森农业与牧业产业园区	俄罗斯	黑龙江华宇工贸（集团）有限责任公司	黑龙江
	华洋境外绿色农业合作园区	俄罗斯	东宁华洋贸易有限公司	黑龙江
	跃进高科技产业园区	俄罗斯	绥芬河市跃进经贸公司	黑龙江
	俄罗斯阿穆尔州列别夫卡石化建材加工园区	俄罗斯	梦兰星河能源股份有限公司	黑龙江
	俄罗斯华泰林业木材加工园区	俄罗斯	嘉荫县华泰经贸有限公司	黑龙江
	中俄农牧业产业示范区	俄罗斯	黑龙江牡丹江新友谊农垦农业经济技术开发有限公司	黑龙江
	新友谊有限责任公司	俄罗斯	印尼西加里曼丹曼丹里铝加工园区	黑龙江
	中俄玖林克森林资源经贸合作	俄罗斯	哈尔滨亚布力木业有限公司	黑龙江
	俄罗斯泰源农业与牧业产业园区	俄罗斯	吉林省泰源农牧科技股份有限公司	吉林
	俄罗斯中俄国际商贸城	俄罗斯	江西省中格进出口贸易有限公司	江西
	俄罗斯北极星林业经贸合作区	俄罗斯	黑龙江兴邦国际资源投资股份有限公司	黑龙江
	麦道工业园区	罗马尼亚	营口玉原实业有限公司	辽宁
	塞尔维亚贝尔麦克商贸物流园区	塞尔维亚	温州外贸工业品有限公司	浙江
	中匈宝思德经贸合作区	匈牙利	烟台新益投资有限公司	山东

区域	合作区名称	所在国家	实施企业	企业所在省区或所属
欧洲	中欧商贸物流园	匈牙利	山东帝豪国际投资有限公司	山东
	中法经济贸易合作区	法国	北京洲联伟业投资有限公司	北京
	中国—比利时科技园	比利时	湖北省联投控股股份有限公司	湖北
	帕希姆中欧空港产业园	德国	河南林德国际物流有限公司	河南
	阿穆尔综合园区	俄罗斯	阿穆尔工业有限公司（中铁龙兴投资发展有限公司）	黑龙江
	春天农业产业经贸合作区	俄罗斯	牡丹江盛弘源经贸有限公司	黑龙江
	阿穆尔州和兴商贸物流园	俄罗斯	黑河和兴经贸有限公司	黑龙江
	鹏瑞境外林业采伐加工区	俄罗斯	绥芬河鹏瑞经贸有限责任公司	黑龙江
	中俄远东经贸合作区	俄罗斯	绥芬河曲美木业发展有限公司	黑龙江
	俄罗斯伊尔库茨克州森林农产品商贸物流园区	俄罗斯	满洲里诚林贸易有限责任公司	内蒙古
	俄罗斯"尚圣龙"木材合作园区	俄罗斯	满洲里桐维经贸有限责任公司	内蒙古
	新吉马资源利用园区	俄罗斯	满洲里松海贸易有限公司	内蒙古
	金穗境外农业合作区	俄罗斯	满洲里恒禾粮油食品进出口有限公司	内蒙古
	钰森克拉斯诺亚尔斯克林业园区	俄罗斯	满洲里钰森经贸有限责任公司	内蒙古
	中俄林业坎斯克园区	俄罗斯	满洲里新越经贸有限责任公司	内蒙古
	北欧湖南农业产业园	芬兰	湖南北欧投资管理有限公司	湖南
	中乌农业科技示范园区	乌克兰	河南省黄泛区实业集团有限公司	河南
	浙械中意工业园区	意大利	浙械威奥斯图有限公司	河南
亚洲	海尔—鲁巴经济区	巴基斯坦	海尔集团国电器产业有限公司	山东
	华凌国际经济特区	格鲁吉亚	华山投资有限公司	新疆
	华凌自由工业园区	格鲁吉亚	新疆华顺工贸有限公司	新疆

区域	合作区名称	所在国家	实施企业	企业所在省区或所属
亚洲	吉尔吉斯斯坦亚洲之星农业产业合作区	吉尔吉斯斯坦	商丘贵友食品有限公司	河南
	福隆盛中柬工业园	柬埔寨	福建中柬投资有限公司	福建
	西哈努克港经济特区	柬埔寨	江苏太湖柬埔寨国际经济合作区投资有限公司	江苏
	柬埔寨山东桑莎（柴桢）经济特区	柬埔寨	诸城服装针织进出口有限责任公司	山东
	斯努经济特区	柬埔寨	中信控股股份集团股份有限公司	山东
	老中甘蒙钾盐综合开发区	老挝	四川省开元集团有限公司	四川
	老挝万象赛色塔综合开发区	老挝	云南省海外投资有限公司	云南
	老挝磨丁经济开发专区	老挝	云南海诚实业集团股份有限公司	云南
	马中关丹产业园	马来西亚	广西北部湾东盟投资有限公司	广西
	江西（马来西亚）现代农业科技产业园	马来西亚	江西省华美食品工业有限公司	江西
	中泰新丝路塔吉克斯坦农业投资有限公司	塔吉克斯坦	新疆中泰新丝路农业投资有限公司	新疆
	中塔工业园区	塔吉克斯坦	新疆塔城国际资源有限公司	新疆
	泰中罗勇工业园	泰国	华立产业集团有限公司	浙江
	大摩拉岛石油炼化工业园	文莱	浙江恒逸石化有限公司	浙江
	乌兹别克斯坦"鹏盛"工业园	乌兹别克斯坦	温州市金盛贸易有限公司	浙江
	特变电工绿色能源产业园	印度	特变电工沈阳变压器集团有限公司	辽宁
	中国·印尼经贸合作区	印度尼西亚	广西农垦集团有限责任公司	广西
	印度尼西亚东加里曼丹岛农工贸经济合作区	印度尼西亚	如皋市双马集团有限公司	江苏
	印度尼西亚苏拉威西镍铁工业园	印度尼西亚	青岛市恒顺众昇集团股份有限公司	山东
	中国印尼综合产业园区青山园区	印度尼西亚	上海鼎信投资（集团）有限公司	上海
	印尼西加加里曼丹铝加工园区	印度尼西亚	杭州锦江集团有限公司	浙江

区域	合作区名称	所在国家	实施企业	企业所在省区或所属
亚洲	中国—印尼肯达里工业区	印度尼西亚	中国港湾（印尼）有限公司	央企
	罕王—富域产业园	印度尼西亚	罕王实业集团有限公司	辽宁
	中国•印度尼西亚聚龙农业产业合作区	印度尼西亚	天津聚龙集团	天津
	越南铃中加工出口区和工业区	越南	中国电气进出口有限公司	北京
	越南中国（海防深圳）经贸合作区	越南	深圳市深越联合投资有限公司	广东
	越南北江省云中工业园区（越南富华公司）	越南	江苏通州四建集团有限公司	江苏
	越南龙江工业园	越南	前江投资管理有限责任公司	浙江
	圣力（越南）经贸合作区	越南	圣力（福建）投资发展有限公司	福建
	阿治曼中国城	阿联酋	海湾中国贸易有限公司	湖南
	中哈金土地高科技产业园区	哈萨克斯坦	大庆金土地节水工程设备有限公司	黑龙江
	中韩科技创新经济园区	韩国	金跃集团有限公司	黑龙江
	华岳柬埔寨绿色农业产业园	柬埔寨	华岳集团有限公司	山东
	柬埔寨齐鲁经济特区	柬埔寨	淄博昊德投资发展有限公司	山东
	中国龙大市场	沙特阿拉伯	绥芬河昊泽经贸有限公司	黑龙江
	中塔（河南）农业产业科技示范园区	塔吉克斯坦	河南省黄泛区实业集团有限责任公司	河南
	泰国湖南工业园	泰国	邵东隆顺贸易有限公司	湖南
	安集延纺织园区	乌兹别克斯坦	南阳木兰花实业有限公司	河南
	印尼海洋渔业发展有限公司	印度尼西亚	春申股份有限公司	福建
	北汽福田汽车工业园	印度	北汽福田汽车股份有限公司	北京
	奇瑞汽车产业园	伊朗	奇瑞汽车股份有限公司	安徽

（资料来源：境外产业园区信息服务平台）

第五节
"丝绸之路经济带"发展现状

一、地理资源基础

1. "丝绸之路经济带"概况

"丝绸之路经济带"是在古代丝绸之路概念基础上形成的当代经贸合作升级版，被认为是世界上最长、最具有发展潜力的跨国经济走廊。亚欧大陆桥连接着东亚、中亚、西亚、中东、东欧、中欧、南欧以及西欧等的30多个国家。这些国家占世界国家数的22%，面积3970平方千米，占世界陆地总面积的26.6%，居住人口约22亿人，占世界人口的36%。

"丝绸之路经济带"上人口众多、市场规模独一无二、合作潜力巨大。横看整个"丝绸之路经济带"，亚欧大陆桥一头连着繁荣的东亚经济圈，另一头系着发达的欧洲经济圈，但在中亚地区形成了一个经济凹陷带。这条经济凹陷带里，虽然有丰富的矿产资源、能源资源、土地资源和人力资源，以及古丝绸之路沿线众多的由历史文物、古迹、壮丽自然风光和多民族文化构成的宝贵的旅游资源，但经济发展水平和两端的经济圈落差巨大，不仅人均GDP相差悬殊，而且贫困人口比例远高于亚欧大陆的平均人口比例。

"丝绸之路经济带"在全球化和区域经济一体化的发展背景下，以综合交通通道和中心城市为依托，跨越中国、中亚、中东和东欧。考虑经济带范围内的自然资源、经济贸易、生产要素的资源互补和流动配置，以共同实现社会经济发展为目的，本书主要研究了"丝绸之路经济带"涉及的核心区域，其主要研究范围及沿线国家基本情况见表2-4。

以中国作为"丝绸之路经济带"的东端起点，根据"丝绸之路经济带"区段特征以及地缘政治经济特征，可将"丝绸之路经济带"划分为两大区域：一是中部核心区，包括中亚、西亚、南亚以及东欧等地区，有哈萨克斯坦、吉尔吉斯斯坦、塔吉克斯坦、乌兹别克斯坦、土库曼斯坦、阿富汗、巴基斯坦、阿塞拜疆、亚美尼亚、格鲁吉亚、土耳其、伊朗、叙利亚、伊拉克、沙特阿拉伯等国家；二是西部经济带动区，包括欧洲的俄罗斯、德国、法国、英国、波兰等国家。

表2-4 "丝绸之路经济带"沿线国家基本情况（2018年）

	土地面积/万平方千米	人口/百万人	GDP/十亿现价美元	人均GDP/现价美元	人均GDP增长/年增长率%
中部核心区	1345.15	757.39	3488.48	221 527.2	34.3
哈萨克斯坦	269.97	18.28	179.34	9812.6	2.7
吉尔吉斯斯坦	19.18	6.32	8.27	1308.1	1.7
塔吉克斯坦	14	9.10	7.52	826.6	4.7
乌兹别克斯坦	42.54	32.96	50.39	1529.1	3.6
土库曼斯坦	46.99	5.85	40.76	6966.6	4.5
阿富汗	65.29	37.17	19.48	524.2	−0.6
巴基斯坦	77.09	212.22	314.57	1482.3	3.7
阿塞拜疆	8.27	9.94	47.11	4739.8	0.6
亚美尼亚	2.85	2.98	12.46	4220.5	5.0
格鲁吉亚	6.95	3.73	17.60	4722.8	4.9
土耳其	76.96	82.32	771.35	9370.2	1.3
伊朗	162.86	81.80	445.35	5520.3	2.3
伊拉克	43.43	38.43	224.23	5834.2	−2.8
叙利亚	18.36	—			
沙特阿拉伯	214.97	3.37	78.65	23 339.0	0.6
以色列	2.16	8.89	370.59	41 719.7	1.6
约旦	8.88	9.96	42.23	4241.8	0.1
也门	52.8	28.50	27.59	968.2	−1.6
阿曼	30.95	0.49	79.28	16 414.9	−1.7
科威特	1.78	4.14	140.65	33 994.4	−1.3
巴林	0.08	1.57	37.65	23 991.1	−2.9
巴勒斯坦	—	—	—	—	—
黎巴嫩	1.02	6.85	53.37	8024.8	−2.5
埃及	99.55	98.42	303.18	2549.1	3.2
乌克兰	57.93	44.62	153.78	3096.8	3.9
白俄罗斯	20.29	9.48	63.08	6330.1	3.3
西部经济带动区	1793.21	426.65	13 013.86	235 239.7	15.8
俄罗斯	1637.69	144.48	1669.58	11 370.8	2.5
德国	34.85	82.91	3949.55	47 639.0	1.2

	土地面积/万平方千米	人口/百万人	GDP/十亿现价美元	人均GDP/现价美元	人均GDP增长/年增长率%
法国	54.76	66.97	2787.86	41 631.1	1.6
英国	24.20	66.46	2860.67	43 043.2	0.7
波兰	30.62	37.97	587.11	15 460.6	5.3
荷兰	3.37	17.23	914.10	53 048.1	2.0
捷克	7.72	10.63	244.99	23 046.9	2.5
总合计	3138.36	1184.04	16 502.34	456 766.9	50.1

注："—"表示缺失数据。（数据来源：世界银行数据库）

从地缘角度来看，中部核心区主要包括中亚经济带、环中亚经济带两大部分。中亚经济带是"丝绸之路经济带"的凹陷地区，经济发展水平整体落后，社会波动较大。中亚地区地处亚洲中心，扼守欧亚两洲陆路通道。根据联合国最新估计，中亚地区总人口约7400万人，约占世界人口的1%，在亚洲次区域中排名第五位。其中，各国人口占比为：乌兹别克斯坦45%，哈萨克斯坦25%，塔吉克斯坦13%，吉尔吉斯斯坦8.5%，土库曼斯坦8.5%。（中华人民共和国商务部，2020）中亚地区与中国共有3000多千米的边境线，具有地区稳定及能源资源、经济贸易合作的天然需求和开发潜力。2001年上海合作组织成立以来，中国目前已成为中亚国家最主要的贸易伙伴和投资伙伴，但比重仍有待提高。共建"丝绸之路经济带"有助于中国西部大开发和中亚各国经济发展，深化中国与中亚地区的能源资源合作，并促进该区域和平稳定和繁荣发展。环中亚经济带是中部核心经济带的外围地区，该地区地处亚欧大陆中心区域，也是"丝绸之路经济带"的中间地段，对于打造亚欧陆路大通道具有十分重要的经济和战略意义。从经济发展水平看，除沙特阿拉伯等石油资源丰富的国家外，其他国家经济发展差异较大，整体水平较落后。从货物贸易来看，该地区主要贸易伙伴为欧盟、美国等发达地区和国家。中国与该地区的经贸往来比重较小，经济贸易合作亟须提升。特别需要指出的是，该地区富有石油天然气资源，是目前中国能源进口的主要区域之一。因此，该地区是非常重要的能源安全战略地区和经贸往来潜力区。

西部经济带动区①是"丝绸之路经济带"的拓展区。该地区主要覆盖了欧洲的一些国家和地区。欧洲段作为"丝绸之路经济带"的西端，经济整体繁荣稳定，发展水平高，对外贸易活跃，尤其是西欧地区经济高度发达，是世界经济最集聚的地区之一。从对华交往来看，欧盟与中国作为"丝绸之路经济带"上的两端，双方互为第二大贸易伙伴，经济社会、科学技术、文化教育交流不断深化。欧盟地区是中国技术引进和留学生出国的主要地区之一。不过，中国与欧盟的经贸往来主要依靠海陆通道，亟须拓展陆路通道以扩大经济贸易、科技文教合作。

2. "丝绸之路经济带"的资源与能源

矿产资源作为工业能源和原材料，是经济发展的重要物质基础，无论国家资源禀赋丰歉，无论其经济发展水平高低，矿产资源都在一定程度上影响着其经济发展的模式、速度、质量。对"丝绸之路经济带"沿线国家来说，因地域空间上的邻近性，具有天然的资源合作优势和广阔的资源市场开拓空间。

（1）"丝绸之路经济带"是全球油气资源最富集的地区

"丝绸之路经济带"石油分布高度集中。根据OPEC相关的能源统计数据显示，中东地区的石油储量占到全世界探明储量的61.5%，总量为7420亿桶。中东地区也是世界产油大国最集中的地方，主要集中在波斯湾周边国家。（见表2-5）中东地区的产油大国有沙特阿拉伯、伊朗、伊拉克、科威特、阿联酋和卡塔尔等国。此外，俄罗斯、中亚国家以及北非的埃及也是石油资源富集地区。俄罗斯、中亚、北非同时也是天然气资源富集地区，天然气探明储量合计占"丝绸之路经济带"探明储量的92.1%。

表2-5　"丝绸之路经济带"研究范围内主要国家石油和天然气情况

国家	石油剩余储量/万吨	石油产量/万吨	天然气储量/亿立方米
阿联酋	1 339 860	11 768.5	60 711.65
阿曼	75 350	3821	8495.1
阿塞拜疆	95 900	1500	8495

① 西部经济带动区："丝绸之路经济带"西端的区域，主要包括欧洲的俄罗斯、德国、法国、英国、波兰等国家，是国际上经济发达的重要经济实体。

国家	石油剩余储量/万吨	石油产量/万吨	天然气储量/亿立方米
巴基斯坦	3962.07	310.5	7928.76
巴林	1706.47	871	920.3
白俄罗斯	2712.6	—	28.2
俄罗斯	822 000	44 433.5	475 725
格鲁吉亚	479.5	15	84.95
哈萨克斯坦	411 000	4850	28 317
卡塔尔	208 335.9	3912.5	257 826
科威特	13 56300	10 250	15 432.77
沙特阿拉伯	3 559 260	43 750	67 819.22
土耳其	4110	210	84.95
土库曼斯坦	8220	1000	28317
乌克兰	5411.5	420	11 043.63
乌兹别克斯坦	8137.8	750	18 406.05
叙利亚	34 250	2516.5	2406.95
也门	41 100	1750	4785.57
伊拉克	157 550	10 012.5	31 715.05
伊朗	1 866 899	19 658.5	275 807.58
以色列	—	—	361.04
约旦	—	—	60.32
阿富汗	—	—	495.55
塔吉克斯坦	—	—	56.63

注："—"为数据缺失。（数据来源：OPEC能源统计数据）

（2）"丝绸之路经济带"是全球煤炭资源开采和消费区

"丝绸之路经济带"煤炭探明储量占世界总储量的54.1%（人民网，2015），煤炭产量和消费量分别高达87.6%和88.7%。中国是该地区最为重要的煤炭开采国和消费国，产量和消费量分别占"丝绸之路经济带"的66.8%、70.0%，占世界的46.4%和50.2%，但煤炭探明储量只占到"丝绸之路经济带"的24.6%。近年来，中国煤炭消费增长量的速度已明显下降。在"丝绸之路经济带"范围内，储采比较高和产量与消费量之差较大的地区为俄罗斯（见图2-2）和东南亚地区，中东、南亚、中国和欧洲地区为煤炭相对短缺地区，需要从国际市场弥补国内市场需求缺口。目前，整个"丝绸之路经济带"地区煤炭产量与消费量之差为5400万吨油当量，就煤炭资源目前的生产消费格局来看，在未来，"丝绸之路经济带"不同地区之间煤炭的贸易需求仍有较大增长空间。

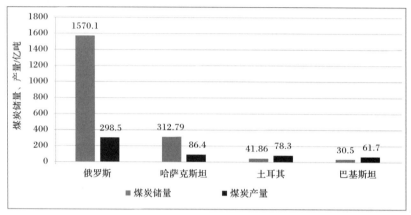

图2-2 "丝绸之路经济带"主要国家煤炭储量与煤炭产量

（3）油气主产区与主要消费区空间不匹配，经济带内油气资源合作潜力大

"丝绸之路经济带"石油、天然气资源丰富，分布高度集中，但消费区与产区空间不匹配：中东、俄罗斯、北非、中亚是主要油气产区，但自身消费能力有限，油气资源下游深加工技术能力较差，而欧洲、中国、南亚、东南亚为主要消费地区，自己产量无法满足本地区需求，但油气资源深加工能力较强。油气资源主产区和消费区优势互补，合作潜力大。"丝绸之路经济带"范围内，中东、俄罗斯、中亚、北非为石油富集地区，不仅能满足本地区长期经济发展对石油资源的需求，而且还大量出口。中东石油探明储量达到1002亿吨，占世界总储量的61.5%。2012年，以整个"丝绸之路经济带"为整体，石油产量与消费量之差为7.5亿吨，这意味着该地区不仅能够满足自身对石油资源的需求，还有富余资源供给世界其他地区。目前，在美国、欧盟、日、韩等发达国家和地区石油进口量保持稳定甚至缩减的情况下，经济带内中国、印度等新兴经济体有着日益增长的石油进口需求，可以预见，未来"丝绸之路经济带"范围内国家之间的石油贸易将会有较大幅度增长空间。天然气格局与石油资源具有极高相似度。在"丝绸之路经济带"范围内，俄罗斯、中东地区依然是天然气主要富集地区，不仅储采比高，而且产量和消费量之差大。该地区天然气探

明储量占世界总储量的79.63%，产量和消费量分别占世界的51.66%和45.54%。整个经济带产消差为2284亿立方米，这说明本地区天然气资源极为丰富，未来天然气国际贸易空间极为广阔。

（4）"丝绸之路经济带"是全球有色金属矿产主产区和消费区

在"丝绸之路经济带"中，中亚地区及中、俄、蒙等国是有色金属矿产富集地区。尤其是中国，多种有色金属矿产储量居世界首位。中国不仅是资源消费大国，同时也是资源出口大国，尤其是有色金属出口，例如，钨、铅、锑、钼等的出口，对世界经济发展做出了重要贡献。中亚及俄罗斯、蒙古国地区矿产资源丰富，尤其是有色金属矿产，在世界占有重要地位。中国是"丝绸之路经济带"内最为重要的铁矿开采国和消费国，其生产量和消费量分别占到全区的76.9%和80.7%。

（5）"丝绸之路经济带"文化旅游资源丰富

在旅游资源总量上，"丝绸之路经济带"沿线国家旅游资源数量众多，自然保护区旅游资源占全球比重为74.7%，自然遗产旅游资源占全球比重为32.1%，文化遗产旅游资源占全球比重为50.9%。在旅游资源空间分布上，不同区域旅游资源呈现非均衡分布特征，亚太区自然保护区旅游资源和文化遗产旅游资源占比为13.5%和25.6%，中东区和非洲区占比仅为16.6%和3.2%。欧亚大陆桥自然旅游带有效连接了丝绸之路东西两端自然旅游资源丰富地区，并为南亚、中亚、西亚和中东等自然旅游资源洼地带来了丰富的国际旅游客源。

作为连接东欧日耳曼拉夫、古希腊—古罗马、古埃及、古中国、古巴比伦、古印度的众多人类文明发源地的交通要道，丝绸之路凭借其悠久的历史文化、发达的区域经济和强烈的文化需求，成为今日东西方文化交流和遗产地保护的重要走廊。文化旅游资源主要分布在滨海、大河、绿洲和平原地区，并沿亚欧大陆桥呈现带状分布特征。

文化旅游资源分布密度较高的"六区"包括：伏尔加河流域的中东欧日耳曼斯拉夫文化旅游区；地中海、爱琴海沿岸的南欧古希腊古罗马文化旅游区；尼罗河流域的中东古埃及文化旅游区；黄河、长江流域的东亚古中国文化旅游区；幼发拉底河、底格里斯河流域的西亚古巴比伦文化旅游区；恒河流域的南亚古印度文化旅游区。

二、经济发展与产业园区

1.经济发展特征

（1）总体发展特征

"丝绸之路经济带"沿线国家经济规模差距明显。除中国、俄罗斯、土耳其、沙特阿拉伯等国GDP规模较大外，其他国家经济规模总体较小。2012年，白俄罗斯、阿塞拜疆、亚美尼亚、格鲁吉亚、蒙古、约旦、阿富汗、也门、乌兹别克斯坦、土库曼斯坦、塔吉克斯坦、吉尔吉斯斯坦等国GDP均在500亿美元以下，其中，吉尔吉斯斯坦最小，GDP仅为32.3亿美元。

在空间上，经济带沿线地区存在明显的东西部较发达、中部塌陷的格局。较发达国家如中国、俄罗斯、沙特阿拉伯、土耳其位于经济带东西两侧，较落后国家如吉尔吉斯斯坦、塔吉克斯坦、格鲁吉亚等均位于经济带中部，这些地区地处亚洲大陆腹地，经济基础薄弱，缺少出海通道，在以海洋文明为主导的近现代，地理条件制约了这些地区的发展。

"丝绸之路经济带"沿线各国人均GDP水平存在明显的国家间差异，中东石油国家人均GDP较高。其中，卡塔尔最高，2018年达250 409美元，其次为科威特，为10 266美元，其他如阿联酋、以色列、沙特阿拉伯、巴林、阿曼等国均超过世界平均水平。沿线许多国家特别是中亚、南亚国家仍为传统的农业国，工业化进程尚处于起步阶段，经济发展水平依然较低。如吉尔吉斯斯坦、塔吉克斯坦、乌兹别克斯坦、阿富汗、巴基斯坦等国的人均GDP均在1000美元以下。

基于重力模型来分析各国之间的经济联系强度可见，中国主要和俄罗斯、土耳其、巴基斯坦等国联系强度较大。

（2）分区发展特征

中亚各国经济增长程度和经济规模存在着较大差异，在区域经济发展中的地位和影响差异明显。中亚五国中，哈萨克斯坦和乌兹别克斯坦的经济规模相对较大，2012年，两国国内生产总值分别为871.9亿美元和251.8亿美元。而吉尔吉斯斯坦和塔吉克斯坦的经济规模相对较小，GDP分别为21.3亿美元和36.7亿美元。土库曼斯坦的经济规模则介于前二者之间。中亚各国之间人均收入水平表现出较大的差异，贫富分化明显。哈萨克斯坦是中亚五国中最为富裕的国家，2012年人均GDP为5192.6美元。由于国内政治不稳和外部环境约束，塔吉克斯坦经济发展相对滞后，成为中亚五国中人均收入水平最低的国家，人均GDP仅为458.6美元。中亚五国之间的贫富分化较为明显。

中亚五国都脱离于苏联，受其经济分工的影响，这些国家在苏联时期作为重要的原料和能源供应区，着重发展了采掘、化工、核工业和农牧业等，忽视了加工业和消费品生产，大部分日用消费品都依靠进口，农、轻、重产业比例失调。原料型经济倾向，经济结构单一，初级产品具有优势，加工工业落后，参与世界经济一体化程度不足，大部分民用品依赖进口，这些都阻碍着中亚国家的可持续发展。苏联解体后，中亚国家的产业结构仍偏重农业和能源产业。其中，哈萨克斯坦、土库曼斯坦和乌兹别克斯坦的能源相对丰富，三国早在独立初期就把能源出口作为实现国家稳定和经济增长的重要途径，通过吸引外资和不断提高能源开采量增加外汇收入，从而为建立新的工业基础设施、发展加工业和服务业创造条件。而塔吉克斯坦和吉尔吉斯斯坦的经济规模小，严重依赖原材料出口、移民收入和国际援助。世界银行最新发布的一份报告称，2012年塔吉克斯坦侨汇占GDP的比重位居世界第一位，占GDP的47%，约为33.4亿美元。从经济结构和从业人口状况看，哈萨克斯坦、乌兹别克斯坦、土库曼斯坦三国仍为工业—农业国，塔吉克斯坦、吉尔吉斯斯坦两国仍为农业国。

在西亚北非各国中，沙特阿拉伯、伊朗、阿联酋和以色列是经济总量最大的四个经济体。2012年，四国GDP分别为5008.7亿美元、2574.8亿美元、2216.5亿美元和1826.7亿美元。巴勒斯坦、阿富汗、约旦、也门等国的经济规模最小，GDP分别为59.3亿美元、124.4亿美元、179.3亿美元和181.2亿美元。

西亚北非地区在特定的自然条件、社会政治经济条件以及国际市场等因素的综合作用下，形成了独特的经济模式和市场特点：

第一，畸形的石油经济和相对落后的民用工业。单一的油气资源所形成的畸形经济结构，导致各国出口产品单一且以初级产品为主。在初级产品中，除石油、天然气外，还有一些土特农产品，如椰枣、干鲜果、珍珠等。制成品也主要为石油加工品及其他一些新发展起来的部门，如建材、钢铁、金属制品等。

第二，对外依赖性大。由于经济结构畸形，各国主要出口初级产品，石油、天然气占出口品的90%以上。经济结构单一，对外依存度大，除了油气较充足外，其他资源相对匮乏，都需要进口；除了石油工业以外，其他轻重工业普遍不发达，科技和设备严重依赖外国。

第三，贫富分布不均，两极分化严重。在该地区，财富的两极分化是一个无法回避的现象。石油开发加剧了两极分化，使贫富之间的差距更大。该地区存在着产油国与非产油国之间的贫富分化，也存在富油国与贫油国、少油国之间的贫富分化。同时，一国之内还存在着上层统治者与一般老百姓之间的贫富差距。王室成员、企业家、承包商、经纪人和政府高官成为产油国城市的新富。在伊拉克，城市居民的平均收入是农村居民平均收入的几十倍。在伊朗，工资差别巨大，国家石油公司总经理月薪差不多是工人最低工资的100倍。虽然各国政府也采取措施大力发展社会福利，免除公民的税收负担，并对食品、住房、水电等提供大量补贴，实行免费教育、医疗，但社会鸿沟依然存在。

第四，国家主导模式下，经济动力缺失。各国获得独立后，经济基本上都是国家主导型的，政府以行政、法律手段来代替市场机制，实现资源配置，推动经济增长。然而，国家主导经济本质上是一种非经济动力。由于国家职能的复杂性和综合性，政府在推进现代化进程时，不仅要考虑经济发展，而且要顾及政治、社会目标的实现。这就使许多国家的经济发展从属于政治目标的情况经常发生，制约了经济发展。另外，过度的市场保护使国内工业缺乏竞争压力和技术革新动力。单靠国家的保护，满足于对国内市场的独占供应，没有竞争，使得工业发展缓慢，而且不利于吸引外资、引进先进技术设备等。另一方面，由于国有企业受到多种非经济因素的制约和政府的过度保护，且受到价格限制和利润幅度限制，缺乏投资和用人等方面的自主权等，致使产业劳动和资本生产率低下。

东欧与俄罗斯及其周边国家间的经济发展水平也存在较大差距。2012年，俄罗斯GDP为9806亿美元，其他国家除土耳其外经济规模都较小，乌克兰、白俄罗斯、阿塞拜疆、格鲁吉亚、亚美尼亚的GDP分别为954.8亿美元、461.2亿美元、289.5亿美元、93.6亿美元、66.4亿美元。这些地区经济发展表现出以下特点：

第一，经济增长主要靠内需带动，对经济增长贡献较大的是与人民生活密切相关的零售业、服务业和建筑业。各国在转型前普遍重视重工业的发展，导致与人民生活密切相关的产品和服务供给不足，消费者不能享受到充分的消费服务。随着20世纪90年代转型期的结束，被压抑的国内需求开始迅速增长。对中东欧转型国家来说，打开国门、实行经济自由化对于拉动内需具有重要的意义：一方面贸易自由化，尤其是与西欧国家的经济一体化加强了消费者对未来的乐观预期，提高了其消费意愿；另一方面，国外商品的大量涌入弥补了国内在同类商品供给方面的不足，满足了日益增长的国内需求。值得一提的是，即使是被普遍认为依靠能源出口拉动经济增长的俄罗斯，其商业、服务业和建筑业也是对经济增长贡献最大的部门，贡献率超过60%。

第二，金融自由化政策带来了大规模的资本流入，带动了信用繁荣，促进了消费需求膨胀。在转型前，各国的金融体系都处于压抑的状态，而转型后所实行的金融自由化政策旨在通过外资参与来弥补本国金融体系的发育不良。2008年金融危机前，流入各国的外国直接投资都呈现出迅速增长的态势。大规模的资本流入和外资银行参与带动了信用繁荣，使资产价格上涨。资产价格上涨进一步促进了消费增长，消费增长又促使银行信贷扩张，从而形成了各转型国家"高负债、高消费"的经济增长模式。

第三，企业生产所需要的先进技术以引进为主，缺乏自主创新和企业家精神，商业环境亟待改善。与国外企业相比，各转型国家的本土企业无论是从生产效率还是从产品质量来看都处于劣势，因而其经济自由化必然会造成国外商品对国内产品的替代。这在为本国消费者带来福利的同时，也对本国生产者造成了巨大冲击。对那些通过引入外国资本来推动私有化的国家而言（如波兰），由于外国资本往往看好那些基础设施比较好、地理环境比较优越、发展潜力比较大、容易带来经济效益的企业，因而大量优质的国有资本落到了国外资本的手中。这进一步削弱了本国企业的生产能力和产品竞争力。因此，与经济增长、人民生活水平提高相伴随的是研究与开发投入不足、技术进步缓慢、先进技术以引进为主。

2.贸易往来特征

（1）总体特征

中国与"丝绸之路经济带"沿线国家的贸易额不高。中国主要的对外贸易对象为美国、日本、韩国、德国、澳大利亚等国。2012年，中国与经济带沿线国家的贸易总额为4190亿美元，仅占中国对外贸易总额的10.8%。其中，进口额2179亿美元，出口额2011亿美元，分别占中国外贸进出口总额的10.6%和11.1%。

与中国贸易往来较多的国家是俄罗斯、沙特阿拉伯、阿联酋、伊朗等。2012年，与四国双边贸易额分别为882亿美元、733亿美元、404亿美元、365亿美元。与四国贸易额占丝路沿线国家总量的56.7%。与其他沿线国家的贸易往来较少。尤其是与"丝绸之路经济带"的核心成员国如中亚五国的贸易量较小，除哈萨克斯坦达到257亿美元外，其他均在100亿美元以下。

从进出口结构看，总体上中国与经济带沿线国家的贸易进出口结构基本平衡。2012年，进口额2179亿美元，出口额2011亿美元。其中，从进口来看，中国进口商品最大来源国是沙特阿拉伯，2012年的进口额达548.6亿美元，其次是俄罗斯，为441.6亿美元，其他国家如伊朗、阿曼、哈萨克斯坦的进口额也较大。可见，中国从丝路沿线国家进口的商品以石油、天然气等能源产品为主。

从出口看，中国商品的最大出口目的地是俄罗斯，2012年，对俄出口额达440.6亿美元，其次为阿联酋，为295.7亿美元。其他国家如沙特阿拉伯、土耳其、伊朗和哈萨克斯坦的出口额相对较高。

从贸易结构看，中国与多数国家保持贸易顺差，出口额明显大于进口额。如吉尔吉斯斯坦、塔吉克斯坦、乌兹别克斯坦、阿富汗、以色列、约旦、叙利亚、埃及、波兰、乌克兰、印度、巴基斯坦等国，中国出口额占贸易额的比重均超过60%。贸易不平衡现象较为明显。

（2）与中亚国家的贸易

苏联解体后，市场化的推进、国际能源和原材料价格的多年持续上涨均促进了中亚五国对外贸易的增长。但由于禀赋优势、地理区位条件等差异，各国贸易发展不平衡程度较高。中国与中亚毗邻，早在西汉年间，依托古丝绸之路，两地商贸活动频繁，近年来，随着经济社会发展，两地经贸联系不断增强。总体上，中亚与中国的经贸关系具有以下特征：

第一，双边贸易规模呈现高速增长趋势。21世纪以来，我国和中亚五国双边贸易总额呈现高速增长趋势。2002—2012年，我国和中亚五国双边贸易总额年均增速达36.4%，显著高于我国对外贸易总额年平均增速，个别年份对哈萨克斯坦、乌兹别克斯坦等国增速甚至超过800%。2012年，我国和中亚五国的双边贸易总额合计达459.5亿美元，其中，进口246.4亿美元，出口213.1亿美元，分别较2001年增长29.4倍、24.2倍和43.3倍。2019年，我国与中亚五国贸易总额达463.55亿美元，进口与出口的商品种类也不断增加。

第二，我国是中亚五国第一大贸易伙伴，哈萨克斯坦占据较大比重。但中亚五国经济总量较低，并非我国对外贸易的主要伙伴国。21世纪以来，中亚五国占我国对外贸易总额比重已由2001年的0.38%上升到2012年的1.19%，地位有所上升，但仍处较低水平。然而，对中亚五国而言，我国已经基本取代俄罗斯，成为其最主要的贸易伙伴。目前我国已经是哈萨克斯坦、土库曼斯坦、吉尔吉斯斯坦和塔吉克斯坦第一大贸易伙伴，是乌兹别克斯坦第二大贸易伙伴。2012年，对华贸易总额占哈萨克斯坦贸易总额的比重超过1/4，占乌兹别克斯坦的1/5左右，占塔吉克斯坦的40%，占吉尔吉斯斯坦、土库曼斯坦两国的50%以上。在中亚五国中，哈萨克斯坦和我国有着1000多千米的相邻边境线，且在中亚五国中经济总量最大、工业化水平较高，一直是我国在中亚五国中最主要的贸易伙伴，21世纪初中哈贸易占中国和中亚五国贸易的比重一度接近90%。近年来，随着中亚其他国家经济的不断发展以及能矿资源的不断开发，特别是中土天然气管道的建成，有效促进了土库曼斯坦等国向我国出口油气资源，因此中哈贸易占比有所下降，但2012年仍高达55.9%。

第三，中亚五国对华出口以能源矿产品为主。中亚五国由于工业化程度落后、经济发展水平低，对我国出口商品以自身资源禀赋具有优势的能源矿产类初级产品为主。哈萨克斯坦石油储量较为丰富，加之通向我国的输油管道建设已经基本完毕，其对华出口额中石油占比接近60%，从哈萨克斯坦进口的原油占我国原油总进口量的3.9%，排名第八位。此外，哈萨克斯坦也是我国重要战略资源铀矿砂的主要来源地，进口量占我国总进口量的70%以上。其他中亚国家的出口结构均受其资源禀赋的影响。塔吉克斯坦在锑、铅等有色金属矿产资源上具有比较优势，有色金属矿砂占其对我国出口的比重接近80%；土库曼斯坦在天然气资源上具有比较优势，且和我国有天然气管道联通，天然气占其对我国出口比重高达80%以上，是我国第一大天然气进口国。乌兹别克斯坦除在铀矿、天然气等领域具有资源优势外，还是全球第二大棉花出口国，对我国出口产品除铀、天然气外，还包括棉花和初级棉织品。吉尔吉斯斯坦黄金等贵金属储量相对丰富，对我国出口中贵金属占比超过1/3，是我国重要的黄金进口国。（见表2-6）

表2-6　中国与中亚五国贸易额及主要进出口商品（2019年）

国家	贸易额/亿美元	从中国进口的商品	向中国出口的商品
哈萨克斯坦	220.03	机电产品、贱金属及其制品、运输设备及橡胶	矿产品、石油、粮食
吉尔吉斯斯坦	63.47	机械设备、服装、贱金属及其制品	黄金
乌兹别克斯坦	72.13	推土机、筑路机、平地机、铲运机、空调、钢制品、电机、电器、音响设备及其附属零件	天然气、棉花、天然铀
塔吉克斯坦	16.75	机电、机械设备、建筑材料以及纺织等各类用品	矿产品、棉花、生皮及皮革等
土库曼斯坦	91.17	机械设备、运输工具	天然气

（数据来源：海关统计数据在线查询平台，查询时间为2020年10月2日）

第四，劳动密集型产品在我国出口产品中占主要地位。"中亚五国独立后相当长一段时间内，国内工业体系基本陷于瘫痪，绝大部分消费品依赖进口，因此纺织服装鞋帽、玩具等劳动密集型产品成为中国向中亚五国出口的主要商品，占比一度超过60%。近年来，随着中亚五国经济增长、工业化水平提升和基础设施建设的加速，各国对橡胶、钢铁制品、机械设备、汽车等资本技术密集型产品的需求量增长迅速，但劳动密集型产品占据主导地位的局面并未根本改变。2012年中亚五国从中国进口产品中，劳动密集型产品占比超过40%，机电产品占比不到1/3。其中，吉、塔两国进口产品中劳动密集型产品占比超过60%，机电产品占比则不到15%。"（李大伟，2014）

（3）与西亚北非国家的贸易

第一，双边进出口规模迅速扩大。从20世纪90年代开始，随着中国对西亚国家石油进口量的快速增加和国际石油价格的高位运行，以及中国轻工业产品制造生产和出口能力的显著提升，中国与西亚国家的双边货物进出口规模迅速扩大。2000—2012年，中国与西亚国家进出口贸易总额从161.53亿美元扩大到2308.25亿美元，年均增长达到24.8%。

由于中国与西亚的资源禀赋和产业结构互补性较强，中国—海合会自贸区谈判的稳步推进又创造了良好的外部环境，未来中国与西亚双边贸易的增长空间仍然广阔，两地有望通过不懈努力和积极协作，共同应对外部挑战，在互利共赢中实现更深层次的双边贸易协同发展。

第二，在各自对外贸易中的地位日益提高。从中国对外贸易的角度看，西亚进出口总额占中国对外进出口总额的比重虽然仍比较小，但近年却呈现出了稳步上升的趋势，重要性正不断加强。在出口方面，1994年，中国对西亚出口只有25.81亿美元，仅占出口总额的2.13。2012年，中国对西亚出口已增至856.63亿美元，占比增加至4.18。在进口方面，1994年，中国从西亚进口12.46亿美元，西亚占中国进口贸易比重仅为1.08。到2012年，中国从西亚进口额更是增长到了1451.62亿美元，占比提高到了7.98。（见表2-7）

表2-7　中国与西亚国家贸易额及份额变化

项目	1994年		2012年	
	贸易额/亿美元	占中国总额的比重/%	贸易额/亿美元	占中国总额的比重/%
中国对西亚出口	25.81	2.13	856.83	4.18
中国从西亚进口	12.46	1.08	1451.62	7.98

（数据来源：WTO数据库）

从西亚对外贸易的视角看，中国作为西亚各国的贸易伙伴地位日益重要。二十世纪七八十年代，西亚绝大部分国家总出口的80%以上销往欧、美、日等发达国家和地区。在西亚各国的进口商品中，来自发达国家的商品也占到总额的80%左右。但是从21世纪开始，随着中国工业制造业的崛起以及能源需求的不断增大，中国与西亚各国的贸易往来迅速增加。1995年，在贸易总额、进口和出口方面，中国分别只占西亚总额的1.92%、2.47%和1.42%，到2012年，此三项指标分别达到10.84%、11.76%和10.31%。（见图2-3）中国已顺次超越了韩国、美国和日本，成为仅次于欧盟的西亚第二大货物贸易伙伴。

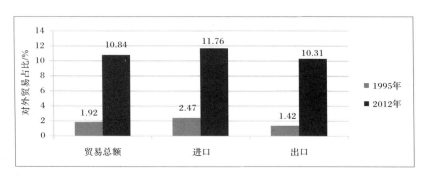

（数据来源：WTO数据库）

图2-3 中国在西亚对外贸易中所占比重变化

第三，中国对西亚国家贸易逆差在增加。1999年之前，在中国与西亚的相互贸易中，基本呈现两地贸易平衡、中国有小幅度顺差的状态。进入2000年，作为全球最重要石油供应地的西亚成为中国能源资源的最主要进口来源地，兼之中国自加入WTO后积极实施了各项关税减让政策，促进了中国从西亚国家的进口，中国开始对西亚保持长期的贸易逆差，并且贸易逆差有持续增加的趋势。2012年，中国对西亚逆差排名前五位的国家依次是沙特阿拉伯、阿曼、伊朗、科威特和伊拉克。由于西亚各国对中国进口的需求增速较为缓慢，所以，中国与西亚的国际贸易存在一定竞争劣势，并越发严重，贸易逆差也相应不断扩大。

第四，中国对西亚贸易的国别集中度比较高。中国在西亚的主要贸易伙伴一般是经济发展水平较高、石油资源丰富和城市基础设施需求增长较快的国家。近十多年，沙特阿拉伯一直是中国在西亚地区最大的贸易伙伴，阿联酋、伊朗和阿曼则基本维持在第二位至第四位。中国与西亚地区的贸易具有国别集中度高的特征，如2012年中国与沙特阿拉伯的贸易额占中国与西亚贸易总额的31.76%，沙特阿拉伯、阿联酋、伊朗和阿曼四国就已经占据了中国对西亚贸易总额的73.21%。

第五，对西亚出口的商品结构升级明显。从中国对西亚出口的商品结构角度看，近年中国对西亚的出口主要集中在机械及运输设备、按原料分类的制成品和杂项制品。2012年，这三类商品出口额分别为285.63亿美元、232.95亿美元、207.69亿美元，三类商品占比依次为36.30%、29.61%和26.40%。从动态变化看，1995—2012年，按原料分类的制成品占比基本维持在30%，机械及运输设备占比从22%上升至近40%，杂项制品占比从36%逐步下降至26%。由此可见，中国对西亚出口的商品结构升级比较明显，出口商品的技术含量和附加值显著增加。

第六，自西亚国家进口的商品结构相对稳定。从中国自西亚进口的商品结构角度看，1995—2012年，化石燃料一直是中国自西亚国家进口最为主要的货物商品，矿物燃料、润滑油和相关原料的比例一直维持在85%上下，其中原油维持在75%左右，中国从西亚进口商品金额占比排在第二、二位的依次是化学品及有关产品、非食用原料，占比分别为12%和3%左右，这三类商品一直占据着从西亚进口商品的99%以上。由此可见，中国从西亚进口的商品结构比较稳定，种类较少。

（4）与中东欧国家及俄罗斯的贸易

中国与东欧国家及俄罗斯的贸易发展具有如下特点：

第一，贸易规模高速增长，中国的贸易顺差不断扩大。进入21世纪以来，中国与东欧国家及俄罗斯的贸易保持了高速增长态势，而且，中国保持了非常大的贸易顺差。随着两者间贸易总额的不断增加，中国对中东欧国家的绝对贸易顺差实际上是在不断扩大，其也是目前加强与东欧国家及俄罗斯经贸合作的主要障碍之一。

第二，商品结构相对单一。在中国与东欧国家及俄罗斯的货物贸易中，主要是按原料分类的制成品、机械及运输设备、杂项制品，这三类商品贸易总额的比重在2001—2004年、2005—2008年、2009—2011年三个时期分别高达89.8%、92.9%和92.8%，而同期全球进出口贸易中这三类商品的贸易额平均比重仅为61.6%。（见图2-4）结构单一还表现为：单是机械及运输设备类产品就平均占到了贸易总额的54.4%，而且这一比重还有上升的趋势，而同期该类商品全球平均进出口贸易额比重仅为36.7%。

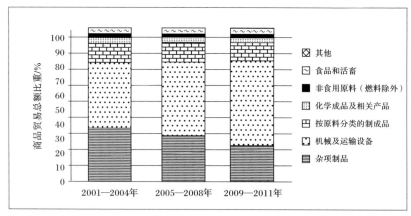

注："其他"一项数据值过小，无法在图中显示。（数据来源：《中国对外直接投资公报》，2001—2011年）

图2-4 中国与东欧国家及俄罗斯贸易商品变化

第三，东欧国家及俄罗斯对中国的贸易依赖度逐步上升。进入21世纪以来，中国对中东欧国家的贸易依赖度比较平稳，没有明显变化，而东欧国家及俄罗斯对中国的贸易依赖度从2005年开始则有逐步上升的趋势，说明中国市场对中东欧国家的重要性在逐渐变强。中国与东欧国家及俄罗斯较低的贸易依赖度一方面反映了过去和当前双方的市场对对方均不重要，但另一方面也反映出未来双方贸易发展的潜力，特别是在欧洲经济出现衰退的当前，中国市场在中东欧国家扩大对外贸易方面具有巨大潜力。

3.投资特征

（1）总体特征

2012年，中国对"丝绸之路经济带"沿线国家的直接投资流量为68.2亿美元，投资存量为246.6亿美元，分别占中国对外直接投资总量的7.8%和4.6%。与美国、澳大利亚等主要投资目的地相比仍有明显差距。中国直接投资主要集中于哈萨克斯坦、俄罗斯、伊朗等国。2012年，中国企业对三国的直接投资流量分别为29.96亿美元、7.85亿美元、7.02亿美元，在其他国家的投资量较小。

中国对"丝绸之路经济带"沿线国家的投资存量主要集中在哈萨克斯坦、俄罗斯、巴基斯坦、伊朗、阿联酋和沙特阿拉伯。到2012年末，对六国的投资存量分别为62.5亿美元、48.9亿美元、29.5亿美元、22.3亿美元、20.7亿美元、

13.4亿美元。对其他国家特别是中亚的吉尔吉斯斯坦、塔吉克斯坦、土库曼斯坦、乌兹别克斯坦的投资量仍然较少。

从行业分布上，中国对外直接投资的主要行业为租赁和商务服务业、采矿业、批发和零售业。（见图2-5）由于数据原因，难以得到中国对不同国家直接投资的行业分布。但总体上，中国对"丝绸之路经济带"沿线国家的直接投资以采矿业、建筑业、制造业和批发零售业为主。其中，采矿业占据主导地位，这与经济带各国资源环境特点相一致。

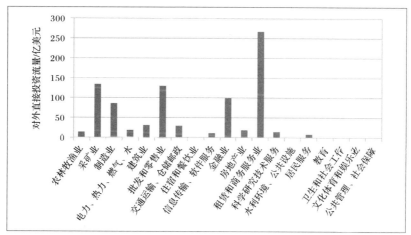

注：部分行业数据值过小，无法在图中显示。（数据来源：《2012年度中国对外直接投资公报》）

图2-5　中国对外直接投资流量行业分布（2012年）

（2）对中亚国家的投资

我国对中亚五国投资规模保持高速增长趋势。整体来看，金融危机以来，我国对中亚五国直接投资规模总额呈现高速增长态势。（见图2-6）2008—2012年，我国对中亚五国直接投资规模年均增长55%，2012年我国对中亚五国直接投资规模总和为33.77亿美元，是2007年的8.95倍。哈萨克斯坦是我国在中亚地区的主要投资国。截至2012年年底，我国对哈投资存量为62.5亿美元，占我国对中亚五国直接投资存量的80%；2012年我国对哈投资额高达29.96亿美元，较上年增长415%，占当年我国对中亚五国直接投资规模总和的88.72%。而我国对中亚其他四国的投资规模相对偏低，对土库曼斯坦、乌兹别克斯坦的直接投资流量

波动较大。（见图2-6）

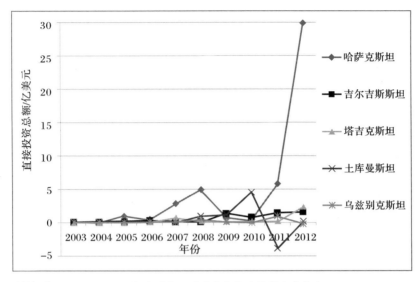

（数据来源：2003—2012年的《中国对外直接投资统计公报》）

图2-6　中国对中亚五国的直接投资总额变化

我国对中亚五国投资的特点主要如下：

第一，我国对中亚五国的投资规模仍远低于欧美发达国家。以我国在中亚地区投资规模最高的哈萨克斯坦为例，2005—2013年，我国对哈直接投资合计为90.9亿美元（哈方数据），在各来源国中排名第五位；而荷兰对哈总投资额为467亿美元，在各来源国中居第一位，远高于我国。

第二，我国对中亚五国投资以采矿业和建筑业为主，制造业比重偏低。中亚五国国内市场普遍规模较小，制造业配套能力较弱，且法律环境较差，但能矿资源丰富，因此流入中亚五国的外资多属于"资源寻求型"。2012年哈萨克斯坦利用外资行业结构中，流向采矿业的占60%以上，而流向制造业的不到1/5。受此影响，我国对中亚五国投资也主要以采矿业为主。哈萨克斯坦中央银行统计数据称，截至2013年6月，我国在哈投资存量中2/3以上流向采矿业，其他主要流向建筑、金融、房地产、商务等行业，流入制造业的规模很小。

第三，我国对中亚五国工程承包规模高速增长，但仍处较低水平。2012年我国对中亚五国工程承包营业完成额为40.3亿美元，较上年增长34.8%，明显高于12.8%的全国平均增速。然而，五国工程承包完成额总计仅占我国对外工程承包完成总额的3.9%，尚不及沙特阿拉伯、印度或安哥拉一国的数额。

第四，投资区主要位于首都、经济中心和矿产资源储量丰富的地区。如在哈萨克斯坦，中国企业的直接投资主要集中在哈萨克斯坦的经济中心阿拉木图，其次是首都阿斯塔纳，以及矿产资源储量丰富的克兹洛尔达州、阿克纠宾和阿克套等。再如，中国企业在乌兹别克斯坦的投资主要分布于首都塔什干市。据中国商务部统计，截至2007年年底，中国对乌兹别克斯坦投资的企业达185家。其中，有119家中国企业设在首都塔什干市，占总数的64.3%，有17家中国企业设在经济最发达的塔什干州，有22家中国企业设在东部经济比较发达的安集延州、费尔干纳州、纳曼干州，安集延州也是乌兹别克斯坦石油和天然气的主产区，其余的中国企业分布于中部和西部地区，如卡拉卡尔帕克斯坦自治共和国、布哈拉州等。

第五，投资领域主要为采矿业、建筑业、制造业、批发和零售业等。在各产业上表现出如下几个特征：一是在采矿业，中国对中亚五国直接投资规模大、分布面广。中国石油、中国石化等企业在多个中亚国家都有石油天然气开采项目，中国对吉尔吉斯斯坦、塔吉克斯坦、乌兹别克斯坦的有色金属矿采选业也有不少较大规模的投资。同时，在与采矿业相配套的地质勘探业、开采设备出口和技术咨询等产业，中国对中亚五国也进行了相当规模的投资。二是在建筑业，中国企业已在中亚五国承接了不少重要工程项目，在中亚五国基础设施建设长期需求推动下，此领域未来投资前景乐观。三是在制造业，以华为技术有限公司和中兴通讯股份有限公司为主的中国企业已在中亚五国通信设备制造与通信服务市场占据主导地位。四是在批发和零售业，中国对中亚五国直接投资主要通过设立代表处等形式从事对中亚国家的进出口业务。五是在金融业，国家开发银行、中国银行、中国工商银行已经在部分中亚国家设立了分行或办事处，主要从事针对中国与中亚国家相关的政府合作项目或企业投资项目的贷款和汇兑服务。六是在航空运输业，中国南方航空公司已在多个中亚国家设立办事处，是较早对中亚五国交通运输业投资的中国航空企业。

中国企业对哈萨克斯坦的直接投资几乎分布在所有产业。其中，大型企业的投资主要分布于采矿业、制造业、地质勘探业、金融业、建筑业。还有一些中小型企业和民营企业对哈萨克斯坦制造业、批发和零售业进行了直接投资，如新康番茄加工厂、茂林有限公司、亚联中国商贸城等，并已经形成了较稳定的市场地位和知名度。

中国企业对吉尔吉斯斯坦的直接投资主要分布在采矿业和工程承包上。多数投资项目规模较小，投资主体多为民营企业。

中国企业对塔吉克斯坦的直接投资主要分布在制造业、建筑业、采矿业、等。在制造业中，中兴通讯股份有限公司、华为技术有限公司已成为塔吉克斯坦通信设备、通信网络和通信服务市场的领先者。在建筑业中，中铁五局、中国路桥、中国水电、新疆特变电工、新疆北新路桥等已在塔吉克斯坦承包了诸多较为重要的基建工程。在采矿业中，中国的直接投资主要集中在有色金属采选业，如中国环球新技术进出口公司主要采选铅锌矿、紫金矿业西北公司主要采选金矿等。

中国企业对土库曼斯坦的直接投资主要分布在批发和零售业、采矿业、商务服务业等。在采矿业中，中国石油和中国石化对土库曼斯坦均有规模较大的直接投资。在建筑业、批发和零售业、商务服务业等产业投资的中国企业比较多，投资业务多与采矿业有关联。

中国对乌兹别克斯坦直接投资规模最小，多数集中在采矿业、建筑业、制造业等产业，主要从事油气勘探开发，天然气管道建设和运营，铀矿勘探开发，煤矿、电站、泵站、铁路和电信网改造，化工厂建设，土壤改良和制革制鞋及陶瓷等业务。（见表2-8）

表2-8　中国对中亚五国直接投资主要行业及企业

国家	行业	主要企业及项目
哈萨克斯坦	采矿业	中石油、中石化、中海油
	制造业	中兴通讯股份有限公司、华为技术有限公司、中国中化
	地质勘探业	东方物探、中石化国际勘探开发公司
	金融业	国家开发银行、中国银行、中国工商银行
	建筑业	中国建工、中国水电、中国地质工程公司、中石油工程建设公司、中建总公司
吉尔吉斯斯坦	采矿业	阿莱盆地石油勘探开采项目以及金矿、铜矿、铁矿、锡矿勘探开采项目
	工程承包	新疆特变电工、中国路桥

国家	行业	主要企业及项目
塔吉克斯坦	制造业	中兴通讯股份有限公司、华为技术有限公司
	建筑业	中铁五局、中国路桥、中国水电、新疆特变电工、新疆北新路桥
	采矿业	中国环球新技术进出口公司
土库曼斯坦	批发与零售业	石油开采设备出口贸易
	采矿业	中石油、中石化
	商务服务业	与石油开采、技术咨询、勘探信息有关的业务
乌兹别克斯坦	采矿业	油气勘探开发、铀矿勘探开发、煤矿
	建筑业	天然气管道建设、铁路和电信网改造、化工厂建设
	制造业	制革制鞋及陶瓷

（3）对西亚北非国家的投资

中国对西亚北非国家的投资具有以下特点：

第一，投资起点低，但增长迅速。2000年年底，中国企业对阿拉伯国家直接投资金额累计约1.03亿美元，2003年达到5.13亿美元，2004年以后，随着中国政府实施"走出去"战略，鼓励中国企业开展对外投资，中国对阿拉伯国家投资快速增长，年均增长率超过170%。2012年中国对阿投资额达到14亿美元，同比增长120%。

第二，投资领域从早期以矿业为主，逐渐向制造业投资转变。2007年，中国铝业股份有限公司与马来西亚和沙特公司达成协议，采用中国的技术和设备，在沙特吉赞经济城建设年产100万吨电解铝厂，项目投资30亿美元，中方占股40%。近年来，中国企业的投资领域从资源开发、轻工、纺织服装向机械制造、汽车组装等领域不断拓展。此外，信息、交通等基础设施和金融贸易服务业也越来越多地吸引了中国企业。中国对当地的多元化投资，带动了当地的产业发展，提供了大量的就业机会，有助于当地产业结构升级和技术提升。

（4）对中东欧国家及俄罗斯的投资

中国对东欧国家及俄罗斯的投资具有以下特点：

第一，投资规模相对较小，但增长迅速。华为、中兴、联想、TCL、苏州胜利、中国一拖、长城汽车和比亚迪汽车等企业已进入中东欧市场。近年来，中国企业在中东欧的并购活动取得进展。2011年1月底，万华实业以12.6亿欧元成功收购匈牙利宝思德公司96%的股权，成为世界第三大聚氨酯生产商。2012年1月，广西柳工集团完成对波兰企业HSW集团的并购。2013年5月，襄阳汽车轴承股份有限公司收购波兰工业发展局持有的波兰KFLT轴承公司89.15%股份。

第二，投资领域涉及各大行业。中国企业投资领域涉及机械、电子、电信、化工、印刷、农业、汽车、物流、新能源等部门。中国的一些商业银行已经进入中东欧国家，其金融活动的规模不大，尚未有中国的商业银行参与中东欧商业银行的并购。中国与中东欧国家经济上既有互补性又有竞争性，中国被称为世界工厂，一些中欧国家被称为欧洲工厂，中国与中东欧国家在制造业上也不乏合作机会。中东欧国家基础设施落后于西欧，基础设施的改造存在商业机会，中国富有技术和管理经验的企业可进一步开拓市场，寻找商业机会。

三、城市体系空间分布与联系

1.城市体系空间分布特征

（1）地域空间结构

"丝绸之路经济带"研究范围内共包含1144个城市。其中，俄罗斯欧洲南部、伊朗、土耳其、乌克兰、巴基斯坦、埃及等国家的城市数量最多（见表2-9，本表只统计955个城市，余未计入）。以城市人口规模等级作为权重，对"丝绸之路经济带"研究范围的城市分布进行核密度估计。城市分布密集的地区有巴基斯坦的东部和南部、波斯湾沿湾地区、俄罗斯莫斯科周边地区、乌克兰东部、乌兹别克斯坦东部、土耳其西部、地中海东部等。这些城市密集地区主要位于里海、黑海、地中海东岸、波斯湾、苏伊士运河等沿岸地区，经济水平发展程度较高，人口较密集，同时生态环境较优越。

表2-9 2013年"丝绸之路经济带"研究范围内主要国家和地区城市数量分布情况

相关国家和地区	城市数量/个	相关国家和地区	城市数量/个
中国西北五省（区）	47	阿塞拜疆	9
哈萨克斯坦	25	格鲁吉亚	7
乌兹别克斯坦	33	土耳其	126
土库曼斯坦	9	乌克兰	102
塔吉克斯坦	6	阿曼	13

相关国家和地区	城市数量/个	相关国家和地区	城市数量/个
阿富汗	19	也门	13
巴基斯坦	97	埃及	95
伊朗	149	以色列	22
伊拉克	38	约旦	10
沙特阿拉伯	35	黎巴嫩	6
科威特	15	巴勒斯坦	9
阿联酋	6	叙利亚	28
卡塔尔	2	白俄罗斯	24
亚美尼亚	6	巴林	4
合计		955	

（数据来源：世界银行数据库）

（2）等级规模结构

基于2018年的城市人口数据，将"丝绸之路经济带"相关的城市人口规模从大到小分为四个等级。其中，一级城市所占比例不到1%，分别为巴基斯坦的卡拉奇、俄罗斯的莫斯科、伊朗的德黑兰、巴基斯坦的拉合尔、伊拉克的巴格达和埃及的开罗。中国的西安、咸阳、兰州和乌鲁木齐为二级城市，西宁为三级城市，喀什、石河子和银川为四级城市。各等级城市数量及占比见表2-10。

表2-10　2018年"丝绸之路经济带"城市人口规模结构

城市人口规模等级	城市数量/个	比例/%
一级城市	6	0.52
二级城市	55	4.81
三级城市	46	4.02
四级城市	1037	90.65
合计	1144	100

在城市建成区的规模方面，俄罗斯的莫斯科建成区规模最大，为1845.76平方千米，位于第一等级。位于第二等级的城市有沙特的利雅得、俄罗斯的圣彼得堡、伊朗的德黑兰、乌克兰的第聂伯罗彼得罗夫斯克和顿涅茨克、伊拉克的巴格达。这些城市的建成区面积均大于531.11平方千米。

中国的西安建成区规模391.19平方千米，位于第二等级的末位；乌鲁木齐（234.30平方千米）和兰州（111.10平方千米）则分别位于第四和第五等级；银川、宝鸡、西宁等城市位于第六等级及更低等级。由此可见，我国城市在城市建设规模方面与其他国家的大城市相比亦不占优势。

形式简洁而内涵丰富的DMSP/OLS夜间灯光指数能综合表征城市地区人类活动的广度与强度，其与所含经济因子（生产总值、能源消耗、城市扩张等）、社会因子（人口规模、人口密度、城市化等）和生态因子（碳排放、地表覆被、城市灾害等）的城市因素流的数量和质量存在显著关系。基于夜间灯光指数的城市规模指数可全面评估城市规模。通过夜间灯光指数这种评估指标来反映"丝绸之路经济带"的城市体系，有利于与其他指标（如上述城市人口规模和建成区规模）一起反映其城市体系等级结构及其空间格局。本书基于DMSP/OLS夜间灯光数据对"丝绸之路经济带"的城市规模及其空间分布格局进行分析，以此反映其城市体系。城市密集、经济繁荣的地区，其夜间灯光的亮度越大。灯光的亮度与城市社会经济、人口密切相关，经济越发达、人口越多的城市，其灯光亮度则越大。灯光覆盖的范围还与城市的建成区规模相关。城市建成区规模越大，则灯光覆盖范围也越大。

通过提取上述夜间灯光数据中各城市建成区范围内的灰度数值，并加和汇总，得出各城市的夜间灯光指数I_t。其公式如下：

$$I_t = \Sigma_{e=g}^{f} (V_e * N_e)$$

其中，V_e为研究地域内第e级像元灰度值，N_e为研究地域内第e级像元总数目，g为始点阈值（g=1），而f为终点阈值（f=max）。

本书为了与城市人口规模等级和建成区规模等级进行对比，将夜间灯光指数等级同样划分为七级。其中，第一等级亦只有俄罗斯的莫斯科1个城市，第二等级有沙特的利雅得、俄罗斯的圣彼得堡和伊朗的德黑兰3个城市。中国的西安位于第三等级，乌鲁木齐位于第四等级，兰州位于第五等级。

2.城市空间联系

由于难以获取城市之间的实际O-D成本数据（如城市之间的客货流、信息流等），因此选用引力模型模拟城市之间的相互作用和空间联系，基于城市人口规模数据研究"丝绸之路经济带"城市体系中相关城市的相互作用状况。其

公式如下:

$$I_{ij}=K\frac{P_iP_j}{d_{ij}^b}\ (i\neq j;\ i=1,2,\cdots\cdots n;\ j=1,2,\cdots\cdots m)$$

其中,I_{ij}是城市i和城市j之间的引力,n和m为"丝绸之路经济带"研究范围内所有城市的数量,P_i和P_j分别为城市i和城市j的人口总数,d_{ij}为两城市间的实际路网距离,b为距离摩擦系数,此处设为1。

通过构建网络数据集进行城市之间的O–D成本矩阵分析,计算出城市与城市之间的实际路网距离d_{ij},从而算出城市之间的相互吸引力,也即引力矩阵I_{ij}。在此基础上,以出发地i进行汇总,得出城市i的综合联系潜力指数T_i。

$$T_i=\sum_{j=1}^{m}I_{ij}$$

"丝绸之路经济带"范围内共有1144个城市,进行O–D矩阵成本分析共生成1 308 736条城市与城市之间的空间联系线。在加权O城市和D城市的人口并对城市之间的空间潜在联系进行测算后,汇总某一城市与其余所有城市的空间联系值I_{ij},汇总的结果为城市综合联系潜力指数T_i,并将该指数进行等级划分,由此表征"丝绸之路经济带"的城市空间联系潜力等级。

"丝绸之路经济带"最高潜力等级的城市均分布于城镇密集地区,为区域性的中心城市。第二等级的城市大多分布于沿海和沿湾地区,分布较为均等。

第一等级的城市有6个,占全部城市比例的0.52%;第二等级的城市有27个,占全部城市比例的2.36%;第三等级的城市有95个,占全部城市比例的8.30%,第四等级的城市有1016个,占全部城市比例的88.81%,呈金字塔型。(见图2-7)

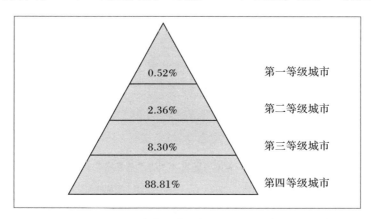

图2-7 "丝绸之路经济带"城市空间联系潜力等级结构金字塔

第一等级的城市中，巴基斯坦的卡拉奇和拉合尔、埃及开罗和伊拉克的巴格达、巴格达和伊朗的德黑兰之间的城市联系最为紧密。由于城市之间的空间相互联系线数量过多，为了表征第一等级城市与其他等级城市之间的相互作用、空间联系和城市体系结构，我们在引力矩阵 I_{ij} 的基础上选取与每个城市联系最大的三个城市及其OD联系线以更好地对城市之间的相互作用和空间联系进行空间可视化分析（对所有OD联系线进行空间可视化将难以分辨城市之间的联系，故选取个别城市做代表）。第一等级城市与第二等级城市的空间联系中，我国西北五省（区）与"丝绸之路经济带"其他国家、地区和城市之间的联系主要由西安来进行。

为了进一步考察第一等级城市与第二等级城市之间、第二等级城市之间、第二等级与第三等级城市之间的空间联系，我们分别选取了与第一等级城市联系最大的3个第二等级城市及其联系线、第二等级城市之间联系最大的3条联系线、第二等级与第三等级城市之间联系最大的3条联系线进行空间可视化分析。与西安、咸阳联系最紧密的城市有哈萨克斯坦的阿拉木图、阿富汗的喀布尔、巴基斯坦的海德拉巴、中国的乌鲁木齐及兰州。由此可见，中国西北五省（区）在"丝绸之路经济带"中并不位于核心区位，且交通基础设施的联系较弱，需要加强与经济带内其他国家和城市之间的基础设施建设联系。

3.基于城市体系的空间发展分析

基于以上城市空间相互联系的分析，"丝绸之路经济带"的构建在我国主要依托西安作为其起点和整个经济带发展最东边的一极。西安通过乌鲁木齐与中亚五国、俄罗斯和中东国家发展联系。乌鲁木齐为我国在经济带区域的重要门户。在其他国家，主要围绕6个第一等级城市形成经济带的6个重要发展节点和中心。其中，巴格达和德黑兰、拉合尔和卡拉奇地域相邻，分别形成陆上"丝绸之路经济带"的发展核心和陆上丝绸之路与海上丝绸之路相交汇的中心与门户。北线有莫斯科作为北部的核心，中线在巴格达与德黑兰，向西有开罗作为经济带发展的西部一极，南线首先通过拉合尔，之后在卡拉奇与海上丝绸之路相交汇。

同时，以上发展现状格局有四个地区值得关注和进一步探讨，一为西安、兰州与乌鲁木齐之间的地区，二是中国西北与俄罗斯相联系之间的哈萨克斯坦地区。这两个地区的城市分布较为分散，经济带动力非常薄弱，且为生态恶劣地区，不利于经济带的连贯构建与流通发展。另两个地区分别为中亚五国的中部和黑海与里海之间的区域。前者是"丝绸之路经济带"中线上中国与中东的伊朗、伊拉克联系，向南经过巴基斯坦与海上丝绸之路相汇的重要地区；后者是"丝绸之路经济带"中线联系莫斯科与伊朗、伊拉克的区域。这两个地区虽然也有不少城市，但均等级较低，难以发挥带动作用。

四、交通基础设施

交通基础设施是"丝绸之路经济带"形成和发展的前提条件，是其内部产业布局的先行条件，是影响其空间结构和组织格局的重要因素。交通基础设施的空间组合形式影响"丝绸之路经济带"内部主要增长中心的形成与增长。交通通道对"丝绸之路经济带"的经济产业有一个聚集作用，使其沿线地区具有较强的经济产业联系，从而促进"丝绸之路经济带"沿线地区经济的发展。

1.铁路基础设施

"丝绸之路经济带"铁路交通以第二欧亚大陆桥作为重点支撑。总体来说，铁路等级与电气化水平较低，铁路网络密度较小，仅为0.33千米/平方千米。同时，"丝绸之路经济带"区域范围内存在不同标准的轨道，原独联体国家的轨道多为宽轨，而其他国家则多为标准轨，宽轨与标准轨无法有效衔接，大大降低了"丝绸之路经济带"铁路交通的使用效率与服务水平。

其中北线铁路主骨架自东向西穿越哈萨克斯坦、俄罗斯西南部，分为两条线路，到达白俄罗斯、乌克兰境内，联通沿线国家的各大重要城市。①西安至明斯克：西安—乌鲁木齐—阿拉山口—阿斯塔纳—莫斯科—明斯克。②西安至利沃夫：西安—乌鲁木齐—阿拉山口—阿斯塔纳—十月城—伏尔加格勒—利沃夫。

南线铁路主骨架经哈萨克斯坦向下延伸，经过乌兹别克斯坦、土库曼斯坦、吉尔吉斯斯坦、伊朗到达土耳其。西安至伊斯坦布尔：西安—乌鲁木齐—霍尔果斯—阿拉木图—塔什干—阿什哈巴德—德黑兰—安卡拉—伊斯坦布尔。

"三纵"铁路主骨架中有东侧一纵铁路全境在哈萨克斯坦之中，连接哈萨科斯坦南北重点城市。中间一纵铁路则经过哈萨克斯坦、乌兹别克斯坦、土库曼斯坦到达阿富汗。西侧一纵铁路则衔接土耳其与乌克兰，使得"丝绸之路经济带"铁路交通网络构成闭合环形线路。

截至2012年，"丝绸之路经济带"铁路交通共有铁路口岸32个，其中中国的铁路口岸为新疆的阿拉山口口岸。在哈萨克斯坦与俄罗斯交界、乌兹别克斯坦与土库曼斯坦交界、乌克兰与俄罗斯交界处的铁路口岸分布较多。可以看到中亚与西北亚地区的铁路口岸衔接较为紧密，呈现"丝绸之路经济带"区域中部集中发展的形态。

2.公路基础设施

"丝绸之路经济带"公路交通主要以亚洲公路网作为基本框架，由大幅度贯穿中国、中东、中亚、北亚等区域的公路所形成的国际公路交通线路构成。以中国西安作为"丝绸之路经济带"的起点，共形成4条国际公路交通走廊，其在区域范围连接周边国家境内公路线路和亚洲公路线路。这些线路重点通向区域内国家的各个首府城市、主要工农业中心城市、主要机场与港口、主要集装箱站点、主要旅游景点。分别是：

①西安—兰州—乌鲁木齐—霍尔果斯口岸—阿拉木图—比什凯克—希姆肯特—突厥斯坦—克孜勒奥尔达—阿克套—奥伦堡、喀山、莫斯科—欧洲，公路长度约为8445千米。

②西安—兰州—乌鲁木齐—喀什—伊尔克斯坦口岸—奥什—安集延—塔什干—布哈拉—捷詹—马什哈德—德黑兰—伊斯坦布尔，公路长度约为9461千米。

③西安—兰州—乌鲁木齐—喀什—卡拉苏口岸—霍罗格—杜尚别—铁尔梅兹—布哈拉—卡拉奇港—白沙瓦—伊斯兰堡—红其拉甫口岸—喀什—吐尔尕特口岸—比什凯克—阿拉木图—塔尔迪库尔干—塞米巴拉金斯克—巴尔瑙尔。

④西安—兰州—乌鲁木齐—喀什—红其拉甫口岸—伊斯兰堡—哈桑阿卜杜勒—白沙瓦—喀布尔—坎大哈—赫拉特—马什哈德—萨卜泽瓦尔—达姆甘—塞姆南—德黑兰—加兹温—多乌巴亚泽特—锡瓦斯—安卡拉—盖雷代—伊斯坦布尔。

截至2012年年底，"丝绸之路经济带"公路总里程达到32.55万千米，其中高速公路总长度为13.35万千米，占公路总里程的40.89%。"丝绸之路经济带"沿线地区公路交通网络密度最高为2.454千米/平方千米，最低为0.2794千米/平方千米，区域公路交通网络密度仅为0.56千米/平方千米。"丝绸之路经济带"

沿线地区网络密度呈现区域东西两端不均衡的特点，东部地区的中国西北五省（区）、哈萨克斯坦、土库曼斯坦、阿富汗等路网密度较低，网络密度最低的为"丝绸之路经济带"哈萨克斯坦部分，中国西北五省（区）路网密度为0.296千米/平方千米，排名靠后。同时，西部地区的乌克兰、土耳其、叙利亚等地区的网络密度较高，均大于0.86千米/平方千米，路网密度是东部地区的2倍以上，明显优于"丝绸之路经济带"东部地区。

"丝绸之路经济带"研究范围内共有铁路口岸80个，中国的公路口岸有7个，主要分布于新疆边界线上，自上而下分别为吉木乃口岸、巴克图口岸、阿拉山口口岸、霍尔果斯口岸、吐尔尕特口岸、伊尔克什坦口岸、红其拉甫口岸。在哈萨克斯坦与俄罗斯交界、吉尔吉斯斯坦与土库曼斯坦交界、乌克兰与俄罗斯交界处、伊朗与伊拉克交界处的公路口岸分布较多。

我们可以利用栅格可达标方法计算"丝绸之路经济带"范围的可达性。从可达性空间分布来看，经济带内具有明显的空间差异，呈现出沿带内交通干线延伸的"走廊"型分布特征。

3.航空基础设施

"丝绸之路经济带"航空机场一共有179个，重点分布于哈萨克斯坦、塔吉克斯坦、吉尔吉斯斯坦、土库曼斯坦、乌兹别克斯坦、巴基斯坦、土耳其、格鲁吉亚、亚美尼亚、阿塞拜疆、乌克兰及阿拉伯联合酋长国。

总的来看，机场吞吐量较小，仅有两个机场吞吐量较大。2013年全球机场客运吞吐量排行榜中，"丝绸之路经济带"航空机场的阿联酋迪拜机场和土耳其伊斯坦布尔阿塔蒂尔克机场成为全球前二十大机场，两者的客运吞吐量分别为6643万人次和5117万人次，排名第七位和第十八位。同时形成了以新疆（中国）、莫斯科（俄罗斯）、卡拉奇（巴基斯坦）、迪拜（阿联酋）、德黑兰（伊朗）、安卡拉（土耳其）等枢纽机场为中心的机场体系。

"丝绸之路经济带"的重点城市之间均有航线开通，以新疆（中国）、莫斯科（俄罗斯）、迪拜（阿联酋）、卡拉奇（巴基斯坦）、德黑兰（伊朗）形成五大航运中心节点，航线干道呈现指状分布，已初步形成梯度空中航运通道。其中中国西北五省（区）中仅新疆乌鲁木齐机场与"丝绸之路经济带"中的7个重点城市开通了航班，分别是阿拉木图（哈萨克斯坦）、杜尚别（塔吉克斯坦）、比什凯克（吉尔吉斯斯坦）、奥什（吉尔吉斯斯坦）、阿什哈巴德（土库曼斯坦）、塔什干（乌兹别克斯坦）、德黑兰（伊朗）、巴库（阿塞拜疆）。

4.管道基础设施

"丝绸之路经济带"沿线地区拥有丰富的油气资源，在近二十年来的天然气合作中，中国与中亚之间的能源合作，已形成互补共赢。中国—中亚天然气管道起于阿姆河右岸的土库曼斯坦和乌兹别克斯坦边境，经乌兹别克斯坦中部和哈萨克斯坦南部，从阿拉山口进入中国，管道全长约10 000千米，其中土库曼斯坦境内长188千米，乌兹别克斯坦境内长530千米，哈萨克斯坦境内长1300千米，其余约8000千米位于中国境内。管道分AB双线敷设，单线长1833千米，是中国第一个陆上跨国能源走廊，也是世界最长的天然气管道。

中亚天然气管道C线工程是中国石油在已建成投运的A/B线基础上，为了进一步满足国内对清洁能源的需求而建设的又一条能源大通道。C线与A/B线并行敷设，线路总长度1830千米，设计年输气能力为250亿立方米/年，设计压力9.81兆帕。线路走向起源于土乌边境格达依姆，经乌兹别克斯坦、哈萨克斯坦，在新疆霍尔果斯口岸入境。中亚天然气管道D线于2014年9月开工建设，设计输送能力300亿方/年，气源为土库曼斯坦复兴气田，途经乌兹别克斯坦、塔吉克斯坦、吉尔吉斯斯坦，止于新疆乌恰的末站，线路全长1000千米，境外段840千米，在线路上首次途经塔吉克斯坦和吉尔吉斯斯坦两个国家，实现中亚五国管线全覆盖。与已建成的连接土库曼斯坦、乌兹别克斯坦、哈萨克斯坦的A、B、C线一起，形成中国—中亚天然气管网。

中国—中亚天然气管道自开通至2020年3月7日，共向中国出口3046亿立方米天然气。2020年1月至2月，中亚国家通过该管道向中国出口天然气超过76亿方。（国际燃气网，2020）来自中亚的3000亿方天然气惠及中国27个省、直辖市、自治区和香港特别行政区的5亿人口，相当于少用3.99亿吨煤炭，减少二氧化碳和二氧化硫排放数亿吨。而中亚地区能源则实现出口多元化，同时中亚地区经济得以快速增长。据阿拉山口海关统计，2019年1—9月阿拉山口口岸进口管输原油845.2万吨，同比增长9.4%。

五、土地资源与生态环境

1.土地资源利用现状

根据大尺度土地资源数据的可获得性，"丝绸之路经济带"2000年土地资源数据采用GLC2000数据，2009年数据采用GlobCover2009全球陆地覆盖数据。GLC2000是欧盟联合研究中心空间应用研究所联合全球多个国家及地区利用1999—2000年的1kmSPOT4/VEGETATION数据生成，其使用了联合国粮食与农业组织倡导的LCCS（Land Cover Classifica-tion System，LCCS）分类系统，全球尺度共包括22个类别。GLC2000数据加工采用了"自下而上"的技术流程，即全球不同区域的数据生产者各自完成本区域的土地覆盖制图，然后将不同区域的制图结果加工综合为全球尺度的土地覆盖数据。GlobCover2009数据产品是由欧洲太空局、联合国环境规划署、联合国粮农组织、欧盟委员会联合研究中心、国际地圈—生物圈计划及森林和土地覆盖动态的全球观测执行小组共同参与完成的。数据源是2009年ENVISAT卫星平台的MERIS数据，分辨率为300米，采用分层分区的分类方法，将不同类型的生态地理分区分别进行分层提取，使用了LCCS分类体系，将全球地表分成22个土地覆盖类型。该数据可以用来测绘全球土地利用趋势、研究自然生态系统、模拟气候变化程度和影响等。

为了对"丝绸之路经济带"的土地资源进行更加清晰的研究，现将2000年及2010年土地覆盖类型进行重新分类，分为耕地、城镇、农业与自然植被镶嵌体、森林、草地、灌木、裸地、湿地、水体、永久冰雪十类土地覆盖类型进行研究，重分类如表2-11所示。经过重分类及栅格裁剪之后，得到研究区"丝绸之路经济带"2000年及2009年30个国家和地区的土地覆被数据。

表2-11　GLC2000及GlobCover2009数据重分类对照表

编号	类型	GLC2000原编码	GlobCover2009原编码
1	耕地	16	11，14
2	城镇	22	190
3	农业与自然植被镶嵌体	17，18	20，30
4	森林	1，2，3，4，5，6，10	40，50，60，70，90，100

编号	类型	GLC2000原编码	GlobCover2009原编码
5	草地	9，13	110，120，140
6	灌木	11，12	130
7	裸地	14，19	150，200
8	湿地	7，8，15	160，170，180
9	水体	20	210
10	永久冰雪	21	220

（数据来源：地理空间数据云）

以重分类后的2009年研究区"丝绸之路经济带"30个国家和地区的土地覆盖数据为基础，做出土地资源现状分布图，对"丝绸之路经济带"的土地资源现状进行分析。

整体来看，"丝绸之路经济带"北部国家森林分布较多，耕地分布数量可观；中部地区耕地及自然植被镶嵌体交替分布，有部分草地分布，裸地分布相对较多；南部地区裸地分布数量极大，除了巴基斯坦及埃及的耕地分布数量较多外，其他各国分布数量极少，均以裸地为主。我国西北五省（区）的土地利用情况较为复杂，有城镇、裸地、耕地、草地、农业与自然植被镶嵌体及森林等的分布，且各类型土地的分布较为集中。城镇呈集聚分布特点，耕地主要分布在陕西、甘肃及青海的连片区域，森林主要分布在陕西省及甘肃省连片区域，裸地分布面积较大，主要分布在宁夏、甘肃、青海及新疆连片区域，其他土地类型也有分布，但面积较小且相对分散。

首先，"丝绸之路经济带"研究范围内的土地具有资源贫瘠，裸地面积大、分布范围广的特征。研究范围内几乎每个国家均有大面积裸地分布，尤其是伊拉克、伊朗、科威特、沙特阿拉伯、卡塔尔、阿联酋、阿曼、也门及埃及等国家，土库曼斯坦、乌兹别克斯坦、哈萨克斯坦及我国新疆等地区也有大量裸地分布。

其次，土地资源呈线条带状分布趋势。研究范围内土地资源由北向南存在条带状分布特点：最北端为俄罗斯的森林分布带，主要分布在俄罗斯北部、白俄罗斯及乌克兰南部的小面积区域，此区域有较多水域分布；向南的耕地及农业与自然植被镶嵌体分布带，主要分布在哈萨克斯坦北部、俄罗斯南部及乌克兰大部分地区，主要表现为耕地及农业与自然植被镶嵌体交错分布；最南部的大面积裸地分布带，主要分布在我国新疆及青海地区中部及北部、哈萨克斯坦南部、乌兹别克斯坦、土库曼斯坦、伊朗、伊拉克、卡塔尔、科威特、巴林、卡塔尔、阿联酋、阿曼、也门、沙特阿拉伯、约旦、以色列及埃及，主要表现为大面积裸地分布，耕地、森林等分布面积极少，其他地类几乎没有分布；森林、草地及耕地混合分布带，主要分布在我国陕西、宁夏、新疆及青海南部地区，吉尔吉斯斯坦、塔吉克斯坦大部分区域，阿富汗北部及巴基斯坦东部沿边界线地区，主要特征为地类复杂，耕地、森林、草地及水体等交错分布，与裸地分布区域形成明显的界线。

2. 植被覆盖指数

植被是陆地生态系统的重要组成部分，其变化是研究全球环境变化的重要影响因子。植被指数是基于地表反射率波段线性组合或原始波段比值提取植被结构和功能信息的一种算法。常用的归一化植被指数（Normalized Differential Vegetation Index，NDVI）是植被生长状态和植被覆盖度的最佳指示因子，对环境变化反应十分敏感，NDVI值主要分布在0到1之间（极少数数据缺失及错误导致小于0或大于1）。

将"丝绸之路经济带"2000年8月及2010年8月的NDVI植被指数比较，可以发现2000年8月及2010年8月的NDVI指数空间分布基本一致，仅有我国西北五省（区）东部、哈萨克斯坦北部、俄罗斯南部及乌克兰的NDVI值在2010年有所下降。

综合分析"丝绸之路经济带"的生态环境状况：北部的俄罗斯、乌克兰及白俄罗斯NDVI植被指数最大，整体生态环境状况最好；哈萨克斯坦、乌兹别克斯坦、土库曼斯坦、吉尔吉斯斯坦、塔吉克斯坦、阿富汗及巴基斯坦整体特征相似，NDIV值大部分均在0.5以下，整体生态环境质量一般；我国西北五省（区）的东部NDVI值较大，整体生态环境质量较好，西部NDVI值较低，整体生态环境质量较为脆弱；伊朗、伊拉克、叙利亚、科威特、巴林、卡塔尔、沙特阿拉伯、阿联酋、阿曼、也门、以色列、约旦、埃及、巴勒斯坦等国家的NDVI值最小，生态环境最为脆弱；土耳其、格鲁吉亚、亚美尼亚、阿塞拜疆NDIV值大都在0.5以上，整体生态环境质量较好。NDVI植被指数存在明显的条带状分布特征，呈现出北高南低、东高西低的分布趋势。

第三章

陆港的基础理论

陆港，也被称为"国际陆港"，被视为第五代港口。它不再依赖于水和船舶，是具备物流、报关、报检、签发提单、增值服务等港口服务功能，与沿海港口、口岸或空港有便利的运输通道，进行进出口贸易的大型综合物流区，是沿海港口或沿海口岸功能在内陆的延伸地。

全球供应链的发展增加了海运和内陆货运配送的压力，随着港口规模的扩大、船舶大型化的发展和港口吞吐能力的增加，集装箱港口之间竞争的重点已从单纯地提高吞吐能力转移到拓展内陆腹地市场。陆港的建设能够利用国际、国内两种资源，搭建起所在地与更大范围区域经济交流的平台，深度参与全球经济分工。陆港还具有箱量增加、污染少、运输便捷、安全性高的优点，可以大大降低货物运输的港口费用。

第一节
陆港的概念及分类

一、陆港发展的背景

1. 港口发展及内陆货运配送

"港口是国民经济的基础和先行产业，它是所在城市、区域腹地经济发展的一个重要基础，也为其他产业的发展提供支持和保障。港口又是实现和融入全球经济一体化的必不可少的基础，港口是一个社会关联度极高的产业，它对所在城市区域腹地经济的发展和社会进步有着重要的影响，而所在城市、腹地经济的繁荣是港口得以发展的重要依托。"（钱永昌，2011）

自20世纪90年代以来，伴随着科学技术的迅猛发展和跨国公司的不断强大，以贸易自由化、金融国际化和生产一体化为主要特征的经济全球化趋势明显加快，世界各国各地区的经济发展相互影响、相互依赖、相互促进和相互渗透的程度明显提高，促进了商品、服务、资本、人才、资源等各种因素在世界范围内的转移和配置。各国和各地区的经济贸易交往更加频繁，规模不断扩大。港口是对外开放、吸收引进、对内辐射、联动发展、迈向国际化和融入全球化的重要桥梁和纽带。

但在经济全球化以及现代供应链管理的时代，港口发展也面临着不断增长的压力。国际金融危机对港航业的影响依然在持续，港口在遭遇发展瓶颈的同时，也在积极寻找港口物流等方向上的新突破。随着贸易全球化的发展，在有限的资源（如空间）、超载的基础设施、欠发达的集疏运系统等条件下，港口的改革迫在眉睫。（Woxenius et al.，2004）过去港口之间的竞争正在演变为港口所参与的供应链之间的竞争。

全球化、海上运输的大型化和船舶规模的增大，给港口及其腹地的交通网络带来了巨大的压力。内陆节点在推进港口腹地互联互通中发挥着关键作用。世界贸易的巨大增长以及生产和消费区域的空间分散，加上正在前进的全球化进程，导致了运输供应链的深刻重构。（Notteboom et al.，2005）贸易航线上货物数量的增加、长途海运和空运的兴起、内陆物流的分散和大陆配送系统的重组，刺激了大量支持模式运作和提供增值服务的物流中心的兴起。为突破港口物流发展瓶颈，创新港口物流发展模式，需要以陆港联动世界海洋，建立完善的港口物流与陆路物流运输体系，推动港口物流与陆地结合协调发展。通过港口内迁，以陆港为节点，形成完善的物流网络来覆盖内陆。

2. 港口的发展及演化

港口的结构和功能随着社会和经济的发展不断演变。港口的发展经历了四代：

第一代港口主要是指1950年以前的港口，当时社会经济主要处于自给自足时期，港口的运输中心功能为海运货物的转运、临时存储以及货物的收发等。港口作业和活动的范围局限于码头及相关水陆域范围内，港口发展的关键因素是劳动力和资本。

第二代港口主要是指20世纪50年代至20世纪80年代工业化时期的港口。经济的对外扩张，使大批依赖水运的工业向港口城区集聚，这时的港口除具有第一代港口的功能以外，又增加了使货物增值的工业、商业功能，成为装卸和服务的中心，可以从事一些简单物流活动，比如分拨、配送。港口活动已不再限于码头本身，而是扩展到周边地区，港口发展的关键因素是资本与技术。

第三代港口主要产生于20世纪80年代以后。经济全球化趋势、全球性的产业结构调整和信息技术的广泛应用，使得港口功能得到进一步扩展，除了原有功能以外，还增添了信息服务与货物配送等综合服务。主要业务范围从货物装卸、仓储和船舶靠泊等服务扩大到货物从码头到港口后方陆域的配送一体化服务。港口发展的关键因素是技术、信息和服务。第三代港口着眼于高附加值、多要素，通过港口聚集运输资源、货物资源、信息资源、资金资源等，带动临港产业的发展。

第四代港口注重港城互动，即港口和城市要素之间的高度融合。港口突破了其所在城市的界限，开始影响整个区域。

陆港，与传统的港口相比，能够利用国际、国内两种资源，开拓国际和国内两大市场，并搭建起所在地与更大范围区域经济交流的平台。

Bird J. H.（1971）确定了港口发展过程中的三个主要步骤：节点、扩展和专业化。这种概念模型在解释当代港口发展时存在一定的缺陷。Notteboom和

J. P. Rodrigue（2005）在Bird J. H.的模型中加入了一个区域化阶段。（见图3-1）

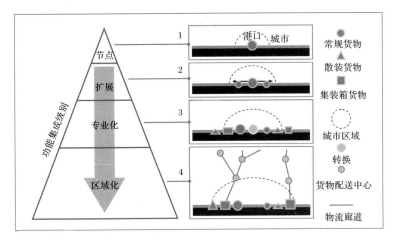

［资料来源：Notteboom, J. P. Rodrigue, "Port regionalization: towards a new phase in port development", *Maritime Policy and Management*, 2005（3）］

图3-1　港口演化阶段

　　区域化通过一系列战略将港口与内陆货运配送中心更紧密地联系起来，从而扩大了港口的腹地范围。港口区域化阶段意味着港口应更加重视内陆运输和供应链体系。在区域化阶段，人们越来越认识到，陆路运输是降低物流成本的一个重要目标，内陆配送正成为全球化/海运/货运配送范式的一个非常重要的维度。（Notteboom et al.，2005）运输集装箱货物的总物流成本中内陆配送占很大比例。在全球范围内，内陆运输成本占物流总成本的18%，通过适当的区域化策略可以减少1/3。在中美贸易链上，将一个集装箱从中国内陆运到一个门户港口，比如上海，就占到了总运输成本的60%以上。（Carruthers et al.，2002）因此，当前物流效率的提高在很大程度上取决于内陆配送。区域化为供应链内陆配送环节在提高效率、加强物流一体化、降低配送成本等方面提供了解决方案。因此，内陆集装箱物流是一个重要的业务领域。内陆成本占集装箱运输总成本的40%—80%。（Notteboom et al.，2005）因此，许多航运公司认为内陆物流是削减成本的最重要领域，通过智能管理内陆集装箱物流成功实现成本收益的航线可以获得重要的成本节约优势，并为客户提供额外的价值。

全球供应链的发展增加了海运及内陆货运配送的压力。内陆可达性已成为港口竞争力的基石。（European Conference of Ministers of Transport，2001）因此，物流一体化需要响应和制定有关内陆货运流通的战略，这就超越了以港口本身为中心的传统观点。港口和航运业的物流一体化趋势以及物流的变化对港口在价值链中的功能作用产生了重要影响。（Heaver et al.，2000；Martin et al.，2001）在港口区域化阶段，效率是通过与内陆货运分配系统的更高层次的一体化而获得的。集装箱化、多式联运和信息通信技术（ICT）加强了物流节点之间的空间和功能重组。（见图3-2）

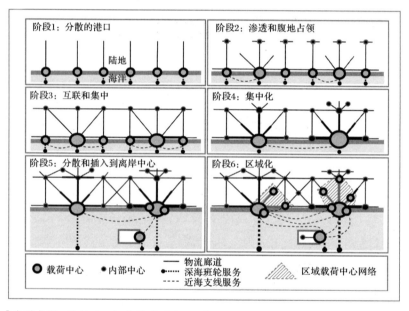

［资料来源：Notteboom, J. P. Rodrigue, "Port regionalization: towards a new phase in port development", *Maritime Policy and Management*, 2005（3）］

图3-2　港口系统的空间发展

3. 陆港对推动港口区域化的重要作用

走廊和内陆码头是港口区域化的基石。走廊是内陆可达性的主要范式，因为港口终端通过主要轴线进入内陆配送系统。由于装卸作业是多式联运的基本组成部分，区域化依赖于改善货运站沿线和两侧的活动。这涉及与多式联运系统更高层次的一体化，即与码头上的铁路转运设施和使用河流驳船相结合。港口终点站的新功能需要拟定内陆终端，以容纳新的港口来和内陆联系。

　　港口系统层次结构的变化给集疏运网络带来的巨大压力，推动着陆港的发展。内陆终端可以将一部分收集和分配功能从港口转移到内陆，从而防止海港地区过度拥挤。区域化阶段和相关联的整合腹地网络促进了不连续腹地的形成。海港的直接腹地是连续的。然而，较远的腹地具有不连续的性质（腹地目的地/港口货物起源地的密度较低）。铁路、驳船集装箱集运中心的服务区域是各内陆集装箱码头重叠的服务区域。每个内陆服务区的大小取决于铁路和驳船的服务频率和多式联运成本。通过发展与特定内陆码头的强大功能性联系，一个港口可能会侵入竞争港口的自然腹地。在偏远腹地的"岛屿"（港口服务区）中，载荷中心产生了与海港相比的比较成本和服务优势。（见图3-3）

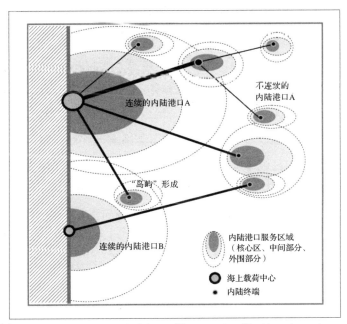

［资料来源：Notteboom，J. P. Rodrigue，"Port regionalization: towards a new phase in port development"，*Maritime Policy and Management*，2005（3）］

图3-3　港口腹地竞争示意图

　　陆港在新兴的区域载荷中心网络中具有多种功能。首先，内陆码头在运输网络中起着货物集散地的作用。大型载荷中心通常具有一定的容量，承载直达内陆目的地的多式联运飞机。当没有足够的容量来装载全部的火车或驳船货物时，就出现了捆绑运输，这就是内陆集散地出现的原因。网络为海运集装箱运输的进一步增长创造了必要的空间。因此，内陆终端对于海港具有重要的功能，因为它们有助于减轻海港地区潜在的拥挤。然而，海港和内陆中心的货物捆绑可能会降低运输系统的效率，因为尽管运输成本较低，但货物运输将大大延迟。因此，当前多式联运的发展和扩张依赖于不同运输体系的相互合作和同步发展。在此过程中，内陆码头可以帮助装载中心港口保持其吸引力，并充分利用潜在的规模经济。

其次，大多数陆港已成为货物集散和分拨中心。托运人使用内陆码头，以使进口货物与生产线同步。在出口货物方面，内陆货运站也占有重要的地位，因为许多内陆货运站被认为是实现航空货运站功能的绝佳地点。内陆码头作为空港堆场也可以缓解集装箱运输中最困难的问题，即空港问题。内陆码头已经成为优化集装箱物流的关键。

最后，大量的陆港成为更广阔的物流区域，不仅承担了大量传统港口的功能和服务，也吸引了大量相关的物流服务。这包括低端和高端的增值物流服务、配送中心、运输代理、货运公司、货运代理、集装箱维修设施和包装公司。因此，较低的土地成本和土地可得性可能适合一些后勤服务，否则就无法负担靠近主要港口的高成本地点。在美国，有两个例子特别说明了内陆码头及其走廊的出现。第一个是维吉尼亚内河港，它距离主要港口350千米，每天都有铁路运行。这个港口区域化项目的目标显然是通过创建一个物流"岛屿"来扩大腹地，以获得来自卡车运输和其他港口（尤其是巴尔的摩）的货运流量。第二个是阿拉米达铁路走廊，洛杉矶和长滩港试图通过在30千米外建立外围卫星终端来缓解卡车交通问题，从主要的港口设施分流，预计会带来经济和环境效益。

内陆码头的发展本身不足以形成一个高效的港口区域和内陆配送体系。为货运提供服务的基础设施需要在内陆货运集中的地点，这是处理大量货物的配送中心承担的职能。货物集散中心成为低端和高端增值物流服务的转盘，并在短时间内形成了强大的定位。后勤平台还包括后勤活动等附加功能。在建立物流平台的过程中，物流服务提供商倾向于将中心位置（接近消费者市场）与多式联运网相关功能结合起来。海港和腹地走廊沿线的地点通常符合这些要求。

走廊的开发增强了运输节点（海港和陆港）以及海港和陆港之间轴线上的

物流站点的极化和分区。物流极点以其强大的多式联运导向和集群优势,对物流站点发挥区位拉动作用。(见图3-4)

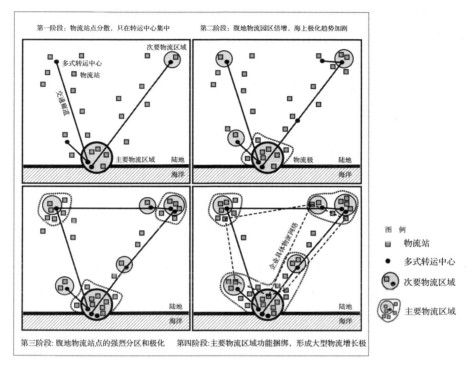

[资料来源:Notteboom, J. P. Rodrigue, "Port regionalization: towards a new phase in port development", *Maritime Policy and Management*, 2005(3)]

图3-4　内陆腹地物流站点的空间模型

传统的区位理论支持极化的趋势(如增长极理论)。物流公司经常彼此靠近,因为它们被相同的地理因素所吸引,比如市场的邻近性、多式联运和支持设施的可用性。物流公司的地理集中,反过来产生了协同效应和规模经济,使选择的地点更有吸引力,并进一步鼓励分销公司集中在一个特定的地区。劳动力成本、土地成本、土地可得性、拥堵程度、服务市场相对位置、劳动力心态和生产率以及政府政策等差异是决定物流站点极化的因素。(Colin, 1997;Stabenau, 1997)模型中的第四阶段引入了港口活动的区域化。"物流极点"的概念相当于"区域载荷中心网络"的概念,因为后者是从货物流的角度定义的。只有建立起有效的区域载荷中心网络,以保证物流区内和区域间的货物联系，物流杆才能发挥良好的作用。

在区域化阶段，海港与陆港、码头的相互作用，形成了由多个物流园区组成的大型物流增长极。这就形成了一个良性循环，产生了规模效应，多式联运的同步和货物流与托运人物流的兼容性保证了高生产率。海港是推动一个大型物流极点的动力中心。但与此同时，海港也严重依赖陆港来保持其吸引力。图3-4中描述的过程是动态的。内陆码头和走廊的不平衡发展可能只是将瓶颈从载荷中心港口转移到走廊和内陆中心。空间迁移模式可能改变物流极点的相对重要性和内部空间配置。

二、陆港的概念

1. 物流中心概念的演化

虽然"物流中心"的概念是在20世纪70年代提出的，但学者们在21世纪初才开始更详细地讨论这一现象，并开创性地明确了几种类型的设施性质和功能特征，如干港（陆港）、内陆码头、物流园区等。目前学术界对与物流中心相关的基础设施缺乏合理的概念，尚未有明确的定义和范本（Grundey et al.，2007），这主要源于不同时间和空间视角的理解。（Higgins et al.，2012；Notteboom et al.，2009）市场需求、技术创新和制度变化的趋势，以及不同国家物流中心的地域特异性，不可避免地造成了理论的模糊。（J. P. Rodrigue et al.，2012）

物流在引入物料运输方法之前被解释为实物配送，物流中心主要是仓库或与运输相关的基础设施，当范式转向物流一体化时，物流中心的功能越来越关注供需同步以及运营和信息技术集成。随着供应链管理的创新，支持企业竞争优势的实践引发了物流中心设计的巨大变化，新一代先进的物流中心出现，如货运村、物流园区、物流平台等。（Higgins et al.，2012）（见表3-1）

表3-1　物流交通链条技术、需求和概念的变化

项目	时间			
	20世纪50年代	20世纪60、70年代	20世纪80、90年代	21世纪10年代
交通链条的技术变化		集装箱化	多式联运	出坞

项目	时间			
	20世纪50年代	20世纪60、70年代	20世纪80、90年代	21世纪10年代
物流需求的变化	实物配送	物料运输	物流一体化	供应链管理
物流相关概念的变化	仓储	内陆终端 | 配送中心、自由贸易区	联运码头、货运村 | 出口加工、干港、物流园区	经济特区、扩展门户、物流平台

首先，物流演变趋势促使物流中心扩大了功能和服务范围，从标签、重新包装和条形码到追踪、质量控制、全面物流管理。其次，交通运输的技术变革塑造了物流中心的技术和管理维度。（J. P. Rodrigue et al.，2012）自20世纪60年代以来，集装箱运输极大地促进了港口腹地的扩大和内陆分销系统的重塑。新的物流发展趋势要求高密度的多式联运通道将海港与内陆地区的存储设施连接起来。（Notteboom et al.，2005）

自2000年以来，学者和实践者开始讨论如何将陆港和其他门户作为深海码头的扩展。技术进步也影响了物流。自20世纪80年代以来，日本、韩国和中国台湾地区在电子行业中日益重要的地位，以及以技术为驱动的快递集成商的出现，促使大型物流平台兴起。先进的仓库管理系统、条形码技术和（半）自动化叉车技术促进了大型主配送中心配送系统的发展。

最后一个主要的开创性趋势是公共部门在支持国家经济和国际贸易或吸引外国直接投资方面的角色变化，它为全球物流中心建立了实际的模型。20世纪70年代，墨西哥、爱尔兰和新加坡率先提出公共倡议，旨在通过建立特别经济区和自由贸易区来刺激对外贸易。在20世纪80年代中期，许多国家采取了新的公共发展政策，使专门用于特定商品链的制造和物流领域得以兴起，例如出口加工区。地方政府开始直接资助这些物流和运输节点，以增强国际海港和机场枢纽的竞争力。政治干预的最终边界是实施经济特区。经济特区成为新一代物流中心的家园。这些物流中心专注于货物、人员和跨国公司的供需同步和提供增值服务。

2.陆港的概念

陆港最初被定义为航运公司签发提单的内陆码头，是指陆地上的商品集散中心和物流中心。通常情况下，陆港拥有所有运输和转运所需的物流设施。陆港发展过程中使用过许多名称，如内地间隙货场、内陆集装箱中转站、联运货运中心、内陆货运站、内陆港、无水港/干港等。（Jaržemskis et al.，2007）

陆港概念最早在1986年由Hanappe提出，他将其定义为在同一地点为各公司运行的多功能物流中心。联合国欧洲经济委员会认为Hanappe这一描述更类似于物流村的概念，因为这个定义既没有强调与海港的连接，也没有说明终端提供的服务范围。1990年，Beresford和Dubey对非洲陆港进行广泛调查后，将陆港理解为类似于内陆运输保税货站的地方。联合国欧洲经济委员会认为Beresford和Dubey的定义尽管没有对所连接的海港类型进行规范，但明确了具体的所有权和服务，特别是通关服务。此外，Beresford和Dubey强调了陆港作为一种常见的用户设施的重要性，它将促进货物从原产地到目的地的转运，而不需要经过中级海关检查，因而提出所谓的联运概念。

Woxenies（2004）认为陆港是远离海港的内陆终端，它的功能多于传统的铁路终端。Jaržemskis等（2007）认为陆港是位于内陆区域的无水港口，它与沿海一个或多个港口通过铁路或公路相连，服务于当地工商业，通常是集装箱或多式联运的终端。Roso等（2009）将陆港定义为直接连接到海港的内陆多式联运码头，拥有像铁路一样的高容量运输方式，客户可以直接完成货物收发。Roso等对陆港概念的理解与Beresford和Dubey相比更深入了一步。虽然这两种方法有共同的背景，但Beresford和Dubey强调的是环境效益和联运运输，Roso等更强调运输成本的节约和区域经济活动的推广及其他优势。Roso等认为陆港比传统的内陆码头概念更明确，其目的是改善集装箱流量增加而导致的拥堵状况，其关注利用信息和通信系统的安全与控制。与海港相联系的稳定的高容量运输是至关重要的，决定着陆港的性能。（Roso et al.，2009）Monios（2011）使用术语"内陆港"表示各种类型和大小的内陆节点的总称。

美国集装箱运输协会对陆港的定义是在内陆进行集装箱作业的物流设施，距离港口相对较远，给进出港口的集装箱和货物提供集装箱堆存、装卸搬运、检验检疫等服务。陆港可以推进内陆集装箱运输业并给内陆经济发展带来利益，使内陆闲散货物运输实现集装箱化。欧洲运输白皮书对陆港的定义为地理上与港口相连的内陆站场，通过人运量运输方式与港口联系，顾客可以像在港口一样接收和发送集装箱。联合国贸易与发展会议将陆港定义为位于内陆特定的区域内，建设有与海港相似功能的特定设施，具有仓储、运输、报关报检、保税物流等港口功能。得克萨斯大学运输研究中心将陆港定义为远离传统的海、陆、空边界的物理站点，依赖于多式联运设施的规划和商品供应链提供的增值服务，以推动和促进国际贸易。2013年中国、俄罗斯、韩国等14个国家所签订的《政府间陆港协定》中也明确了陆港定义，即一个或多个运输模式相连接的、作为一个物流中心进行运作的内陆地点，用于装卸和存储在国际贸易过程中移动的货物并对之进行法定检查，实行适用的海关监管并办理海关手续。

随着陆港在中国的发展，国内学者也讨论了陆港的内涵。国内最早提出陆港（也被称为国际陆港）一词的是学者席平，他在2001年以内陆区域经济的发展和国际物流业发展需求为视角，根据国际港口的概念，提出陆港的新概念，即陆港是实现内陆与沿海地区，以无差异的国际运输为出发点，随着各种国际运输和国际贸易机制的引入，在内陆经济中心城市的铁路、公路交会处，建立开放的国际商埠，是沿海港口在内陆经济中心城市的支线港口和现代物流的操作平台，为内陆地区经济发展提供方便快捷的国际港口服务，其目的是促进国际贸易在内陆地区的发展，拉动经济全面发展。之后国内文献中仍有学者使用陆港旧称，如无水港、内陆港，但其内容实质上就是讨论陆港在中国的发展。叶龙（2005）与杨睿（2006）均认为"无水港就是为船公司和当地客户服务的内陆海运集装箱中转站，除了没有港口码头装船、卸船的操作外，它的功能与港口基本一样。船公司在当地设立分支机构和堆场，确定该地为公司服务网络中的收货点和还箱点，为客户签发以当地为起运港或终到港的多式联运提单"，提供全程物流服务。"内陆的进出口商在当地就能订舱、报关、报检等手续，将货交给船公司，拿到提单，或是清关取货后将空箱直接还给船公司"，实现对货主"门到门"的一站式服务。吕顺坚（2007）认为无水港是指在内陆地区建立的具有和沿海港口基本相似功能的现代物流中心。张戎等（2008，2010）将内陆港定义"为地处内陆地区，为外贸集装箱或者以集装箱方式运输的外贸货物提供装卸搬运、装拆箱、临时存储和海关通关服务的运输节点。内陆港的主要目的是为内陆托运人和收货人提供国际集装箱多式联运服务，使集装箱化运输的效益能够在国际流通的内陆运输部分得到拓展。"王刚（2009）认为无水港是"在内陆地区建立的具有报关、报验、签发提单等港口服务功能的物流中心；在无水港内设置有海关、动植物检疫、商检、卫检等监督机构为客户通关提供服务；同时，货代、船代和船公司也在内陆港内设立分支机构，以便收货、还箱，签发以当地为起运港或终点港的多式联运提单"。秦英（2010）认为内陆港是指："港口依托高速公路或铁路向内陆地区拓展，把港口的功能向缺少出海港的城市延伸，通过设立无水港口的形式，使内陆地区的进出口贸易均可在当地的无水港口实行报关、报检、签发提单等一站式服务，并享受港口的一切政策待遇。"孙家庆等（2013）定义集装箱内陆港为"建在内陆地区，以陆上集装箱运输为连接港口的运输载体，依托高科技网络信息技术和多式联运技术，实现口岸监管查验、集装箱场站服务和其他服务功能的现代国际物流的通道和平台"。孙可朝等（2013）将无水港定义为："具备一定经济、对外贸易基础和良好交通条件的内陆经济型节点城市，以现代信息技术、网络技术、计算机技术等为手段，构建具备'一次申报、一次查验、一次放行、便捷通关'口岸综合功能的服务平台，配套以仓储、运输、中转等一系列现代物流综合服务实体设施，从而形成与沿海港口具备同样口岸与物流功能的内陆港城服务系统。"其还认为无水港有两层内涵，"一方面，无水港是一个虚拟港城的概念，是在内陆经济中心城市或地区满足良好的口岸政策环境下，依靠现代网络技术而建立的统一的信息服务平台，其在进出口操作方面与我国沿海港口和其他口岸具有完全一样的功能。另一方面，无水港是一个港站的概念，是在内陆地区中心城市的铁路或公路交会处建立起来的具有报关、报验、签发提单等港口服务功能的场所"。

结合以上的定义分析来看，陆港是指在不具备优良的水运条件的内陆地区建立的具有报关、报验、签发提单等港口服务功能，与沿海港口、沿海口岸或空港有便利的运输通道，进行进出口贸易的大型综合物流区，是沿海港口或沿海口岸功能在内陆的延伸地。其概念围绕三个主要方面：一是多式联运码头设施，因为陆港是货物一体化的结果；二是与高容量、频繁和可靠的内河、铁路和公路服务的海港紧密联系；三是与海港可互换的服务，如海关服务、货物储存或增值服务。陆港的最终目的是改善海港和内陆贸易区之间的可达性，促进交通向铁路和/或驳船的模式转变，并缓解门户海港的限制。

陆港通过实现集装箱化给内陆货物运输带来利益，并且促进内陆运输的集装箱化。陆港的概念应该从以下几个方面来综合理解：

（1）对接海港的运输体系

内陆外向型经济发展往往受限于对外通达性差与公路低运力的瓶颈，陆港必须通过大运力的陆运干线（铁路或高速公路）对接海运网络，实现内陆货物的全程、跨国运输。一般而言，陆港都开通至海港的"五定"（定点、定路线、定车次、定时间、定运价）集装箱班列。

（2）集装箱化的货运体系

陆港是在集装箱多式联运趋势下兴起的内陆集装箱港，不仅要实现引货入箱、货物集装箱化，更要完善与集装箱场站相同的功能，包括集装箱堆存、装卸、转运、拆装箱、检验维修以及空箱的回收、存储、发放等。

（3）规模化的经济体系

内陆地区的陆港必须有较低的价格优势，才能够吸引过去直接从海港办理进出口手续的货流，但前提是陆港可以规模化处理大量货物。大运量的运输体系与规模化的经济体系紧密联系。

（4）与海港相同的功能体系

陆港是海港功能向内陆的延伸，除海港装卸船功能外，基本具备与沿海入（出）境港口相同的功能，海关、检验检疫等政府机构在陆港设立办事处，提供报关、报检、提交订单等口岸监管一站式服务；货代、船代与船公司在陆港设立分支机构，以便收货、还箱以及完善集装箱多式联运、国际货运代理等功能；现代物流企业在陆港集聚，提供运输、加工、包装、配送和信息处理等综合现代物流服务。

与陆港相关的概念还包括内陆集装箱中转站、集装箱货运站、内陆通关站等。联合国对国际集装箱中转站的定义为坐落内陆或远离港口的、为进出中转站的集装箱或货物提供集装箱装卸、短期储存和海关检查服务的内陆集装箱设施。集装箱中转站的主要目的是实现集装箱化给内陆运输带来利益，港口和中转站之间的运输在海关的监管下，航运公司通过签发自己的提单，对国际集装箱中转站到国外港口或者国外终点的集装箱中转站之间的运输承担责任。集装箱货运站指进行集装箱拼箱与拆箱的场所。集装箱货运站是集装箱运输的产物，集装箱运输的主要特点之一就是船舶在港时间短，这就要求有足够的货源，一旦卸船完毕即可装满船开航。集装箱货运站的主要业务就是集、散货物。其主要业务有集装箱货物的承运、验收、保管和交付，拼箱货的装箱和拆箱作业，整箱货的中转，重箱和空箱的堆存和保管，货运单的处理，运费、堆存费的结算，集装箱及集装箱车辆的维修、保养，等。内陆通关站，联合国贸易与发展会议将其定义为不同于港口或者机场的具有公众权威地位的内陆设施，配备有固定的装备并提供处理和暂时存放任何货物（包括集装箱）的服务，由海关监管。

三、陆港的功能

联合国亚太经济与社会委员会（简称"联合国亚太经社会"）2006年的研究报告指出：与沿海地区和港口附近的经济活动一样，陆港可以通过吸引相同类型的相关服务和制造业来产生更广泛的利益，并可能培育制造业和服务业集群的发展。这种扩大将特别有利于向中小型企业提供联合采购以及合并和分销服务。图3-5示意了陆港的功能从干港的集装箱堆场和货运站，扩展到内陆集装箱中转站，再扩展到具备物流服务以及增值服务如包装、标签和存储设施，然后进一步扩展到完整的进出口处理，工业园区或经济特区货物组装、制造和农业加工。陆港的成功取决于以下几个因素，包括选择离现有或潜在的生产或消费中心近的地点、对当地货物的国际需求、国家政府的支持以及地方政府和企业之间的伙伴关系。虽然可能会有一些从沿海地区过来的制造商利用新的内陆设施加入陆港的发展，但陆港最重要的增长还是体现在对出口商直接降低交易成本。最后，陆港有可能像海港一样成为"增长极"，从而增加就业、提高生活水平和改善地理收入分配，还有可能减少人口向沿海地区迁移而促使内陆和沿海的发展趋于平衡。

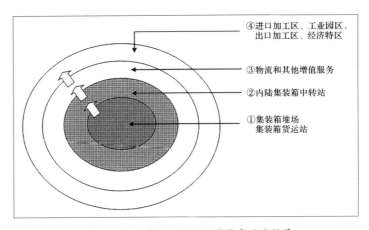

④进口加工区、工业园区、出口加工区、经济特区

③物流和其他增值服务

②内陆集装箱中转站

①集装箱堆场集装箱货运站

图3-5　内陆多式联运设施的潜在功能扩展

2013年中国、俄罗斯、韩国等14个国家签订的《政府间陆港协定》中明确指出陆港具有两个功能：其一，基本功能，即对国际贸易中移动的货物进行装卸、存储和法定检查等；其二，扩展功能，包括保税物流、信息处理与服务等功能。

1. 陆港的基本功能

陆港的基本功能包括集装箱进出口、货物集散、仓储及分拨、集装箱管理、货运代理、内陆口岸功能、联运网络提供的快运列车服务、管理信息系统及EDI的对接等其他服务功能。其基本功能可以概括为以下六个：

（1）集装箱集散、存储等功能

陆港是国际、国内集装箱运输在内陆的重要节点。它提供的进出口集装箱整箱交接、保管、堆存、中转拆装箱、理货、拼箱等服务是其基本的功能。陆港通过提供集装箱服务，将分散的小批量货流集中，形成大批量货物，然后通过铁路或公路将货物运到港口、空港或沿边口岸。借助陆港形成了内陆集装箱运输高效的货流组织体系，是对传统的散货内陆运输网络体系的一种改善。因为它形成了一个包括港口（空港或沿边口岸）、国际陆港在内的新型内陆运输体系。

陆港作为集装箱货物的集散点，起到了连接内陆地区与海港、空港或沿边口岸的纽带作用。首先，陆港可以迅速集中和疏运进出口的货物，并为集装箱运输提供稳定可靠的货源，提高了内陆散货的集装箱化水平。其次，陆港的集装箱服务功能提高了集装箱的运输效率，加快了集装箱的中转。通过陆港，可对发往内陆地区的集装箱进行有效的跟踪和管理，有利于缓解集装箱运输中"空箱"等利用效率不高的问题，缩短了集装箱在港口和内陆货主之间的中转周期，提高了运输的效率。再次，陆港的集装箱服务功能促进集装箱运输多式联运的发展，降低了运输过程中的成本。集装箱运输的最大优势在于实现了远程的门到门服务，陆港发展不充分的必然结果是内陆的集装箱货源以散货的形式运抵港口，然后在港口拆装箱。它一方面增加了港口的压力，另一方面又使集装箱的潜在优势难以发挥。国际陆港使得货主在内陆进行拆装箱，并使一票到底的多式联运成为可能，货主没有必要在内陆和港口城市之间来回奔波，从而降低了整个运输的经济成本和社会成本。

（2）报关和检验检疫等通关功能

陆港内进驻海关和检验检疫等监管机构，提供报关和检验检疫等通关服务，是陆港与普通集装箱内陆站、物流中心的最大区别。

（3）货运代理功能

陆港或其进驻的国际货运代理企业，受货主及船公司委托代办接货、发运，签发提单，租赁及管理集装箱，代办报关及多式联运业务。不论对于进出口货物的收、发货人，还是对于承运人和港口、机场、车站、仓库经营人都有重要的桥梁和纽带作用。

（4）运输衔接功能

陆港是国际、国内物流的重要节点，是内陆进出口货物和国内货物的重要集散地，应该具有进行中转的重要功能。陆港根据自身所处的交通位置，能够成为陆陆换装的中转站或者陆空衔接的中心，最终实现陆港的运输连接功能。

（5）综合仓储功能

陆港作为服务于国际物流和国内物流的综合性物流节点，仓储功能是其提供的基本服务功能。仓库的传统功能主要是提供仓储服务，调节商品的生产与消费、进货与销售之间的时间差。随着现代物流业的不断发展，仓库的这种功能已经不能满足物流发展的需要，仓库必须要提供其他的增值服务，才能够保持其竞争能力，例如产品包装和简单的流通加工。因此，陆港内的仓库经营人还要按照客户对商品品种、规格、品种搭配、数量、时间、送货地点等的各项要求，将配送好的商品送交给收货人，从而实现仓储服务的增值，这也正是传统仓储向现代物流的转变。

（6）配送功能

陆港作为物流的集散中心，需要具有一定的配送功能，以拓展其提供国际和国内物流服务的能力。配送功能是现代物流服务延伸的体现，是现代物流的一个重要特征。配送几乎包括了所有的物流功能要素，是现代物流在一定范围内的缩影。配送功能强调的是"配"（流通加工、分拣）与"送"的组合，故既不同于传统物流（运输、仓储），也不同于单一的运输功能，有的配送还兼任了分销商的角色，使物流与商流融合。

2.陆港的扩展功能

（1）保税物流功能

陆港的保税物流功能通常体现为建设下面三种设施：

一是保税仓库，是指经海关批准设立的专门存放保税货物及其他未办结海关手续货物的仓库。随着国际贸易的迅速发展，世界各国进出口额不断增长。很多采取来料加工、补偿贸易、转口贸易等灵活贸易方式的货物，它们在进口时需要征收关税，出口时还需再申请退税，手续复杂，耗时耗力，也不利于对外贸易的开展。实行保税仓库制度既方便进出口，又能使未完税货物仍在海关的有效监管之下。这种受海关监督管理，专门存放按海关法令规定和经海关核准缓纳关税的进出口货物的场所，通称保税仓库。

二是出口监管仓库，是指经海关批准设立，对已办结海关出口手续的货物进行存储、保税物流配送、提供流通性增值服务的海关专用监管仓库。国内出口企业出口货物进入出口监管仓库，视同实际出口，海关可立即向出口企业签发出口报关单退税证明联，入仓出口货物即可及时办理出口退税手续。出口监管仓库对出口企业降低流动资金占压、缩短出口商品周转时间、及时得到国家税收扶持都具有重要作用。

三是保税物流中心，是指在海关监管下设立，且由一家或多家物流企业经营保税货物仓储、转运、简单加工、配送、检测维修和报关，并为用户提供辐射国内外的多功能、一体化综合性服务的保税场所。

（2）信息处理与服务功能

规模较大的陆港可以通过构建物流信息平台拓展信息服务的功能。通过物流信息平台为参与者提供一个信息沟通的平台，建立一套完整的共用数据采集、分析、处理系统。支持企业对物流信息的需求，对网上报关的需求，对在线交易的需求；支持政府相关部门对物流信息的需求，并对不同用户的需求提供相应层次的信息等。

（3）金融服务功能

陆港内企业的发展离不开金融部门的支持。因此，通过吸引金融机构入驻陆港，为陆港内企业提供资金支持，能够为企业的健康快速发展提供保证。另一方面，陆港内也可开展一些金融服务创新，如开设仓单质押业务。

（4）集装箱等设备维修维护功能

集装箱作为货物运输的一种标准化容器，要在一些跨国航线乃至全世界领域内重复周转使用。中转站经船公司集装箱管理中心认可并签订协议后，即可为船公司及其代理人调度、交接、集中、保管和堆存空集装箱，并且有EDI系统负责集装箱的动态跟踪，还可按规定的标准、工艺对集装箱进行定期的检验、修理或整新，以及清洁、维护等作业。

（5）其他服务功能

其他服务功能包括提供各种配套服务，例如教育、培训、车辆维修、酒店服务等。

四、陆港的属性特征

从陆港建设主体来看，建设模式主要包括三种：一是沿海港口为争取货源主动和内陆地区合建的陆港，二是内陆地区为发展本地经济而建立的陆港，三是沿海港口企业和内陆地区根据各自发展的需要建立陆港。

对客户来说，陆港是货物贸易的便利站；对港口企业来说，陆港是开发港口腹地和拓展港口空间的重要工具；对内陆地区来说，陆港是带动经济发展的催化剂；对铁路部门（运营公司）或集装箱服务等其他相关产业来说，陆港是可开发的目标市场。此外，陆港还有平衡区域发展、减少公路运输压力和促进环保等作用。因而，陆港的建设得到了各国政府部门、港口企业及其他相关利益体的重视。近年来，在综合运输日益重要、节能环保问题突出的大环境下，国际陆港的定位逐渐发生了改变。各国政府不再仅仅将陆港视为港口腹地扩张或空间扩展的工具，以及内陆经济发展的催化剂，而是更重视其在构建综合交通网络和减少环境污染中的作用。

联合国亚太经社会在2007年发布的研究报告中，总结了陆港应该具有的属性。（见表3-2）在其研究报告中详细总结了陆港的优势，主要有：减少总运输成本；减少港口对土地的需求；增强对腹地的可达性；运输模式从公路到铁路的转变可以减少环境污染、减少港口附近的公路拥挤；提升货物通关速度；对内陆城市，尤其是发展较慢的城市，可以通过增加就业促进区域经济。从陆港的功能和作用方面，论证了其产生和发展的必要性。陆港可以增加港口的通过能力和生产力，减少港口附近及所在城市的拥挤，减少陆路运输可能的风险和公路维护成本，降低对环境的影响，增强港口对传统腹地以外的城市货源的吸引能力。

表3-2　陆港的属性

属性	特点
地理属性	与海港或空港相连
	位于内地
运输物流属性	具有一种以上的运输方式
	各运输方式能力较强
	多式联运转运功能
仓储物流属性	临时储存及仓储
	集疏运功能
国际港口属性	参与到国际贸易中
	海关查验
	其他国际海港或空港提供的服务
增值物流服务	运输代埋
	信息系统
	其他增值服务

（资料来源：联合国亚太经社会，2007年）

孙可朝等（2013）认为陆港实体包括"堆场、仓库、港口管理局、'一关三检'、保险公司、结汇银行、船运代理公司等"。陆港是"提供报关、报验、集疏港、结汇、保税、订舱、电子数据交换、配送为一体的一站式服务的场所"。在技术实现方面，陆港"提供货物进出口操作平台，更加注重陆港内部的货物集散、报关、报验和签发一体服务以及与沿海港口之间箱、货数据信息无障碍共享，重视货物进出港口、信息传输和合理集散的效率"。在服务功能方面，陆港操作平台具有"一关三检"功能，在陆港内设置有"海关、动植物检疫、商检、卫检等监督机构为客户通关提供服务"。陆港具备内陆口岸功能，可提供"货物集散、中转服务，物流配送、信息服务，商贸流通、商品展示等多种服务"。在运输组织方面，陆港货物到达出口港以铁路运输最为经济，货物在陆港集散则以公路、铁路运输为主，能实现多式联运无缝衔接。张帅（2009）认为陆港在多式联运通道中发挥的作用主要体现在加快集装箱货物的流动、完善集装箱运输网络、减轻港口道路的拥挤、降低卡车空驶的概率、提升运输效率等方面。邹云美（2009）认为陆港作为一种高效的物流组织方式，可促进相应的沿海港口和内陆城市的双赢，同时加强港口的货物集聚和腹地辐射功能，进而拓展港口的竞争实力。朱长征等（2009）对国际陆港形成机理进行了研究，提出了国际陆港的形成途径，分析了陆港内各主体的互动机理；并结合国际陆港的实际，阐述了国际陆港的生态学特征，提出了国际陆港的演化路径，深入分析了每一演进阶段的特征和涉及的关键问题。

Adolf k. Y. Ng和Gujar（2009）的研究表明，由于政府的政策和陆港无法提供运货商所需要的增值服务，货运商通常选择靠近他们生产基地的陆港，而不是综合考虑最优方案。虽然陆港在理论上能给运输系统带来许多好处，但仍有许多实施障碍，最常见的是土地利用、基础设施、环境和体制障碍。（Roso，2009）除了在建立无缝的海港内陆通道时需要稳定和可靠的铁路连接外，港口的安全也至关重要，特别是在要执行通关的情况下。国际船舶和港口设施安全代码的实施涉及港口地区安全的物理设计和临近设施的变化，但它也要求改变一般港口活动。（Mazaheri et al.，2009）因此，这提高了陆港的运行成本。在研究了埃及陆港的失败原因后，Vandervoort等推荐成功的陆港是必须融入一个复杂的系统，这个系统有必要的基础设施，有维护的保障，有合理设计的法律和制度来统筹公共和私营部门。

如图3-6所示，在传统的以内陆终端为中介的区域货物配送体系中，港口和内陆终端是通过公路或铁路的内陆交通衔接的两个独立界面。在这一物流线路中，离港口近的城市一般处于公路运输的合理范围之内，汽车运输具备一定的优势，但距离港口较远城市的货主，往往要在公路和铁路运输方式之间做选择，因为公路运输的时间成本低而运输费用高，铁路运输的运输费用低而时间

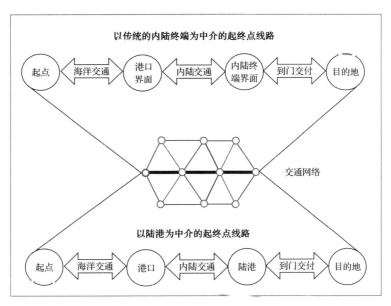

以传统的内陆终端为中介的起终点线路

起点 — 海洋交通 — 港口界面 — 内陆交通 — 内陆终端界面 — 到门交付 — 目的地

交通网络

以陆港为中介的起终点线路

起点 — 海洋交通 — 港口 — 内陆交通 — 陆港 — 到门交付 — 目的地

［资料来源：Roso V et al.，"The dry port concept: Connecting container seaports with the hinterland"，*Journal of Transport Geography*，2009（5）］

图3-6　有无陆港的交通网络

成本高。而在以陆港为中介的区域货物配送体系中，陆港可以通过创建无缝衔接的海港内陆通道来很好地解决这个难题。（Roso et al.，2009）陆港一般建立在货源比较集中的内陆城市，和海港一样有集货的功能，一定程度上改变了长期以来客户与海港之间单独运送零星货物的状况，铁路运输所占比重有所提高，有利于降低内陆物流成本。对于出口集装箱，发货人直接将货物送到陆港，在陆港内集结形成规模后分批通过铁路运往海港装船。对于进口集装箱，大型船舶卸下的大量集装箱首先通过铁路运往陆港，然后再通过公路运输发往收货人。在陆港可以聚集足够的集装箱以开通高密度的铁路集装箱班列，最终降低货物在内陆城市与港口之间的物流成本。当然，创建有效的海港内陆通道需要所有参与者之间的协调。（Van der Horst et al.，2008）

五、陆港的分类

1.按照位置距离分类

近年来，由于有效腹地运输需求的增加和各利益相关者面临的严峻挑战，人们对陆港进行了广泛的研究。根据其功能和位置，陆港可分为近程、中程和

远程陆港。（Roso et al.，2009）

（1）近程陆港

由于港口造成港城及周边地区的公路运输紧张，运力的增长远不及货流量的增长，大多数港口都受到港口空间制约和疏运能力欠佳的困扰。因此，在港城的边缘或市郊的位置，可以建立近程陆港，与母港距离较近的陆港的主要作用是缓解港口所在城市的交通压力。来自各地的铁路货车和公路货车直接把货物运送到陆港，然后再由陆港提供到港口的直达铁路运输，把货物直接送到岸边装船。如美国的阿拉曼达走廊将洛杉矶港、长滩港与洛杉矶市区的货运中心连接，通过地下铁路线在港口和货运中心之间运输货物，减少了货物运输给洛杉矶市区交通带来的压力。近程陆港可以增加海港的终端能力和生产力，可以让更大容量的集装箱船在海港停靠。

（2）中程陆港

公铁竞争除了性价比外，还取决于地理因素和人口因素。陆地运输中公铁竞争最为激烈的地点在500千米距离处，这个位置正好可以覆盖与港口相连的公路运输所及范围，而中程陆港也就定在这样的位置。中程港离海港有一定的距离，通常为公路运输服务，并成为不同铁路服务的整合点。它通过合并流动而达到的高频率，加上相对较短的距离，使专用列车装载一艘集装箱船的集装箱更为便利。因此，与母港有中等距离的陆港可作为缓冲地，减轻海港的堆垛压力。

（3）远程陆港

远程陆港在三类陆港中是最传统的，也是出现最早的一个，它可以通过向货主企业提供低成本和高质量的服务，使港口获得更广阔的潜在货源腹地，港口和货主企业也能共享利益。距离母港较远的陆港主要通过增加通往港口的铁路运输线路，为货主提供更环保、更低廉和快捷的运输服务，减少远距离公路运输。如伊萨卡陆港就属于远距离陆港，其为卢旺达和布隆迪的内陆货主提供了海铁联运的综合运输，降低了运输时间，节约了综合物流成本。远程陆港面向内陆，运货商一般将其视为海港和航运线之间的界面和接口。

2.基于功能定位的分类

陆港基于功能定位的分类有三种，即进口配送性陆港、出口转运性陆港和进出口综合性陆港。

（1）进口配送性陆港

对于消费能力强，市场需求大，而本地出口量相对较小的地区，其陆港适于建设成进口配送性。其运作流程为进口集装箱卸船后，在海关的监管下直接通过公路或铁路运输运往陆港，在陆港完成进口报关，然后运往内陆货主处。"建设进口配送陆港，对内陆城市而言，有利于减少进口货物的物流成本，缩短进口货物的进口时间。对与国际陆港结成联盟的沿海港口而言，有利于增强其快速疏港的能力，扩大经济腹地。"

（2）出口转运性陆港

对于以发展出口贸易为主，商品出口量大，而本地市场容量有限，进口量相对较小的地区，其陆港适于建设成出口转运性。其运作流程为货主在工厂将货物装箱后，运往附近的陆港，在陆港办理完出口手续后，在海关的监管下直接通过公路或铁路运输运往沿海港口，在港口验放后直接装船运往海外。石家庄陆港即为典型的出口转运性陆港。

（3）进出口综合性陆港

对于进出口贸易都较为发达的地区，其陆港适于建设成进出口综合性。运作流程为进口集装箱卸船后，在海关的监管下直接通过公路或铁路运输运往陆港，在陆港完成进口报关，然后运往内陆货主处；出口货物运往附近的陆港，在陆港办理完出口手续后，在海关的监管下直接通过公路或铁路运输运往沿海港口，通过港口验放后直接装船运往海外。西安国际港务区是典型的进出口综合性陆港，它依托西安铁路集装箱中心站、西安新筑铁路散货场以及周边便利的铁路、公路运输网络，实现与沿海港口的有效连接，"形成具有保税、仓储、海关、边检、商检、检疫、结汇银行、保险公司、船务市场及船运代理等国际港口所具有的多种功能的综合性物流服务聚集地和结合点"。（朱长征，2010）

3.基于依托基础的分类

陆港也可以分为以海港为基础的陆港、以城市为基础的陆港和边境陆港。（Beresford et al.，2012）以海港为基础的陆港是指位于海岸的设施，其主要功能是通关，其可持续性依赖于它的整合能力和清关功能。靠近港口意味着它的目标是在当地重组供应链，缩短交货时间。（Beresford et al.，2012；Mazaheri et al.，2009）以城市为基础的陆港，主要由国内经济增长驱动形成，通常位于更大的物流集群中。为了满足需求，支持当地贸易，往往将园区设在物流园区或出口加工区，并与港口签订合作协议，保障对外运输。城市型陆港是区域经济发展的需要，地方政府在城市型陆港建设中扮演着重要的角色。边境陆港位于远离海港的边境地区，其主要功能是做中转中心或提供通关服务。

4.基于陆港与海港关系的分类

根据陆港与海港的关系可将陆港分为支线型陆港和枢纽型陆港两种。

（1）支线型陆港

支线型陆港的定位是海港的喂给港，也就是海港腹地的内陆延伸，所以这类陆港不需要建立在两种以上的运输枢纽旁，只要有一种交通运输方式并且具有"一关三检"的职能，能降低海港海关压力，便可称之为"支线型陆港"，它是陆港发展的最初阶段。例如河北石家庄的陆港就是与天津港合建而成的支线型港口。

（2）枢纽型陆港

此类陆港的定位为沿海港口的内迁，是与沿海港口具有同等地位，依托陆路运输枢纽从事国际国内货物装卸运输等作业的港口。此类陆港的设立，不但有利于实现内陆物资与国际物资的互换，有利于降低作业费用，而且也有利于将沿海港口打造成中转型海港，进一步推动沿海港口的转型。

除上述分类模式外，也有学者基于陆港服务模式进行分类，如分为内陆水陆港口、空港、内陆支线港口以及贸易运输中心。Notteboom等（2009）认为根据区位及对设施要求的不同，可以划分出多种不同的多式联运码头，例如铁路枢纽、驳船码头、物流园区等。J. P. Rodrigue等（2012）认为根据运输功能的不同，陆港可以分为卫星码头、装卸中心或者转运中心。根据是否具备清关功能，Haralambides等（2011）将陆港分为门户港、铁路码头和分拨中心。

第二节
陆港的形成模式

陆港是内在因素和外在因素共同作用的产物。内陆区域城市经济外向型发展是物流设施节点转变为国际陆港的外在动力。随着国际物流规模的扩大，基于自身物流节点的建设需求，完善基础设施建设、扩大基本物流服务功能、实现国际物流的核心功能成为其内在动力。基于陆港的综合功能，可以把内陆物流主体分为内陆集装箱中转站、物流园区、内陆口岸、综合交通枢纽、专业市场或经济园区（朱长征，2010），形成五种不同模式的陆港。

一、内陆集装箱中转站模式

内陆集装箱中转站是各种运输方式在该节点的集聚，是港口集装箱业务在内陆地区的延伸。随着国际集装箱业务的不断发展，由于自身的空间区位和功能已不能满足内陆客户的部分要求（保税功能、通关功能等），需要通过功能拓展来促进集装箱中转站的进一步发展，为内陆客户提供便利的国际物流服务。各集装箱港口向内陆地区辐射各种方式的运输线路（包括铁路、公路、内河航线等）将各个内陆货站与港口的码头联系在一起，形成一个港口与内陆腹地的集疏运网络。

通过内陆集装箱中转站，托运人可以不用将货物运往港口的码头堆场交货，只要将货物交给附近的集装箱中转站，然后通过定期的专用列车、铁路班车或集装箱专用卡车有组织地运往集装箱码头堆场。此外，港口进口的集装箱货物卸船后也可以疏运到内陆腹地中转站，实现内陆交货。不仅如此，在空箱的发放、存储、回收和拼箱运输中，内陆货站也发挥了重要作用。各集装箱运输经营人（特别是船公司）和集装箱租赁公司，可以像在集装箱码头堆场一样，委托内陆货站作为集装箱代理人，完成集装箱的堆存、发放、回收及装拆箱业务。这不仅减少了空箱在集疏运系统中以码头堆场为中心的调运，而且也大大方便了用箱人的提、还箱。从集装箱联运的全过程来看，从托运人提取空箱和托运货物到收货人收到货物和还回集装箱，集装箱内陆货站与集装箱运输系统中的其他各个环节组成一个有机的、高效率的整体，使集装箱运输"门到门"的多式联运优势得以充分发挥，并对保证港口畅通，减少集装箱在港停留数量和时间发挥重要作用。（田聿新，1999）

内蒙古包头陆港就是依托包头国际集装箱中转站建设而成。包头市国际集装箱中转站是利用世界银行贷款建设的中国国际集装箱多式联运系统内陆中转站之一，隶属于包头市国际集装箱运输有限责任公司。由于中国区域通关制度，货主出口货物时，即使包头国际集装箱中转站办理了货物报关手续，但在天津港仍需办理二次通关手续，给货主带来了很大的不便。2007年，天津港陆海物流公司与包头市国际集装箱运输有限公司签订合资协议，在包头国际集装箱中转站的基础上，建立包头陆港。天津海关、呼和浩特海关、天津港集团有限公司、包头市国际集装箱运输有限责任公司四方就包头陆港及口岸便捷通关业务达成协议，过境货物在包头陆港申报后由内陆海关直接签章放行，企业无需到天津海关递单，将两次报关变为一次报关，从而进一步提高包头陆港的通关效率。包头陆港形成"一次报关、一次查验、一次放行"的物流运作模式，实现包头与天津港无缝对接。

二、内陆物流园区模式

内陆城市的物流园区是物流基础设施和物流企业在区域上的集成地，可实现城市多种物流作业，同时具有不同物流服务功能。物流园区和集装箱中转站一样，也是为了满足客户（进出口企业）需求，通过拓展通关、集装箱等部分功能实现更多的国际物流服务，形成具有综合物流功能的陆港。

内陆物流园区的基本功能包括信息服务、流通加工、装卸搬运、运输、仓储、配送等。拓展功能包括保税物流、便捷通关、"一关两检"、国际货运代理、金融保险、国际集装箱业务。

沈阳陆港就是依托中储沈阳物流中心形成的陆港。营口港务集团与中储沈阳分公司合作，在中储沈阳物流中心内建设有沈阳陆港。营口陆港是东北三省和内蒙古自治区最便捷的海上通道之一，建有5个港区。在三省一区各主要城市建立了具有报关报验、订船订舱、仓储运输等功能的10余个陆港场站。营口港是沈阳经济区的唯一出海口，沈阳港将前移营口港的所有功能，即在沈阳可以接受货物运代、直接签订合同和订仓，未来还将实现一次性报关。组建沈阳港的新模式，相当于将港口移到了腹地，使近海城市沈阳成为具备所有海港功能的港城。建成以"沈满欧"铁路为出口的陆路口岸、以沈阳港为出口的海港口岸、以桃仙机场为出口的空港口岸，形成"三位一体"的海陆空立体枢纽架构。2015年，沈阳和营口两地相继开通多条国际班列，其中营口港入欧集装箱直达班列每周"六连发",成为沈阳港对外贸易的重要载体。海运可对接韩国、日本、东盟等国家和地区,海铁联运可辐射欧亚大陆至大西洋岸线,将"一带一路"建设区域有机衔接起来。

三、内陆口岸模式

口岸是指国家设定掌管对外经济贸易和国际交往进出活动的场所,也可以说是供人员、货物和交通工具出入国家边境的港口、机场、车站、通道等,是国家对外交往的门户(中国口岸协会)。口岸可以从不同的角度分类,按出入境的交通运输方式划分,可将口岸分为港口口岸、陆路口岸和航空口岸。其中陆路口岸又分为边境口岸和内陆口岸。

内陆口岸是由国家内陆地区对外往来实现国际货物运输的枢纽,是连接国际市场的物流节点。口岸相比上述两种物流主体,它的功能基本上就是单一的通关服务功能。所以,口岸可以通过集成集装箱业务和物流园区基本功能形成具有综合功能的陆港模式。

内陆口岸的基本功能包括检验检疫、海关服务、边防检查等。拓展功能包括保税仓储、国际集装箱业务、储存、配送、装卸搬运、流通加工和信息服务、国际货运代理、金融保险等。

四、综合交通枢纽模式

综合交通枢纽连接两种或两种以上运输方式,可以通过各种技术设备实现客货运输相关作业。一般由公路站、火车站、港口、机场组合而成,同时能进行货物装卸搬运、中转、维修、堆场、安全跟踪和信息服务等,是综合运输网的重要环节。虽然综合交通枢纽具有良好的交通线网、充足的运输设施和配送条件,但为适应现有经济的发展方向,需要通过功能延伸,增加海关、保税物流、货运代理等功能,逐渐形成综合型陆港模式。

五、专业市场或经济园区模式

传统意义上的专业市场是一种以现货批发为主,集中交易某一类商品或者若干类具有较强互补性或替代性商品的场所,是一种大规模集中交易的坐商式市场制度安排。专业市场的主要经济功能是通过可共享的规模巨大的交易平台和销售网络，节约中小企业和批发商的交易费用，形成具有强大竞争力的批发价格。专业市场的优势，是在交易方式专业化和交易网络设施共享的基础上，形成交易领域的信息规模经济、外部规模经济和范围经济，从而确立商品的低交易费用优势。大型专业市场交易及货运需求量大，具有形成陆港的基础。义乌国际物流中心创建于2003年9月，是为义乌市场经济贸易顺应国际化发展而建造的现代化国际物流中心。义乌国际物流中心就是依托专业市场建立的陆港，现已成为全国最大的陆港，年出口标准集装箱40万只。

经济园区是指以产业群等集聚方式汇聚大量企业，吸纳各种要素投入，从而形成具有一定经济内容和形式的范围区域，"包括经济技术开发区、高新技术开发区、特色工业园区、农业科技示范园区、科学城、科学园、创业园、免税区、保税区、出口加工区等"多种形式。"大型经济园区集聚了大量的企业，贸易活动发达，商品进出口量大，物流业务量大"，能够为国际陆港的生存提供支撑。（朱长征，2010）

上述不同模式的陆港功能如表3-3所示。

表3-3　不同模式的陆港功能

模式	基本功能	拓展功能
内陆集装箱中转站	集散、存储、拼接、检测维修、装卸搬运、代办海关业务等	保税物流、便捷通关、口岸监管、国际货运代理、金融保险等
内陆物流园区	信息服务、流通加工、装卸搬运、运输、仓储、配送等	保税物流、便捷通关、"一关两检"、国际货运代理、金融保险、国际集装箱业务
内陆口岸	检验检疫、海关服务、边防检查等	保税仓储、国际集装箱业务、储存、配送、装卸搬运、流通加工和信息服务、国际货运代理、金融保险等
综合交通枢纽	运输、装卸搬运、配送、流通中转、短期存储	保税物流、国际集装箱业务、包转、信息服务、货运代理、金融保险、便捷通关、检验检疫
专业市场或经济园区	运输、装卸搬运、配送、流通中转、存储	保税物流、国际集装箱业务、信息服务、货运代理、金融保险

第三节
陆港带来的影响

陆港在减少港口拥堵、延长供应链、减少运输成本和环境影响等方面发挥着关键作用，并对于推进海港和腹地连接，减少土地对港口发展的限制，促进港口供应链协调运行和支持区域经济发展具有重要意义。（Roso et al.，2010；Feng et al.，2013）

一、陆港对经济发展的影响

1.促进内陆地区国际经贸发展

内陆地区国际经贸的发展需要便利的国际物流通道做支撑。当前，内陆地区在吸引投资方面具有地价低、人力资源成本低等诸多优势，但由于地处内陆，货物在进出口环节上手续多、时间长、物流成本高。陆港使内陆城市有了便捷的国际物流通道，减少了进出口货物的中转环节、加快了通关速度，为当地的国际贸易提供了方便的口岸与物流综合服务，提高了内陆城市的对外开放水平，同时还有助于内陆城市发展外向型经济。一些内陆地区有了直通境外的国际陆港后，吸引了众多投资商的眼球。

此外，依托陆港的内陆城市也可以更好地建设保税区、出口加工区，通过区港联动，进一步发挥保税区、出口加工区的潜力。因此，在经济全球化的大背景下，国际陆港的运营意味着内陆地区面向全球经济战略布局和未来发展的需要，在更高层次上与合作伙伴开展国际经贸的合作和往来，使内陆城市的发展面向全球，面向未来。

2.促进区域发展和临港产业发展

陆港作为海港的内陆接口，将港口服务转移到内陆地区可以刺激发展并创造新的就业机会。（Ng et al.，2010）此外，区域发展可以通过最大限度地利用现有的基础设施产生贸易额来积极提高竞争力。Adolf k. Y. Ng等（2010）甚至宣称，至少在印度，陆港是地区发展的催化剂。就伊朗而言，在亚兹德省建立一个陆港可能会促进该国的货运中转和经济发展。陆港可以提升沿海港口城市的集聚和辐射功能，推动区域经济发展。对陆港城市来说，可以拉动当地经济，实现城市间的共同发展。陆港项目将对当地城市有着长远的经济和社会影响，有利于贸易量和经济水平的提高。将陆港城市的区位优势延伸为具有沿海国际性港口城市的优势，能实现区域优势的突破性飞跃，为开放型经济发展构筑更广阔的平台。此外，陆港的建设有利于陆港城市物流业及相关服务业的快速发展，为综合性物流中心的迅速崛起奠定坚实的基础。

港口是区域经济参与国际分工、合作与竞争的重要依托。在全球经济一体化趋势下，临港产业成为区域经济发展的"引擎"。对内陆地区而言，可以依托国际陆港积极发展临港产业，加快港区经济发展，使之成为区域经济发展的新"引擎"。依托国际陆港发展保税区、加工区、现代物流中心等，为临港工业的发展创造条件。

3.助推内陆地区承接产业转移和整合物流

产业转移是指产业由某些国家或地区转移到另一些国家或地区，是一种产业在空间上移动的现象。目前我国沿海地区加快了向我国内陆进行制造业转移的力度。美国金融危机爆发以来，沿海地区工业增速大幅回落，加上土地、资金、劳动力等成本大幅上升，能源、资源紧张，经济步入新一轮的调整期。随着世界经济不断减速，在国际市场需求降温、沿海等发达地区市场饱和的新形势下，为了降低制造和物流成本，提高产品的国内市场占有率，沿海发达地区的龙头企业把生产基地内迁成为一大趋势。内陆地区在承接沿海地区产业转移的过程中，便利的通关环境和低水平的物流成本是一个重要的因素。国际陆港的建设和运营有利于节省通关时间，降低物流成本，增强内陆地区承接产业转移的引力，吸引沿海地区尽快将部分产业向内陆转移。国际陆港的建设有利于整合分散的物流资源，使物流资源得以集中，以发挥其协同作用。

二、陆港对物流运输系统的影响

1.提高沿海港口的竞争力

德国学者高兹于1943年发表了《海港区位论》，开创了港口区位理论研究的先河。高兹认为海港区位主要由腹地的发展所决定，腹地是海港发展的最重要因素，并突出地强调了腹地因素对海港区位的主要决定作用。高兹、巴顿和摩根的研究均认为随着经济的高度发展，腹地因素将对海港区位起到决定性的作用。强大的腹地对港口的发展极为重要，腹地范围的大小、经济规模的大小、经济发展的活力是港口发展的动力和支撑。经济腹地是港口赖以生存和发展的基础，港口的发展建设必须以腹地范围的开拓和腹地经济的发展为后盾。

对沿海港口来说，要实现更大的吞吐量，需要把业务向货源腹地延伸。海上流量的增加通常会导致内陆流量的几乎成比例的增加，因此，仅在海上环节上的改进不足以使整个运输链正常运转。（Roso，2007；Bask et al.，2014）随着沿海地区港口间竞争的加剧，如何争取更广阔的经济腹地和货源成为港口经营者最关注的事。陆港已经成为提高海港生产力的一种解决方案，因为集装箱通过高容量的方式在港口之间流动，从而在内陆地区以及整个运输链中形成了有效的供应链解决方案。（Roso，2007；Khaslavskaya et al.，2020）供应链的进一步增加了港口作业和内陆货运配送的压力。因此，内陆可达性成为决定海港竞争力的重要因素。

集装箱进出港口数量的增加导致了港口的拥堵和集装箱的滞留，影响了港口的整体竞争力。（Roso et al.，2009；Black et al.，2018）作为不同参与者的连接节点，陆港的出现为供应链中的集装箱运输提供了便利，并提高了港口的竞争力。（Notteboom et al.，2001；Roso，2013）随着集装箱数量的增加，进入海港腹地成为形成竞争优势的关键。陆港的实施影响了海港的竞争力，可以提高海港性能，增加海港客户的服务差异（Andersson et al.，2016），改善海港与内陆地区的连接，增加海港贸易量和海港运力（见图3-7）。这说明在港口运输系统中实施陆港等先进的多式联运码头可以提高港口本身的吸引力。

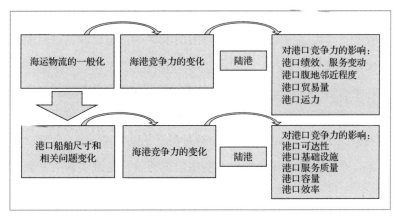

图3-7　陆港对海港竞争力的影响

陆港的建设有利于沿海港口扩大腹地和增加货源，可以保证沿海港口物流供应链顺畅，对其良性发展起到很好的支持作用。陆港具有优化集装箱运输链的重要功能。（Roso et al.，2009）引入陆港港口系统除了提高港口竞争力、港口可达性、集装箱清关速度和频率，还能缓解港口拥堵，不通过海港的物理扩张而增加吞吐量。（Ng et al.，2009）陆港减少了集装箱运输供应链中的干扰，从而在集装箱运输过程中节省了金钱和时间（Beresford et al.，2012）。总的来说，陆港增加了从内陆目的地采购集装箱的一致性，改善了内陆通道，减少了港口拥堵，并提供了更好的客户服务。（Roso et al.，2010；Andersson et al.，2016）与内陆地区合建陆港，已逐步成为沿海港口占领内陆腹地货源"高地"的重要手段。对沿海港口来说，要实现更大的吞吐量，需要把业务向货源腹地延伸。

2.对运输系统的影响

陆港促进了集装箱运输多式联运的实施，降低了整个运输的经济成本和社会成本。陆港建立以前，从内陆地区到港口的货物，大多采用散装运输，有些即使采用集装箱运输，集装箱容积利用率也不是很高。这样一方面增加了港口的压力，造成了货物在港口的积压，另一方面又使集装箱运输的潜在优势难以发挥，限制了集装箱的发展。

国际陆港使货主在内陆进行拆装箱和一票到底的多式联运成为可能，能有效降低运输成本，提高经济效益和社会效益。如果在战略地点投入最佳数量的设施，实施陆港可以全面降低一个国家的运输成本。（Henttu et al.，2011）

Adolf k. Y. Ng（2010）以印度作为研究对象，提出陆港能够消除交通瓶颈，提高运输效率，是促进内陆地区经济发展的催化剂。通过多式联运能减少进口成本，并使出口更具竞争力。美国国家发展组织协会（The National Association of Development Organizations，NADO）认为随着国际贸易的持续增长，国际运输也随之增长，内陆港口作为联结区域物流网络的枢纽，是区域经济发展的重要推动力。Berg和Langen（2015）提出陆港有利于发展多式联运，实现"门到门"的运输服务，有助于形成规模经济。例如，在芬兰，通过实施战略数量（4—6个）的陆港，可以最大程度地降低成本。（Henttu et al.，2011）在俄罗斯，新陆港的引入可能会减少通过西伯利亚大铁路系统运输货物的总过境时间。

3.对承运人和货主的影响

货代、船代和船公司在国际陆港设立分支机构，可以方便收货、还箱、签发以当地为起运港或终点港的多式联运提单。货代和船公司等还可以将服务延伸到货主，提供更为周到的服务，发展更多的内陆客户。

目前，内陆有进出口业务的企业都需要到沿海或沿边口岸办理进出口货物的报关手续，报关人员要多次往返企业所在地和口岸之间，不仅消耗了大量人力物力，还延迟了货物投入市场的时间，增加了物流成本，有时还会影响外贸声誉。如果在内陆建立功能完善的国际陆港，企业就可就近办理货物的各种进出口通关手续，既节约了时间和成本，又提高了效率。

三、陆港对环境的影响

陆港作为腹地配送网络的组成部分，促进了运输方式的转变，从而减轻了海港和海港城市的交通拥堵，减少了多达32%—45%的碳排放。（Lattila et al.，2013）在海港城市和地区，道路拥堵和交通事故的相关成本也会下降。然而，陆港需要融入海港腹地运输系统，运输解决方案应有利于利益相关者，并得到政策法规的支持。（Regmi et al.，2012）Castagnetti（2012）在欧洲项目框架内讨论如何解决环境问题，他认为这需要陆港项目使用更快、更重的货运列车进行腹地配送。Adolf k. Y. Ng等（2013）认为腹地交通节点的战略规划将会影响气候变化。环境效益经常在经济效益的背景下被讨论。例如，在芬兰进行的一项研究得出结论，实施陆港网络将使"碳排放和运输总成本减少"。（Henttu et al.，2011）然而，如果规划不当或未能在海港和陆港之间建立良好的运输时间表，排放可能会增加而不是减少。（Hanaoka et al.，2011）。最后，对环境效益的态度因国家而异。在印度，据报道出现了陆港供过于求的情况，公共陆港关注的是自身的生存，换句话说，关注的是最大限度地提高产量，而不是减少排放。

第四章

全球城市发展背景和物流绩效指数

人类经济社会活动空间分布格局，已经进入以城市为主的时代。城市化和城市自身的发展过程，是人类活动的地理空间格局和社会结构的深刻变化过程。（刘培林，2012）陆港的发展建设与城市腹地的支撑密不可分。分析全球城市和交通基础设施的发展背景，有助于从全球视野、历史纵深以及世界联系等多个角度来观察和认识陆港建设问题。

物流绩效水平对国家经济贸易发展起着基础性作用。世界银行物流绩效指数（Logistics Performance Index，LPI）已经得到广大学者、物流相关部门和政府决策者的认可。基于全球物流绩效指数评价，本章深入讨论全球物流绩效指数的空间格局，重点分析"一带一路"沿线国家的物流绩效指数，这将对陆港的建设提供基础性支撑。

第一节
全球城市规模与等级体系

一、全球城市规模

1. 城市人口规模

根据世界银行统计数据，世界人口呈现稳健增长的态势，从2008年的67.57亿增长至2018年的75.79亿。（见图4-1）总体来看，亚洲人口最为密集，非洲、东南亚、南亚以及西亚地区人口增长最快。

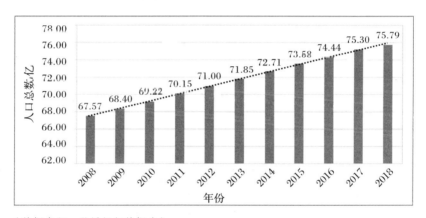

（数据来源：世界银行数据库）

图4-1 2008—2018年全球人口总数

根据世界银行对全球229个国家与地区的统计，2018年中国大陆总人口13.95亿，位居第一，成为世界上人口最多的国家，印度位居第二，第三至第十名分别是：美国、印度尼西亚、巴西、巴基斯坦、尼日利亚、孟加拉国、俄罗斯和墨西哥等。（见图4-2）人口超过5000万的有28个国家，接近5000万的国家有1个，即南美洲的哥伦比亚，有4946万人口。

有一项对世界7322个人口主要聚居点的统计，囊括了世界主要的城市及城市人口。这些聚居点不仅包括国家首都、城市、城镇，还包括其他人口集聚的城镇和科考气象站。1950年，世界7322个城镇的人口规模仅为3.38亿，2015年的预测值为14.73亿，2050年的预测值为18.22亿。

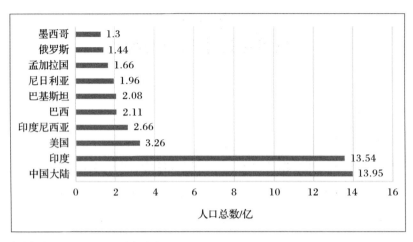

（数据来源：世界银行数据库）

图4-2　2018年全球人口数排名前十位的国家

全球城市人口主要分布在中低纬度近海平原地区的城市。2018年全球城市人口排名前二十的城市如表4-1，东京为人口最多的城市，达到37 468 302人，其次为新德里、上海等城市。

表4-1　2018年世界城市人口排名前二十

排名	城市	2017年/人	2018年/人	增长趋势/%
1	东京	37 397 437	37 468 302	0.19
2	新德里	27 602 257	28 513 682	3.30
3	上海	24 862 075	25 582 138	2.90
4	圣保罗	21 391 624	21 650 181	1.21
5	墨西哥城	21 500 251	21 580 827	0.37
6	开罗	19 648 312	20 076 002	2.18
7	孟买	19 756 049	19 979 955	1.13
8	北京	19 210 643	19 617 963	2.12
9	达卡	18 894 385	19 578 421	3.62
10	大阪	19 289 029	19 281 188	−0.04
11	卡拉奇	15 020 931	15 400 223	2.53
12	布宜诺斯艾利斯	14 879 100	14 966 530	0.59
13	重庆	14 332 185	14 837 823	3.53
14	伊斯坦布尔	14 539 767	14 750 771	1.45
15	加尔各答	14 594 123	14 680 613	0.59

排名	城市	2017年/人	2018年/人	增长趋势/%
16	马尼拉	13 271 721	13 482 468	1.59
17	拉各斯	13 042 316	13 463 421	3.23
18	里约热内卢	13 174 768	13 293 172	0.90
19	天津	13 040 664	13 214 790	1.34
20	广州	12 315 664	12 638 305	2.62

（数据来源：世界银行数据库）

2. 城市经济规模

城市经济规模是指城市经济的综合容量与范围，主要包括城市人口规模、用地规模、资产规模、市场规模和经济当量，衡量一个城市经济规模最重要的指标是上一个时期内创造的GDP大小，最基本的指标是城市人口。根据世界银行的统计，2008—2018年全球GDP从63.61万亿美元增长至85.93万亿美元，整体呈现上升趋势。（见图4-3）

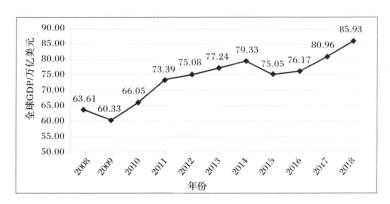

（数据来源：世界银行数据库）

图4-3　2008—2018年全球GDP

全球城市GDP排名中，纽约、东京和洛杉矶排名前三，其中纽约和东京GDP值达到万亿美元以上。在这20个城市中，美国9席、中国4席、日本1席、英国1席、法国1席、韩国1席、俄罗斯1席、墨西哥1席、新加坡1席。（见表4-2）按大洲排名，则北美洲10席、亚洲7席、欧洲3席、南美洲0席、非洲0席、大洋洲0席。

表4-2 2018年全球城市GDP前二十强名单

排名	城市	GDP/万亿美元	国家
1	纽约	1.030 0	美国
2	东京	1.022 0	日本
3	洛杉矶	0.753 0	美国
4	伦敦	0.695 0	英国
5	巴黎	0.669 0	法国
6	芝加哥	0.667 0	美国
7	休斯敦	0.568 0	美国
8	上海	0.500 5	中国
9	北京	0.455 2	中国
10	首尔	0.450 5	韩国
11	达拉斯	0.448 7	美国
12	莫斯科	0.440 0	俄罗斯
13	费城	0.433 9	美国
14	波士顿	0.410 5	美国
15	旧金山	0.405 0	美国
16	亚特兰大	0.381 5	美国
17	墨西哥城	0.373 0	墨西哥
18	新加坡	0.364 2	新加坡
19	深圳	0.363 8	中国
20	香港	0.363 0	中国

（数据来源：世界银行数据库）

3. 夜间灯光城市规模

从全球夜间灯光分布可以看出，北美洲最亮的地方是美国东北部，主要是北美五大湖地区和阿巴拉契亚山脉部分，南美洲灯光亮度明显不同，可知两洲经济实力、发展力水平差别大。在亚洲和大洋洲，日本和中国的长江三角洲一带的灯光最为明亮，可见两地经济发达，城市化水平高；印度全国也被密密麻麻的灯光覆盖，但并不明亮，可见印度人口众多，城市很多，却不是很发达；澳大利亚沿海区域灯光亮度大，可见澳大利亚城市多分布在沿海地区；在欧洲地区，英国南部、欧洲西部夜晚灯光最为密集明亮，经济也最为发达。另外，在欧洲东南部的土耳其，亚洲西部的伊朗、沙特阿拉伯、阿曼等国家夜晚灯光也较明亮，可见发展中国家的城市化进程很快。

二、全球城市等级体系

城市等级体系指一个国家或一定区域内各种类型、不同等级的城镇相互依存、相互作用结成的有机整体。它是以层次性、动态性和开放性为特征的城市空间组织。在一个城市等级体系中包含不同等级的城市。城市等级不同，其职能不同、服务范围不同，对周围城市的影响也不同，即使同一区域内，等级高的城市具有的职能，等级低的城市不一定具有，不同等级城市的服务范围是层层嵌套的。在城市等级体系中，中心城市的等级不同，其城市的中心职能不同、影响范围不同，城市在地域空间上形成的等级体系特征也会不同，即城市等级的大小和数量会影响某一地区城市等级体系的特征。同一区域内，城市等级体系和城市等级都是变化的，且变化都是有条件的。一般来说，城市等级的变化通常是直观的、明显的。但城市等级体系的变化是短期内不易察觉的、速度较慢的，隐含在每个城市等级的变化过程中。

在全球化时代，随着交通、通信技术的改善，传统的全球城市等级体系正被打破，人流、物流和信息流在不同城市间的流动更加频繁，全球正日益形成一个联系更加紧密的城市网络。（曹清峰等，2019）经典的全球城市理论历经Friedmann（1986）的"世界城市理论"以及Sassen（1991）的"全球城市理论"等。Castells（1996）提出了"流空间"理论，重点强调了信息流的作用，认为全球城市依存于全球城市网络中。"流空间"理论的提出使得关于城市体系的研究从基于地理距离的"邻近"以及等级关系向"流空间"上的抽象与水平关系转型。现有研究采用不同类型的关系型数据对不同尺度下的城市网络进行了测度。如，利用城市间的航线条数来测度全球城市网络（Derudder et al.，2003），利用公路与铁路的交通流来测度城市网络（陈浩等，2019）。同时，城市间人口的流动数据也可以用来构建城市网络（梁林等，2019），类似的研究还利用微博签到数据构建城市网络。（Feng et al.，2013；沈丽珍等，2017）

1. 全球化与世界城市研究网络世界城市排名

作为全球最著名的城市评级机构之一，全球化与世界城市研究小组与网络自2000年起不定期发布《世界城市名册》，通过检验城市间金融、专业、创新知识流情况，确定一座城市在世界城市网络中的位置。它依据城市的国际性、国际影响力、人口、国际机场、交通系统、外来投资、移民及国际文化社区、大型公司或机构的总部、通信设备、文化机构（博物馆和大学）、有影响力且着眼全球的媒体、体育社群、大型港口等这些评判准则，将全球361个主要城市分为四个大的等级：Alpha（一线）、Beta（二线）、Gamma（三线）、Sufficiency（自给型城市，也可理解为四线），每个等级内部用加减号来标记该等级内的强弱级别，以表明城市在全球化经济中的位置及融入度。（见表4-3）

表4-3　世界城市级别与说明

城市级别	级别说明
Alpha++	在所有城市分析中，伦敦和纽约明显比其他城市综合性更强，属于高水平集成
Alpha+	城市高度集成的其他城市，是伦敦和纽约的补充，主要满足亚太先进的服务需求
Alpha和Alpha-	非常重要的世界城市，连接主要经济地区和州到世界经济体系当中
Beta	重要的世界各地城市，连接他们的地区或国家使之融入世界经济
Gamma	世界各地城市连接较小的地区或国家到世界经济体系，重要的世界城市，但缺乏先进的生产业和服务业
Sufficiency	有足够的服务，不依赖世界城市；较小的首都城市，传统制造业中心地区

（资料来源：全球化与世界城市研究小组与网络，《世界城市名册》，2018）

2018年全球城市分级排名如下，处于Alpha ++（特级）级别的城市有2个，分别为伦敦和纽约，8个城市处于Alpah+（一线强）级别，处于Alpah（一线）级别的有18个城市，Alpah-（一线弱）有20个，Beta+（二线强）有24个，Beta（二线）有19个，Beta-（二线弱）有38个，Gamma+（三线强）有24个，Gamma（三线）有28个，Gamma-（三线弱）有32个，Sufficiency级别有111个，占据多数。（见表4-4）

表4-4　2018年全球城市分级排名

等级	城市
Alpha ++（特级）	伦敦、纽约
Alpah+（一线强）	新加坡（新加坡）、香港（中国）、巴黎（法国）、北京（中国）、东京（日本）、迪拜（阿联酋）、上海（中国）、悉尼（澳大利亚）
Alpha（一线）	圣保罗（巴西）、米兰（意大利）、芝加哥（美国）、墨西哥城（墨西哥）、孟买（印度）、莫斯科（俄罗斯）、法兰克福（德国）、马德里（西班牙）、华沙（波兰）、约翰内斯堡（南非）、多伦多（加拿大）、首尔（韩国）、伊斯坦布尔（土耳其）、吉隆坡（马来西亚）、雅加达（印尼）、阿姆斯特丹（荷兰）、布鲁塞尔（比利时）、洛杉矶（美国）

等级	城市
Alpah−（一线弱）	都柏林（爱尔兰）、墨尔本（澳大利亚）、华盛顿（美国）、新德里（印度）、曼谷（泰国）、苏黎世（瑞士）、维也纳（奥地利）、台北（中国）、布宜诺斯艾利斯（阿根廷）、斯德哥尔摩（瑞典）、旧金山（美国）、广州（中国）、马尼拉（菲律宾）、波哥大（哥伦比亚）、卢森堡（卢森堡）、利雅得（沙特阿拉伯）、圣地亚哥（智利）、巴塞罗那（西班牙）、特拉维夫（以色列）、里斯本（葡萄牙）
Beta+（二线强）	布拉格（捷克）、胡志明市（越南）、波士顿（美国）、哥本哈根（丹麦）、杜塞尔多夫（德国）、雅典（希腊）、慕尼黑（德国）、亚特兰大（美国）、布加勒斯特（罗马尼亚）、赫尔辛基（芬兰）、布达佩斯（匈牙利）、基辅（乌克兰）、汉堡（德国）、班加罗尔（印度）、罗马（意大利）、奥斯陆（挪威）、达拉斯（美国）、开罗（埃及）、休斯敦（美国）、利马（秘鲁）、拉各斯（尼日利亚）、加拉加斯（委内瑞拉）、奥克兰（新西兰）、开普敦（南非）
Bcta（二线）	多哈（卡塔尔）、卡拉奇（巴基斯坦）、尼科西亚（塞浦路斯）、日内瓦（瑞士）、蒙得维的亚（乌拉圭）、柏林（德国）、蒙特利尔（加拿大）、阿布扎比（阿联酋）、卡萨布兰卡（摩洛哥）、费城（美国）、温哥华（加拿大）、深圳（中国）、索菲亚（保加利亚）、珀斯（澳大利亚）、河内（越南）、贝鲁特（黎巴嫩）、布里斯班（澳大利亚）、布拉迪斯拉发（斯洛伐克）、麦纳麦（巴林）
Beta−（二线弱）	路易港（毛里求斯）、明尼阿波利斯（美国）、钦奈（印度）、斯图加特（德国）、圣多明各（多米尼加）、里约热内卢（巴西）、科威特城（科威特）、成都（中国）、巴拿马城（巴拿马）、丹佛（美国）、拉合尔（巴基斯坦）、吉达（沙特阿拉伯）、突尼斯（突尼斯）、基多（厄瓜多尔）、贝尔格莱德（塞尔维亚）、西雅图（美国）、曼彻斯特（英国）、危地马拉城（危地马拉）、里昂（法国）、圣何塞（美国）、天津（中国）、卡尔加里（加拿大）、安曼（约旦）、圣胡安（波多黎各）、圣萨尔瓦多（萨尔瓦多）、安特卫普（比利时）、萨格勒布（克罗地亚）、加尔各答（印度）、塔林（爱沙尼亚）、圣路易斯（美国）、蒙特雷（墨西哥）、海得拉巴（印度）、爱丁堡（英国）、圣迭戈（美国）、科隆（德国）、鹿特丹（荷兰）、达卡（孟加拉国）、伊斯兰堡（巴基斯坦）
Gamma+（三线强）	瓜亚基尔（厄瓜多尔）、克利夫兰（美国）、里加（拉脱维亚）、巴库（阿塞拜疆）、阿德莱德（澳大利亚）、维尔纽斯（立陶宛）、伯明翰（英国）、格拉斯哥（英国）、南京（中国）、杭州（中国）、科伦坡（斯里兰卡）、波尔图（葡萄牙）、青岛（中国）、瓦伦西亚（西班牙）、底特律（美国）、马斯喀特（阿曼）、大阪（日本）、卢布尔雅那（斯洛文尼亚）、堪培拉（澳大利亚）、乔治敦（开曼群岛）、马那瓜（尼加拉瓜）、德班（南非）、圣何塞（哥斯达黎加）、圣彼得堡（俄罗斯）
Gamma（三线）	菲尼克斯（美国）、特古西加尔巴（洪都拉斯）、奥斯汀（美国）、浦那（印度）、瓜达拉哈拉（墨西哥）、大连（中国）、第比利斯（格鲁吉亚）、达累斯萨拉姆（坦桑尼亚）、重庆（中国）、安卡拉（土耳其）、卢萨卡（赞比亚）、艾哈迈哈巴德（印度）、辛辛那提（美国）、亚松森（巴拉圭）、哈拉雷（津巴布韦）、哥德堡（瑞典）、厦门（中国）、摩苏尔（伊拉克）、堪萨斯城（美国）、阿克拉（加纳）、明斯克（白俄罗斯）、坦帕（美国）、都灵（意大利）、罗安达（安哥拉）、阿比让（科特迪瓦）、地拉那（阿尔巴尼亚）、洛桑（瑞士）、利兹（英国）

等级	城市
Gamma− （三线弱）	台中（中国）、夏洛特（美国）、巴尔的摩（美国）、罗利（美国）、贝尔法斯特（英国）、莱比锡（德国）、麦德林（哥伦比亚）、武汉（中国）、杜阿拉（喀麦隆）、马普托（莫桑比克）、斯科普里（马其顿）、哈博罗内（博茨瓦纳）、布里斯托尔（英国）、奥兰多（美国）、达喀尔（塞内加尔）、苏州（中国）、马尔默（瑞典）、埃德蒙顿（加拿大）、长沙（中国）、斯特拉斯堡（法国）、毕尔巴鄂（西班牙）、博洛尼亚（意大利）、哥伦布（美国）、惠灵顿（新西兰）、纽伦堡（德国）、仰光（缅甸）、西安（中国）、弗罗茨瓦夫（波兰）、马赛（法国）、德累斯顿（德国）、沈阳（中国）、匹兹堡（美国）
Sufficiency	贝洛奥里藏特（巴西）、克赖斯特彻奇（新西兰）、佛罗伦萨（意大利）、里士满（美国）、西班牙港（特立尼达和多巴哥）、塞维利亚（西班牙）、渥太华（加拿大）、昆明（中国）、基希讷乌（摩尔多瓦）、波尔多（法国）、汉密尔顿（加拿大）、马拉加（西班牙）、内罗毕（肯尼亚）、卡托维兹（波兰）、海牙（荷兰）、华雷斯（墨西哥）、金士顿（牙买加）、福州（中国）、伊兹密尔（土耳其）、乌兰巴托（蒙古）、槟城（马来西亚）、汉诺威（德国）、塔尔萨（美国）、堪培拉（澳大利亚）、喀布尔（阿富汗）、泗水（印度尼西亚）、阿拉哈巴德（印度）、格勒诺布尔（法国）、萨拉热窝（波黑）、耶路撒冷（以色列）、热那亚（意大利）、帕洛阿尔托（美国）、基加利（卢旺达）、巴西利亚（巴西）、圣佩德罗苏拉（洪都拉斯）、纳闽（马来西亚）、那格浦尔（印度）、澳门（中国）、拉斯维加斯（美国）、雷克雅未克（冰岛）、阿瓜斯卡连特斯（墨西哥）、利伯维尔（加蓬）、哈里斯堡（美国）、伊丽莎白港（南非）、太原（中国）、阿伯丁（英国）、累西腓（巴西）、坎皮纳斯（巴西）、巴塞尔（瑞士）、孟菲斯（美国）、梅里达（墨西哥）、伯明翰（美国）、宿务（菲律宾）、不来梅（德国）、莱昂（墨西哥）、长春（中国）、图卢兹（法国）、圣克鲁斯（美国）、俄克拉荷马城（美国）、比什凯克（吉尔吉斯斯坦）、布尔萨（土耳其）、合肥（中国）、林茨（奥地利）、新奥尔良（美国）、路易斯维尔（美国）、科尔多瓦（西班牙）、列日（比利时）、奥马哈（美国）、多特蒙德（德国）、布兰太尔（马拉维）、加的夫（英国）、宁波（中国）、海法（以色列）、墨西卡利（墨西哥）、波德戈里察（黑山）、格拉茨（奥地利）、蒙彼利埃（法国）、得梅因（美国）、魁北克（加拿大）、纳西克（印度）、哈利法克斯（加拿大）、曼海姆（德国）、郑州（中国）、南宁（中国）、拿骚（巴哈马群岛）、奇瓦瓦（墨西哥）、尼斯（法国）、罗萨里奥（阿根廷）、塔那那利佛（马达加斯加）、瓦尔帕莱索（智利）、哈尔滨（中国）、伯尔尼（瑞士）、名古屋（日本）、卑尔根（挪威）、罗兹（波兰）、麦迪逊（美国）、瓦伦西亚（委内瑞拉）、的黎波里（利比亚）、普罗维登斯（美国）、乌鲁木齐（中国）、温尼伯（加拿大）、高知（印度）、莱斯特（英国）、萨那（也门）、福冈（日本）、檀香山（美国）、洛美（多哥）、萨尔瓦多（巴西）、戈亚纳（巴西）、阿利加尔（印度）、阿拉木图（哈萨克斯坦）

（资料来源：全球化与世界城市研究小组与网络，《世界城市名册》，2018年）

2. 全球城市分级新标准及分级结果

中国社科院与联合国人居署首次推出全球城市分级新标准——重构全球城市分级框架。《全球城市竞争力报告（2019—2020）》针对全球城市分级在四个方面进行了创新：第一，从替代弹性的角度出发，基于空间经济学理论，提出了一种基于全球城市聚集度和联系度的更通用的经济学理论框架。第二，针对聚集城市的关键特征，提出了包括聚集度和联系度在内的全球城市分级框架，并设计了相应的指标体系。第三，考虑到智能时代城市内涵的重大变化，重新审视了日益重要的软要素和产品，并考虑了无形的"软"因素和有形的"硬"因素在全球城市分级框架中的作用。第四，考虑到信息时代城市及其系统功能的重大变化，除了强调传统的金融因素外，还强调了技术创新因素。

基于此，中国社科院与联合国人居署制定新的全球城市分级框架并发布全球1006个50万人口以上城市的分级结果，并构建了全球城市分级指标体系。全球城市体系形成了一个多中心、多层次的等级结构。全球1006个城市可分为二类、五等、十级。其中，二类为强国际性城市与弱国际性城市；五等由高到低分别为全球城市（A）、国际枢纽城市（B）、国际门户城市（C）、区域枢纽城市（D）与区域门户城市（E）；十级分别为A+，A，B+，B，C+，C，D+，D，E+，E。

具体来看：A+等级城市仅有3个，纽约、伦敦和东京。纽约、伦敦属于高集聚—高联系城市，东京属于高集聚—中联系城市；从软硬度来看，三者都属于强硬度—强软度城市。A等级城市仅有2个，北京和巴黎。其中，北京、巴黎都属于高集聚—高联系城市以及强硬度—强软度城市。B+等级城市数量为3个。B+等级城市包括首尔、上海、芝加哥。其中，首尔属于高集聚—中联系城市，上海、芝加哥属于中集聚—中联系城市，三者都属于中硬度—强软度城市。B等级城市数量为26个，主要包括悉尼、都柏林、香港等，B等级城市一般属于中集聚—中联系城市以及中硬度—强软度城市。C+等级城市数量为29个。C+等级城市主要包括墨尔本、布宜诺斯艾利斯、迪拜、华沙等。C+等级城市均属于中集聚—中联系城市，大多数都属于弱硬度—中软度城市。C等级城市数量为96个。C等级城市主要包括布里斯班、阿布扎比、开罗、里约热内卢等。C等级城市一般属于中集聚—低联系类型，且大多数都属于弱硬度—中软度类型。

发达国家城市在全球城市体系中仍然具有优势，但以中国、印度为代表的发展中国家城市正在迅速崛起。从不同等级城市的国家分布来看，在A等级城市中，美国、英国、日本、中国和法国分别占20%。中国在B等级城市中占比仅次于美国，印度在C等级城市中仅次于美国和中国。全球城市体系中大部分城市属于低集聚度—低联系度类型。集聚度相对于联系度在决定城市等级中的作用更重要。从这一视角来看全球城市分布，高集聚—高联系类型城市占0.4%，高集聚—中联系和高集聚—低联系类型城市分别占0.3%和0.1%。低集聚—低联系类型城市占比最高，为57.46%，其次为中集聚—中联系类型城市，占比为32.7%。其余城市类型占比为9.04%。同时，可以发现只有高集聚度的城市才能有更大可能成为高联系城市，这意味着集聚度在决定城市等级中的作用更加重要。全球城市体系中大部分城市属于弱硬度—弱软度类型，软因素相对于硬因素在决定城市等级中的作用更重要。从这一视角来看全球城市分布，强硬度—强软度类型城市占0.5%，中硬度—强软度、中硬度—中软度以及弱硬度—强软度类型城市分别占1.59%、1.09%和1.59%；弱硬度—弱软度类型城市占比最高，为62.33%，其次为弱硬度—中软度类型城市，占比为32.90%，其余城市类型占比为0。

3. 全球城市产业链

排前五十位的城市中纽约、东京、伦敦三足鼎立，综合、金融功能优势明显。从全球区域分布上来讲，北美与欧洲地区在全球产业链方面仍然占据核心地位。在前五十位排名中，分别有10个和19个城市，具有更高附加值的产业链环节更多集中于这两个区域，特别是在产业的市场势力方面。由于北美和欧洲在资源组织方面、金融便利方面的优势，两地区的城市在前五十位中占数过半。与之相比较，得益于第二次世界大战后持续的发展，亚洲在产业链各个环节上得到长足的发展，众多城市逐渐集中于产业链中具有更高价值的环节，并在金融、耐用消费品、硬件及装备制造等生产性服务方面成为地区主要集散地。

在功能格局方面，综合中心城市和金融中心城市排位明显靠前的城市分别为44个和49个，这归因于科研与金融、产业发展的密切关系。科技中心在前五十位的城市中也占据重要位置，有43个。同时由于产业链的全球分布，物流节点城市的重要性也尤为突出，前五十位的城市中多个城市同时为综合中心、金融中心、科技和航运中心。由于标准化和模块化生产逐渐成为各产业的主要特征，制造业在产业价值链中的地位下降，制造中心类城市的产业竞争力在下降，在前五十位中只有15个城市，是所有功能城市中最少的。由于一些传统的制造业城市正在逐渐向咨询、科研转化，为地区甚至全球提供生产性服务，而生产性服务业的集聚趋势则使缺乏滋养这类服务的城市发生向外的产业转移，这进一步降低了其产业竞争力。至于作为政治中心的城市，前五十位城市中多为发达国家以及重要发展中国家的首都。这些城市的金融政策、产业政策对全球经济都会产生重要作用，因此衍生出产业价值链中非常特殊的一些环节，所以在前五十位中占据重要地位。

国家格局方面，美国的优势依然明显，位于前五十位的城市数量超过其他国家。欧盟排名前五十位的城市集中于传统的欧洲强国。欧美的差异在于，美国最发达的城市多是全球产业链的中心，而欧盟的城市除了英法德之外则多是欧盟内次区域的产业中心。中国在前五十位的城市依托于国内活跃的经济区，正在或者逐渐成为本区域生产性服务业的主要提供者。印度的德里和孟买则是全球主要承接服务外包（特别是软件设计）的地区，由于拥有大批接受良好英语教育的劳动力，加上较低的设计成本，其在涉及软件设计的诸多产业链中具有独特的竞争优势。

从规模的角度来看，排在前五十位的城市中500万人口以上的大城市数量最多，这主要是因为产业链中附加值更高的环节对人力资源的要求较高，对人员数量的需求较少，同时由于人员单位GDP贡献更大，因此就总体而言，排名前五十位的城市人口数量较少。相对而言，在发展中国家以及人口密度较大的国家，产业竞争力靠前的城市人口规模往往较大。

从人均GDP的角度看，排在前五十位的城市人均GDP多在10 000美元以上，其原因也是前五十位的城市多集中于高附加值产业链环节，产业环节特征决定了人均产出较高。发展中国家由于人力成本普遍较低，人力资源差异性更大，尽管城市主要提供高附加值产品，但人员平均的产出效率较低。

从区域总体格局来看，北美在前两百位中城市数量最多，达到73个，这主要由于北美地区在产业链上多居于金融、仲裁、市场规划、产品规划等环节，在此类环节上具有市场优势的企业更容易控制标准，因此其在整个产业中多具有统治地位，城市的产业竞争力优势明显。欧洲则由于集中了多个传统发达工业化国家，在前一百位中占据34席，这得益于其优秀的生产组织能力。亚洲城市在前两百位名城市中不多，从整体数量上来说，主要集中在两百至四百位之间，这主要是因为亚洲在生产组织上具有一定特点，在制造、工业设计方面具有成本优势，其独特的生产网络和设计网络进一步降低了这种成本，更为重要的是经过第二次世界大战后六十多年的发展，亚洲的物流、通信、生产融资、制度支持、通关便捷等方面得到长足发展，具有成为世界制造中心的实力。

在功能方面，首先，从整体数量上来说，功能城市主要分布于前两百位，这能反映出功能城市由于其独特的经济地位，而导致该城市具有某方面的优势。综合中心、金融中心排位依旧靠前，原因是这类城市往往是地区乃至全球的产业中心，相应的航运中心往往是全球重要的物流节点，是全球生产网络的关键所在，也具有较强的产业竞争力。至于作为政治中心的城市，则由于在金融政策、产业政策等方面的优势，跨国企业多会在其中设立重要的分支，因此排位也普遍靠前。

从国家格局来看，美国在产业链上的地位依然难以替代，几乎全部分布在前两百位。基于成熟的金融体系，在对新技术应用、全球生产网络以及设计网络的应用、营销组织上，美国的优势并没有因为金融危机而削弱。特别值得关注的是，金融体系的优势使得美国企业可以有效地利用各种自由贸易体系以组织其运营活动，从而以最低的成本获得更多的产品，所以跨国企业的管理中心仍然选择在美国。欧盟国家中则仍然以英、法、德、意为核心，依靠先进的生产组织经验以及欧盟内部优异的物流条件、完善的市场制度来提高产品的制造水准，并据此形成产业链。但是由于在整合包括营销在内的资源的能力上与美国相比有所欠缺，所以其排在前一百位的城市实际上与美国相比整体上存在差距。作为最大发展中国家的中国和印度，近年来分别在制造和服务方面成为全球产业链中重要的一环，并据此发展出相应的上下游关联环节。当然，由于基础工业薄弱、地区发展不平衡等原因，其与欧美国家的差距仍然较大。

总体而言，大城市主要集中在前一百位，有43个，而且这些城市主要分布于发达国家。经济发达国家除人口密度较大的部分国家外，大部分城市人口规模较小，其原因一方面是城市提供的生活服务和公共服务差异性小，同时得益于国内便利的交通。而发展中国家，由于城市经济差异较大、公共服务差异也较大，更具竞争力的城市往往将更多人口吸纳进来。另一方面，在发展中国家，排位靠前的城市人口也较多，而排位靠后的城市人口则较少。

从城市收入的角度看，前一百位的城市中，人均GDP40 000美元的城市占据了40%以上。高附加值环节的集中既是产业特征，又能增强其产业竞争力。人均GDP在10 000—40 000美元之间的部分城市竞争力排位靠后，其原因为，城市公共服务水准较高，消费环节创造价值的能力强，人均GDP较高，但是由于高附加值环节向中心城市集聚形成产业空洞化降低了其产业竞争力。在人均10 000美元以下的城市则可以更为清晰地看出产业不同环节创造价值的能力。

4. 全球城市体系的网络结构

全球城市网络中的"南北"差距显著，北部高收入国家少数城市主导了全球城市网络。从城市的全球城市网络中心度来看，传统欧美高收入国家的伦敦、纽约、巴黎在全球城市网络体系中具有中心地位。同时，随着东亚城市的迅速崛起，北部的新加坡、香港、东京、曼谷以及上海等城市在全球城市网络中也占据了重要地位。与此相对的是，南部的亚洲、拉丁美洲等仅有少数城市在全球城市网络中的地位较为重要，其他大部分城市的联系度都明显较低。因此，南北分化仍然是全球城市网络的主要特征。

根据曹清峰等（2019）的研究结论，"全球城市网络可分为欧美日体系、西太平洋—印度洋沿岸体系以及其他中低收入国家体系三个子群"。欧美日体系主要由西欧、美国以及日本等国家的城市组成，该体系包括了全球城市网络的主要中心城市；西太平洋—印度洋沿岸体系主要包括西太平洋沿岸的中国、韩国、澳大利亚及东南亚国家的城市，以及印度洋沿岸的印度孟买、非洲东部的吉布提、内罗毕与约翰内斯堡等城市；其他中低收入国家体系的网络规模最大，主要由拉丁美洲、非洲以及东欧、中亚、西亚的城市组成。亚非拉中低收入国家的大部分城市处于全球城市网络中的"结构洞"，在全球城市网络中处于被支配的地位。"结构洞"，是指网络中的某些节点间不存在直接的联系，"大部分亚非拉中低收入国家的城市与全球中心城市间的联系都较弱，且主要通过自身所属子群的中心城市作为中介与全球中心城市产生联系"。全球城市间的联系呈现出了明显的"超距离"特征。"尽管地理距离在决定全球城市的联系强度上仍然发挥一定作用，但在全球城市网络中，地理距离相隔较远的城市间联系可能会很强，表现出'超距离'特征"。

曹清峰等（2019）根据不同城市的网络中心度、利用层次聚类方法划分的欧美日体系、西太平洋—印度洋沿岸体系以及其他中低收入国家体系，可以看出"全球城市网络及其不同子群城市网络内部形成了明显的多层次核心—边缘结构。其中，不同城市网络内部都可以进一步分为核心层、弱核心层与边缘层三个等级，其网络中心度依次降低，这表明全球城市网络及其不同子群城市网络内部存在着明显的等级分化，但不同城市网络的分化模式仍存在一定差异"。具体而言，"全球城市网络属于多中心的核心—边缘结构，且核心层与弱核心层城市间联系相对紧密"；"欧美日体系形成了多中心的核心—边缘结构，且不同等级城市间联系都很紧密"；"西太平洋—印度洋沿岸体系属于多中心的核心—边缘结构，且核心层与弱核心层城市间的联系相对紧密"；"其他中低收入国家体系属于单中心核心—边缘结构，且边缘层城市弱势明显"。

不同城市体系竞争力的排名与其网络中心度的排名是一致的，在全球城市网络中越重要的城市体系，其可持续竞争力就越高。欧美日体系内部城市可持续竞争力的差异最小，发展的协调性最高，其次是西太平洋—印度洋沿岸体系，其他中低收入国家体系的内部可持续竞争力的差异大，发展最不协调。全球城市体系中可持续竞争力存在明显的两极分化，欧美日体系可持续竞争力的内部协调性较好；而西太平洋—印度洋沿岸以及其他中低收入国家体系城市可持续竞争力的分布都存在一定的"哑铃型"特征，其中其他中低收入国家体系城市的"哑铃型"特征最为明显，这表明其内部可持续竞争力的两极分化最为明显，不平衡性最强。

三、全球城市竞争力

1.城市竞争力的发展

经济全球化和信息技术的发展使城市在全球经济活动中的地位越来越重要，城市竞争越来越激烈。提升城市竞争力越来越成为全球城市、企业和国家的重要战略议题。由美国巴克内尔大学国际经济学教授彼得·卡尔·克拉索与中国社会科学院财政与贸易经济研究所研究员倪鹏飞发起成立了由多个国家的城市竞争力学者参加的全球城市竞争力研究项目组，从2006年开始每两年发布一次《全球城市竞争力报告》。《全球城市竞争力报告》系列将"城市竞争力"定义为：城市在竞争、合作和发展过程中与其他城市相比较所具有的吸引要素，利用环境，发展产业，生产产品，提供服务，占领市场，更多、更高效、更快地创造财富，为其居民提供福利的能力。全球城市综合竞争力指标包括：人均GDP、经济增长率、地均GDP、就业率、劳动生产率、GDP规模、价格优势、国际认可专利数、跨国公司数。城市分项目、竞争力包括企业本体、产业结构、人力资源、生活环境、软件环境、硬件环境和全球联系。

2005—2020年全球城市竞争力前二十位排名如表4-5所示，城市竞争力每年都在发生一些变化，其中伦敦和纽约相对稳定，综合竞争力非常强。

（1）2005—2006年度全球城市竞争力

全球110个城市的竞争力排名显示，名列前二十的城市为纽约、都柏林、伦敦、巴黎、法兰克福、米兰、布鲁塞尔、洛杉矶、哥本哈根、巴塞罗那、东京、圣弗朗西斯科、马德里、罗马、芝加哥、圣地亚哥、费城、华盛顿、香港、波士顿，其中欧洲占10个，美国占8个，亚洲占2个。欧美城市体现出了很强的竞争力和明显的竞争优势。日本东京和中国香港分列第十一位和十九位，"成为亚洲城市进入国际城市竞争的第一梯队"。

从城市带角度看，名列前二十的大多数城市都位于世界著名的城市群和城市带中。例如纽约、费城、华盛顿和波士顿均位于美国东北部城市群，芝加哥位于北美五大湖城市带，洛杉矶、圣弗朗西斯科和圣地亚哥位于美国加州城市带，伦敦、巴黎、法兰克福和布鲁塞尔等位于欧洲中部城市带，东京位于日本东海道太平洋沿岸城市带，香港位于中国珠江三角洲城市带。由此可见，城市群（带）是培育具有强大竞争力的国际城市的摇篮。以日本东京和中国香港为代表的亚洲城市正不断挑战着欧美城市在世界城市体系中的地位。总体上看，中国城市的竞争力还比较弱，与国际大都市之间的差距比较明显。

（2）2007—2008年度全球城市竞争力

这一年度最具竞争力的前二十位的城市分别为纽约、东京、伦敦、巴黎、洛杉矶、旧金山、芝加哥、华盛顿、新加坡、首尔、香港、都柏林、斯德哥尔摩、波士顿、日内瓦、大阪、西雅图、休斯敦、迈阿密、圣迭戈。其中北美10个、欧洲5个、亚洲5个，全球城市竞争力最强的区域依次是北美、欧洲和亚洲地区。

表4-5 2005—2020年全球城市竞争力前二十位排名表

排名	2005—2006年		2007—2008年		2009—2010年		2011—2012年		2014—2015年		2017—2018年		2019—2020年	
	国家	城市	国家	城市	国家	城市	国家	城市	国家	城市	国家	城市	国家	城市
1	美国	纽约	美国	纽约	美国	纽约	美国	纽约	英国	伦敦	美国	纽约	美国	纽约
2	爱尔兰	都柏林	日本	东京	英国	伦敦	英国	伦敦	美国	纽约	美国	洛杉矶	英国	伦敦
3	英国	伦敦	英国	伦敦	日本	东京	日本	东京	日本	东京	新加坡	新加坡	新加坡	新加坡
4	法国	巴黎	法国	巴黎	法国	巴黎	法国	巴黎	法国	巴黎	英国	伦敦	中国	深圳
5	德国	法兰克福	美国	洛杉矶	美国	芝加哥	美国	旧金山	新加坡	新加坡	美国	旧金山	美国	圣何塞
6	意大利	米兰	美国	旧金山	美国	旧金山	美国	洛杉矶	中国	香港	中国	深圳	日本	东京
7	比利时	布鲁塞尔	美国	芝加哥	新加坡	新加坡	新加坡	新加坡	中国	上海	日本	东京	美国	旧金山
8	美国	洛杉矶	新加坡	新加坡	韩国	首尔	中国	香港	中国	北京	美国	圣何塞	德国	慕尼黑
9	丹麦	哥本哈根	韩国	首尔	中国	香港	韩国	首尔	澳大利亚	悉尼	德国	慕尼黑	美国	洛杉矶
10	西班牙	巴塞罗那	中国	香港	美国	华盛顿	美国	芝加哥	德国	法兰克福	美国	达拉斯	中国	上海
11	日本	东京	爱尔兰	都柏林	美国	休斯敦	瑞士	日内瓦	美国	旧金山	美国	休斯敦	美国	达拉斯
12	美国	圣弗朗西斯科	瑞典	斯德哥尔摩	美国	西雅图	美国	华盛顿	瑞典	斯德哥尔摩	中国	香港	美国	休斯敦
13	西班牙	马德里	美国	波士顿	瑞士	日内瓦	瑞典	斯德哥尔摩	美国	芝加哥	韩国	首尔	中国	香港
14	意大利	罗马	瑞士	日内瓦	爱尔兰	都柏林	美国	休斯敦	韩国	首尔	中国	上海	爱尔兰	都柏林
15	美国	芝加哥	日本	大阪	瑞典	斯德哥尔摩	爱尔兰	都柏林	美国	华盛顿	中国	广州	韩国	首尔
16	美国	圣地亚哥	美国	西雅图	美国	波士顿	美国	圣迭戈	美国	西雅图	美国	迈阿密	美国	波士顿
17	美国	费城	美国	休斯敦	美国	迈阿密	美国	波士顿	美国	休斯敦	美国	芝加哥	中国	北京
18	美国	华盛顿	美国	迈阿密	美国	圣迭戈	美国	迈阿密	爱尔兰	都柏林	美国	波士顿	中国	广州
19	中国	香港	美国	圣迭戈	美国	洛杉矶	爱尔兰	圣地亚哥	瑞士	日内瓦	爱尔兰	都柏林	美国	迈阿密
20	美国	波士顿	美国	华盛顿	美国	圣何塞	比利时	布鲁塞尔	美国	圣何塞	中国	北京	美国	芝加哥

（资料来源：中国社会科学院，《全球城市竞争力报告》2006年，2008年，2010年，2012年，2014年，2018年，2020年）

排前二十位的城市主要是全球的经济中心和科技中心，欧盟和美国入选城市最多。亚洲的一些城市也表现较好，韩国首尔也进入了前二十位。全球城市竞争"寡头垄断"的格局比较明显，经济规模最大的10个城市占500个样本城市GDP总量的27%。同时，全球城市收入水平空间分布不均，世界经济核心区一些顶级城市越来越强，与其他城市差距越来越大。世界经济边缘地区一些落后城市进一步衰退。这一时期全球城市竞争力的空间格局为：非均衡分布，差异化增长。

（3）2009—2010年度全球城市竞争力

本年度排前十位的城市是纽约、伦敦、东京、巴黎、芝加哥、旧金山、洛杉矶、新加坡、首尔和香港。前五十强中美国占20个，欧盟占16个，中国占3个。前一百名中美国占38席，欧盟占33席，中国占3席。前二百名中美国占64席，欧盟占66席，中国占13席。中间一百名中亚洲有52个城市，后二百名以亚洲和其他各洲为主。

这一时期世界城市竞争力的格局正在迅速发生变化。首先，美欧等的顶尖城市依然占据着城市竞争体系的高峰。同时，其要素环境也表现优越，表明其未来依然有持续引领的潜力。如，纽约、伦敦、东京、巴黎。其次，新兴工业化国家的中心区及大都市区表现突出，增长迅速，同时，其要素环境排名普遍靠前，彰显其巨大的发展潜力，预示其将快速赶超顶尖城市，进入较高水平梯队。如，上海综合竞争力进入全球前五十，排名第37名，提升多达9位。且北京、上海要素环境排名分列全球第8名和全球第15名。再次，新兴工业化国家城市呈现整体大幅度提升态势。

（4）2011—2012年度全球城市竞争力

这一年度全球城市竞争力排名前十位的城市依次为纽约、伦敦、东京、巴黎、旧金山、芝加哥、洛杉矶、新加坡、香港、首尔。全球最具竞争力的城市呈现美、亚、欧三足鼎立的态势，综合竞争力排名前五十的城市中北美占23个，欧洲和亚洲分别有16个和9个城市。纽约、伦敦、东京和巴黎分居全球最具竞争力城市的前四位，与2009—2010年相比，纽约、伦敦、旧金山、芝加哥和洛杉矶的竞争力指数出现下降，而新兴经济体表现活跃，亚洲的大都市新加坡和香港的竞争力有所上升。总体而言，全球城市竞争力整体下降，欧美城市降幅居前。受金融危机和欧债危机的影响，2011—2012年度全球城市竞争力总体上比2009—2010年度有所下降。

2011—2012年全球城市竞争力报告按照区域可分为：北美、欧洲、亚洲以及其他四个部分。全球城市区域竞争力欧美城市下降明显，亚洲城市有所上升。北美城市竞争力继续领跑全球，全球排名变化不大，但由于金融危机阴霾未散，综合竞争力分项相对于2009—2010年度都出现了下降趋势。后金融危机时代，美洲地区的主要城市依然没有走出金融危机的阴霾，从而影响了竞争力指数的走高。2011—2012年度欧洲城市竞争力全球排名基本与上年持平，紧随北美，是全球竞争力排名第二的地区。欧洲本年度综合竞争力所有分项指数都低于2009—2010年度，在欧洲未找到合理解决欧债危机的办法之前，该地区的竞争力指数很难有起色。亚洲核心城市竞争力增加，整体指数微幅震荡，2011—2012年度亚洲城市竞争力全球排名总体没有变化，核心城市竞争力提高较快。在全球最具竞争力的城市前十名中，亚洲占有4名，已经和北美洲平分秋色，在前一百名中占有20名，仍然落后于北美和欧洲很多，六年来也是呈现先涨后跌的趋势。亚洲虽然受到了美国金融危机和欧洲债务危机的影响，但是在分项中的GDP总量、人均GDP、地均GDP等三项指数都比2009—2010年度有小幅上升，增长率指数、专利指数下滑较大影响了综合竞争力指数。其他区域排名落后城市减少，中间城市排名分化。2011—2012年度，其他区域基本没有城市进入城市竞争力全球排名前十名，前一百名中有3名被大洋洲的澳大利亚和新西兰所占，其他区域的城市在101—200名占有5名，在201—300名占有12名，其余城市都排在300名以后。

（5）2014—2015年度全球城市竞争力

2014—2015年度全球城市竞争力排名前十位的城市为伦敦、纽约、东京、巴黎、新加坡、香港、上海、北京、悉尼和法兰克福。进入全球前十的亚洲城市数量已经超过欧洲、北美洲城市的数量，亚洲的先进城市不断崛起，与欧美的先进城市处于同一竞争力水平行列。在全球城市竞争力百强城市中，欧洲、北美洲和亚洲的城市分别占据37、38和19席，其余6席被大洋洲城市摘得，南美洲和非洲没有城市进入全球百强行列。在亚洲最具有竞争力的前二十名城市中，中国和日本入围的城市数量最多，分别有7个和6个，剩余的7个城市分别来自新加坡、韩国、阿拉伯联合酋长国、泰国、马来西亚等7个国家。中国城市的竞争力总体上处于全球中等水平，少数城市跻身全球竞争行列，多数城市竞争力水平不高，国家内部城市竞争力差距较大。作为全球第二大经济体，虽然中国部分顶尖城市已经处于全球竞争力排名前列，但城市全球竞争力总体水平与美国城市存在差距。中国城市竞争力指数得分均值（0.31）明显低于美国城市的均值（0.46），且中国城市间的竞争力均衡程度明显低于美国。

（6）2017—2018年度全球城市竞争力

2017—2018年度全球城市竞争力以"经济竞争力"和"可持续竞争力"两个项目衡量。经济竞争力指数十强：纽约、洛杉矶、新加坡、伦敦、旧金山、深圳、东京、圣何塞、慕尼黑、达拉斯。北美洲占5席，占据半壁江山，亚洲占据3席，欧洲占2席。经济竞争力相近的城市毗邻聚集，突显城市群发展的重要性，欧美国家城市群经济发展平衡，发展中国家集中在中心城市。城市经济竞争力梯队效应明显，各等级存在分化现象。提升经济竞争力与缩小差异成为金砖国家追赶发达国家的关键。当地需求、基础设施、科技创新指数是对全球城市经济竞争力提升影响作用较大的驱动性因素。科技创新中心城市与新兴经济体中心城市开始打破固有的全球城市格局，进入最具城市竞争力行列。全球城市经济竞争力美国优势明显，中国迅速崛起。美国城市整体优势明显，且发展水平较为均衡，前十名占5席，前二十名占9席，前一百强占36席。中国顶级城市表现良好，整体竞争力水平提升迅速，一些强二线城市表现较为亮眼，深圳进入全球前十名，香港、上海、广州、北京进入前二十名，21个城市进入前一百名，这反映了中国城市发展已经从"中心聚集"进入"扩散外溢"的较高阶段。在中国当前发展水平下，城市整体竞争力在全球城市体系中取得这样的位置，表现优异，但是也应看到，中国整体城市之间的差距较大。

可持续竞争力十强分别为纽约、伦敦、东京、波士顿、新加坡、苏黎世、首尔、休斯敦、巴黎、芝加哥。十强中，欧洲、北美洲、亚洲城市几乎是三足鼎立；在全球城市可持续竞争力百强城市中，欧洲与北美洲城市在数量上占据绝对优势。从城市群看，美国、德国、英国城市群中进入可持续竞争力百强的中心城市比重较高，中国、印度、巴西和印尼等发展中国家城市群虽然规模较大，但进入全球可持续竞争力百强的中心城市数目相对偏少。以金砖国家为代表的新兴市场国家城市基础设施建设正迎头赶上，特别是中国城市普遍的基础设施水平已经追上发达国家。中国有9个城市进入可持续竞争力百强，依次为北京、香港、上海、深圳、广州、台北、南京、天津、厦门。

（7）2019—2020年度全球城市竞争力

2019—2020年度全球城市竞争力二十强为纽约、伦敦、新加坡、深圳、圣何塞、东京、旧金山、慕尼黑、洛杉矶、上海、达拉斯、休斯敦、香港、都柏林、首尔、波士顿、北京、广州、迈阿密和芝加哥。二十强中北美占9席，亚洲占8席，西欧占3席。2019—2020年度，深圳排名第四位，香港排名第十三位，上海排名第十位。2019年中国城市经济竞争力排名升少降多，均值有所下降。具体排名可以看出显著的马太效应，区域格局上呈现"北降南升"的变化，即中国北部城市下降多，南部城市上升多。上海、南京、宁波、泰州分别是前十名、五十名、一百名、二百名当中名次上升最快的城市，这四个城市均位于长三角地区。

欧洲城市经济竞争力在全球前二百名城市排名中下降占比最大为54.2%，下降数量多于上升数量。亚洲城市下降占比为31%，经济竞争力水平上升数量多于下降数量。北美城市经济竞争力水平上升与下降数量相当。全球十大城市群中北加利福尼亚城市群排名上升且幅度较大，首尔城市群、长三角和珠三角排名上升但幅度较小，美国东北部城市群、美国中西部城市群、伦敦—利物浦城市群、荷兰—比利时城市群和莱茵—鲁尔城市群排名下降但幅度较小，孟买城市群整体水平较差但排名稳定。

中国、美国、欧盟三大经济体方面，中国城市下降数量较多，欧盟城市下降幅度较大。中国、美国和欧盟作为世界经济发展的三大引擎，城市经济竞争力水平变化备受世界瞩目。从城市经济竞争力的变化看，中、美、欧三大经济体城市竞争力整体水平均有下降，美国城市下降数量较少，中国城市下降数量较多但整体下降幅度较小，欧盟城市下降幅度较大。从中国城市的全球经济竞争力指数看，总体水平下降，总体差距却缩小了。东部地区与中部地区的城市升多降少，其他城市降多升少。

全球城市竞争力上升的城市主要分布在西经100°西侧的美国西海岸城市、东经20°的西欧城市以及东经110°～140°的中日韩城市，且纬度集中在北纬25°～55°之间。而中国北部、欧洲东部城市下降较多，中国南部和印度总体上升较多。

全球可持续竞争力二十强分别为新加坡、东京、纽约、伦敦、旧金山、巴黎、香港、大阪、洛杉矶、芝加哥、巴塞罗那、莫斯科、斯德哥尔摩、首尔、慕尼黑、斯图加特、波士顿、马德里、深圳和法兰克福。全球可持续竞争力二十强城市基本囊括了当前世界主要城市和发达国家的中心城市，其中美国有5个城市入选，欧洲国家有9个，其中德国有3个、西班牙有2个，亚洲国家获得6个位置。

二十强城市中，欧洲城市最多，而亚洲城市均值最高。不难发现，这二十强城市一定程度上代表了所在国家的发展与成就。

2019年全球可持续竞争力指数二百强城市中，亚洲城市最多，有65个城市进入，说明亚洲作为全球发展最快的地区，具有强烈的上升趋势，但同时也能看到，亚洲进入二百强的城市均值较低，可持续竞争力还有待进一步提升。北美洲和欧洲紧随其后，各有60座城市和58座城市进入二百强，其中欧洲城市的可持续竞争力均值最高，城市的发展质量值得肯定。

北美西欧城市水平高差异小，亚洲城市水平低差异大。从全球可持续竞争力城市在世界的分布情况来看，北美洲和欧洲均值远高于世界平均水平，处于全球可持续竞争力的顶端，且内部差异较小；亚洲城市数量遥遥领先于其余各大洲，但均值稍落后于世界平均水平，且内部差异较大。但这也说明亚洲城市中部分中心城市正在迅速崛起。

可持续竞争力较强的城市主要分布于北温带的沿海地区：西经120°～西经70°（美国东西海岸）、本初子午线东西10°（西欧各国）和东经110°～140°两侧（中日韩）；同时在纬度上，上述区域内的顶级城市大都在北纬25°～55°之间。

中国城市的均值接近全球平均。中国城市的可持续竞争力多年来一直在稳步提升，据2019年数据显示，中国共有两个城市进入二十强，香港为全球第7名，深圳为全球第19名。5个城市进入全球前五十名，其中台北为全球第23名、上海为全球第29名，北京为全球第38名。9个城市进入全球前一百名。

2.城市竞争力的新特点

受中美欧城市竞争力均值下滑影响，全球城市竞争力均值略微下降。这也预示如果主要国家经贸摩擦持续，不仅会削弱各国自身的城市竞争力，也会削弱全球城市的竞争力。具体有七个方面的表现：

第一，全球前二十名城市竞争激烈导致位次波动较大、分化加剧，综合中心与科技中心城市总体提升。其中14个城市发生变化，最大变化4个名次。全球综合中心和科技中心城市总体提升，专业性、制造性城市总体下降。全球前二十名城市经济竞争力表现分化加剧。相对于2018年，2019年全球前二十名城市的经济增量和经济竞争力的标准化指数略有下降，显示整体领先放缓。

第二，全球前二百名城市中，欧洲降多升少，亚洲升多降少。与2018年相比，2019年前二百名城市由中、美领衔，欧亚部分城市有所下降。欧洲城市经济竞争力排名下降占比最大，为54.2%；南美洲城市下降占比最小，为25%；亚洲城市下降占比为31%。中国共有9个城市进入全球前五十名。

第三，十大城市群中北加利福尼亚平均水平最高，莱茵—鲁尔内部差异最小。全球十大城市群（首尔城市群、美国东北部、美国中西部、北加利福尼亚、孟买、伦敦—利物浦、长三角、珠三角、荷兰—比利时和莱茵—鲁尔）经济竞争力分化加剧，东亚、西欧和北美城市群表现出明显分化。北加利福尼亚城市群经济竞争力平均水平最高为0.707，孟买城市群竞争力平均水平最低为0.241，莱茵—鲁尔城市群差异最小为0.085，首尔城市群差异最大为0.31。

第四，中、美、欧盟三大经济体城市竞争力平均水平变化差异较大。2019年中国、美国和欧盟经济竞争力平均水平分别由2018年的0.382、0.603和0.536下降至0.291、0.545和0.476，欧盟下降幅度较大。同时，中国和美国城市竞争力分化加剧，中国和美国的差异分别由0.451、0.239微升至0.46和0.248，但欧盟城市竞争力水平整体分化减缓，差异由0.271下降至0.252。2019年中国城市经济竞争力整体居中，平均水平有所下滑，差距有所缩小。2019年中国291个城市经济竞争力平均水平为0.291，低于2018年平均水平0.328，接近全球平均水平0.292。2019年中国291个城市经济竞争力水平差异为0.134，略低于2018年的差异0.148和全球的差异0.166。

第五，全球经济竞争力水平整体下降，分化有所缩小。与2018年相比，2019年全球城市经济竞争力平均水平由0.325下降至0.239，差异由0.571下降为0.568。全球经济竞争力较大的城市依然主要集中在西欧（伦敦、慕尼黑、都柏林和巴黎等）和北美（纽约、圣何塞、旧金山和洛杉矶等），东亚经济竞争力较强城市数量和规模小于西欧和北美。

第六，全球次区域城市中，中国北部、欧洲东部下降多，中国南部、印度总体上升多。从空间看，西经100°、东经20°和东经110°成为城市经济竞争力分布的分水岭，北纬25°～55°之间成为高城市经济竞争力水平收敛区，其他区域分化明显。西经110°城市（旧金山、圣何塞和洛杉矶等）和东经110°东部城市（东京、首尔、深圳、香港和广州等）均明显优于西部城市，东经20°西部城市（伦敦、巴黎等）明显优于东部地区城市。同时，北纬25°～55°之间的矩形区域形成了城市经济竞争力分水岭。受水资源丰富、经济和政治等社会环境稳定以及适宜居住的气候环境等多种因素共同影响，美国西海岸城市、本初子午线附近的西欧城市以及东亚中日韩国家的沿海城市成为经济增量和经济密度升级的主要聚集区。北纬25°～55°之间、西经100°西部城市、东经20°西部城市以及东经110°东部的沿海地区为高城市竞争力水平集聚区，且高经济增量、高经济密度和高经济竞争力区域的平均水平分别为低经济增量、低经济密度和低经济竞争力区域整体均值的1.423倍、1.559倍和1.626倍，差异整体上也偏小。

第七，中国城市全球竞争力排名马太效应显著。有5个中国城市跻身全球前二十名，9个城市进入全球前五十名，20个城市进入前一百名，39个城市进入前二百名。2019年中国城市经济竞争力排名升少降多。东部沿海城市和中部地区的城市经济竞争力水平升多降少。2019年中国291个城市中有103个城市经济竞争力水平排名上升，占总样本的35.40%。欠发达的西部地区和东北地区的资源型城市降多升少。2019年中国291个样本城市中共有182个城市经济竞争力排名下降，占总样本的62.54%。2019年中国城市经济竞争力整体居中，均值有所下滑，差距有所缩小。

第二节
全球交通基础设施发展背景

一、全球陆路交通发展特点及趋势

交通运输是经济和社会发展的重要推动力。交通基础设施将人们与就业、教育和卫生服务联系起来，它使全球商品和服务的供应成为可能，使人们能够相互交流，产生促进经济长期增长的知识，提供发展经济的方案。

对木材、矿产、石油和可耕地等宝贵资源的需求，增加区域贸易、运输和能源基础设施的倡议等多种因素推动了全球公路的快速扩张。然而，道路建设在促进社会和经济发展的同时，也打开了环境问题的潘多拉盒子。在未开发地区或边境地区尤其如此，在这些地区，建设新道路往往会加重野生动物栖息地的破坏和自然资源的过度开发。新的道路穿过世界上仅存的荒野，包括亚马孙河、新几内亚、西伯利亚和刚果盆地。道路产生了巨大的社会和经济效益，而环境成本却很低。特别是在发展中国家，大片土地已被开垦，但由于缺乏化肥和现代农业技术，农业生产率低下。在这种情况下，新建道路或道路改善可以增加农业供应量，扩大市场，促进产量增加，降低收获作物的损失。改善适宜地区的交通可以帮助集中和促进农业生产，提高农民的收入，同时潜在地促使农民节约土地以保护自然。

二、全球航空运输市场及发展趋势

1. 全球航空市场格局

全球航空运输80%的竞争力量集中在欧洲、北美、亚太三大地区。2018年，全球航空公司在世界22 000个城市构成的航线网络上，以平均比二十年前低一半的成本，成功地使42.33亿旅客实现了自由旅行，运送了全球贸易市场6400万吨货物（于新才，2020）。其中亚太（东亚与太平洋地区）、欧洲（欧洲与中亚地区）和北美三大地区承担了全球80%的客运量；上述三地区外加中东包揽了全球94%的货运量。（见图4-4）

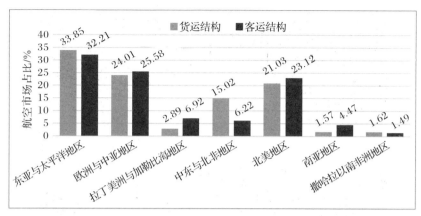

（数据来源：世界银行数据库）

图4-4　各地区航空运输市场构成

航空运输网络是一种复杂的网络，它汇集了5000多家航空公司，并与社会经济驱动力有很强的相互依赖性。航空运输每年运送35亿人次，并在全球创造超过3000万个就业机会。全球和区域研究都采用多层分析方法在不同的网络尺度上探索了它们复杂的网络结构。

图4-5是基于OpenFlights.org数据在3200个机场和60 000条航线绘制的航空线路连接网络图。由图可以观察到网络联系最密集的在欧洲和北美。印度与中东的联系比与南亚和东亚的联系更紧密。俄罗斯集群非常显眼，它既连接着俄罗斯的机场，也连接着许多以前属于苏联的共和国。拉丁美洲被明显地划分为南部和与美国联系紧密的中美洲。

Guo Weisi等（2019）使用2015年一个月的样本数据，以及从美国交通统计局获得的开放交通运输数据建立了航空运输的复杂网络。数据包括9000个全球机场，每个机场都有地理坐标标记，还有详细的航班、客流量和航班等级分布（如头等舱、商务舱和经济舱）信息。从网络结构来看，也可以看出北美、欧洲和亚太为三大航空枢纽区域，主要的机场和航线密集区集中于此区域。

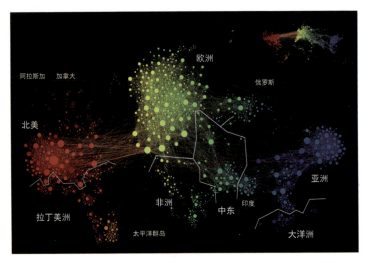

（图片来源：http://www.martingrandjean.ch/connected-world-air-traffic-network/）

图4-5　全球航空线路连接网络图（2016年）

按世界地区划分，以年客运量计，2010年以前北美领先全球，前三位依次为北美、欧洲和亚太；2010年亚太区超越欧洲区，落后于北美地区列全球第二位；2012年亚太区再次超越北美地区，前三位变为亚太、北美和欧洲，运量分别为8.09亿人次、8.07亿人次、7.50亿人次；2015年欧洲超越北美，市场格局又一次调整：亚太、欧洲和北美，这一格局延续至今。（见图4-6）

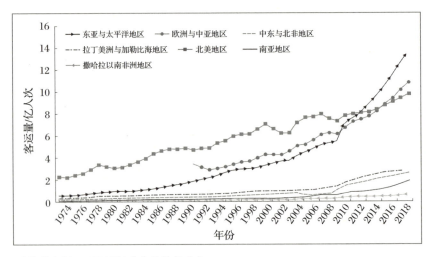

（数据来源：IATA国际航空运输协会）

图4-6　按世界地区划分的航空客运量增长

160

图4-7反映了自1974年以来，按世界地区划分，以货物百万吨公里计量的航空货运增长情况。世界航空货运相对规模和增长态势与客运不同，1974年至1997年，欧洲航空货运量世界领先，随后是亚太地区。但是，最近的三十年，亚太地区的航空货运量增长势头强劲，自1997年起至今，亚太地区一直处于领先地位。

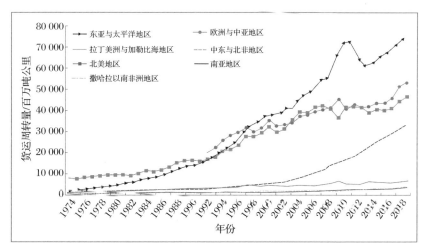

（数据来源：IATA国际航空运输协会）

图4-7 按世界地区划分的航空货运周转量

中东与北非地区也表现出增长态势。尽管中东在航空客、货运量两方面全球排名都落后于三大主力市场，但自2000年以来，这一地区已显露出急剧增长的态势，尤其是航空货运市场增长强劲。

各大区内主要航空运输大国对本地区以至全球市场总格局有重大影响。表4-6概括了2018年按世界地区划分的全球及各地区航空运输市场的基本格局。分析结果显示，每个地区都有少数或者个别国家航空运输比较发达。亚太（东亚与太平洋地区）地区，中国客运量占亚太区的45%，货运量占34%，是亚太区航空运输的核心力量。中、日、印尼等六国合计占本地区的80%，其他31个国家占不到20%的份额。货运市场中，中、日、韩三国合计占63%。欧洲（欧洲与中亚地区）市场没有一个国家有绝对实力一枝独秀，各国市场份额相对比较平均，其中英、德、法等七国客运量合计占本地区73%的份额，英、德、法、俄和土耳其五国货运量占59%。被世界银行划归本地区的中亚等其余51个国家（或地区）实力无法与欧洲发达国家相提并论。北美地区的美国一支独大，客运量占北美的91%，加拿大约占9%。货运市场类似，美国占93%，加拿大占7%。中东（中东与北非地区）地区的阿联酋和卡塔尔两国，1978年只占该地区客运量的3%，到2018年占到47%，几乎是该地区的一半。同期两国货运市场占本地区的86%，成为全球货运市场的一支重要力量。南亚地区八国中，印度是一支不容忽视的力量，其2018年客运量1.64亿人次，货运周转量27亿吨公里，分别占本地区的87%和78%。尽管印度目前占全球运量比例不高，但据IATA统计资料，印度国内客运量已连续50个月呈两位数增长，2018年增长18.5%，显示出较强的发展潜力。拉美（拉丁美洲与加勒比海地区）地区客运市场中，巴西、墨西哥、哥伦比亚等六国客运量共占本地区88%，货运量占96%。全球另一个航空运输不发达地区是撒哈拉以南非洲地区，其四十八国家的合计客运量占全球总额的1.49%，货运量占1.62%。南非和埃塞俄比亚是本地区航空运输发展相对较好的国家，特别是埃塞俄比亚近十年货运市场快速发展，由2009年4亿吨公里，发展到2018年21亿吨公里，占当年本地区运量的58%。

表4-6　按世界地区划分全球航空运输市场格局（2018年）

地区	国家（或地区）数	按世界地区划分运量占全球百分比/%		区内主要国家运量占本地区百分比/%	
		客运	货运	客运	货运
东亚与太平洋地区	37	32.21	33.85	中国45%，日本9%，印尼8%，韩国、澳大利亚和泰国各6%，六国合计占本地区80%	中国34%，韩国16%，日本13%，三国合计占本地区63%
欧洲与中亚地区	58	25.58	24	英国15%，德国10%，法国6%，西班牙7%，俄罗斯9%，土耳其11%，爱尔兰15%，七国合计占本地区73%	英国12%，德国15%，法国8%，俄罗斯13%，土耳其11%，五国合计占本地区59%
北美地区	3	23.12	21.03	美国91%，加拿大9%	美国93%，加拿大7%

地区	国家（或地区）数	按世界地区划分运量占全球百分比/%		区内主要国家运量占本地区百分比/%	
		客运	货运	客运	货运
中东与北非地区	21	6.22	15.02	阿联酋36%，卡塔尔11%，伊朗10%，埃及5%，四国合计占本地区62%	阿联酋48%，卡塔尔38%，两国合计占本地区86%
南亚地区	8	4.47	1.57	印度87%	印度78%
拉丁美洲与加勒比海地区	42	6.92	2.89	巴西35%，墨西哥22%，哥伦比亚12%，智利7%，阿根廷和秘鲁各6%，六国合计占本地区88%	巴西29%，墨西哥17%，哥伦比亚21%，智利19%，阿根廷和秘鲁各5%，六国合计占本地区96%
撒哈拉以南非洲地区	48	1.49	1.62	南非38%，埃塞俄比亚18%，尼日利亚13%，肯尼亚9%，四国合计占本地区78%	埃塞俄比亚58%，南非20%，肯尼亚8%，毛里求斯7%，四国合计占本地区93%

（数据来源：于新才，《全球航空运输发展趋势与我国发展重点的思考》，载《民航学报》，2020年第3期）

2. 航空运输市场发展趋势

（1）短期内航空运输逆全球化抬头，长期看全球化发展方向不会逆转

短期看，既有世界经济发展不平衡发展速度减缓、环境保护机制受挫、全球人口老龄化等老问题，又有个别国家民粹主义和贸易保护主义抬头、中美之间贸易摩擦加剧、各种地缘政治以及当前的新冠肺炎疫情等多种不利因素叠加影响，经济逆全球化势力增大，全球范围的产业链、供应链、物流链受到破坏。长期看，经济全球化方向不会逆转，原因有三方面：一是各国资源禀赋是由自然因素决定的，并非人为能够改变，不同地域之间产业链、供应链、物流链不可能中断。二是影响人类进步的高新、顶尖科学技术是国家长期科技文化教育积淀而成的，不是靠短期拼搏创造的。高新技术推广利用迫使各国必将开展大范围合作交流。三是虽然各国有不同的意识形态、复杂的国际关系和地缘政治，但和平是各国永恒的主题，冲突、封闭、自给自足永远不会成为世界发展的主流和常态，这是经历史发展证明的宝贵经验和科学规律。由此认为，经济全球化方向不会逆转，国际航空运输作为国际经济

和国家战略的组成部分，宜坚持全球化视角，从长计议。

（2）全球航空运输近四十年来客、货运市场呈不同的发展态势

如果将客运市场的航空客运量以1979—1988年第一个十年为基数，1989—1998年第二个十年是第一个十年的1.6倍，1999—2008年第三个十年是第二个十年的1.5倍，2009—2018年第四个十年是第三个十年的1.7倍。由此可以发现，全球虽然经历过1997年亚洲金融危机和2008年全球金融危机等重大经济挫折，但总体上，全球客运市场发展稳定。在货运市场中，同期第二个十年是第一个十年的2倍，第三个十年是第二个十年的1.8倍，第四个十年是第三个十年的1.4倍，呈现逐步放缓态势。照此预测，全球航空客运市场下一个十年将延续稳定发展态势，2019—2028年合计客运量约500亿人次，货运量合计约2万亿吨公里。

三、全球集装箱港口体系

全球前一百位集装箱港口的集装箱吞吐量占全球的85%以上，覆盖了亚洲、欧洲、美洲、大洋洲和非洲等主要沿海国家的港口，基本反映了全球集装箱港的产生和演化过程。从理论研究来看，全球集装箱港口体系的演化具备四个特征：

第一，欧洲和北美形成两大港口集群。主要体现在集装箱运输在欧美的兴起，从20世纪60年代开始，美国开通北美—欧洲大西洋航线，进行集装箱运输，之后欧洲和日本纷纷效仿，全球集装箱港口从少到多，直到形成集装箱北美和西北欧两大集群，并在此基础上，逐渐形成了集装箱枢纽港，如奥克兰、安特卫普、贝尔法斯特、不来梅、蒂尔伯里、拉恩等欧洲港和洛杉矶、墨尔本等港口，主要分布在北大西洋附近。

第二，全球形成北美、欧洲和东亚三大港口集群。在北美和欧洲发展集装箱的基础之上，釜山、高雄、基隆和香港等港迅速兴起，由两足鼎立转变为三足鼎立，形成北美、欧洲和东亚三大港口集群，这和世界经济空间格局是基本吻合的。

第三，东亚成为全球集装箱港口体系的重心。自20世纪80年代以来，世界各国之间的贸易渐趋频繁，全球集装箱运输队伍不断扩大，船舶和箱位量均呈现较快的增长态势。随着世界经济环境的变化，全球集装箱的宏观格局也逐渐

发生了变化，主要体现在北美、欧洲、大洋洲的集装箱港口发展缓慢，处于停滞或者是衰退期，但东亚港口迅速崛起，发展速度很快，尤其是新加坡和中国的香港，几乎成为世界集装箱航运的龙头，吞吐量和船舶数量等均位列前茅。此外，中国大陆的集装箱运输迅速进入世界集装箱发展的大潮，主要时间节点是20世纪70年代末，代表港口是上海、天津、青岛和大连等。

集装箱港口成为世界商业地理的反映，是因为它们主要处理制成品和半成品。20世纪90年代之前，世界上最重要的港口是北美（如纽约）和西欧（如鹿特丹）。以集装箱化为支撑的全球化完全改变了世界商业地理，新的港口地点的出现反映了全球生产、分销和消费地理的变化。大型港口设施周围的交通高度集中，特别是沿东京—新加坡走廊的太平洋亚洲港口。随着出口导向型经济发展战略的形成，亚太地区港口，尤其是中国港口的集装箱吞吐量激增。当前最大出货量的港口位于亚太地区，已成为全球供应链管理的枢纽。

2015年世界上集装箱吞吐量大的海运集装箱港口包括上海、新加坡、深圳、宁波、香港、釜山、广州、青岛、迪拜、天津、鹿特丹、巴生、高雄、安特卫普、大连等港口。世界上最大的集装箱港口主要包括出口导向型港口（如上海和香港）、进口导向型港口（如洛杉矶和长滩）和中间枢纽（如新加坡和迪拜）。世界集装箱港口系统的特点是高度集中的运输，2015年，全球20个最大的集装箱港口处理了超过50%的运输。此外，还出现了集装箱港口的地理分布系统化，包括充当门户的集装箱港口和充当中间枢纽的集装箱港口的专门化。门户港口控制着大型制造业或市场区域的入门，是长途走廊的先锋。香港、洛杉矶和鹿特丹都是控制着通往广袤复杂腹地通道的著名港口。中间枢纽港（或离岸枢纽）作为集装箱在全球海运系统不同部分之间进行转运的中间地点，其方式类似于航空运输枢纽。新加坡和迪拜是最重要的转运中心，各自为特定的转运市场（分别是东南亚和中东/南亚）提供服务。

集装箱运输最近的变化反映了全球经济中不断变化的商业动态。北美港口经历了有限的变化，部分原因是消费水平达到峰值，港口需求受到2008—2010年经济衰退的严重影响。到2015年，集装箱运输量仍没有回到2008年的水平。20世纪70年代和80年代，日本港口经历了显著增长，90年代韩国和中国台湾港口快速增长。最近最显著的增长动力发生在中国沿海地区，21世纪前十年，中国的出口导向型进程全速发展。欧洲北部地区的港口，主要是安特卫普和鹿特丹，在一定程度上由于可以进入欧洲腹地的广阔内陆而有所增长。从马六甲海峡到直布罗陀海峡形成了"中转带"，经历了显著的交通增长，涉及新加坡、迪拜、苏伊士运河的出口（如塞得港）和直布罗陀海峡的出口（丹吉尔地中海、阿尔赫西拉斯和瓦伦西亚）。通过结合经济增长（加强内陆地区港口建设）和转运（巴拿马、卡塔赫纳、卡亚俄），南美港口也在积极增长。

第四，中国集装箱港迅速崛起。经济全球化和一体化整体环境的变化，造船技术、通信技术、物流技术等迅速发展，推动了全球集装箱港的发展和布局变化。从东亚成为全球集装箱港口体系的重心，发展到全球前七位港口都在东亚地区，需要指出的是，中国的集装箱港口迅速崛起，如香港、上海和深圳分别居集装箱港口发展的前三位，高雄、青岛、天津、宁波、广州、厦门、基隆、大连、江门、福州等也位列百强。

四、全球城市可达性

进入21世纪后，全球城市联系越来越紧密。但地点之间的物理联系，以及在地点之间移动所花费的时间，仍然受到可用的基础设施以及出行的物理和政治障碍的限制。消除可达性差距是联合国制定的可持续发展目标的核心。城市是人类活动的中心，人们到达城市地区的难易程度直接影响到能否获得关键服务。

韦斯等根据到达最近的城市中心所需的出行时间计算了世界各城市的时间可达性，基本城市研究单元为每平方千米有1500个或更多居民的连续区域，或者大部分已建成的土地被至少50 000个居民的人口中心所覆盖。使用的道路数据集是通过合并开放街道地图数据和谷歌道路数据库的道路距离数据而创建的，数据集分别提取于2016年3月和2016年11月。韦斯等的全球城市可达性地图展示了全球城市可达性的不对称分布和基础设施发展的巨大不平衡。

高度可达区域包括那些拥有大量交通基础设施和/或许多空间分散的城市，这表明可通过改善基础设施和多中心城市发展来提高城市的可达性。对网格化人口数据的可达性进一步探索表明，80.7%的人（58.8亿人）居住在城市1个小时可达范围内。根据世界银行的收入阶层和地理区域划分的人口可达性，可以发现各地差距明显，在高收入国家（集中在欧洲和北美洲），90.7%的人住在离城市一小时可达范围以内，而在低收入国家（集中在撒哈拉以南非洲），这一比例为50.9%。由于印度北部人口众多，而且城市在空间上分布广泛，因此，中低收入国家的国家财富和可达性之间的关系比较模糊。

第三节
全球物流绩效指数

一、全球物流绩效指数指标

一个国家的物流绩效水平对其经济贸易发展起着基础性作用。长期以来如何评价物流绩效，以及哪些因素影响物流绩效始终是需要研究的重要问题。面对全球物流供应链结构之间的差异性和数据库构建的复杂性，考虑到物流发展有效性并不能通过简单的定量数据充分反映，因此由世界银行牵头，在国际货运业协会、全球快递业协会、全球贸易促进合作署、图尔库经济学院的共同支持下，创造出物流绩效指数这一标准，通过物流绩效指数反映物流发展的有效性。世界银行在2007年11月的《世界银行物流绩效指数报告——联结以竞争：全球经济中的贸易物流》报告中正式推出LPI及其指标，并对国家之间的物流绩效水平差异进行深度跨国评估，以弥补世界经济论坛编制的全球竞争能力指数对物流绩效评估的缺失。LPI提供了物流效率和服务质量的全球基准，填补了评价物流绩效的空白。2010年第二版报告发布，并从此每两年发布一次，目前共出版6个LPI版本（2007年、2010年、2012年、2014年、2016年和2018年），调查涉及160多个国家。世界银行LPI是对全球范围内货运代理公司和快运公司进行问卷调查，了解被调查国在基础设施建设、服务监管与发展、边境友好通关等方面的现实表现，用以衡量世界各国物流供应链绩效的指标体系。该指数描述了被调查国家的贸易物流综合情况，各分项指标还可反映出是哪些因素导致不同国家之间物流表现的巨大差异。根据已经发布的6个版本的物流绩效指数报告，高物流成本和低物流服务水平会影响一国的经济增长、外商直接投资和对外贸易等，尤其是低水平物流服务不仅会造成交易成本增加，还会阻碍全球一体化进程。

1.海关通关和边境管理的效率

主要考察完成通关流程所需要的时间，在通关过程中涉及的通关政策、手续、文件等的简明性，以及通关程序的烦琐性、实物检查的比例、进出口的前置时间、通关电子化和无纸化程度、进出口代理的数量、进出口通关费率等会影响海关通关效率的指标。

2.贸易和运输相关基础设施的质量

指在国际贸易和运输过程中港口、机场、公路、铁路、仓储、信息通信技术等方面的质量。一个国家若想融入全球性的物流供应链，必须拥有完备的物流基础设施。

3.国际货运能力

指一国在参与国际运输过程中安排具有竞争性价格的货运的便利性，包括港口接卸远洋船舶的能力、国际铁路衔接性、高等级航空港站数量、国际运输企业的数量等。国际货运一般是指集装箱运输、空运、海运和铁路运输以及多式联运。

4.物流服务的能力和质量

此项指标考察一国在国际货运、代理和海关报关等方面物流服务的竞争力和质量，即当地物流产业的竞争力。货物运输质量包括公路、铁路、水路通道建设等级和密度，物流园区及交通港站吞吐能力和运作效率，装卸搬运机械设备的机械化和自动化程度，多式联运的无缝性和通达性，等。物流服务质量包括物流规范性、标准化水平、货物送达完好率、各类物流企业（仓储、运输、货运代理等）数量、客户体验等。

5.货物追踪能力

指追踪与追溯货运输的能力，使得相关部门和客户能够实时了解货物运输状态，方便相关方随时随地查看货物物流信息。此项指标考察信息技术设备的先进性、货物实时跟踪能力、物流可追溯性、冷链物流温控跟踪能力。

6.货物运输及时性

指货物运输在既定或预期时间内的到货率，包括平均运送时间、货物准时送达率等。

世界银行在国际物流绩效指数的基础上又创新出国内物流绩效指数，旨在评估被调查者所在国的物流环境，用作对物流绩效指数的补充说明。国内物流绩效指数主要由四个部分构成，分别是基础设施、服务、边境手续与时间、供应链的可靠性。

LPI是根据全球性调查结果而制定的，由物流专业人士和一线从业人员打分构成，并不是通过具体的统计数字得到，所以其指标构成主要是定性指标。LPI评估等级提供了强有力的基准，该估值可用于解释绩效结果指标。

检查一个国家的LPI得分的置信区间是很重要的：置信区间越窄，得分就越可靠。中国、德国、英国和美国等大型贸易商的置信区间往往在0.05分或以下，相当于其得分的1%或更少。相比之下，一些规模较小的交易方的置信区间分数往往接近0.5分，这可能超过他们分数的15%。只有连续两年的置信区间分数不重叠时，变化才具有统计意义。其次，总体LPI得分比LPI排名更能说明问题，因为随着时间的推移，得分更准确，也为比较提供了更好的基础。特别是对于排名在中间区间的国家，即使排名位置相差很大，分数也可能相差不大。例如，排名第六十位的埃及和排名第一百位的孟加拉国都在0.36分的范围内，这一区间内每个国家的平均差距仅为0.008 8分。因此，2018年的LPI指数采用加权平均LPI指数作为主要指标，消除了从一个LPI指数到另一个LPI指数的波动。

二、物流绩效指数的功能和特点

LPI已经得到广大学者、物流相关部门和政府决策者的认可，通过对比被调查国家之间的物流绩效指数，发现各个国家在参与国际物流中遇到的挑战和机遇，从而采取相应的对策和措施以更好地融入国际物流过程。具体而言，LPI的功能及特点主要体现在以下方面：

1.具有权威性和有效性

为保证LPI的权威性和有效性，LPI及其子要素指标的构建和各国评分由世界银行联合学术机构、国际组织、私营企业以及国际物流从业人员共同完成。

世界银行根据最新的理论和经验研究以及国际货运的物流专业人员意见，通过问卷调查收集数据，利用全球物流专业人员的第一手资料，对全球供应链绩效进行评估，包括海关程序、物流成本、基础设施质量、跟踪和追踪货物的能力、货物送达的及时性以及国内物流业的能力。物流绩效评估会直接影响企业运输路线和物流枢纽的选择，并影响企业在生产地点、供应商选择和目标市场方面的决策。

2.提供物流绩效水平的全球基准

LPI评估等级提供了强有力的基准，该估值可用于解释绩效结果指标。例如，根据调查中收集到的各个国家/地区信息进行分析，LPI降低一个点（例如从3.5降低到2.5），意味着从港口到公司仓库的进口时间要多花六天，而出口时间则要多花三天，而且入境时接受实物检查的可能性会高5倍。通过物流绩效指数得分，各国能够了解到本国在国际物流中的具体表现以及和其他国家的差距。此外，报告中会对被调查国家的物流绩效指数进行综合排名，通过排名可以得知被调查国在全球物流供应链系统的一个位次及所属层次。

3.评估物流绩效的改善状况

虽然LPI每个版本的调查报告都要重新进行统计分析，但每年的权重保持不变，因此各版本物流绩效指数报告之间具有高度的可比较性。被调查国家可以纵向对比该国的物流绩效指数变化状况，进而得出两年内国际物流总体状况是否有所改善以及改善程度。此外，通过物流绩效指数分项指标，能够进一步分析被调查国家在两年内物流绩效方面具体的改善情况。

4.为跨国公司选址和供应链构建提供参考

随着跨国公司全球布控价值链、产品更新迭代速度加快和国际生产协作程度增加，物流能力成为经济下行大背景下各国维持进出口活动的战略性资源，加速完善物流绩效已成为各国政府无法忽视的目标。跨国公司选择在哪个国家设立、从哪里购入原材料、产品销往何处等方面，可以参考物流绩效指数报告，选择物流友好和发展趋势良好的国家进驻，以便于公司成长和业务拓展。

5.为政府和私营部门决策者在物流改革方面提供依据

通过LPI数据，被调查国家可以得知其在全球物流供应链中的表现，从而进一步找到差距以进行相关物流领域的改革。例如，印度尼西亚政府早在 2007 年第一版《世界银行物流绩效指数报告》问世之初，就开始采用LPI数据来监测政府绩效和改善物流，2010 年之后更是全面使用LPI的整套评分体系，采取一系列措施提高主要港口的物流效率。

三、全球物流绩效指数的空间格局

全球物流通常被称为"物理互联网"，就像2007年LPI报告的最初版本一样。物流是一个服务网络，它支持货物的实际流动、跨境贸易和境内贸易。物流包括运输以外的一系列活动，包括仓储、经纪、快递和关键的基础设施服务。竞争日益激烈的服务物流供应商的国际网络每年产生的营业额超过4.3万亿美元，为贸易、商业和制造业提供了更加多样化的解决方案。当今物流在全球经济中起到重要作用。良好的物流服务可以降低贸易成本。物流绩效是关于供应链如何有效地将企业与国内和国际机会联系起来的表征。LPI试图捕捉一个国家的物流可达性，或与全球物流实体互联网的连接程度。自2007年以来，LPI的研究成果已成为众多贸易物流研究和政策文件的标准参考资料。一些国家已采用LPI作为其国家运输或物流战略的关键绩效指标。欧盟、东南亚国家联盟、亚太经合组织等机构也将其作为运输或物流关键绩效指标的一个子集。

自LPI启动以来，低绩效国家与高绩效国家之间的绩效差距一直存在，主要集中在欧洲和东亚地区，这些地区的物流已发展成为一个重要的服务部门。与2007年相比，今天人们更加认识到与后勤有关的政策在提高绩效方面的重要性，政策重点也发生了变化。最初，物流政策的重点是贸易便利化和消除边境瓶颈。如今，这样的国际物流问题很难与国内物流问题区分开来。政策制定者和利益相关者在制定和实施更广泛的政策时，越来越多地考虑到安全性和可持续性。技能和培训资源最近得到了更多的关注。物流绩效的范围不断扩大，其对经济增长和经济一体化的贡献得到越来越多的认可，这就需要制定整体政策。越来越多的国家，尤其是新兴经济体，将物流视为一个经济部门，需要制定连贯的政策来跨越传统物流领域。以前的LPI报告提到许多国家已经建立了国家战略或专门组织推进物流发展，如加拿大、中国、法国、印度尼西亚、摩洛哥、荷兰和泰国。

从2018年的全球物流绩效的空间分布可以看出，物流绩效指数最高的国家集中在中东欧，2018年欧洲国家LPI平均得分3.37，德国是表现最好的国家，在世界排名第一位，得分为4.19，其次是荷兰和瑞典，得分均为4.07，如表4-7所示。

表4-7 欧洲国家物流绩效指数（2018年）

国名	2018年LPI得分	排名	国名	2018年LPI得分	排名
德国	4.19	1	爱沙尼亚	3.3	36
荷兰	4.07	2	冰岛	3.29	38
瑞典	4.07	3	斯洛文尼亚	3.29	39
比利时	4.05	4	立陶宛	3.2	43
英国	4.01	6	希腊	3.19	44
奥地利	3.99	8	斯洛伐克	3.14	47
丹麦	3.92	11	克罗地亚	3.12	48
芬兰	3.92	12	罗马尼亚	3.1	50
瑞士	3.91	13	拉脱维亚	3.02	55
法国	3.86	15	保加利亚	3	57
卢森堡	3.84	16	马耳他	2.94	61
西班牙	3.78	18	塞尔维亚	2.83	68
挪威	3.74	20	乌克兰	2.83	69
意大利	3.73	21	波黑	2.76	78
新西兰	3.68	22	俄罗斯	2.69	85
爱尔兰	3.63	25	黑山	2.65	94
捷克	3.62	26	阿尔巴尼亚	2.62	98
葡萄牙	3.56	28	马其顿	2.62	99
波兰	3.5	31	白俄罗斯	2.54	110
匈牙利	3.41	32	摩尔多瓦	2.52	113

（数据来源：《世界银行物流绩效指数报告——联结以竞争：全球经济中的贸易物流》）

高效的物流绩效是贸易和经济发展的一个基本要素，特别是在相互联系和相互依存的全球经济环境下。降低物流成本对于发展中国家，特别是非洲的发展中国家参与国际贸易的能力至关重要。地处偏远，会加剧国家的孤立，阻碍它们参与全球生产网络。有相当多的证据表明，撒哈拉以南非洲地区的贸易成本比世界其他地区要高得多。MacKellar等（2002）认为，大多数非洲内陆国家的运输价格占进口成本的15%到20%不等，这一数字是大多数发达国家的3—4倍。事实上，Amjadi等（2020）认为，非洲的运输成本已经成为比进口关税和贸易限制更高的贸易壁垒。Limao和Venables（2001）进一步探讨了这方面的问题，并认为贸易成本是一个国家全面参与世界经济能力的重要决定因素。

非洲国家的物流绩效相对较差。2010年的LPI显示，撒哈拉以南非洲国家的平均得分为2.42，是世界上最低的。LPI指数显示，非洲各国的物流绩效存在明显差异，尽管多数国家处于全球排名的低端，但南非是表现最好的国家，在世界排名第28位，得分为3.46，而厄立特里亚和索马里是受调查国家中表现最差的国家，得分分别为1.70和1.34。非洲其他国家都介于南非和索马里之间。非洲国家LPI值在海关、基础设施和物流服务质量方面最低。

如表4-8所示，2018年非洲国家LPI平均得分2.49，平均排名118，总体表现较差。南非是表现最好的国家，在世界排第29位，得分为3.51，而厄立特里亚、塞拉利昂和索马里是受调查国家中得分相对低的国家，分别为2.11、2.06和2。

表4-8 非洲国家物流绩效指数（2018年）

国家	2018年LPI得分	排名	国家	2018年LPI得分	排名
南非	3.51	29	吉布提	2.43	126
博茨瓦纳	2.96	58	几内亚比绍	2.4	128
埃及	2.95	60	苏丹	2.4	130
肯尼亚	2.93	63	埃塞俄比亚	2.4	131
卢旺达	2.9	65	刚果共和国	2.38	133
科特迪瓦	2.89	66	马达加斯加	2.35	137
坦桑尼亚	2.88	67	冈比亚	2.34	138
乌干达	2.79	72	乍得	2.34	140
纳米比亚	2.73	80	塞内加尔	2.34	141
马拉维	2.69	84	刚果民主共和国	2.33	143
摩洛哥	2.67	87	几内亚	2.3	145
毛里求斯	2.65	91	利比里亚	2.29	146
贝宁	2.65	93	尼日尔	2.29	148
布吉纳法索	2.63	96	中非共和国	2.26	150
加纳	2.6	101	莱索托	2.22	153
莫桑比克	2.59	102	布隆迪	2.22	154
尼日利亚	2.59	103	利比亚	2.21	155
突尼斯	2.59	104	赤道几内亚	2.21	156
圣多美和普林西比	2.56	105	毛里塔尼亚	2.2	157
阿尔及利亚	2.56	107	加蓬	2.19	158

国家	2018年LPI得分	排名	国家	2018年LPI得分	排名
马里	2.55	109	安哥拉	2.18	160
科摩罗	2.51	114	津巴布韦	2.17	161
赞比亚	2.49	118	厄立特里亚	2.11	162
多哥	2.48	119	塞拉利昂	2.06	164
喀麦隆	2.43	125	索马里	2	167

（数据来源：《世界银行物流绩效指数报告——联结以竞争：全球经济中的贸易物流》）

四、"一带一路"沿线国家物流绩效指数

2017年，我国与"一带一路"倡议的目标国家或地区的贸易额增速仍然维持较高水平，在国际经济整体大环境较差的情况下，仍然实现了13.4%的同比增长，绝对数额达到1.44万亿美元，占到我国总贸易额的34.1%。根据国家信息中心发布的"一带一路"大数据报告显示，2017国别合作度指数较2016年平均分提升了1.56分，达到45.11分，说明"一带一路"倡议取得了一定成效，但是从国别的贸易额绝对数值来看，仍然有一定提升空间。提升物流绩效水平可以在一定程度上提升国家或地区间的生产要素、资源要素、资金要素、人力资源的自由流动性和市场开放发展的融合性。

根据国家信息中心发布的"一带一路"国别贸易合作度情况来看，物流绩效对国际贸易的引致效应，其关注点主要集中在贸易进展、贸易结构、合作潜力上。贸易效率和贸易潜力是国际贸易的重要因素。物流发展水平是贸易发展的基础条件，良好的物流基础设施和物流服务能够在一定程度上提升国际贸易效率，并在一定程度上使对应成本下降进而推动贸易潜力的释放。物流水平提升能够为贸易潜力释放带来一定的促进作用。世界银行发布2018年《物流绩效指数报告——联结以竞争：全球经济中的贸易物流》，运用物流绩效指数来衡量物流发展水平，同时也在一定维度上反映了贸易的便利程度。

如表4-9所示，从物流绩效指数得分情况可以看出，"一带一路"沿线国家和地区的LPI平均得分为2.87分，LPI方差为0.56，说明"一带一路"沿线国家和地区整体物流绩效水平不高且不同国家间差距显著。

在LPI各分项指标中，海关通关和边境管理的效率平均得分最低，且除货

物运输及时性指标外，其他分项指标得分均小于3，说明"一带一路"沿线国家和地区海关通关和边境管理的效率、贸易和运输相关基础设施的质量、国际货运能力、物流服务的能力和质量、货物追踪能力分项指标水平存在较大的提升空间。

从各项子指标的方差来看，海关通关和边境管理的效率和货物追踪能力方差最大，分别为0.65和0.61，表明"一带一路"沿线国家LPI的差异中，海关通关和边境管理的效率和货物追踪能力贡献最大，也就是主要的这两项指标差异最大。

表4-9 "一带一路"沿线国家物流绩效指数和各指标得分（2018年）

国家	综合物流绩效指数（LPI）	海关通关和边境管理的效率	贸易和运输相关基础设施的质量	国际货运能力	物流服务的能力和质量	货物追踪能力	货物运输及时性
德国	4.19	4.09	4.38	3.83	4.26	4.22	4.4
荷兰	4.07	3.97	4.23	3.76	4.12	4.08	4.3
瑞典	4.07	3.95	4.22	3.88	4.04	4.02	4.32
比利时	4.05	3.74	4.03	3.97	4.10	4.11	4.40
新加坡	4.05	4.00	4.14	3.72	4.08	4.05	4.34
英国	4.01	3.85	4.09	3.69	4.04	4.10	4.32
日本	3.99	3.91	4.19	3.61	4.03	4.03	4.24
奥地利	3.99	3.71	4.07	3.78	4.04	4.13	4.22
中国香港	3.96	3.85	4.02	3.85	3.94	3.95	4.18
丹麦	3.92	3.88	3.89	3.59	3.98	3.94	4.26
芬兰	3.92	3.89	3.95	3.56	3.88	4.1	4.17
瑞士	3.91	3.75	4.07	3.57	3.92	4.02	4.20
阿拉伯联合酋长国	3.89	3.66	3.98	3.76	3.83	3.89	4.23
法国	3.86	3.63	4.00	3.60	3.82	3.99	4.17
西班牙	3.78	3.57	3.79	3.72	3.78	3.78	4.04
挪威	3.74	3.62	3.84	3.48	3.75	3.83	3.96
意大利	3.73	3.44	3.82	3.55	3.68	3.84	4.09
新西兰	3.68	3.58	3.79	3.27	3.69	3.73	4.1
韩国	3.65	3.43	3.75	3.43	3.63	3.75	3.96
中国台湾	3.65	3.42	3.67	3.54	3.68	3.67	3.93
爱尔兰	3.63	3.45	3.5	3.53	3.69	3.79	3.85
捷克	3.62	3.34	3.38	3.65	3.65	3.68	3.98
中国	3.60	3.28	3.73	3.57	3.58	3.63	3.86
葡萄牙	3.56	3.24	3.23	3.59	3.54	3.69	4.03
南非	3.51	3.29	3.39	3.53	3.42	3.56	3.85
卡塔尔	3.50	3.18	3.43	3.62	3.46	3.53	3.78

国家	综合物流绩效指数（LPI）	海关通关和边境管理的效率	贸易和运输相关基础设施的质量	国际货运能力	物流服务的能力和质量	货物追踪能力	货物运输及时性
波兰	3.50	3.26	3.17	3.57	3.49	3.49	3.94
匈牙利	3.41	3.18	3.31	3.29	3.27	3.61	3.82
以色列	3.39	3.32	3.33	2.93	3.44	3.50	3.89
泰国	3.36	3.13	3.17	3.4	3.29	3.38	3.75
马来西亚	3.34	3.06	3.3	3.43	3.34	3.32	3.6
爱沙尼亚	3.3	3.3	3.13	3.19	3.15	3.2	3.8
土耳其	3.29	2.94	3.36	3.19	3.23	3.37	3.68
冰岛	3.29	3.02	3.18	3.00	3.48	3.38	3.72
斯洛文尼亚	3.29	3.21	3.25	3.16	3.17	3.30	3.65
智利	3.28	3.23	3.09	3.24	3.09	3.30	3.73
印度	3.22	2.97	3.01	3.24	3.18	3.33	3.57
立陶宛	3.20	3.02	3.00	3.03	3.1	3.25	3.78
希腊	3.19	2.88	3.19	3.13	3.02	3.25	3.67
越南	3.16	2.86	2.92	3.15	3.17	3.23	3.6
阿曼	3.16	2.82	3.18	3.29	3.06	2.96	3.61
斯洛伐克共和国	3.14	2.94	3.09	3.19	3.13	3.02	3.45
克罗地亚	3.12	3.01	3.02	2.99	3.10	3.08	3.51
塞浦路斯	3.10	3.04	2.94	3.04	2.93	2.98	3.62
罗马尼亚	3.10	2.73	2.86	3.15	3.01	3.19	3.61
印尼	3.08	2.69	2.81	3.08	3.07	3.23	3.59
沙特阿拉伯	3.08	2.7	3.18	3.05	2.94	3.19	3.43
巴林	3.06	2.88	2.89	3.09	3.03	3.16	3.31
保加利亚	3.00	2.77	2.71	3.16	2.96	2.93	3.43
博茨瓦纳	2.96	2.95	2.85	2.82	2.71	2.81	3.60
科威特	2.96	2.75	3.00	2.91	2.81	2.88	3.39
埃及	2.95	2.67	2.91	2.94	2.95	2.91	3.30
马耳他	2.94	2.77	2.95	2.91	2.85	2.95	3.24
肯尼亚	2.93	2.66	2.68	2.86	2.88	3.11	3.35
菲律宾	2.91	2.62	2.67	3.20	2.80	3.01	3.11
卢旺达	2.9	2.68	2.6	3.14	2.77	2.83	3.31
科特迪瓦	2.89	2.66	2.67	2.96	2.95	2.95	3.11

国家	综合物流绩效指数（LPI）	海关通关和边境管理的效率	贸易和运输相关基础设施的质量	国际货运能力	物流服务的能力和质量	货物追踪能力	货物运输及时性
塞尔维亚	2.83	2.53	2.59	2.89	2.78	2.86	3.32
乌克兰	2.83	2.46	2.38	2.77	2.76	3.08	3.45
厄瓜多尔	2.82	2.69	2.62	2.82	2.70	2.87	3.22
乌干达	2.79	2.78	2.45	2.82	2.70	2.69	3.27
文莱	2.78	2.7	2.59	2.74	2.64	2.82	3.18
秘鲁	2.78	2.59	2.46	2.88	2.62	2.72	3.36
乌拉圭	2.78	2.6	2.57	2.78	2.79	2.83	3.1
约旦	2.78	2.51	2.7	2.74	2.67	2.79	3.24
哈萨克斯坦	2.77	2.57	2.59	2.73	2.6	2.81	3.31
波黑	2.76	2.62	2.52	2.70	2.73	2.75	3.20
哥斯达黎加	2.74	2.50	2.45	2.79	2.67	2.88	3.09
伊朗	2.71	2.46	2.67	2.68	2.76	2.63	3.07
黎巴嫩	2.71	2.45	2.61	2.77	2.52	2.83	3.05
巴拉圭	2.70	2.53	2.50	2.66	2.70	2.56	3.23
俄罗斯	2.69	2.25	2.64	2.59	2.74	2.67	3.23
多米尼加	2.68	2.43	2.39	2.77	2.59	2.84	3.03
摩洛哥	2.67	2.36	2.58	2.8	2.59	2.57	3.09
萨尔瓦多	2.66	2.40	2.31	2.79	2.67	2.63	3.10
柬埔寨	2.66	2.47	2.26	2.87	2.50	2.64	3.13
巴哈马	2.65	2.72	2.561	2.66	2.51	2.58	2.87
斯里兰卡	2.65	2.57	2.391	2.57	2.64	2.77	2.93
贝宁	2.65	2.48	2.45	2.66	2.50	2.58	3.17
巴基斯坦	2.64	2.41	2.43	2.79	2.69	2.52	2.93
布基纳法索	2.63	2.44	2.48	2.79	2.56	2.42	3.06
马尔代夫	2.63	2.46	2.641	2.59	2.42	2.57	3.07
阿尔巴尼亚	2.62	2.33	2.24	2.74	2.56	2.52	3.24
马其顿	2.62	2.36	2.51	2.66	2.6	2.52	3.01
孟加拉国	2.60	2.33	2.36	2.66	2.56	2.67	2.97
加纳	2.60	2.41	2.461	2.63	2.51	2.58	2.95
尼日利亚	2.59	2.15	2.5	2.52	2.54	2.73	3.10
突尼斯	2.59	2.27	2.27	2.53	2.45	2.78	3.20

国家	综合物流绩效指数（LPI）	海关通关和边境管理的效率	贸易和运输相关基础设施的质量	国际货运能力	物流服务的能力和质量	货物追踪能力	货物运输及时性
阿尔及利亚	2.56	2.28	2.45	2.54	2.53	2.65	2.89
马里	2.55	2.22	2.28	2.66	2.4	2.81	2.87
白俄罗斯	2.54	2.29	2.39	2.47	2.53	2.44	3.10
牙买加	2.52	2.45	2.36	2.53	2.48	2.48	2.81
所罗门群岛	2.52	2.66	2.23	2.24	2.61	2.37	3.00
摩尔多瓦	2.52	2.31	2.21	2.69	2.36	2.36	3.1
科摩罗	2.51	2.58	2.27	2.47	2.32	2.67	2.74
亚美尼亚	2.51	2.39	2.39	2.55	2.45	2.38	2.84
乌兹别克斯坦	2.5	2.13	2.44	2.38	2.49	2.54	3.01
赞比亚	2.49	2.27	2.29	2.72	2.46	2.18	2.94
多哥	2.48	2.33	2.23	2.58	2.29	2.50	2.93
老挝	2.48	2.37	2.23	2.52	2.45	2.48	2.77
尼泊尔	2.45	2.19	2.2	2.4	2.36	2.56	2.99
圭亚那	2.45	2.48	2.17	2.35	2.36	2.55	2.79
阿塞拜疆	2.45	2.53	2.69	2.56	2.14	2.18	2.62
格鲁吉亚	2.45	2.38	2.36	2.38	2.27	2.37	2.92
喀麦隆	2.43	2.27	2.36	2.51	2.5	2.37	2.56
吉布提	2.43	2.29	2.47	2.33	2.14	2.46	2.91
特立尼达和多巴哥	2.41	2.4	2.36	2.46	2.28	2.27	2.65
蒙古	2.40	2.25	2.12	2.45	2.23	2.21	3.07
苏丹	2.40	2.13	2.14	2.49	2.41	2.45	2.73
埃塞俄比亚	2.40	2.54	2.13	2.54	2.39	2.24	2.49
吉尔吉斯斯坦	2.38	2.38	2.23	2.20	2.21	2.49	2.79
刚果共和国	2.38	2.07	2.12	2.58	2.25	2.38	2.80
斐济	2.37	2.37	2.36	2.27	2.27	2.32	2.65
委内瑞拉	2.37	1.94	2.24	2.49	2.32	2.44	2.74
马达加斯加	2.35	2.32	2.16	2.22	2.25	2.42	2.7
冈比亚	2.34	2.08	1.9	2.68	2.23	2.48	2.60

国家	综合物流绩效指数（LPI）	海关通关和边境管理的效率	贸易和运输相关基础设施的质量	国际货运能力	物流服务的能力和质量	货物追踪能力	货物运输及时性
缅甸	2.34	2.21	2.11	2.22	2.28	2.33	2.86
乍得	2.34	2.15	2.26	2.35	2.39	2.28	2.58
塞内加尔	2.34	2.29	2.24	2.44	2.27	2.19	2.56
土库曼斯坦	2.34	2.25	2.23	2.36	2.2	2.32	2.63
刚果民主共和国	2.33	2.23	2.04	2.26	2.34	2.41	2.65
巴布亚新几内亚	2.31	2.37	2.11	2.29	2.11	2.36	2.61
几内亚	2.3	2.39	1.80	2.38	2.27	2.59	2.30
利比里亚	2.29	2.04	2.06	2.22	2.24	2.15	2.99
塔吉克斯坦	2.29	2.02	2.17	2.32	2.29	2.26	2.65
尼日尔	2.29	2.14	2.10	2.28	2.26	2.29	2.62
也门	2.27	2.08	2.05	2.33	2.27	2.24	2.63
不丹	2.25	2.16	1.98	2.12	2.36	2.31	2.54
古巴	2.23	2.15	2.09	2.30	2.20	2.18	2.46
布隆迪	2.22	1.90	2.00	2.28	2.33	2.23	2.55
利比亚	2.21	2.00	2.17	2.18	2.21	1.90	2.78
赤道几内亚	2.21	1.99	1.82	2.46	2.11	2.14	2.66
毛里塔尼亚	2.20	2.16	2.09	2.15	2.06	2.18	2.54
加蓬	2.19	1.99	2.07	2.23	2.13	2.06	2.61
伊拉克	2.18	1.90	2.00	2.33	1.98	2.13	2.73
安哥拉	2.18	1.79	2.01	2.33	2.13	2.14	2.65
津巴布韦	2.17	2.01	2.01	2.13	2.20	2.19	2.45
厄立特里亚	2.11	2.05	1.89	2.12	2.19	2.09	2.31
叙利亚	2.10	1.70	2.12	2.09	2.00	2.23	2.50
塞拉利昂	2.06	1.82	2.02	2.15	1.96	2.10	2.31
阿富汗	2.04	1.91	1.83	2.18	2.02	1.76	2.48
索马里	2.00	1.81	1.69	2.24	2.07	1.94	2.18
平均值	2.87	2.68	2.73	2.84	2.81	2.87	3.24
方差	0.56	0.57	0.65	0.49	0.59	0.61	0.56

（数据来源：《世界银行物流绩效指数报告——联结以竞争：全球经济中的贸易物流》）

五、中国物流绩效指数

根据世界银行发布的6个版本的LPI指数报告，2007—2018年，中国物流绩效指数连年稳步上升。中国的物流绩效在2007年、2010年、2012年、2014年、2016年和2018年的LPI值分别为3.32，3.49，3.52，3.53，3.66，3.61，显著高于当年的LPI全球平均水平，增长率达8.72%，排名由第三十三位上升至第二十六位。中国与排名前十位的发达国家之间LPI的差距不断缩小，差值从2007年的−0.74降至2018年的−0.43。

2018年我国物流绩效指数综合得分为3.61分，在参评的163个国家和地区中位列第26名，前30名除第14名的沙特阿拉伯外，均为传统发达国家。中国各项得分均高于全球均值，贸易和运输相关基础设施的质量、物流服务的能力和质量、货物追踪能力是中国物流绩效提升的核心优势，分别比全球均值高出1.03分、0.77分和0.75分。但与前二十名发达国家的物流能力相比，差距主要体现在海关通关和边境管理的效率、国际货运能力两方面，均值差分别为−0.65分和−0.5分。（如表4-10）

表4-10　中国与全球LPI各项指标均值对比（2018年）

国别	海关通关和边境管理的效率	贸易和运输相关基础设施的质量	国际货运能力	物流服务的能力和质量	货物追踪能力	货物运输及时性
中国	3.29	3.75	3.54	3.59	3.65	3.84
全球	2.67	2.72	2.83	2.82	2.9	3.24
与全球均值差	+0.62	+1.03	+0.71	+0.77	+0.75	+0.6
前二十名	3.94	3.78	4.04	3.97	4.02	4.23
与前二十名均值差	−0.65	−0.03	−0.5	−0.38	−0.37	−0.39

（数据来源：《世界银行物流绩效指数报告——联结以竞争：全球经济中的贸易物流》）

中国物流绩效子要素发展不平衡。2018年从6个子要素得分情况看，中国单项得分较高的两项是货物运输及时性、贸易和运输相关基础设施的质量，得分为3.84和3.75，单项得分最低项是海关通关和边境管理的效率，得分为3.29。2007—2016年，中国物流绩效指数总体保持增长态势，物流绩效指数得分增长了10.24%。这一增长主要得益于近年来国内交通和物流基础设施建设的高速发展。但2016—2018年，中国物流绩效指数得分由3.66下降至3.61，从单项得分情况看，除物流基础设施建设得分持平以外，其他五项关键评价指标全线小幅退缩，说明我国基础硬件设施建设的持续发力未能给物流运输服务的整体提升带来持续增长的动力。我国要提升物流绩效服务能力除了加强硬件基础设施建设外，还应加强软件物流服务质量和管理效率，例如优化海关通关流程以提高通关效率，规范物流运作以提升物流服务质量，加强物流信息平台建设等，才能提高综合物流绩效水平，为国际贸易往来提供支撑服务。

表4-11　中国与全球发达经济体物流绩效指数（LPI）比较

年份	中国	全球			中东欧国家	中国与世界平均水平的差值	中东欧国家与世界平均水平的差值	中东欧国家与中国的差值	中国与世界前十位的差值
		前十位	平均值	后十位					
2007	3.32	4.06	2.74	1.84	2.80	0.58	0.06	−0.52	−0.74
2010	3.49	4.00	2.89	1.98	2.94	0.60	0.05	−0.55	−0.51
2012	3.52	4.00	2.87	2.00	2.97	0.65	0.10	−0.55	−0.48
2014	3.53	3.99	2.89	2.06	3.14	0.64	0.25	−0.39	−0.46
2016	3.66	4.13	2.88	1.91	3.07	0.78	0.19	−0.59	−0.47
2018	3.61	4.04	2.87	2.08	3.08	0.74	0.21	−0.53	−0.43

（数据来源：《世界银行物流绩效指数报告——联结以竞争：全球经济中的贸易物流》）

中国LPI水平与发达经济体之间仍有较大差距。由表4-11可知，虽然2007—2018年中国LPI与世界前十位的国家的差距在逐渐缩小，但2018年的差值仍达到了0.43。从世界银行发布的LPI来看，2018年，排名前十位国家和地区的海关通关和边境管理的效率、贸易和运输相关基础设施的质量、国际货运能力、物流服务的能力和质量、货物追踪能力、货物运输及时性平均得分分别为3.88，4.13，3.73，4.07，4.10，4.32，分别高于中国相应六个子要素0.59，0.38，0.19，0.48，0.45，0.48。（见表4-12）我国国际货运能力和贸易和运输相关基础设施的质量与发达国家水平差距较小，海关通关和边境管理的效率与排名前十位的发达国家平均值相比差距最大（0.59），特别是与LPI排名第1位的德国相比，得分差距达到0.80分，表明提高海关通关和边境管理的效率是提升我国物流绩效的重点，需要解决我国通关环节、通关时间和便利性等问题。物流服务的能力和质量、货物追踪能力、货物运输及时性的差距也较大，这是未来我国提高物流绩效的主要努力方向。虽然中国近几年的物流基础设施建设为LPI提升做出了重大贡献，但中国物流绩效指数排名从2010年起整体上仍处在徘徊阶段，交通和物流基础设施的大量投入还未能完全转化到提升物流运输服务质量上来，物流服务质量管理方法和模式有较大改进空间，从物流大国走向物流强国还存在物流管理、流程及运作等方面的问题亟待解决。

表4-12　中国及全球LPI子要素平均值比较

国家及比较方	海关通关和边境管理的效率	贸易和运输相关基础设施的质量	国际货运能力	物流服务的能力和质量	货物追踪能力	货物运输及时性
世界前十位	3.88	4.13	3.73	4.07	4.10	4.32
世界平均水平	2.67	2.72	2.83	2.82	2.90	3.24
中国	3.29	3.75	3.54	3.59	3.65	3.84
中东欧国家	2.88	2.89	3.09	3.01	3.08	3.49
中东欧与中国比较	−0.41	−0.86	−0.45	−0.58	−0.57	−0.35
中国与世界平均比较	0.62	1.03	0.71	0.77	0.75	0.60
中东欧与世界平均比较	0.21	0.17	0.26	0.19	0.18	0.25
中国与世界前十位比较	−0.59	−0.38	−0.19	−0.48	−0.45	−0.48
中东欧与世界前十位比较	−1.00	−1.24	−0.64	−1.06	−1.02	−0.83

（数据来源：2018年世界银行发布的LPI数据）

第五章

全球陆港案例

在全球经济一体化的作用下，特别是近年来新兴经济体的快速崛起，使全球港口发展也进入新的阶段，"港口由运输枢纽进一步转化为国际资源配置的基础平台，在一国和一个区域的经济发展中占据着越来越重要的战略地位"。（张婕姝等，2009）网络化经营成为港口发展的重心所在，陆港随着港口拓展经济腹地网络应运而生。

国际贸易量随着目前持续演进的全球化进程而不断增大，也带来了国际货物运输量的大幅增加。为增强国际货运的连通及其无缝连接，提高运输和物流效率并降低其费用，把运输和物流的涵盖范围扩展至广大内陆地区和偏远腹地，并努力减少运输业对环境产生的不利影响，2013年11月7日，亚美尼亚、柬埔寨、中国、印度尼西亚、伊朗、老挝、蒙古、缅甸、尼泊尔、韩国、俄罗斯、塔吉克斯坦、泰国和越南14个成员国在泰国曼谷签署了由联合国亚太经社会通过的《政府间陆港协定》。这是继《亚洲公路网政府间协定》和《泛亚铁路协定》之后，联合国亚太经社会通过的第三个交通领域的政府间协定，目的是进一步完善亚太地区交通基础设施网络，充分发挥亚洲公路网和泛亚铁路网的作用，便利和促进亚太地区各国之间的经贸往来。《政府间陆港协定》的通过和签署，标志着亚太地区互联互通的交通基础设施网络已基本构成，为亚太地区多式联运和物流业的发展以及运输便利化提供了良好的基础，将进一步有效促进区域互联互通和经济社会发展。

世界各国主要港口都将陆港作为扩张港口经济腹地和扩展港口货源的主要策略和重要手段，以陆港为节点形成完善的物流网络覆盖内陆，扩展港口的辐射面积。目前，欧洲约有200多个陆港，美国约有370多个陆港，亚洲地区有100多个陆港。2013年《政府间陆港协定》规定，将中国、俄罗斯、韩国、印度等27个成员国的240个城市确定为国际陆港城市，其中中国有17个，主要是义乌、长春、珲春、哈尔滨、绥芬河、满洲里、二连浩特、乌鲁木齐、霍尔果斯、喀什、樟木、南宁、凭祥、昆明、景洪、瑞丽和河口。

第一节
欧洲的陆港

自20世纪70年代起，随着工业生产结构的变化，欧洲的运输需求不断增长。1970—1990年间，欧洲货运量基本保持了平均2.3%的年增长率，总体增长达到50%。1985年，欧洲颁布了一项统一运输的政策，内陆运输开始抢占市场。同时，公路、铁路及海运运输量一直保持共同增长。1997年，欧洲集装箱运输市场占有率只有3%；截至2014年，欧洲集装箱运输占有率达到了15%。随着全球经济贸易一体化进程加速，欧洲集装箱运输增长态势更加显著，集装箱运输发展直接推动了欧洲多式联运的快速发展。多式联运在集约应用资源、提高运输效率、降低物流成本等方面都具有很大优势，欧盟各国均采取了强有力的措施，以期进一步扩展多式联运的辐射范围，提高多式联运的市场份额。欧洲的多式联运以铁路为主，近年来发展迅速，已完全从2008年的金融危机中恢复过来。根据国际公铁联运联盟组织统计，2011年欧洲的多式联运货运量已达到2.07亿吨，较2005年增加32.8%，且已超过2007年金融危机发生前水平，表现出良好的上升态势。

欧洲陆港的兴起产生于这种多式联运发展背景。成熟的多式联运技术，为内陆城市带来极大的贸易物流需求，甚至许多沿海港口业务也需要在内陆城市建立运作基地。在这种背景下，欧洲陆港的兴起较早，最早的是德国海斯特陆港，建于1988年。

一、瑞典的多式联运和陆港

瑞典是北欧最大的经济体之一。根据贸易经济学官网发布的数据，1993—2011年，瑞典的平均季度GDP增长率为0.70%，对交通的需求也逐年增加。从2000年开始，瑞典的货运量和市场份额都在增加。瑞典港口处理的标准集装箱数量从2009年第一季度的277 797个增加到2011年同期的370 157个（2012年欧盟统计局数据），稳步增长率达到33%。

1.瑞典多式联运

重型公路运输会带来环境污染，但当前缺乏直接的技术性解决方案，只能考虑通过使用更可持续的运输方式来减少运输对环境的污染。因此，在改进成本效率、不断增长的市场部门和增加联运运输的需求下，瑞典的多式联运得到快速发展。

瑞典的多式联运市场在2000年之前一直相当稳定。随着航天飞机系统的发展，多式联运发展迅速，在国内和跨境交通上，交通运输业均有大幅增长。与哥德堡港有关的斯堪的纳维亚航天飞机系统被称为"国内"交通工具。在过去的十年里，斯堪的纳维亚半岛上的陆港和相关的轨道交通工具发展非常迅速。瑞典拥有26条内陆铁路往返于23个斯堪的纳维亚陆港之间。从1988年开始，瑞典的铁路部门开始放松管制。越来越多的航天飞机被用来完成陆港的货物运输。哥德堡市航天飞机最短的配送距离仅为10千米。集装箱轨道交通系统承担了哥德堡港大约40%的集装箱运输量。

哥德堡港位于瑞典西海岸，是斯堪的纳维亚半岛最大的港口，也是瑞典大部分工业产品运往世界的门户，具有重要的战略意义。斯堪的纳维亚70%的工业和人口分布在半径500千米的区域以内。该地区还包括三个首都城市——奥斯陆、哥本哈根和斯德哥尔摩。瑞典近30%的对外贸易通过哥德堡港完成。其服务范围非常广泛，包括直通欧洲、亚洲、非洲和北美洲的130个的目的地。哥德堡港拥有完善的铁路联运系统，通过此系统，从哥德堡3小时即可到达挪威的奥斯陆，4小时可到达海尔辛堡、丹麦的奥胡斯等城市，5小时可到达其东部的大部分沿海城市，到北部最远的吕勒奥也仅需13—15小时。（见图5-1）哥德堡港有固定的铁路连接，每天大约有70列货运列车往返于这个港口，还有25艘每天往返于瑞典和挪威城镇与港口之间的集装箱船。密集的铁路交通使得斯堪的纳维亚的公司可以利用哥德堡港的一系列服务到达他们的市场。铁路运输系统将运输成本降低了10%，与直接使用公路相比，每年可少排放大约51 000吨二氧化碳（CO_2）。

（资料来源：https://www.portofgothenburg.com/about-the-port/the-port-of-gothenburg/）

图5-1　哥德堡港铁路联运系统

在2000年前后，哥德堡港的董事会决定实施一项战略，目的是使内陆集装箱增长的一半运输量由铁路运输来完成。现在轨道交通系统带来的增长已经超出了预期目标，以较快的速度占领市场份额。2009—2010年间，轨道交通系统年度增长显著，甚至在经济衰退期间也表现出稳定性。

2.瑞典的陆港案例

（1）瑞典埃斯基尔斯蒂纳陆港

瑞典的埃斯基尔斯蒂纳陆港建立于2002年，由埃斯基尔斯蒂纳市和两家铁路运营商合作建立。建立的目的是希望通过该陆港吸引瑞典最大的服装制造商到该地区聚集。埃斯基尔斯蒂纳陆港占地面积约0.06平方千米，距哥德堡港380千米，距特雷勒堡海港550千米，距马尔默海港470千米。该陆港提供的服务包括货物转运、仓储、海关清关、集装箱维修、交叉对接、公路运输。从2003年开始，该码头每年吞吐量达45 000TEU，其中80%通过铁路运输完成。

（2）哈尔斯贝里陆港

哈尔斯贝里陆港由市政府和铁路运营商共同拥有，始建于20世纪90年代。哈尔斯贝里陆港占地面积约0.06平方千米，其中约0.004平方千米用于仓储、通关、集装箱维修、交叉对接、转运和公路运输；每天都有铁路班次到哥德堡港、特雷勒堡和马尔默；每年处理65 000个标准集装箱。哈尔斯贝里陆港除了改善服务外，还在该地区建立了新业务，从而创造出新的就业机会。此外，随着陆港的发展，铁路运输量不断增加，同时增加了海港的容量，增强了内陆地区到海港的可达性。因此，海港码头的拥堵状况和对环境的负面影响得到改善。

二、西班牙的陆港

1.马德里陆港

西班牙物流业较为发达。马德里为西班牙陆运中心，同时也是物品运往南欧及非洲的配销中心。马德里是西班牙的交通枢纽，在南边通过直布罗陀海峡可抵达非洲，在北边越过比利牛斯山可抵达欧洲腹地，有多条铁路经过马德里，并且有连接法国和葡萄牙的国际铁路。马德里的巴拉哈斯机场为全国最大的国际航空港。马德里作为西班牙的中央经济区，是一个综合性的经济中心，产业涉及农业原料、纺织、食品、畜牧业、飞机、汽车、机器设备、光学仪器、电子、电气器材、化学、塑料、军火工业。此外，马德里还是金融和商业中心。各种产业的兴起和发展使得商业物流不断增长，多式联运系统应运而生，而海铁联运的发展则促使了马德里陆港的形成，马德里陆港是欧盟第一个内陆海关区域。

从功能上说，马德里陆港是西班牙主要港口的内陆延伸，它通过铁路运输接收和分发沿海港口以及世界其他港口的货物。马德里陆港是海关监管活动的枢纽，能够执行完整的海关流程，它已是西班牙和世界顶尖的分发货物门户。马德里陆港由海关局和税务局共同管辖，采用的是与传统沿海港口相同的海关和税务管制方式。此外，它还采用信息平台运营模式，利用互联网来简化操作员的指令，提高在海关处报关的机动性。这种新的运营模式促进了国际贸易的发展。目前，西班牙1/5的海运货物都流经马德里陆港。马德里陆港吸引了沿海港口的部分物流，有效缓解了沿海港口的拥堵。

马德里是典型的内陆城市，并不靠海，但物流中心较多，有些物流中心内引进了海关、报关、检验检疫、银行、税收、安全等部门的服务，遂成为名副其实的陆港，这里检验过的集装箱到了沿海港口不再需要重新检查，通过多式联运就可以直接上船，因而这里与沿海的港口型物流中心并没有什么差别。

马德里陆港占地面积约0.14平方千米，有0.016平方千米的储物区和0.018平方千米的货柜仓库；每年处理60 000TEU；距巴塞罗那600千米，距毕尔巴鄂400千米，距阿尔赫西拉斯660千米，距巴伦西亚360千米。马德里陆港的发展带来了铁路运量的增加，降低了运输成本，缓解了海港的堵塞，吸引了在该地区创造新就业机会的新业务。

马德里和巴塞罗那、巴伦西亚、毕尔巴鄂、阿尔赫西拉斯四大港口城市一起组成了西班牙国内的五大物流平台。马德里陆港已成为整合和链接其他四个沿海物流平台的重要枢纽。

马德里陆港是西班牙第一个陆港项目，它的目标是建立足够的基础设施和操作程序，以发展高效的多式铁路运输服务，将西班牙主要的集装箱港口与马德里连接起来，从而加强西班牙港口的竞争地位。该项目还促成了马德里作为顶级物流节点的整合。通过马德里陆港的货物大部分来自或被运往巴伦西亚港口，巴伦西亚港口约占马德里陆港交通量的80%。马德里陆港的特点是整合了四个不同的港口当局和地区政府，以及铁路终端基础设施和设备来促进陆港海上海关的发展，并开发集装箱仓库。但是，马德里陆港在提高效率和加强海运和铁路运输一体化方面，仍需进一步完善。

不同的研究证实，将信息通信技术集成到多式联运系统可以减少信息不一致，增加有效计划生成的可能性，并且带来更有效的管理、系统资源利用率和总体成本指数。当前，马德里陆港已经尝试建设基于信息通信技术的多式联运系统，并进行试点，试点的结果证实海上—铁路运营的效率得到了提高。将信息通信技术集成到多式联运系统可以减少铁路运输线的占用时间，从而减少了火车的卸货和装载时间，并且提高了铁路码头的容量。信息通信技术的应用可以避免人们手动输入装载和卸载列表到终端管理系统，减少了陆港的行政工作，还可以改进陆港服务，向其用户发送关于码头运营和集装箱位置的准确信息。

2. 阿苏克卡德埃纳雷斯陆港

阿苏克卡德埃纳雷斯陆港位于马德里东北部30千米处，建立于1955年，由私营部门和国家共同拥有。该陆港占地面积约0.06平方千米，其中0.011平方千米被指定用于存储集装箱，0.013平方千米被用作仓库；每天都有与巴塞罗那、毕尔巴鄂和桑坦德港口连接的业务。在2007年，它处理了18 000TEU的集装箱货物，比2006年约3000TEU的吞吐量有很大的提高。

阿苏克卡德埃纳雷斯陆港作为当地市场的装运中心，提供清关、维修集装箱、公路运输、转运和存储等服务。该陆港通过铁路与四个主要港口相连接，通过集装箱班列使货物在马德里和巴塞罗那之间周转流通，满足了货物集散的需要。目前阿苏克卡德埃纳雷斯陆港处理的货物中有70%是集装箱货物，另外30%是散货。该陆港的实施扩大了当地经济的规模，提供了新的工作机会，降低了交通运输对环境的负面影响。

3. 桑坦德—埃布罗河陆港

桑坦德-埃布罗河陆港占地面积0.1平方千米，由私营部门和桑坦德港共同拥有，自2000年6月开始运营。该陆港有铁路与桑坦德、圣塞巴斯蒂安、毕尔巴鄂、巴塞罗那港口连接；提供服务包括转运、储存、通关、维修和各种增值服务，如对等待出口的新车车辆的控制。集装箱是由平衡重卡车来处理的。此陆港成立的主要原因是为了萨拉戈萨地区的发展，目的是为南欧建立一个物流中心。

三、立陶宛的陆港

1. 维尔纽斯联运终端

维尔纽斯联运终端是立陶宛维尔纽斯第一个陆港，紧邻怀多台火车站。这个项目是由欧盟的凝聚力基金支持建设的。此陆港建设的目标还包括减少道路使用并将大部分货物运输负担转移到铁路。建筑工程于2013年6月21日开工，项目总造价预计为10 720万元。2015年5月26日，维尔纽斯联运码头正式开放。

2. 考纳斯多式联运码头

考纳斯多式联运码头是立陶宛考纳斯的一个铁路多式联运集装箱码头。该项目总造价预计为8760万元，年装船能力55 000TEU。它是立陶宛国内仅次于维尔纽斯多式联运码头的第二大多式联运码头。

四、苏格兰港口和内陆地区的整合

苏格兰物流严重依赖于偏远南部港口的海上运输，因此，苏格兰的大部分贸易都是通过陆路穿越英格兰再通过海运来完成。（见图5-2）由于大型船舶的物理要求，苏格兰港口对深海运输没有吸引力，到苏格兰港口的集装箱运输均来自英国或欧洲大陆港口的支线海船。苏格兰也有从罗赛斯到泽布吕赫（比利时），从斯特兰拉尔和凯恩莱恩到北爱尔兰的滚装船运输。

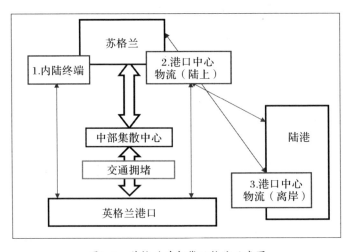

图5-2　苏格兰外部货运物流示意图

在英国，有85%的多式联运服务基于港口，12%基于内陆，其余基于海峡隧道。内陆的多式联运大部分是联系英格兰和苏格兰之间的服务项目。（Woodburn，2007）在苏格兰的铁路货运方面，通过铁路集装箱货运列车，苏格兰的深海集装箱从费利克斯托、南安普敦、蒂尔伯里、海斯特和利物浦的港口直接运输。2009年，到苏格兰港口的海上贸易中有23 315TEU由欧洲港口支线运输或滚装船完成，116 274 TEU的货物由英格兰港口的支线运输完成。与英格兰联系的铁路交通总量约为115 000 TEU，其中与英格兰港口直接联系的铁路交通流量每年约为73 000TEU，其余的货物通过陆路交通、英国轮渡港口或英吉利海峡隧道往返欧洲，但大部分货物是通过英格兰的皇家集散中心往返英格兰港口。

从英格兰港口到中部地区的直接集装箱火车服务在过去的十年里不断增长，而从英格兰港口到苏格兰的直接服务已经下降。（Woodburn，2007）这一发现表明，苏格兰贸易流入英格兰的分销网络，主要集中在中部地区的集散中心，以及英格兰北部地区的陆港。

第二节
非洲的陆港

一、贸易物流中的陆港

建设贸易运输走廊是改善非洲贸易物流的关键。贸易走廊是连接经济活动的多通道贸易路线，可以为用户提供多种交通选择。多式联运交通廊道可以为改善贸易便利化环境提供基础支撑。非洲正是在多式联运走廊建设的背景下，开发出了陆港。陆港作为与海港直接相连的内陆码头，提供与海港类似的货物清理和处理设施。其在非洲不同地区的贸易物流系统中扮演了重要的角色。

非洲的陆港有很长的历史，可以追溯到大约四十年前。大部分是在20世纪70年代和80年代发展起来的。非洲有许多内陆国家，因此陆港被设计用来服务于内陆国家或沿海国家的内陆地区。为了在最佳的速度和安全条件下向内陆运送货物，在网络内建立了多式联运终端。这些地方配备了基础设施、设备和系统来接收和处理货物。在发展和贸易一体化中，陆港被认为具有重要作用。

非洲的陆港发展主要有两个阶段：第一个阶段是在20世纪70年代到90年代，当时的陆港是铁路网络的一部分。第二阶段始于2000年，随着港口和铁路私营部门管理的升级完善，综合物流系统得到快速发展。在埃塞俄比亚、尼日尔、几内亚、卢旺达、乌干达和其他几个国家，已经在开发或提出新的陆港。因此，陆港的所有权也出现了明显的变化，有些是由海运公司开发的，另一些则由港口运营商或第三方物流服务提供商开发。直到20世纪90年代，非洲的铁路常常由国有企业垄断。大多数非洲铁路都是在20世纪初建造的，并在20世纪中叶蓬勃发展。20世纪70年代，公路运输开始快速增长，集装箱运输越来越多。

至2008年底，非洲32个国家有47条铁路运营。几乎所有非洲国家的铁路发展都是从港口到贸易中心，线路非常零散，并未形成网络，某些线路会向内陆延伸，并修建一些支线。许多铁路是国有的，但也有一些是某些矿产公司开发的，属于采矿公司所有。尽管非洲大陆铁路总体规划已经存在了一个多世纪，但非洲铁路网络的大部分仍处于断开状态，要么在一个国家内运行，要么将一个港口与其邻近的区域腹地连接起来。唯一重要的国际网络以南非为中心，向北延伸到津巴布韦、赞比亚和刚果民主共和国。非洲国家之间的贸易（南非与非洲之间的贸易除外）一直很少，这主要是因为出口产品具有相似性，这也表明非洲区域间的联系很少。铁路网密度是一个衡量铁路里程与国家大小的指标。根据国际铁路联盟2018年提供的铁路网密度数据，非洲铁路网密度最高的国家是南非，密度值为16千米/千平方千米。非洲的其他大多数国家铁路网密度值在1—6千米/千平方千米之间，有13个国家没有运营的铁路。作为保持铁路竞争优势的一种方式，特别是考虑到国际贸易运输的长途运输，陆港和内陆集装箱仓库是为了保持铁路的竞争优势而发展起来的。

1. 南非的陆港

要提高南非在世界银行物流绩效指数中的排名，那么南非必须更加关注其高昂的内部物流成本、内陆和跨境运输。就物流支出而言，南非目前在150个国家中排名第124位。高昂的物流成本归因于港口和边境的基础设施不足。南非有

6个主要的内陆码头和19个卫星仓库。内陆码头包括西蒂迪普、贝尔康、迪尔帕蒂、普雷特康、贝哈德和布隆方丹。非洲最大的陆港业务是位于南非约翰内斯堡的西蒂迪普。西蒂迪普是1977年由南非铁路公司开发的。它通过公路和铁路连接到德班港，德班港是非洲最大的集装箱码头。它还通过公路和铁路与北部的几个内陆国家连接，如茨瓦纳、津巴布韦、马拉维、赞比亚和刚果民主共和国。西蒂迪普位于约翰内斯堡中央商务区的南部。西蒂迪普内陆集装箱站是南非最大的集装箱码头，它处理来自开普敦、德班和伊丽莎白港的集装箱。该港口配备了铁路悬挂式龙门起重机。它有超过2000个用于进出口的终端。德班至约翰内斯堡航线（南部非洲南部走廊的一部分）是非洲最繁忙的航线，每年处理超过2亿吨货物，占南非所有进口出口集装箱的2/3以上。约翰内斯堡地区是众多制造业和物流企业的所在地。2003年，大约40%的一般货物在运输途中经过了陆港设施。2009年，在西蒂迪普和德班之间每天多达19列火车。目前每年的吞吐量约为22万TEU（50%为进口货物，30%为出口货物，20%的空车率）。陆港的容量估计为每年37.5万TEU。火车需要16 18个小时的时间来通过德班和约翰内斯堡之间600千米的距离，而火车的周转时间是五至八天。

西蒂迪普的多式联运网络对于确保提供最佳的服务和通过集装箱运输降低运输成本是非常重要的。需要注意的是，在这个特定的市场中，竞争非常激烈，客户事先会选择使用哪家公司，因此，服务交付对于确保客户将西蒂迪普作为第一选择至关重要。

虽然陆港的交通主要是通过铁路运输来完成的，但海港和约翰内斯堡之间的铁路交通的份额只有30%。这主要是因为海港到陆港的铁路运营受到了一些问题的困扰。一是铁路的运输能力有限，大部分新增的交通流量都是通过公路运输来实现的。一些经陆路运输的货物经德班海关选定，经陆路运输后仍需经过陆港。二是在陆港的时间延误。进入陆港的列车首先在编组场停下来检查和分拆，这可能需要几天时间。此外，将较短的列车转移到侧线也会增加列车的周转时间。三是机车的变化。虽然德班的约翰内斯堡轨道是带电的，但陆港却没有，而且柴油机车也必须更换，这也造成了时间延误。虽然不同国家的铁路是相互联系的，但只有货车可以跨越国界，机车必须改变才能通过。这一过程容易出现相当大的延误，使铁路的经济速度降到很低。四是不安全因素。铁路运输也遇到了安全问题，货物在运输途中会被盗。五是没有足够的空间来处理长卡车的配置。

2. 坦桑尼亚的陆港

（1）坦桑尼亚的集装箱货运站

坦桑尼亚达勒斯萨拉姆港长期以来服务于布隆迪、刚果（金）、卢旺达、乌干达和赞比亚等国的经济发展。这些经济体支撑了达勒斯萨拉姆港14%的年增长率，但港口拥挤等原因影响了港口的吞吐量。2008年，达勒斯萨拉姆港经历了严重的交通堵塞困境，这反映在集装箱的长停留时间上。交通拥堵主要是容量的快速增加以及港口集装箱装卸设施容量能力不断下降造成的。到2008年，其集装箱容量为37万TEU，已经超过了它每年能承受的25万TEU的容量。由于坦桑尼亚的集装箱停留时间超过二十天，而类似的港口只需要五至十天，终端的容量进一步减少。这导致海港、港口和周围的道路严重堵塞。交通拥堵不仅影响了下游的进口，也对邻国的过境运输和上游经济活动产生影响。为了避开在达勒斯萨拉姆的拥堵，海运公司试图通过邻国肯尼亚的蒙巴萨港转运集装箱。达勒斯萨拉姆的交通拥堵不仅使船舶调用频率急剧下降，而且还导致运往坦桑尼亚的集装箱滞留在中东和新加坡的中转港口。

坦桑尼亚首个陆港于2007年建立，以期减轻达勒斯萨拉姆港集装箱疏运压力，提升港口的运营效率。但由于坦桑尼亚港口管理局突然要求只有达勒斯萨拉姆港货场装满后船运公司才可以运输货物到陆港，这直接影响了陆港的集装箱量。据统计，达勒斯萨拉姆港2016年吞吐量仅为1360万吨，而2014年为1440万吨，2015年为1500万吨。根据坦桑尼亚主流媒体《公民报》2017年11月27日报道，受达勒斯萨拉姆港转运货物的大幅减少和坦桑尼亚港口管理局的新规影响，坦桑尼亚内陆的20多个陆港货场空空，经营惨淡。

为解决港口的拥堵，内陆集装箱仓库被当作解决方案。它需要终端运营商有联合举措，需要港口提供更多的土地，由监管机构调整存储关税，私营部门开发电子网络。终端操作员和港务局首先决定将哪些集装箱转移到内陆集装箱仓库，并将集装箱分配给不同的内陆集装箱仓库。转运集装箱不能直接转移到内陆集装箱仓库里，收货人可以在提单上指定一个特定的内陆集装箱仓库，港口当局和码头经营者再与海运公司讨论决定将哪些集装箱转运。被转移到内陆集装箱仓库的集装箱需要通过内陆集装箱仓库的每日调查，来确定它们是否有足够的空间来接收全部负荷。使用内陆集装箱仓库被认为是解决港口拥堵问题的短期方法。港务局期望在港口城市以外的地区开发陆港来作为长期解决方案。在达勒斯萨拉姆的案例中，也有减少清关时间和改善土地连通性的机会。坦桑尼亚海关一直在改进其程序，可以使集装箱的平均停留时间减少三到四天。坦桑尼亚还正在制订货运走廊计划以提供足够的陆港容量。

（2）坦桑尼亚姆贝亚陆港

马拉维是非洲南部的一个内陆国家。为了靠近海洋，它需依赖邻国莫桑比克的港口。从马拉维商业中心布兰蒂尔到贝拉和纳卡拉港口的铁路物流在马拉维的对外贸易中占了90%以上。20世纪80年代，莫桑比克爆发了一场内战，破坏了其与邻国的贸易路线。1983年12月，贝拉线路关闭。1985年7月，通往纳卡拉的线路也关闭了。因此，马拉维迫切需要另一条贸易路线。现有的替代贸易路线需要从马拉维途经赞比亚和津巴布韦到南非德班港，线路非常长，这给经济造成了巨大的负担。据估计，1984年使用这一替代路线对经济造成的总损失相当于所有出口价值的20%。另一种选择是将马拉维连接到坦桑尼亚的达勒斯萨拉姆港，距离布兰太尔市1600千米。坦桑尼亚已经建立了一条公路和铁路，从达勒斯萨拉姆到赞比亚，再到刚果民主共和国。两者均在马拉维与坦桑尼亚边境以北100千米处经过。这个出口被认为是马拉维与国际市场唯一可靠的贸易联系。

为了使这条路线运作起来，在捐助者的支持下，同时进行了几项投资。最主要的投资是在坦桑尼亚的姆贝亚建造一个陆港，以方便在公路和铁路系统之间转运货物。姆贝亚距离马拉维边境105千米。该设施的设计目的是让马拉维的货物通过铁路在海港和姆贝亚之间穿行，然后转移到公路卡车上。该项目主要改善姆贝亚与马拉维之间的道路，然后在姆贝亚建设燃料转运设施，提供油罐车和普通货车并修建边境哨所和重桥。走廊的货物管理由马拉维货运中心的私营企业处理。马拉维货运中心还在达勒斯萨拉姆港获得了仓储空间，在那里可以处理马拉维的货物。达勒斯萨拉姆路线物流占马拉维对外贸易的20%。燃料进口从1986年的1%上升到1994年的40%，至今仍有大量的燃料和少量的其他产品通过替代贸易路线运输。

然而如今姆贝亚陆港设施处理的货物数量非常少。1992年，莫桑比克恢复了和平，纳卡拉铁路连接重新开放。津巴布韦独立，南方航线重新开放，但只有在铁路线运行良好的情况下，穿过陆港的走廊才仍然具有吸引力。由于陆港的铁路服务缓慢且不可靠，当前陆港仅处理约12%设计容量的货物。在姆贝亚的坦桑尼亚海关办事处，在处理过境运输时不进行计算机化处理，因此与坦桑尼亚海关的主要网络没有联系。这会导致陆港过境运输出现延误。

（3）坦桑尼亚的伊萨卡陆港

坦桑尼亚的伊萨卡过去是一个传统的多式联运终端，1999年成为陆港，为客户提供清关服务。在很长一段时间内，该陆港只是一个火车站。20世纪80年代后期，由于增加了运往邻国卢旺达的货运业务，开始发展成为一个货运码头。陆港与大约800千米以外的达勒斯萨拉姆海港有直接的铁路连接，并提供除了海岸转运外与海港相同的服务。该陆港由坦桑尼亚铁路公司拥有和经营，每年在0.11平方千米的区域内处理大约13 000TEU。该港对邻国卢旺达、布隆迪和刚果这些内陆国家至关重要。因为邻国卢旺达和布隆迪之间集装箱贸易不断增长，以前托运人不得不在达勒斯萨拉姆港直接从事海关和港口清关，而现在就地办理通关手续，仅仅两天就可以把集装箱运到海港。

（4）斯威士兰马扎巴陆港

马扎巴陆港位于斯威士兰，1993年由斯威士兰铁路公司资助运营。距离德班港500千米、理查兹湾港400千米，距离莫桑比克的马普托港200千米，都有铁路运输连接。它提供了一个海港应该提供的所有服务，如转运、跟踪、储存、仓库和道路运输。

3.非洲新一代陆港

（1）埃塞俄比亚—吉布提走廊

经过多年的道路、铁路和港口项目的开发，非洲正在采用一种更具战略性、更连贯的物流方式。越来越多的港口开发与内陆运输系统的改善更加明确地联系在一起。这既适用于散装货物运输，也适用于集装箱货物运输。陆港的建设不仅能提高非洲大陆向世界其他地区出口的能力，而且还能促进邻近的非洲国家之间的贸易往来。因此，海运公司、港口运营商和第三方服务提供商对管理陆港物流设施和服务表现出了兴趣。

埃塞俄比亚是非洲的一个内陆国家，其主要的进出口通道是吉布提。从亚的斯亚贝巴到吉布提港口（埃塞俄比亚—吉布提走廊）承担了埃塞俄比亚对外贸易97%的份额，其余主要来自埃塞俄比亚北部通过苏丹港的贸易。埃塞俄比亚—吉布提走廊由三个部分组成：吉布提港口、内陆运输和陆港。吉布提港口由迪拜世界港口公司管理，是非洲东海岸效率最高的港口之一。

埃塞俄比亚和吉布提相互依存，对吉布提来说，港口是重要的收入来源，而对埃塞俄比亚来说，港口是唯一可出行的海上出口。在吉布提港口，超过80%的交通量来自或前往埃塞俄比亚。两国之间的交通联系可以追溯到19世纪的最后十年，当时埃塞俄比亚决定在亚的斯亚贝巴和吉布提之间修建一条铁路。尽管存在财政和政治问题，但亚的斯亚贝巴—吉布提的铁路仍于1917年竣工。事实证明，铁路线的建成是使吉布提成为埃塞俄比亚贸易主要出口地的决定性因素。

铁路线的建设使吉布提的交通状况得到迅速改善。到1925年，穿越吉布提的出口量是1910年的4倍。与商队贸易相比，铁路运输的成本较低，成为主导交通。直到20世纪50年代，公路运输竞争加剧，从1953年到1957年，铁路交通量下降了50%，公路运输占了吉布提和亚的斯亚贝巴之间交通的90%以上。在1977年的欧加登战争之前，埃塞俄比亚—吉布提的走廊一直在处理埃塞俄比亚的物流。从1977年到1998年，埃塞俄比亚—吉布提的走廊普遍崩溃。在战争开始时，铁路被破坏，交通停止。1998年，当埃塞俄比亚的厄立特里亚战争爆发时，吉布提的交通也恢复了。从那以后，吉布提又一次成为埃塞俄比亚的主要出口地。2009年，该港口处理了埃塞俄比亚12.4万TEU进口货物、3.3万TEU出口货物和9.1万TEU净出口货物。海运公司为了收取高额的滞期费，将大部分货物集装箱卸载在港口，导致从港口到埃塞俄比亚的集装箱的周转时间很长。

两国过境协议的签署，为走廊合作提供了法律框架。埃塞俄比亚正在利用该协议作为其陆港战略的基础。政府已经制订了在全国范围内建立陆港和货运站的计划。这些陆港将成为降低物流成本的中心，为货主提供更大的便利，并促进多式联运的发展。

该计划下的第一个陆港于2010年在莫焦开放，距离亚的斯亚贝巴的吉布提走廊约35千米。该设施旨在成为全国主要的陆港，并将建立一个全国性的网络。该设施的位置靠近现有的公路和通往吉布提的铁路。根据计划，抵达吉布提的货物将由埃塞俄比亚海关在该港口的一个办事处进行中转，然后货物被转移到莫焦进行最终的清仓。预计该陆港将使货物迅速从港口转移，从而减少相关储存成本和港口的拥堵。该陆港还具有货物的收集与整合功能。莫焦陆港由陆港国有企业集团管理，海港和陆港之间的业务由埃塞俄比亚海运公司负责。

（2）尼日尔多索陆港

尼日尔是一个内陆国家，由四个贸易走廊连接到海港，主要的走廊是贝宁的科托努。据估计，这条走廊目前约占尼日尔海外贸易量的40%。这条走廊从尼亚美到科托努，全长1036千米，包括港口、公路和438千米长的铁路线。在科托努，货物通常由火车送到帕拉库，然后装上卡车。然而，这条铁路线的容量非常有限，每年最多20万吨，而且还面临着来自公路运输的日益激烈的竞争。为了改善走廊物流系统的性能，尼日尔提议在多索建设陆港。多索在帕拉库铁路462千米处，在通往科托努的主要路线和尼日尔第二大城市津德尔的交界处，其建设是为了促进尼日尔的国际贸易，并在货物通过供应链时提供增值服务，加快港口与主要陆地运输网络之间的货物运输，并将耗时的货物分类和处理移至内陆，远离拥挤的港口，使陆港成为完全的清关和加工中心。

在尼日尔国内，还有另外两个被考虑的陆港建设地点。第一个是首都尼亚美。如果将货物通过铁路运输到帕拉库，并在多索处理，再将货物通过公路转运会增加成本。根据1999年的一项研究，大约80%沿着走廊的货物运往尼亚美，这使它成为理想的陆港地点。另一个可能的陆港建设地点是边境城镇加亚。加亚在通往科托努和尼日利亚走廊的交界处，具有边境区位优势。两地目前还不是陆港，只是一般的货物中转地。

二、非洲陆港的主要功能

在撒哈拉以南非洲地区中，陆港正在发挥着多种作用，主要功能包括：

利用长途铁路运输的规模经济效应，建立公路和铁路之间货物运输的枢纽。第一代陆港与铁路系统相连，陆港位于主要需求发生地，具有海关和其他边境管理职能。在大多数情况下，陆港是铁路网的一部分。这类陆港往往会随着铁路运输量的下降而衰退。例如在坦桑尼亚的姆贝亚和伊萨卡陆港，它们就是坦桑尼亚铁路系统的一部分，随着坦桑尼亚铁路运量的下降，陆港也逐渐衰败。近年来，随着铁路运输的恢复，特别是铁路特许私营部门的经营者投资陆港，使得部分陆港的功能得以恢复。但是，加强铁路运输只能作为提高整体系统绩效的一部分。对在非洲市场运营的物流公司来说，需要综合考虑陆港对公路和铁路运输的综合枢纽作用。例如，波洛雷集团在非洲41个国家开展业务。在西非，它每年的处理能力超过150万TEU，包括位于科德维尔的阿比让和加纳的陆港。在喀麦隆，波洛雷集团在恩冈代雷经营陆港，将货物从杜阿拉港运送到陆港。波洛雷集团综合了铁路运输和公路运输，当前杜阿拉港—恩冈代雷陆港廊道正在成为撒哈拉以南非洲地区最重要的物流廊道之一。

海关和其他边境管理功能。陆港在靠近主要需求中心的海关和边境管理程序方面发挥着关键作用。海关和边境管理服务是陆港最重要的特征之一。在一些国家，实际上是海关当局为陆港提供许可证。例如，在卢旺达，波洛雷集团子公司获得了卢旺达税务当局的许可证，用于运营该国第一个私人所有的陆港。这是卢旺达物流市场自由化迈出的重要一步。在卢旺达的物流市场中，被称为马格尔瓦的国有陆港通过一个由四个内陆集装箱仓库组成的网络垄断了保税仓库。新设施的设计是为了便利肯尼亚蒙巴萨港口和坦桑尼亚的达勒斯萨拉姆港口之间的交通，也为了解决卢旺达、布隆迪和刚果民主共和国东部的交通问题。在东非地区，大约80%的货物都是集装箱运输的。新的陆港可以利用基加利和坦桑尼亚中央铁路之间的铁路将集装箱从卢旺达转移到达勒斯萨拉姆。陆港运营的海关制度可能对整个物流系统的效率产生重大影响，也会受到陆港相对于海港的位置的影响。

将航线延伸到内陆。特别是新一代的陆港，主要是由航运公司或第三方物流服务提供商开发或管理。埃塞俄比亚航运公司管理的陆港是政府所有的企业，一些航运公司也表示有兴趣开发尼日尔的陆港。随着物流走廊之间的竞争加剧，航运公司和物流服务供应商也开始对陆港感兴趣，因为这使他们能够更好地管理港口和内陆目的地之间的物流链，抓住高端市场。非洲存在着巨大的交通不平衡，传统上是进口多于出口，出口多是大宗商品，因此出口的商品需要用不同于进口商品所需的运输工具来运输，这也给非洲的物流体系提出挑战，陆港的建设在一定程度上可以解决这一难题。

运输整合。造成非洲物流成本高的一个重要因素是缺乏规模经济，进口和出口的规模往往很小。因此，需要扩大规模以降低单位成本，而陆港的主要功能之一就是增加容量。在陆港内，集装箱可以被分解、处理和重新打包，以供多个最终买家使用。在非洲的一些贸易航线上，这种重新拆装是非常常见的，因为许多小型贸易商的集装箱装载量比较小。与上述情况相关，陆港也有助于减少铁路和公路运输中的空载运行。在非洲，几乎所有国家，进口都大大超过出口，特别是在卡车运输和集装箱货运方面。货运代理可以为卡车或集装箱安排运输，否则就必须返回到海港。代理通过提供可用容量和现行价格的市场信息，来帮助托运人和卡车司机。陆港可以通过向经纪人和货运代理提供设施、办公室和通信条件来促进市场发展。当前，撒哈拉以南的非洲陆港的概况见表5-1。

表5-1　撒哈拉以南的非洲陆港的概况

陆港	国家	建设年份	管理	主要功能
西蒂迪普	南非	1977	铁路运营商	转运、清关、整合和分配
姆贝亚	坦桑尼亚	1986	铁路运营商和公共/私营机构	转运、海关转换、加工
多索	尼日尔	2015	海运公司	清关
莫焦	埃塞俄比亚	2010	政府 企业 海运公司	清关和转运

（资料来源：Bergqvist R, Wilmsmeier G, et al. *Dry Ports—A global perspective challenges and developments in serving hinterlands*, 2013）

三、非洲陆港运营的制约因素与对策

撒哈拉以南非洲的陆港面临的主要挑战之一是设施并不全都是在物流成本最小化的情况下开发的。目前的陆港主要沿着贸易走廊发展，是离散的点，几乎没有优化与海港和服务市场的连接。从贸易竞争力的角度来看，陆港成功的关键是陆港在多大程度上影响了贸易走廊的物流成本。从理论上讲，陆港应该

在贸易物流中发挥促进作用，应当具有快速、高效的铁路服务和适当的多式联运接口，使海港和陆港的连接更加便捷；能快速处理进出海港的货物；有相互连接的海关和边境管理系统，允许货物快速通关；作为物流走廊的重要组成部分，可以将总体成本降到最低；建立在长期的许可和稳定的监管制度之上。然而，上述要求恰恰都是撒哈拉以南非洲地区物流发展中最薄弱的。因此，通常情况下，通过陆港的货物往往比直接运输的货物延误更久。非洲陆港要取得进一步发展，要降低成本，有以下几个解决方案：

1.减少货物在海港停留的时间

集装箱和货物在撒哈拉以南非洲港口的缓慢流动已成为国际物流面临的主要问题之一。来自多个港口的数据显示，货物在港口停留的时间从五天到几个月不等。2009年，Foster 等的报告指出，集装箱在东非和西非的停留时间为十二至十五天，约是国际最佳时间七天的2倍。大多数延误是由于货物在拥挤的港口处理不当，而不是码头容量产生的实际限制。港口效率也受到连接陆地运输系统性能差的影响。随着大城市在港口周围的发展，城市周边地区的交通拥堵情况往往会加剧延误。一些港口倾向于在港口地区对集装箱进行清理，也进一步加剧了延误。因此，集装箱化并没有在贸易走廊中被充分利用，从而导致完全集成的多式联运损失收益。其结果是在一些为内陆国家服务的走廊上，几乎没有集装箱运输。这些模式对陆港的性能有严重影响。通过陆港的货物要经过港口的长时间处理和清关，贸易商希望能将货物快速移动到陆港而降低成本的目的落空。因此，在非洲通过陆港的货物实际上比从港口直接运送到最终目的地花费得运输时间更长。

2.减少陆地边境口岸的清理时间

非洲的边境因贸易运输经常延误。随着道路基础设施的改善，过境点延误的问题变得更加突出。货物在每条边界上花费四到五天或更长的时间，大大增加了贸易成本，降低了运输设备的利用率，损害了非洲国家的贸易竞争力。如何提高边境检查清理货物的效率，对非洲物流发展至关重要，必须对其进行根本改革。这需要改善基础设施，但更关键的是对程序和系统的改革。非洲目前正在努力引进一站式边境检查站，以减少清理时间。2009年，在赞比亚和津巴布韦之间的池荣迪建立了一个一站式边境哨所，并简化了清关程序。与此相关的另一项措施是通过加强与邻国的海关和边境管理系统的联系来减少清理时间。比如在肯尼亚和乌干达之间的马拉巴边境哨所实行这些措施后，平均清关时间从五天减少到三小时。如果没有这些改革，对道路和其他基础设施的进一步投资将不会缩短整体运输时间。

3. 改进铁路的性能

很明显，如果通过高效可靠的铁路与港口相连，就可以从陆港获得最大效益。国际走廊的一个主要问题是一个国家的机车通常不允许在另一个国家的铁路网上运行。因此，铁路货运跨越边境必须等待另一辆机车才能运输。正如南部非洲走廊的边境延误很严重，在一定程度上是由于不同国家的机车供应能力不同，铁路运营商之间的协调不力，没有明确的合同激励措施，没有服务于邻国的铁路网络。要减少南部非洲走廊边境延误情况的发生，就需要重新考虑铁路运营商之间的合同关系，保障沿走廊的不同国家间共享铁路使用权。它还可能需要建立一个区域清算部门，以确保互惠的轨道使用权的透明度和公平性。南部非洲发展共同体在货运列车运行的框架下进行了探索，但未取得明显效果，主要原因是一些新的私营部门经营者并不热衷于与邻国的铁路合作，也不愿意以最大化个人收入的方式来改善交通运输。

4. 道路运输市场自由化

很多情况下陆港是根据公路运输的方式设计的，便于为海港提供服务。最初的目的是希望陆港为货物的加固和拆解提供设施并具备海关清关等常规功能。然而，要使这些系统产生作用，道路运输市场必须表现良好。运输市场的自由化，需要至少在区域一级保障货物运输成本最低。（Raballand et al.，2008）除了确保市场运行良好之外，还必须消除贸易走廊常见的各种障碍。在西非，西非经济货币组织和西非国家经济共同体与美国国际开发署合作，收集了关于沿区域走廊移动的障碍物数量信息，发现沿途有许多警察和海关检查站，还有一些非正式的检查站，严重影响了物流效率。正是在撒哈拉以南非洲地区贸易走廊上数量众多的检查站导致运送延迟，增加了运输时间的不确定性，并提高了运输成本，对区域运输系统的性能产生了不利影响。

5. 促进私营部门的投资和运营

非洲物流管理越来越多地由私营企业推动。尽管国际贷款机构可以促进陆港发展，但陆港最好是由潜在的运营商和用户进行开发。公共部门可以在提供土地和建设基础设施方面发挥作用，但投资和陆港运营可以留给私营部门。政府在提供适当的监管框架方面也发挥着重要作用，它可以允许贸易合同将陆港指定为最终目的地。非洲的贸易成本很高，是其贸易竞争力面临的最根本问题之一。因此，应该根据减少贸易成本的贡献程度来评估陆港。在撒哈拉以南非洲地区提出的新一代陆港，通常都是由物流绩效的要求驱动的，这对降低贸易成本很重要。因此，陆港建设应考虑减少贸易和运输系统的负面效应。

第三节
美洲的陆港

一、美国的陆港

1.美国陆港的类型

美国陆港的发展始于19世纪末。起步阶段时，陆港主要服务于美国国内市场。20世纪80年代美国放松交通管制后，出台了许多鼓励多式联运发展的法案，促进了集装箱多式联运在美国的发展。由于美国的客户在寻求进出口物流服务时，大多要求海运公司提供门到门的运输服务，因此海运公司成为美国多式联运经营的主要组织者。这就需要海运公司在内陆地区有服务机构以满足客户需求，因此陆港快速发展。随着北美铁路系统开始运营，内陆地区开始建设大型陆港，发挥货物集散地作用，连接生产区和原材料供应区，以更好地服务于内陆市场。目前，美国主要陆港约有370个，其中小型陆港200个。美国的陆港主要有两种类型：

一类是做海港在内陆腹地延伸的陆港，典型的例子是美国位于沃伦的弗吉尼亚陆港。其距美国东海岸最大的港口之一——汉普顿港群354千米，由弗吉尼亚港口当局管辖，被设计成为主要运输从雪伦多亚河谷到汉普顿港群的集装箱的陆港。作为美国的海关通道港，弗吉尼亚陆港提供了全面的海关功能的服务。陆港与海港间每周双向开行7个班次的集装箱班列，大部分集装箱通过铁路进行运输。来自俄亥俄州和匹兹堡地区运来的货物在弗吉尼亚陆港完成集装箱装运后，经过诺福克南方铁路运往汉普顿港群，或经由海路到达的集装箱从港口卸下后，再通过铁路班列运到弗吉尼亚陆港，最后通过集装箱卡车运到最终目的地。

另一类是具有自由贸易区性质的陆港，典型代表是堪萨斯内陆型物流中心。堪萨斯是美国最大的铁路运输枢纽城市，位于美国中部、东西海岸中间，其与沿海港口采用铁路运输，与其他内陆地区采用公路运输，实现公铁联运。堪萨斯农业、工业、制造业发达，且矿产资源丰富，有大量的出口贸易需求，因此堪萨斯设立了大型自贸区以应对和满足日益增长的国际贸易需求。

2.美国陆海联运货物走廊

美国具有巨大的港口系统连接的国内外市场。太平洋海岸的港口更多是处理抵达美国的多式联运货物。洛杉矶港和长滩港是最大的集装箱港口，位于加利福尼亚南部。最大的联运物流产生于从亚洲到美国西海岸和芝加哥，然后前往美国东部的其他市场。美国国际货物铁路多式联运主要沿着两条路径流动：一条路径是货物通过公路转运到美国北部的铁路系统，由西海岸流入芝加哥地区；另一条路径是货物通过南加州，从美国南部的得克萨斯州和密西西比河沿岸的铁路枢纽运输到美国东海岸地区。美国经济力量主要位于美国东部的密集地区，西部的铁路网络相对稀疏，但却拥有大量的城市交通中心。因此，美国陆港的开发建设必须考虑美国东部港口和潜在内陆市场的有效联系。这在很大程度上仍将是美国经济的核心驱动力。为了改善内地市场准入的状况，获取或保留内陆市场，在美国港口的参与下，一些铁路走廊项目的规模都将有所扩大。

（1）阿拉米达货运走廊

洛杉矶濒临太平洋东侧的圣佩德罗湾和圣莫尼卡湾，是美国第二大城市。坐落于圣佩德罗湾港群的洛杉矶港和长滩港（简称"洛杉矶双子港"）是美国集装箱吞吐量排名前两位的大港。洛杉矶双子港是北美大陆西海岸重要的货运枢纽，60%以上的贸易来自加州以外的其他地区，大都是中部、东部地区的贸易。因此，洛杉矶港承担着大量的海铁联运业务。2017年上半年洛杉矶港和长滩港的集装箱吞吐量分别为448万TEU和345万TEU，同比上年分别增长6.9%和5.1%。每年完成的贸易量可达3100亿美元，是美国吞吐量最高的港口群。圣佩德罗湾港群的集装箱吞吐量从1995年的530万TEU增长到2016年的1560万TEU，快速增长的集装箱吞吐量给城市集疏运系统带来了巨大压力。同时，随着洛杉矶城市的自身发展，又产生了用地受限、交通拥堵、噪音、环境污染等众多问题。

美国洛杉矶市因港口的快速发展，港口集疏运能力与港口运输需求不匹配，引发了严重的港城矛盾。洛杉矶城市交通运输系统建成于一百多年前，交通网络不完善，制约了交通基础设施整体的发展，再加上港口货运量快速增加，给洛杉矶城市道路造成了更大的负荷。圣佩德罗湾港群有四条集疏运铁路接入洛杉矶港与长滩港，与城市道路形成200多个平面交汇道口，每天约有35列火车以16千米/小时的速度通过这些道口，物流车辆与城市客运车辆在这里发生严重冲突，交通事故频发，致使整个城市交通运行效率低下。这种局面如不改善，任由港口与城市的矛盾发展，后果将不堪设想。

阿拉米达货运走廊的修建正是为了缓解日益严峻的港城矛盾。1995年，在联邦政府的授权下，加州政府采用政府和社会资本合作（Public-Private Partnership，PPP）的模式，开始在港口后方建造著名的阿拉米达货运走廊。为顺利推进阿拉米达货运走廊的建设，洛杉矶和长滩港务局以及走廊途经的7个城市，共同成立了阿拉米达通道项目机构——阿拉米达交通署来负责项目的融资及其他前期工作。1997年通道改造工程正式开始，2002年通道铺轨完毕并开始试运营。该项目的总成本为243亿美元，其中包括1.16亿美元的收入债券、4亿美元的联邦贷款、港口的3.94亿美元、3.47亿美元的MTA赠款和1.3亿美元的其他来源。

阿拉米达货运走廊的修建带来一系列的效益，有效地促进了美国西海岸多式联运效率的提升。建成后的阿拉米达货运走廊长度为32千米，将洛杉矶港、长滩港与内陆铁路场站连接，合并了四条铁路支线，开挖了16千米的地下渠道。（见图5-3）阿拉米达货运走廊有效解决了货运铁路分割市区的现象，以往的200余个平交道口不复存在，避免了市区拥堵，使列车运行速度提高了1倍；减少了80%以上的废气排放，降低了90%的噪音；创造就业岗位达26 000个以上，带动了阿拉米达县的经济发展。从经济效益上看，列车运行时间减少了30%，等待时间减少了75%，港口交通延误减少了90%；减少了23%的集装箱卡车转运量，节省了巨额的卡车短驳费用。港口的铁水联运比例超过1/3，尤其是作为全美最繁忙商港的洛杉矶港有60%的货物经由阿拉米达走廊运往全美。

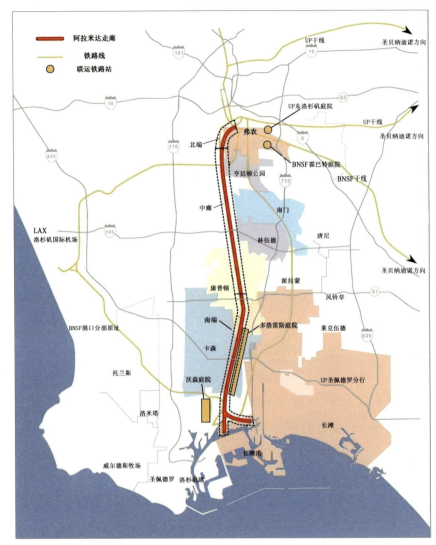

（资料来源：中国物流与采购网）

图5-3 阿拉米达走廊分布图

阿拉米达货运走廊的开通运营不仅带来自身运输效率的提升，而且与港口及铁路的联动产生了一系列经济与社会效益，实现了集装箱货物在港口和铁路场站之间快速、便捷地中转。（见图5-4）阿拉米达走廊使铁路的运行速度由不足20千米/小时提升至65千米/小时，运行效率提高了4倍，可满足每天150列火车通过。现港区与场站之间的列车运行时间由原先的2个小时降低至30—45分钟，每天运行的列车最高达60列。通过洛杉矶港和长滩港的货物中超过60%分拨到美国内陆，阿拉米达货运走廊承载内陆分拨货物的比重超过50%，年收入超过1亿美元。2009年，洛杉矶港和长滩港的1180万TEU和340万TEU货物在阿拉米达货运走廊上运输。70万TEU使用了码头铁路，340万TEU使用了铁路转化为集装箱运输到国内集装箱站，430万TEU被卡车运送到内陆。

阿拉米达货运走廊建设采用PPP建设模式，发行长期债券，多方成立平台机构共同建设运营，摆脱了单纯靠政府资金的建设模式，这种方式有效地保障了阿拉米达货运走廊的顺利建设和长期稳定运行，并带来了逐渐增长的收益。货运走廊将港口的腹地通过铁路线向内陆发展，解决了大陆桥运输和国际海运通道衔接的"中间一公里"问题，使沿海港口和内陆场站做到了高效、快捷连接，真正发挥了多式联运的整体效力。

（资料来源：中国物流与采购网）

图5-4 阿拉米达货运走廊与港口和铁路场站连接示意图

（2）中心地带走廊

连接汉普顿大道与俄亥俄州哥伦布市的中心地带走廊，是美国首个多州公私合建的铁路走廊。它由诺福克南方铁路公司和联邦公路管理局以及美国三个州以公私合作的方式建成，旨在改善铁路货运业务。该走廊从弗吉尼亚港口管理局西部到弗吉尼亚、西弗吉尼亚和俄亥俄州，最终到达芝加哥，主要处理国际海上和国内双层集装箱运输的问题，项目力图使隧道内通行更顺畅，允许双层联运列车运行，增加铁路线的运力，缩短铁路行程，减少牵引车的流量，还计划在关键地点建造用于多式联运的新海运码头。

中心地带走廊项目于1999年提出。2005年美国的一项运输法案通过建设中心地带走廊项目，并将其指定为一个具有国家和地区意义的项目。该法案授权为该项目提供9500万美元的联邦资金。该公私合作项目总投资额为2.61亿美元，诺福克南方铁路公司已投资约1.41亿美元，该项目也得到了沿线各州和联邦政府的支持。该项目包括在哥伦布附近的前里肯巴克空军基地上建造价值6850万美元的联运交接站。该交接站已于2007年12月完工，每年的吞吐量可达25万TEU。中心地带走廊项目于2007年开始建设，于2010年9月9日开通双层联运列车服务。该项目涉及提高28条隧道和24个架空障碍物的通行许可，总共有9.2千米的隧道被改造。线路设计为双轨，适合大规模重载运输。诺福克南方铁路公司双层列车在芝加哥和诺福克之间运行，提高了美国中西部和弗吉尼亚州诺福克港之间的联运能力。

3.美国陆港终端发展潜力

（1）美国多式联运发展历程

从20世纪40年代起，美国开始使用集装箱。到20世纪50年代，美国铁路针对公路运输的迅速发展相继采用了被称为"TOFC"（Trailer-on-Flatcar）和"COFC"（Container-on-Flatcar）的驮背运输（Piggyback Style）和箱驮运输（Boxback Style），即把集装箱半挂车或集装箱装到铁路平车上进行运输。这种运输方法对于开展铁路与公路之间的联合运输，实现以集装箱为媒介的"门到门"运输奠定了基础。

美国集装箱运输从兴起到之后的成长主要经历了港间试验期（20世纪50年代、60年代）、港间成熟期（20世纪70年代）、内陆发展期（20世纪80年代）、内陆成熟期（20世纪90年代）和综合物流时期（目前）五个阶段。20世纪50年代、60年代，在集装箱运输发展的港间试验期，集装箱被大规模推向海洋运输，但主要是国内沿海运输，集装箱箱型为比较杂乱的非标准型，船舶的装卸以船用装卸桥为主。至20世纪70年代，美国国际集装箱运输迅猛发展。美国集装箱运输由国内沿海运输迅速扩展到国际海运，各个港口开始注重进行港口的专项建设，修建专用的集装箱泊位，港口集疏运体系逐步形成，铁路出现了与海运的联运，出现了集装箱多式联运经营人和国际货运代理人的联运服务。20世纪80年代，进入内陆发展期。国际集装箱运输在船舶与港口环节的发展已近完善。为了使集装箱从港口向内陆延伸，美国对内陆集疏运的公路、铁路和中转场站及车辆等进行了大规模的投资建设，基本上形成了适应需要并且现代化水平很高的配套体系。现代化的集装箱运输技术基础加上成熟的多式联运经营人和代理人的优质服务使这个时期集装箱运输突破了传统的"港到港"的运输方式，"门到门"的国际集装箱多式联运进入了普及和发展阶段。至20世纪90年代，集装箱多式联运在美国趋于完善，港口内陆集疏运网络相当发达，美国的多式联运适应了后工业社会服务经济的要求，正向综合物流方向转化。目前，美国的国际多式联运已进入了综合物流时期。美国多式联运经营人为了适应不断变化的环境，也在努力提供一个体系完整的运输网络，利用"门到门"的运输方式将原材料和产品运往世界各地。多式联运经营者已将服务范围拓展到各个领域，集装箱运输班轮公司除了经营传统的海运业务以外，还介入了陆上运输、代理、仓储和流通领域。

（2）美国内陆腹地和港口连接

美国国际贸易发生了爆炸式增长，贸易总量增长强劲。对集装箱运输来说尤其明显，与20世纪70年代和80年代非常有限的集装箱运输水平相比，集装箱运输量急剧增加。尽管过去几年经济出现了衰退，但多数预测认为，货物集装箱化已从最近的衰退中恢复，集装箱贸易在未来二十年将平均增长4%—5%。集装箱化使美国商业的不同市场以及传统贸易航线进行了重新调整。

随着全球供应链的发展，港口不再是运输活动的一个单独组成部分，而是运输系统中一个可互换的环节。多式联运将卡车、火车、轮船和仓库通过中介连接起来，将货物运送到制造商和消费者之间。只有优化供应链中的每一个环节才能盈利。因此，陆港将内陆地区与港口连接起来，对于支持经济活动具有重要意义。美国陆港运营要素的主要内容和相关机构见表5-2。

表5-2　美国陆港运营要素的主要内容和相关机构

运营要素	主要内容和相关机构
所有权	私人铁路、私人终端、公共机构港务局
门户港口服务模式	铁路、公路运输
辅助性投资	仓储、配送设施、转运等
货运服务	海关、货物整合、检查
建设与维护	公共部门（拨款、道路建设、公共事业等）、私营公司
市场营销与推广	公共当局、私营公司、区域商会
沿陆港走廊的服务模式	每日、每周或其他标准作业时间表
货物目的地	混合国际/国内货物、国际货物
货物类型	集装箱货物

（资料来源：Bergqvist R, Wilmsmeier G, et al. *Dry Ports—A global perspective challenges and developments in serving hinterlands*, 2013）

多年前，美国内陆地区陆地运输条件（隧道、桥梁、道路）的缺乏，限制了托运人对港口的使用。船运公司需要根据服务和成本的要求，将货物运往美国西海岸或东海岸。在过去的二十年里，局部和可自由支配的货物平衡发生了变化。自20世纪80年代以来，美国对运输系统管制的放松，以及物流管理的创新，为各种港口和内陆市场开辟了新的发展空间。

港口的竞争腹地可以由港口服务的市场来定义。在集装箱化之前，港口有天然的内陆腹地，产生并接收货物。随着全球供应链的发展，托运人在如何利用门户港口选择生产分销活动方面有了更多的选择。托运人主要是运输货物，目的是使运输收益最大化。选择特定路线的主要问题涉及价格和服务，但其他因素也同样重要，如，在某一特定港口停靠的船只类型；在港口地区有哪些额外服务；有哪些铁路或内陆连接可用，它们的相对容量，以及该端口如何适应现有的分布模式。托运人现在享有的灵活性在某种程度上意味着港口已经失去了一些垄断力量。如今，港口是一个更大系统的一部分。因此，允许港口开发更大的市场区域，吸引更多的企业到其设施服务范围中，并发展可靠网络变得更加重要。大型集装箱船会使集装箱港口发生许多变化，可能导致日常运营的改变。因此，最初为处理一组集装箱运输而设计的门户区域现在必须处理更高容量的货物，服务更大的集装箱船。这就需要重新考虑土地开发终端的能力。在传统的港口边界之外，陆港的重点是收集服务，这被视为一种通过传统港口之外的运营设施来发展市场的方法。港口和内陆腹地的连接可以提供持续的、定期的公共运输服务，为许多不同的代理提供独特的机会，使其从改进的服务和成本中获益。

（3）铁路多式联运是美国运输系统中日益增长的一部分

美国的运输系统由港口、公路、铁路、水路和管道组成。根据经济合作与发展组织（OECD）的数据（2009），美国是最大的运输服务市场。对美国来说，国内货物仍然占据最大的运输市场，其89%的货物都是国内货物。随着国内运输业务的变化，以及集装箱运输的出现，北美网络货物量也出现了巨大变化。

自20世纪80年代以来，铁路改革使铁路公司开始向国际托运人和其他物流公司提供扩展服务，促进了包括国内和国际集装箱货运在内的铁路多式联运的快速发展。大多数集装箱通过专用的网络在美国运输，与之前相比，它可以使铁路运力增加一倍。随着铁路公司开始提供更加一致和可靠的服务，其他综合运输公司也越来越支持铁路运输。在同一时期，企业受益于通信能力的提高、海关现代化以及更可靠的运输网络，将低效率的环节从物流系统中挤出，同时通过改善供应链的可见性来提高运输的效率。至2009年，美国在所有交通工具上的总支出增长超过了1.1万亿美元。

（4）美国陆港发展的作用和运营框架

陆港能使港口以更及时或更可靠的方式进入更多的市场。在为该港口创造额外物流的同时，该连接本身可以开发更多的物流和更好的服务，这可能会降低单位成本，并增加沿着同一条走廊移动的其他货物对该系统使用的可能性。例如，从洛杉矶到芝加哥的多式联运集装箱的大规模运输，使得贸易航线上的大部分货物以及国际和国内货物都转移到了铁路上。美国开发陆港有三个主要原因：开发港口交通，为区域托运人提供新的机会，同时缓解沿线城市间的高速公路拥堵情况。

尽管陆港被认为是扩大港口经济活动的关键，但对市场来说，陆港提供的服务也很重要，这在很大程度上是由美国铁路网络的位置和使用权决定的。对大多数港口当局来说，增加支持当地经济发展的交通量仍然是他们制定公共政策的主要目的。然而，不断变化的船舶经营战略意味着，可能有更少的港口可以发展成为大型港口。因此需要提供具有竞争力的内陆服务，以吸引船舶到其设施。在港口停靠的集装箱增大，要求港口不仅要能够处理预期的大型船舶的吃水问题，而且还必须提供必要的终端空间和内陆连接。在美国，为了缓解城市间的高速公路拥堵，重点地区和全国都在积极推动陆港发展。

美国陆港的开发机构主要包括：①港口当局和公共部门。这些都是传统的港口运营商，其他公共部门包括区域经济发展组织。通常情况下，国家或地方政府机构会明确规定他们的管辖权和运营方针。②当地经济商会/经济发展小组。商会组织成员多样，既包括普通参与者（托运人、承运人、第三方物流供应商），也包括间接参与者（发展部门、法律、金融、学术机构、软件/技术公司）。商会是推动经济社会发展的新型经济体，因此也成为陆港的主要开发机构之一。③运输公司。在美国，铁路是多式联运终端开发和接入的主要驱动因素。虽然一些陆港是由多条铁路服务的，但由于铁路的竞争，大多数陆港业务都被一家铁路公司所包揽。④托运人。货运公司越来越意识到货运效率的重要性，特别是当它能确定产品何时到达并能够跟踪集装箱的位置时。然而，托运人并不希望听到与服务有关的问题，因此他们的参与在大多数情况下是有限的，除非他们是某个贸易通道的专有托运人。即时追踪集装箱运输提高货运效率的需求促使托运人投入陆港的开发建设。

4.美国陆港发展案例

（1）美国堪萨斯内陆型物流中心

美国堪萨斯内陆型物流中心是公铁联运的内陆物流中心，堪萨斯和沿海港口之间采用铁路运输，从堪萨斯到内陆其他目的地采用公路运输。其产生动因包含交通和经济发展两方面。

在交通区位方面，堪萨斯位于美国中部，不仅处于美国西海岸和东海岸的中心位置，而且处于南北铁路线的中心位置。优越的地理位置造就了堪萨斯便利的交通。堪萨斯是美国最大的铁路运输枢纽，共有五条重要铁路线经过；堪萨斯也是三条州际高速公路的交汇点；其内河运输和航空运输也很发达。在经济发展方面，堪萨斯州的农业、食品工业、制造业、航天工业和电信业的发展都非常繁荣，其中，农业和制造业是它的两大支柱产业。在农业和牧业发展方面，堪萨斯州的农牧总产值在美国50个州位列第7位；在制造业发展方面，堪萨斯全州有4300家制造厂和加工厂。此外，堪萨斯州的矿产资源非常丰富，盛产石油、天然气、烟煤、锌、铅和白垩。这些产业的发展促进了堪萨斯进出口贸易的发展，目前堪萨斯已有约40.5平方千米的外国贸易区。随着处理货物量的增加，洛杉矶港和长滩港日益拥堵，效率低下，无力处理更多的货物，这也在客观上促进了堪萨斯内陆型物流中心的形成。

堪萨斯内陆型物流中心是一个陆港分拨中心，主要包括分拨中心、仓库、第三方物流企业和制造业等，另外还设有外国海关办公室为货物运输提供通关服务。作为一个非营利性的经济组织，堪萨斯内陆型物流中心采取公私合营的方式，运用贸易数据交换来提供货物实时位置和安全状态，以提高供应链的效率。这不仅可以缓解沿海港口的拥挤，降低承运人和最终消费者的运输成本，另一方面还为美国中心地区创造了就业机会。

（2）美国芝加哥内陆物流中心

芝加哥内陆物流中心是公路、铁路、内河多式联运的物流中心，协同合作的沿海港口是洛杉矶港和长滩港。芝加哥不仅能够通过内陆水运与洛杉矶港、长滩港连接起来，形成公路—内河联运，而且还能通过密西西比河以及五大湖区和周边的运河与邻国加拿大相连。芝加哥作为全美的铁路枢纽和伊利诺伊州公路系统的中心，共有12条公路干线和32条铁路线交汇于此，连接美国各大城市。同时，芝加哥还有世界上最繁忙的国际机场之一——奥黑尔国际机场。芝加哥可以称得上是美国的水、陆、空运输中心。

芝加哥也是美国的综合经济中心，其产业涵盖了农业机械、运输机械、化学、石油化工、电机、印刷等。工业和零售业的发展带动了贸易发展，芝加哥已经成为美国的贸易节点。

从功能上讲，美国芝加哥内陆物流中心是一个多式联运中心，业务范围主要包括多式联运货物拼装业务、分拨业务、仓储业务和轻工业制造，可以为客户提供极其高效的国际贸易全套服务。由于减少了交通场站与各分拨中心、仓库之间的交通出行，货运拥堵状况得到改善，同时由于协同了多种交通方式和多个分拨中心，增加了运输的方便性和灵活性，并且由以前单一的公路运输转变为更多地采用铁路运输，使客户运输成本降低约25%。将业务集中在物流园区可使决策者对环境问题进行更集中的管理，降低了环境问题的管理难度。此外，由于吸引了交通、物流、分拨、仓储等各个企业到同一个中心地带发展，还为社会创造了更多的就业机会。

（3）美国达拉斯国际陆港

美国达拉斯国际陆港是连接全球、国家和本地区的物流运输基础设施枢纽。达拉斯国际陆港约30.4平方千米，包含5个市的多式联运物流区，是公铁联运的陆港，合作港口是洛杉矶港。达拉斯位于数条重要州际高速公路和铁路的交汇处，它是全美重要的航空中心，拥有2座商用机场和1座通用航空机场，便利的交通是达拉斯陆港发展的一大优势。

达拉斯还是美国重要的工商业中心，主要经济支柱为石油工业、电信业、计算机技术、银行业和航空运输业。目前，达拉斯有近3000家工厂，繁荣的产业要求相应的贸易活动与之匹配，这也使得达拉斯成为贸易节点。便利的交通和发达的商贸促进了达拉斯国际陆港的发展。美国达拉斯市陆港的建设，使货物在进入洛杉矶、休斯敦以及墨西哥等港口后可以直接经由铁路、公路运送至达拉斯进行通关手续，从而解决货物在港口通关的延滞问题，节省运送时间，加速货物进入市场。开设陆港，不仅会增加对仓储以及周边设施的需求，而且会吸引厂商来此设立生产据点，利用简捷快速的陆港报关程序节省商品上市时间，节省成本并提高自身竞争力。达拉斯市期望通过设置陆港，可以成为美国物流和商品集散中心，并广泛吸引投资，创造大量就业机会，未来经济繁荣发展。

美国达拉斯国际陆港是多式联运物流中心、分拨中心，其辐射区域约947平方千米，包含12个市。它采用公私合营的运营模式，同时与其他贸易城市及港口都建立了战略性合作关系，这是其成功运营的关键因素。美国政府对达拉斯陆港的支持力度较大，不仅在陆港管理方法、发展战略等方面颁布了相关政策法律来加强管理，而且在环境和技术方面做出了规定。达拉斯陆港运营后，大大地促进了美国南部地区的投资、就业的增长，显著提高了地方政府的税收，同时还促进了社会的可持续发展。

达拉斯发展国际陆港的优势和条件包括：一是经济基础雄厚。达拉斯是得克萨斯州第二大城市，美国第九大城市，人口约120万，市区面积862.5平方千米。1999年被列为小型世界级城市，铁路建设四通八达，是全美主要棉花市场之一。第二次世界大战后，军火、飞机制造、电子等工业逐渐兴起，人口激增，城市迅速发展。时至今日，它已成为美国南部重要的石油城，炼油、石油化工、石油机械等工业发达，在市区设有办事处的石油公司多达600家。电子、电器、飞机、导弹等新兴工业，以及纺织、服装、食品、农业机械等传统工业，均颇具规模。全市有近3000家工厂、100多家银行，是全国性的石油金融中心之一。市内有33所大学和众多的博物馆、美术馆、图书馆、体育馆等文化设施，是全美三大会议中心之一，一年一度的得克萨斯州博览会在此举行。达拉斯市最具发展优势的五大产业为：高 IT 利用率的服务业，包括金融、会计、配销及医疗保健，未来将向结合专业知识、资讯系统、软件而创造更具效率的技术发展；预成建材，集中于结构金属、门窗、木制厨房橱柜的制造，有新技术的厂商将在未来竞争中取得优势；食品加工业，以乳制品、糕饼及零食为主的工厂，未来将朝冷冻、特殊食品及运销方向发展；媒体，目前有840家媒体公司集中于广告、电影与影带制作，未来电视、电玩技术相结合的发展以及成长中的面向西班牙的市场将是发展对象；仪器研发及制造业，以电子计量、电子测试及导航仪器为主。

二是交通运输网络发达。达拉斯处于美国东西两岸的中心，离东部纽约和西部洛杉矶的距离几乎相等，距离美国第四大城市和最大的港口之一的休斯敦不到400千米，休斯敦是全美重要的航空中心。达拉斯还是美国重要的铁路和公路枢纽城市。围绕达拉斯有5条州际和19条州高速公路。市区与郊区之间高速公路交织成网，是美国重要的汽车、铁路、航空货运集散地，分布着120多家汽车货运公司和4家铁路货运公司。

达拉斯国际陆港位于达拉斯市区南部，直接影响区域十余个县市，影响范围达1000平方千米，内有5条州际高速公路和2条一级铁路，南部有兰卡斯特机场，交通物流优势明显。

达拉斯有北美地区最大、最先进的内陆综合物流加工园区，其占地面积超过 24 平方千米，仓储、制造加工、办公、零售等的建筑面积达5.6平方千米。邻近四条主要州际高速公路和两条一级铁路配送货场，南侧有兰卡斯特货运机场，是一个多运联合的综合物流枢纽中心。

（4）中央联运中心

中央联运中心是位于伊利诺伊州埃尔伍德的联运货运中心。它被认为是北美最大的陆港。这个多式联运中心包括一个占地面积约3.18平方千米的联合太平洋铁路综合体，位于约利特以南，另一个占地面积约3.12平方千米的铁路综合体位于西南部。该设施的位置以前是约利特陆军弹药厂的一部分。这个多式联运中心是2000年后约利特阿森纳重建计划的一部分，得到了美国政府1.5亿美元的资助。

（5）孟菲斯港

孟菲斯港是美国田纳西州孟菲斯市的一个活跃港口。它位于总统岛，是密西西比河浅吃水部分的第二大陆港，也是美国第四大陆港和美国第四十大港口。孟菲斯国际港口服务辐射了密西西比河的田纳西和阿肯色两岸，可以通过密西西比河连接到海上，也可以通过五条一级铁路中的任何一条铁路，或通过美国I-40公路进行运输，还可以使用联邦快递进行空运。

在航空物流方面，孟菲斯拥有联邦快递、美国联合包裹运送服务公司等全球知名货运物流巨头。孟菲斯国际机场 2016 年货物吞吐量为432.2万吨，仅次于香港，位居全球第二。在陆路物流行业，孟菲斯主要的一级铁路公司有许多家，早在 2007 年孟菲斯主要高速公路系统就承载着 4.54 亿吨的货运任务。在航空方面，孟菲斯国际机场拥有4条跑道。在公路方面，有7条高速公路在孟菲斯相交，这使美国152个大城市到达孟菲斯都只有一晚上的路程。在铁路方面，孟菲斯拥有5条一级的铁路，6个铁路码头都具有联合运输的能力，火车可以在48小时内到达北美地区，是全美第三大铁路中心。在水运方面，孟菲斯是美国排名第四位的内河码头，拥有44个私营站、8个政府运营站，以及超过30个国际货物运输代理公司。

（6）圣安东尼奥陆港

圣安东尼奥港是将前军事设施用地再开发为其他公共服务和商业用地的典型案例。该港口用地以前为得克萨斯州圣安东尼奥的凯利空军基地，占地面积7.7平方千米。凯利空军基地始建于1917年，1995年美国国防部重新部署空军基地计划并准备关闭凯利空军基地。2001年8月，该基地正式关闭。1995年至2001年间，凯利资产重新调整，成立了大凯利发展局。2007年更名为圣安东尼奥港。该港口虽然由政府创建，但该港口在运营上是独立的。它没有征税权，也不接受任何政府实体的业务资金，每年大约有4000万美元的收入，是通过各种房地产活动（包括租赁、物业管理和建筑管理）获得的。每年的利润会再投资，以支持进一步的发展及相关的经济活动。该港口的客户主要从事航空航天、飞机维修、IT/网络安全、国防、物流和制造活动。

圣安东尼奥港口利用其大型园区（一个多式联运物流平台）和约9.29平方千米的商业/工业设施，吸引了80多家公共和私营企业雇主。2016年得克萨斯州审计署的一项研究显示，这些租户直接雇佣了1.3万名员工，每年产生的经济效益超过50亿美元。此外，位于圣安东尼奥港的航空航天公司每年创造15亿美元的经济贸易。2015年，该港口宣布计划将其经济发展活动作为重点，到2020年在该港口将创造5000个新就业机会。

位于港口工业机场的主要租户客户包括波音公司、标准石油公司、大西洋航空公司等。靠近港口的主园区是一个约1.42平方千米的铁路工业园区——圣安东尼奥港的东港，仓库和配送设施位于东港。2010年，该港口与沃特克公司建立了合作伙伴关系。沃特克公司是一家短线铁路开发商和运营商，建立了圣安东尼奥中央铁路，修建了另外6.4千米的轨道——这使得该物业的运力增长了4倍，从每年最多可接纳5000辆铁路车辆增加到目前的每年2万辆。圣安东尼奥港口具有多功能物业。港口大约1.62平方千米的土地用于建造前空军办公室、住宅和其他多功能设施。2010年，该港口开始重新开发地产，向公众提供住房。2011—2016年，该港口升级了80套公寓，大约一半的居民为港口的雇主工作，另一半受雇于该地区的其他实体。

（7）弗吉尼亚州陆港

弗吉尼亚州港口属于弗吉尼亚州港口管理局管理，主要设施包括诺福克国际机场、朴次茅斯海运码头、纽波特纽斯海运码头、弗吉尼亚国际门户及一个多式联运货柜转运设施弗吉尼亚陆港。

弗吉尼亚州陆港占地面积约0.65平方千米。候机楼有约5.4千米长的铁轨提供相关服务，这条铁轨与诺福克南部铁路的主干线相邻。弗吉尼亚州陆港耗资1000万美元的多式联运设施于1989年启用，将弗吉尼亚港的运营范围扩大到内陆350千米。弗吉尼亚州陆港提供进入华盛顿市场的通道，包括马里兰州、特拉华州、西弗吉尼亚州、俄亥俄州、宾夕法尼亚州和纽约州。作为美国海关指定的入境口岸，弗吉尼亚州陆港可提供全方位的海关服务。

（8）夏洛特内陆终端

1984年1月，北卡罗来纳州港口管理局位于霍维斯街的夏洛特多式联运码头开放，成为美国第一个陆港。它为托运人提供"一站式服务"，港务局提供集装箱装卸和储存服务，并通过港口合作伙伴海滨系统铁路公司运营的每周一班的专列往返于威尔明顿港。

提高集装箱码头效率的最佳方法是迅速将集装箱运出港口，内陆码头就提供了这种可能性。并且，随着大型分销中心商业模式的出现，配送中心也是近年来南大西洋和海湾地区港口增长的重点。在过去五年中，洛基山的QVC配送中心、北安普顿的劳氏配送中心，以及其他定期抵达威尔明顿港的货物配送中心，为北卡罗来纳州集装箱运输量17%的复合年增长率做出了贡献。内陆地区与港口直接相连为北卡罗来纳州经济发展和创造就业机会提供了重要支撑。

二、加拿大的陆港

1.加拿大中央港

加拿大中央港是一个位于北美地理中心附近马尼托巴省温尼伯和罗塞尔的陆港。（见图5-5）与温哥华港和加拿大唯一的太平洋主要港口鲁珀特王子港都有直接联系。它是2008年由省级立法《加拿大中央港法》确定建立的，是北美最大的陆港。加拿大中央港拥有约80.9平方千米高质量、经济实惠的工业用地，拥有得天独厚的三式联运通道，包括3条一级铁路，一个全球航空货运机场和国际货运枢纽。此外，政府及其地方（马尼托巴省）已经为加拿大中央港高速公路投资了2.12亿美元，这条10千米长的高速公路旨在更好地将陆港的企业与关键门户和走廊连接起来。2014年3月，马尼托巴省宣布将把高速公路长度增加1倍，直接连接到横加达公路。

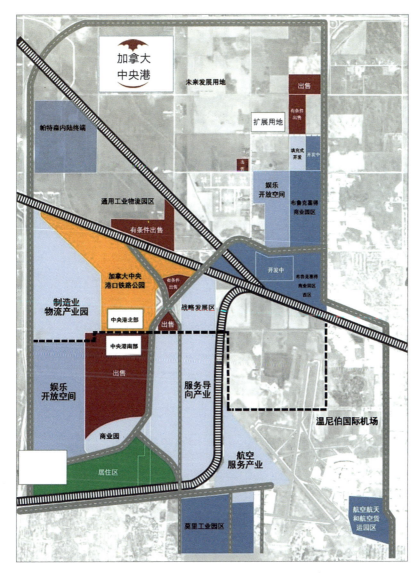

（资料来源：https://www.centreportcanada.ca/investor-services）

图5-5 加拿大中央港布局图

2.全球交通枢纽

位于萨斯喀彻温省里吉纳的全球交通枢纽是加拿大西部最新、发展最快的陆港（见图5-6），也是萨斯喀彻温省唯一的自贸区。该港口位于加拿大太平洋干线上，靠近加拿大高速公路，包括一个约7.3平方千米的物流园区，距离萨斯喀彻温省的里贾纳市只有5千米。

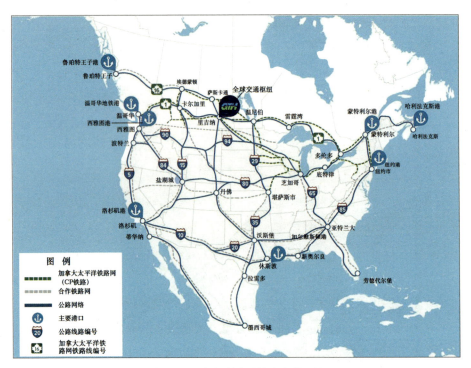

图5-6　加拿大和美国铁路合作网络

3.艾伯塔港的对外贸易区

艾伯塔港是埃德蒙顿经济发展公司和埃德蒙顿国际机场管理局在加拿大埃德蒙顿首府地区的合资企业。艾伯塔港提供运输、物流和供应链解决方案，将艾伯塔的经济与全球市场连接起来。

艾伯塔港由公路、铁路、机场跑道及对外贸易区、物流及制造设施等组成，提供创新技术和专业服务。艾伯塔港的对外贸易区使从事装卸货物的公司能够减少和消除关税、配额和合规成本等贸易壁垒。在自贸区内，企业进口原材料或部分制成品完成生产并出口到加拿大、北美和全球各地。艾伯塔港的对外贸易区通过实施延期关税计划为企业提供利益，该计划有助于缓解因征收进口关税而造成的现金流限制。

2007年，埃德蒙顿机场、埃德蒙顿经济发展公司和埃德蒙顿商会签署了一份谅解备忘录，决定建立内陆港口。加拿大联邦政府为艾伯塔港内陆贸易和运输枢纽项目提供了150万加元的资金。2010年，艾伯塔港由政府创始人转型为行业主导的协会，并于2010年11月成立了独立的行业董事会。

艾伯塔港的成员整合了加拿大的各种内陆交通枢纽，如加拿大中央港和全球交通枢纽，同时连接了加拿大运通走廊和亚太门户，以及加拿大的北极和西北地区。艾伯塔港位于北美自由贸易协定（North American Free Trade Agreement，NAFTA）建立的加拿大运通走廊上，再加上靠近艾伯塔的工业中心，以及尼斯库商业园区，所以成为加拿大能源行业的经济中心。艾伯塔港是一个多点陆港，并具有完善的高速公路、铁路、空中和海上运输系统，可以连接重要的地区和国际市场，包括加拿大北极地区及东部、西部，美国，欧洲，亚洲和迅速扩张的拉丁美洲的市场。2013年的吞吐能力超过50万TEU，2014年扩大到约80万TEU。

4.阿什克罗夫特陆港

阿什克罗夫特码头是一个集内陆转运、集装箱储存和配送中心的陆港，也是加拿大政府在不列颠哥伦比亚省阿什克罗夫特设立的亚太走廊倡议成员。阿什克罗夫特港位于温哥华以东340千米，坎卢斯以西90千米，在加拿大太平洋铁路和加拿大国家铁路的干线上。阿什克罗夫特陆港1997年开始运作，在21世纪头十年快速扩张，这在很大程度上得益于联邦投资增加了陆港的运营资本，提高了基础设施水平和运力。阿什克罗夫特陆港工业区占地面积1.29平方千米，周围有1.41平方千米缓冲区，拥有约8.5千米的内部轨道，每年有6500辆火车及6000辆卡车进行运输服务，主要功能包括转运、轨道车存储、材料处理、工业存储。为了方便托运人、原材料处理商和制造商进行各种供应活动，阿什克罗夫特码头继续与温哥华地铁码头运营商合作，通过各种举措提高装卸船舶的效率。阿什克罗夫特陆港可以进行散装、批量储存和物料搬运，火车和火车车厢的分段装配，产品的入库、分拣和储存，集装箱的储存、装箱和拆箱。

三、墨西哥的陆港

墨西哥是世界第十三大出口经济体。尽管由于北美自由贸易协定（NAFTA）重新谈判的不确定性、投资放缓等原因，2017年墨西哥国内生产总值增速从2016年的2.3%降至2%。但随着近年来墨西哥集装箱运输量的增加，工业生产的复苏和服务业的增长，墨西哥国内生产总值又恢复了增长。（见图

5-7）墨西哥港口的吞吐量从2012年的2.6亿吨增加到2017年的4.06亿吨，增幅超过56%。（iContainers，2018）

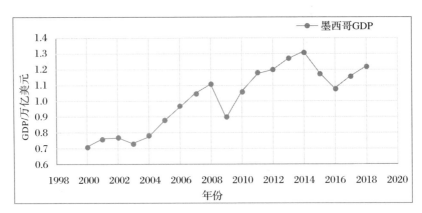

（数据来源：世界银行数据库）

图5-7 墨西哥历年GDP变化

墨西哥排名前五位的海港为：曼萨尼约港、拉萨罗·卡德纳斯港、韦拉克鲁斯港、阿尔塔米拉港、恩塞纳达港。

墨西哥最大的港口曼萨尼约港位于太平洋沿岸的科利马州。大多数运往墨西哥中部的进口货物都要经过曼萨尼约港，鉴于其地理位置，曼萨尼约港是亚洲进出口的重要港口。2016年港口处理158万TEU，比第二名拉萨罗·卡德纳斯港多41%。该港口的大部分出口货物运往美国、加拿大、危地马拉和哥伦比亚，也运往更远的国家，包括日本、中国、印度、马来西亚和新加坡。其主要出口产品包括啤酒、汽车、水泥、糖、铜、钢管、炭、葡萄糖和树脂。

拉萨罗·卡德纳斯港口位于墨西哥的太平洋盆地，是该地区最大的港口之一。2016年，港口吞吐量超过110万TEU，成为墨西哥第二繁忙的港口。这个深水港可以处理集装箱货物、干散货和液体货物。2017年启用的一个新的半自动化码头，每年能够处理超过120万个集装箱。由于美国西海岸长滩港和洛杉矶港的拥堵，预计拉萨罗·卡德纳斯港将成为航运公司进入美国市场的另一个入口，这使其成为一个重要的处理集装箱的设施。该港口通过堪萨斯城南部墨西哥铁路网与620千米外的墨西哥城和美国连接。

墨西哥第三大港口韦拉克鲁斯港位于阿尔塔米拉港以南500千米处，也位于该国东部海岸，可直接进入墨西哥湾，2016年处理了965 290TEU。直到2005年，这个港口都是墨西哥最大的港口，后来被曼萨尼约港超越。韦拉克鲁斯港的历史可以追溯到西班牙殖民时期，当时它被用来进口非洲奴隶到造船厂和甘蔗田工作。在殖民时期，它是这个国家最重要的港口，向西班牙出口火鸡、玉米、豆类、鳄梨和棉花，进口小麦、大米、牛、猪、织物、葡萄酒和其他商品。韦拉克鲁斯港是第一个配备了处理汽车运输设施的港口，它是墨西哥汽车工业最重要的港口之一。通过连接良好的铁路和公路，该港口服务于墨西哥中部和南部的所有地区，并向北延伸至美国伊利诺伊州。由于其在海湾的战略位置，它也提供到北美洲、中美洲、南美洲、欧洲和非洲的海运服务。

阿尔塔米拉港口位于墨西哥东海岸，面向墨西哥湾。它连接了125个港口，其中大部分位于大西洋沿岸。在国内，港口通过公路和铁路与该国的北部和中部地区连接，包括蒙特雷、萨尔蒂约、雷诺萨、瓜达拉哈拉、墨西哥城等重要城市。2016年，港口吞吐量为684 930TEU。港口的大部分货物包括杂货、干散货、液体散货、石化产品、液化天然气、集装箱和特大型汽车。一半的货物来自港口北部的塔毛利帕斯、新莱昂州和科阿韦拉地区，而28%的货物来自圣路易斯波托西、萨卡特卡斯、哈利斯科、瓜纳华托和克雷塔罗的中部地区。

恩塞纳达港是下加利福尼亚州西部海岸的一个深水港，距离美国加利福尼亚州仅110千米。它有货物和游轮码头，并可在码头卸载集装箱。2016年，该港货物吞吐量超过19.1万TEU。它与28个国家的64个港口有直接联系，在太平洋海岸地区有重要的战略位置。停靠港口的大多数船只来自亚洲、北美洲和南美洲。货物进出港口的两条最重要的陆路是蒂华纳—恩塞纳达公路和特盖特—恩塞纳达联邦公路。大部分进出恩塞纳达港口的货物都使用这两条路线，这两条路线也连接着美国主要的高速公路。此外，这些路线直接连接到蒂华纳、特卡特和墨西加利等城市。这些城市是美国主要的边境口岸。

墨西哥在以下地区也建有陆港：墨西哥城国际机场、阿瓜斯卡连特斯、奇瓦瓦、瓜纳华托、墨西哥城、蒙特雷、普埃布拉、克雷塔罗市、托卢卡、托雷翁、瓜达拉哈拉。其中位于墨西哥瓜纳华托的陆港建立于2006年，占地面积12.77平方千米，仅用十二年就建立了120多家公司，确保了超过3000亿美元的历史投资，并创造了超过17 000个就业岗位。瓜纳华托港为改善社会、经济和环境做出了积极贡献。瓜纳华托港吸引了日野汽车、倍耐力公司等企业。

四、巴西的陆港

1. 陆港基本情况

巴西的陆港最初被称为"公共保税仓库"和内陆海关站，在这里，海关管制下的货物可以移动、存储和清关，此外还提供一些额外的服务。目前，巴西有32个陆港和24个相应的内陆地区，主要位于该国东南部和南部。桑托斯和巴拉那瓜是巴西最大的两个集装箱码头。巴西东北部有两个大型集装箱港口位于萨尔瓦多和累西腓，这是该地区最大的两个州的首府，此区域建有4个陆港。

伯南布哥州的陆港距苏阿普集装箱海港22千米，距该州首府累西腓市中心29千米。作为一个封闭的陆港，它与货柜码头只以陆路相连，平均每月处理650TEU，占其使用率的18%，主要经营轮胎、橡胶、饮料和医疗设备等进口货物。

位于伯南布哥州，靠近苏阿普集装箱海港13千米和累西腓市中心49千米处还有一处公路连接的陆港，容量为1515TEU，平均每月处理460TEU，主要是进口货物，占总量的95%左右。

2. 巴西的陆港与海关特殊体制

巴西的特殊关税制度是指通过减免联邦、州或地方的税收来加强对外贸易的激励机制，主要类别有：退税、临时入境、海关过境、保税仓库、特殊海关区和港口设备进口。这些制度旨在鼓励对外贸易，并遵循不征收进出口税的原则。例如，巴西退税制度规定，进口货物、投入物或部件用于生产出口货物或包装货物时，应暂停、免除或退还进口和其他税款。这些系统的受益者是从事对外贸易的工业或商业企业。临时入境允许国家在一定期限内对国外进口的货物在没有进口关税的情况下运输到既定目的地。海关过境允许在海关管制下的货物过境，在海关地区从一个港口运输到另一个港口，并暂停缴纳税款。保税仓库制度允许在进口或出口过程中，将货物存放在授权地点，并暂停纳税。特殊海关区和港口设备进口特殊制度可以暂停进口关税支付和对进口的工业化商品征税。这些制度，以及先前提到的特别制度，都依靠于信息技术设施，包括设备、通信设备和新的专用软件。

在巴西，具有特殊关税制度的专门领域有不同的名称，在相关的受益者和立法实施中存在差异。特别海关制度的主要区域是玛瑙斯自由贸易区，位于北部地区（亚马孙州），成立于1967年，目前由一个制造业园区、一个贸易中心和一个牧场组成。保税仓库指的是内陆地区的一个授权区域，一般位于重要工业企业所在地。自20世纪70年代以来，这种特殊的区域就一直存在，当时它的目的是加速海关进程，减少港口拥堵。巴西有27个保税仓库位于圣保罗州，4个位于桑托斯。通常情况下，进口占陆港运输的70%，它们提供了2万个直接工作岗位和400万TEU容量，其中包括大约70亿美元/年的商品价值。这些私人站点致力于移动、存储和提供与海关程序相关的其他服务。

海关工业和物流中心是由联邦政府根据临时措施制定的。除了活动、储存、产品加工、海关活动和纳税等活动外，海关工业和物流中心允许对商品进行轻微的修改和/或装配操作。例如在海关地点安装生产线，允许在国家和联邦政府税收暂停的情况下接收进出口货物。最后的产品必须在没有纳税的情况下或者在必要的纳税情况下出口。（见表5-3）

表5-3 巴西陆港运营的主要特点

海关制度	海关工业和物流中心	陆港
提供司法性质服务	私人（联邦税收秘书处授权）	公共（许可和/或特许）——投标
区域化（城市/区域）	由私营部门定义	由政府规定
最小的结构（区域，仓库）	由私营部门定义	由政府规定
特殊的海关制度	不变	有限的许可合同，一般十年
提供相关服务	进口/出口	进口/出口
物流安全（强制性要求）	与物流管理系统集成的现场音频和视频监控系统；用于集装箱和托盘的扫描仪；商业计划；采集样品并在实验室分析	电子监控系统

五、智利的陆港

尽管最发达的物流园区位于全球主要经济体中，但随着二级经济体日益融入一体化的全球物流和供应链，世界物流园区的发展有了新的地理视角。无论是老牌的跨国公司还是新兴跨国公司都在拓展业务，并在新的地理市场寻找新的合作伙伴。与此同时，全球物流运营商正在扩大他们的上门服务，以满足全球供应链在新的地理范围内的需求。在主要的全球经济体中，典型的物流支柱将需要新兴经济体的支持，以完成物流和制造网络的地理一体化。从基础设施的角度来看，地方政府重视改善国家的港口系统和公路网络。此外，发展物流部门的利益得到了跨国倡议的支持，特别是南美区域基础设施一体化倡议。在南美洲西海岸的国际贸易中，智利创造了最大的集装箱运输量，是南美洲西海岸国际贸易总值的42%。（世界贸易组织2010年数据）2010年它的物流绩效指数在南美洲西海岸的排名中位列第一，得分为3.09分。

智利中部的洛斯安第斯陆港占地面积0.24平方千米，位于洛斯安第斯以东6千米的埃尔绍塞地区利伯塔多瑞斯边境山口，通往阿根廷门多萨。该陆港对于促进智利国际陆路货物运输，促进与大西洋沿岸国家的贸易有重要作用，并成为通过瓦尔帕莱索港和圣安东尼奥港出口的产品进入美国的必要停靠站。

第四节
亚洲的陆港

在亚洲、跨太平洋和亚洲内部三大贸易航线中，亚洲内部贸易显示出强劲的增长势头。亚太经社理事会预计到2025年由印度—中国、中国—东盟、东盟—中国组成的三角贸易将占到亚洲集装箱贸易量的80%。

亚洲有着悠久的陆港建设传统，有陆港近100个，其中巴基斯坦和印度发展较早。亚洲各国的陆港发展处于不同的阶段，一些国家已经建立了运作良好的陆港，一些国家仍处于发展的早期阶段。以公路和铁路为基础的联运陆港通过有效地整合在生产及工业中心附近快速发展起来。

一、印度的陆港

1. 印度物流业发展背景及问题

物流使资源沿着供应链流向消费中心，是国家经济的重要组成部分。其所包括的公路、铁路、内河、海上和空中运输、仓储和增值服务的货运物流推动了贸易发展，是经济增长的催化剂。

2018年，印度超过法国，成为世界第五大经济体。尽管印度经济在2017年因废钞和实施商品服务税等短期冲击发展减速，但在强劲的基本面支撑下又出现了反弹。2016年印度的集装箱港口运输量增长了11%，2017年增长了13%。近年来，印度在发展物流方面取得重大进展。2015年印度货运总量几乎翻了一番，从2008年的1.2万亿吨增至约2.3万亿吨。政府预计货运将继续增长，预计未来十年的年增长率为8%—10%。根据印度政府交通运输部委托进行的一项研究，到2032年，整个物流行业的扩张速度将是印度国内生产总值增速的1.2倍左右，印度的国内生产总值增加值预计将从2017年的1150亿美元增至3600亿美元。

在世界银行的物流绩效指数评估中，印度的排名从2012年的第四十六位上升到2016年的第三十五位，到2018年又跌落到第四十二位。亚洲物流表现最好的是新加坡，2018年排名第五位，还有中国香港第九位，韩国第二十三位，中国第二十七位。在金砖五国中，除中国香港外，南非在2018年的排名也超过印度，位列第二十九。

印度物流行业的发展仍面临重大挑战。与发达国家相比，印度的物流成本很高。2015年，物流成本占国内生产总值的比例约为13%。相比之下，发达国家的物流成本约为8%—10%。印度一个集装箱的平均进出口成本比中国高出72%。印度物流成本高主要有四个因素：一是多式联运发展慢。铁路运输的成本较低，但印度60%的货运倾向于公路运输，物流大多依赖于低效的卡车。二是不发达的物资处理基础设施，其特点是工业支离破碎，物资处理基础设施主要由机械化程度有限的小型无组织仓库组成。三是道路基础设施不发达，四车道和六车道国道较少。四是缺乏有效的国家物流政策、制度和监管，例如与运输费用有关的文件和程序，这对规范印度的物流成本产生了不利影响。

印度需要世界级的物流部门来支持"印度制造"计划。为改善物流现状，印度政府制定了一系列旨在改造该国物流行业的政策措施，希望通过政策修订、基础设施建设、税收改革和技术革新，实现物流行业的一体化发展。

2. 印度内陆集装箱运输的发展

（1）印度集装箱运输发展背景

印度集装箱化的发展始于1973年11月27日，一艘美国总统轮船公司的船在科钦港向其西南海岸运送了第一个标准集装箱。第一个国际集装箱服务于1978年9月在印度澳大利亚走廊推出。2000年前印度集装箱运输属于起步阶段，增长较为缓慢，在世界集装箱运输中的份额为1%左右。（见图5-8）2000—2010年，印度集装箱运输进入快速增长期，2010年印度集装箱运输量达到975万TEU，在全球集装箱运输中占1.74%的份额。2010—2018年，印度集装箱运输量持续上升。在全球经济放缓的背景下，印度的集装箱市场正经历着两位数的同比增长。（见图5-9）印度主要港口和私人港口之间的良性竞争促使每个港口集装箱吞吐量逐年增长。2018年，印度在世界银行排名中超越法国和英国，成为世界第五大经济体。2018年至2019年印度集装箱运输量达到1699万TEU，同比增长10.5%。2019年总吞吐量达2865万TEU，产能利用率为60%。西海岸港口拥有印度66%的总吞吐能力和72%的集装箱运输总量。东海岸港口的集装箱运输总量占印度集装箱运输总量的28%，占印度集装箱吞吐量的34%。印度主要港口集群集装箱运输占比及出口商品或类别见表5-4。

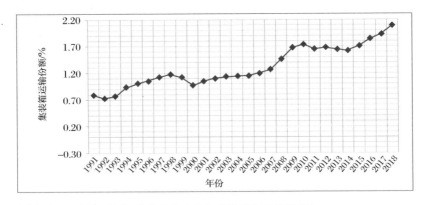

（数据来源：历年《国际集装箱化年鉴》及世界银行数据库）

图5-8　印度集装箱运输在世界集装箱运输中的份额

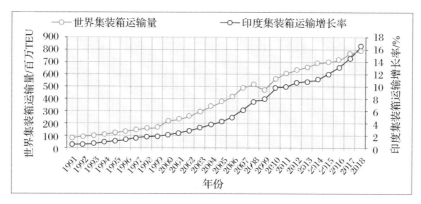

（数据来源：历年《国际集装箱化年鉴》及世界银行数据库）

图5-9　印度集装箱运输与全球集装箱运输量

表5-4　印度主要港口集群集装箱运输占比及出口货物种类

序号	集群地点	集装箱运输占比/%	主要出口商品或类别
1	古吉拉特邦	12	铸造和锻造产品、纺织品、陶瓷、电子、香料、棉花、石头、化工产品、药品、汽车部件
2	马哈拉施特拉邦	14	机械、棉纱、汽车组件、服装、文具、大米、皮革
3	中央邦和恰蒂斯加尔邦	3	农业大宗商品、油墨、药物、香料、汽车组件、电子产品、大米、化工产品、金属制品
4	北方邦	13	皮革及皮革制品、非金属矿物产品、食品（大米）、消费耐用品、汽车零部件
5	旁遮普/哈里亚纳邦/喜马偕尔邦	9	纺织品、手工工具、农业产品、轻工产品、钢铁产品、皮革采购产品、食品
6	拉贾斯坦邦	3	纺织品、手工艺品、宝石和珠宝、瓜尔胶、石头
7	泰米尔纳德邦	16	棉、纺织品、电器及电子产品、钢铁、咖啡、汽车、机械及配件、化工产品、海洋产品、农业产品
8	安得拉邦	3	棉花、纺织品、电子产品、汽车机械及配件、化工产品、食品和农业产品、纸制品、石头（花岗岩）、烟草和烟草产品
9	北阿肯德邦和北方邦	3	皮革制品、化工产品、纺织品、大米、手工艺品、地毯

序号	集群地点	集装箱运输占比/%	主要出口商品或类别
10	卡纳塔克邦	3	食品（腰果、咖啡）、汽车零件、石头、衣服
11	奥里萨邦和西孟加拉邦	4	金属产品、海产品、食品、纺织品、茶叶、黄麻、皮革

在过去的二十年里，作为印度的出口伙伴，中国的地位从1997年的第十三位升至2017年的第三位。美国是印度首选的出口目的地，数十年来一直位居榜首。1997年排名第四的阿联酋，在2007年成为印度第二大出口目的地，并一直保持到2017年。2017年，印度向美国、中国和阿联酋的出口量占其全球出口总量的25%以上。越南在过去二十年里对印度产品表现出极大的兴趣，其出口量排名从1997年的第三十八位上升到2017年的第四位，该国在印度冷藏食品出口中排名第一位。印度冷藏食品出口总额中约有26%销往越南。印度的出口比进口更加多样化。2017年，来自前二十的国家（世界银行发布的进口额排名前二十位）的进口额占印度进口总额的近81%。相比之下，排前二十位的国家只占印度全球出口额的67%。

至2002年，印度货物运输中仅有40%是集装箱运输，而世界集装箱运输平均占比为70%，说明印度集装箱化增长潜力巨大。纺织品占印度出口总额的18%，预计这一比例将增至25%或更多。机械制造行业占出口总额的11%以上。2005—2006年，印度的汽车零部件出口增长了33%以上，并有可能在未来继续保持这样的增长速度。许多专业机构估计，印度的零售业总额将增长到2000多亿美元，在未来几年内将达到30%的复合年增长率。随着人口结构的显著变化，可支配收入的增加会影响到新兴经济体的消费者的行为和生活方式。出口增长将使集装箱化水平大大提高。

《印度集装箱市场报告2018》将印度所有贸易商品分为33大类，如药品、织物/纱线、钢铁产品、冷藏食品和成衣/纺织品，并比较了不同类别货物的贸易价值。发现成衣/纺织品在印度出口货物中保持着领先地位。该行业的出口，从1997年的47亿美元增长到2017年的226亿美元，在过去二十年里增长了近5倍。

其次是化学品出口，从1997年的20亿美元增长到2017年的200亿美元。印度出口大幅增长的其他产品包括钢铁产品、冷藏食品和织物/纱线，2017年印度进口的主要商品为电气和电子货物，占比21%，其次是机械设备/备件和化学品，占比分别为14%和11%。

《印度集装箱报告2019》比较了不同类别货物的进出口数量（吨），就数量而言，2018年从印度出口的主要产品是各种装舱或可装舱的矿物产品，占印度集装箱或可集装箱出口总量的17%，出口量从2008年的450万吨增加到2018年的1980万吨，在十年间增长了4.4倍。冷藏食品紧随矿产品之后，占印度出口总额的14%。多年来，对鱼和肉需求的增长促进了印度鱼和牲畜的商业化养殖，冷藏食品的出口量在2008—2018的十年间增加了3.4倍，从2008年的460万吨增加到2018年的1560万吨。2018年印度进口的主要商品为化学品，占比16%；其次是钢铁产品，占比14%；食品、纸和纸产品、矿物占比相对较小，分别为12%，9%和7%。（见图5-10）

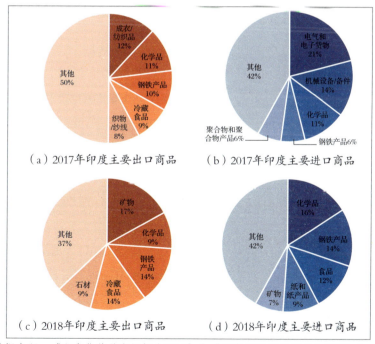

（数据来源：《印度集装箱市场报告2018》和《印度集装箱市场报告2019》）

图5-10　印度主要进出口货物类别及占比

（2）印度多式联运和陆港发展

印度多式联运码头和交通基础设施的发展，给生产和物流领域带来质的变化。印度的陆港主要由内陆集装箱仓库和集装箱货运站组成。印度陆港通过降低直接交易成本和建立更有效的制造和分销组织，为经济增长做出了实实在在的贡献。印度主要港口扩充集装箱货运业务的产能是为了应对旺盛的需求。印度集装箱公司、门户港口分销区、中央仓储公司和一些私人运营商的公司是集装箱货运站和内陆集装箱仓库业务领域的主要参与者，大约30%的陆港运输量被铁路承担，而其他70%的运输量则被公路承担。

在自由化和私有化战略下，印度政府在基础设施建设中引入了私营部门。1995年以来，私人运营商被允许开发和运营集装箱货运站。目前，在印度有240个内陆集装箱仓库或集装箱货运站在运营，大约126个位于内陆地区，其中近30%位于该国的北部和西部地区。由于国内和国际市场的激烈竞争，印度的生产者和商人都热衷于降低物流总成本，提高产品的竞争力。运输服务供应商正专注于为客户提供一体化的多式联运服务，并努力成为其生产过程的一部分。

在印度，内陆集装箱仓库和集装箱货运站的建设开始于印度铁路公司、中央国家仓储公司、航运公司、物流和公路运营商的倡议。早在20世纪60年代，印度铁路公司就意识到高价值货物联运的巨大潜力和所带来的利益。在这段时间里，其通过街道的取送服务，为小型或小于马车负荷的货物提供了一个基本的多式联运服务。因此，印度的集装箱多式联运开始于1966—1967年，印度铁路公司引入了4.5吨和5吨的自我设计或者标准的集装箱，用于装载国内货物。在印度，从门户港口到内陆的国际贸易的标准集装箱运输是1981年由印度铁路公司开始的。为了回应政府设立的不同工作组的建议，印度铁路公司需要与商务部、财政部和运输部门协商，建立和管理内陆集装箱仓库，并发展多式联运。1981年8月，在班加罗尔的铁路货运处理站内，建成了第一个临时的内陆集装箱仓库。之后印度铁路公司在哥印拜陀、古托尔、阿纳帕提、古瓦哈蒂、卢迪亚纳和新德里会展中心创建了一些类似的内陆集装箱仓库，其中古托尔和阿纳帕提主要用于烟草运输，古瓦哈蒂主要用于茶叶出口。这个内陆集装箱仓库与加尔各答和哈尔迪亚港口相连。新德里会展中心的内陆集装箱仓库与孟买港口相连。

1988年，印度以公私联营的形式创立了印度集装箱公司，印度铁道部拥有63%的股份。印度集装箱公司成立后，接管了印度铁路多式联合货物运输业务。1988—1989年，集装箱运输占印度铁路公司总货运量的份额很小。在总运量达3.02亿吨的情况下，集装箱运输量不足50万吨。至2000年，印度集装箱公司的总收入年增长20%，占印度国际运输市场的30%。2007年，印度集装箱公司的集装箱吞吐量分别占金奈、尼赫鲁、蒙德拉、皮帕瓦夫港口吞吐量的13.39%，25.37%，9.28%，47.47%。2008年，印度集装箱公司的集装箱吞吐量占各大港口吞吐量的份额相对缩减。2009年，除金奈港外，印度集装箱公司的集装箱吞吐量占尼赫鲁、蒙德拉、皮帕瓦夫港口吞吐量的份额又有一定程度回升，分别为24.66%，10.39%，35.19%。（见表5-5）印度集装箱公司的服务覆盖整个印度。如表5-6所示，印度集装箱公司合作的进出口终端有14个，进出口和国内混合终端38个，国内终端23个，战略合作区域9个。

表5-5　印度集装箱公司在港口运输中所占的份额

港口	2007年			2008年			2009年		
	吞吐量	集装箱	份额	吞吐量	集装箱	份额	吞吐量	集装箱	份额
金奈	112 800	151 075	13.39	1 144 000	134 771	11.78	1 225 000	103 955	8.48
尼赫鲁	4 060 000	1 029 981	25.37	3 953 000	94 649	23.95	4 061 000	1 001 553	24.66
蒙德拉	711 550	66 007	9.28	795 276	70 341	8.84	99 238	94 496	10.39
皮帕瓦夫	155 416	73 780	47.47	168 415	55 564	32.99	280 867	98 845	35.19
合计	6 054 966	1 320 843	21.81	6 060 691	1 207 325	19.92	6 476 705	7 298 849	20.06

（数据来源：印度集装箱公司官方网站）

表5-6　印度集装箱公司集装箱码头

印度集装箱公司的主要区域	进出口终端（14个）	进出口和国内混合终端（38个）	国内终端（23个）	战略合作区域（9个）	数量（个）
东部： 服务于西孟加拉邦、比哈尔邦、奥里萨邦、恰尔肯德邦、查蒂什加尔邦和东北邦	1.帕拉迪布港	1.加尔各答 2.巴拉索尔 3.达达讷格尔（詹谢普尔） 4.亚敏贡（古瓦哈蒂） 5.恰尔苏古达 —	1.发图哈（巴特那） 2.沙里玛（加尔各答） 3.杜尔加布尔 4.鲁吉拉 5.霍尔迪亚 6.博德琼纳加尔	—	12

印度集装箱公司的主要区域	进出口终端（14个）	进出口和国内混合终端（38个）	国内终端（23个）	战略合作区域（9个）	数量（个）
北部： 服务于德里、北方邦、哈里亚纳邦、旁遮普邦、拉贾斯坦邦、喜马偕尔邦	2.腾格拉卡巴德港（新德里）	6.莫拉达巴德	7.奥赫拉（德里）	1.迪瓦纳	20
	3.班加罗尔港（巴尼伯德）	7.雷瓦利	8.菲尔劳尔（卢迪亚纳）	2.帕利	
	4.达哈利卡兰（卢迪亚纳）	8.卡那克普拉（斋浦尔）	9.菲尔劳尔（卢迪亚纳）	3.达帕	
		9.巴加特（焦特布尔）	10.苏拉那西	—	
		10.巴拉巴赫	11.达帕	—	
		11.巴德迪	12.艾哈迈加	—	
		12.尼穆拉纳	13.巴希	—	
北部中心： 服务于美国、北阿肯德邦、拉贾斯坦邦	—	13.达德里（大诺伊达）	—	4.莫迪（纳加尔）	8
		14.潘特纳加尔			
		15.马来普尔（瓜廖尔）			
		16.阿格拉东岸（阿格拉）			
		17.坎普尔			
		18.拉夫塔（科塔）			
		19.马多辛格（瓦拉纳西）			
西北部： 服务于古吉拉特邦	5.科迪亚尔（阿赫姆达巴德）	20.瓦杜达拉	14.萨巴马蒂（阿赫姆达巴德）	5.雅克瓦达	11
	6.查尼（瓦多达拉）	21.甘德希罕	15.瓦纳马	6.哈兹拉	
		22.安克雷斯瓦尔	—	7.苏赫普尔	
		—	—	8.皮帕瓦夫综合物流中心	
南部： 服务于泰米尔纳德邦、卡纳塔克邦和喀拉拉邦	7.米拉瓦坦（图蒂科林）	23.怀特菲尔德（班加罗尔）	—	—	8
	8.蒂鲁布尔	24.伊鲁古尔（哥印拜陀）			
	9.马德拉斯港（金奈）	25.唐迪亚尔贝（钦奈）			
		26.瓦尔拉帕达姆			
		27.新曼格洛尔港			

印度集装箱公司的主要区域	进出口终端（14个）	进出口和国内混合终端（38个）	国内终端（23个）	战略合作区域（9个）	数量（个）
中南部：服务于安得拉邦、卡纳塔克邦和特伦夏纳	10.维沙卡帕特南	28.赖布尔	16.纳亚赖布尔	9.蒂姆普尔	11
	11.克里希纳帕特南	29.萨那加尔（海得拉巴）	17.纳古拉帕利（海得拉巴）		
		30.维沙卡帕特南	18.甘图尔		
		31.德苏尔（贝尔加姆）	19.克里希纳帕特南市		
西部：服务于中央邦，马哈拉施特拉邦和果阿邦	12.新穆隆德（孟买）	32.达乌拉塔巴德（奥兰加巴德）	20.图尔贝（孟买）	—	14
	13.皮坦普尔（印多尔）	33.那格浦尔	21.米拉吉		
	14.勒德拉姆	34.曼迪德埃普（博帕尔）	22.提希		
		35.布萨沃尔	23.巴利		
		36.奇瓦德（普纳）	—		
		37.德隆纳格里节点（孟买）	—		
		38.米汉—那格浦尔	—		
总计					84

注：数据统计截至2019年9月26日。（数据来源：印度集装箱公司官方网站）

国际贸易需要更多的运输时间以满足小批量客户的需求，因此印度铁路公司改变以大体积大宗商品运输为中心的策略。贸易便利化是印度进出口货物集装箱化的主要原因，为了便于操作和实现安全、快速和点对点的运输，印度建立了陆港，以接近货物产地。印度西部和西北腹地在出口集装箱货物中占主导地位，占印度集装箱运输量的68%，南部地区的份额为25%，东部地区的份额约为7%。

由于从西海岸著名的集装箱港口到内陆地区，特别是北部和西部的一些重要的港口距离很长。印度海港严重依赖内陆港口来保持其吸引力。它们的性能与相关的内陆网络的发展和性能密切相关，这些网络提供了进入内陆地区的货运终端。

在印度进出口集装箱贸易快速发展的背景下，有必要开发足够的铁路基础设施，以连通内陆生产中心和关键门户港口。在港口处理的进出口集装箱前往内陆的潜力估测至少为70%。目前，印度从内地出发和到达内陆地区的集装箱实际运输量不足35%，内陆集装箱仓库和门户港口之间的铁路集装箱运输量还不到25%。集装箱内陆运输通过铁路长途运输本身就提供了规模经济和潜在的低运输成本的相关效益。（麦肯锡公司，2010）西部走廊的印度铁路公司容量不足严重阻碍了尼赫鲁港口的集装箱进出内陆地区。公路交通占全部交通方式的大约66%，超过60%的集装箱在公路上运送。大部分集装箱公路运输距离在150千米以内，11%的集装箱公路运输距离在151—300千米之间，超过300千米的集装箱公路运输所占的比例约为28%，最长的公路集装箱运输距离可以达到884千米。

印度将优质基础设施作为实现经济全面增长的首要条件，西部货运走廊总计约2800千米，计划用电动牵引车来运营双层集装箱列车。专用货运通道在新德里和孟买之间，连接瓦尔道拉—艾哈迈达巴德—帕拉恩普尔—瓦尔—普莱拉—雷瓦里，覆盖1483千米长的线路，终点是腾格拉卡巴德和达德里（二者已经成为印度最大的内陆集装箱仓库）。德里至孟买的专用货运通道交通量在2013年达到3800万吨，预计到2023年将增至1.06亿吨，到2033年将达到1.57亿吨。根据印度铁路技术和经济服务部门的预测，预计在2021—2022年印度港口集装箱吞吐量将达到1700万TEU，铁路运输量预计将达到710万TEU。

在快速的贸易变革中，物流管理已成为影响全球商品生产和销售的一个重要因素。运输平台受到日益激烈的竞争和日益增长的期望的冲击，技术的发展和支持系统提供了一个全新的维度，来强调集成供应链的成本和速度优势。集装箱货物多式联运的发展日益成为"门到门"设施，而陆港则起着关键的作用。尽管印度在发展多式联运基础设施方面起步较晚，但在稳步和可持续的增长方面取得了长足进展，并建立了一个全面的系统、程序和机构框架。印度陆港的发展和经营也不得不面对新的挑战，需要对内陆地区进一步渗透以及在一些地区对雨后春笋般涌现的陆港设施进行整合。

（3）印度内陆集装箱仓库和集装箱货运站组织框架

印度确定了建立和开发内陆集装箱仓库和集装箱货运站必须满足的四个先

决条件：一是对商业潜力的全面评估，确定适当的位置；二是中央政府的协调和支持，包括国家和地方政府的支持；三是法律和监管框架；四是为节点服务的综合运输基础设施。为了协调一致地推动印度进出口贸易的集装箱化，商务部、海关、航运、港口和铁路部门代表组成了跨部门委员会。当时有30个内陆集装箱仓库和集装箱货运站已经开始运作了，其中28个在公共部门。自跨部门委员会运行以来，所有用于建立内陆集装箱仓库和集装箱货运站的应用程序都需得到它的批准。内陆集装箱仓库和集装箱货运站建设的可行性研究报告必须包含该设施的经济可行性及其对用户的吸引力和最低临界质量。确定内陆码头的运营和经济可行性需要考虑其交通潜力和发展前景。陆港的数量和规模将取决于地理位置、多样性、经济活动的程度以及该设施服务地区的工业生产和商业交易状况。根据印度铁路技术和经济服务部门2002年的研究报告，与GDP增长相比，印度集装箱运输在五年期间（1995—2000年）的需求弹性为1.98（国内生产总值增长约6%，集装箱运输增长超过11%）。因此，根据印度至少有4万吨集装箱进出口货物的需求，确定了包括现有的共197个建立内陆集装箱仓库的地点。

在法律、责任和便利方面，为了保持与法律、责任、金融问题和电子数据交换相关的重要特征，政府颁布了多式联运相关的法律。在这一法案颁布之前，印度外汇交易商协会制定了自己的规则，规定了联合运输运营商的责任和义务。

集装箱化的重要性和潜力，使得建立一个专业化的公共实体部门成为必要条件，它的重点是为多式联运集装箱运输建立基础设施。这也需要包括海关、铁路、港口、中央银行、航运公司和行业协会在内的相关利益方的必要支持和参与。因此，印度政府设立了一个独立的政府机构，负责促进多式联运发展。印度集装箱公司于1988年3月成立，其任务是管理和加快建设内陆集装箱仓库和集装箱货运站，促进集装箱国际贸易对内陆地区的渗透，并促进集装箱运输的国内发展。它通过建立一系列的内陆集装箱仓库和集装箱货运站来进行货物的收集和交付，以及货物的整合和分解。它对于印度发展集装箱化，建立内陆集装箱处理基础设施，发展多式联运物流，以及建立公共私人的伙伴关系，实现多式联运的可持续增长具有重要作用。

港口端集装箱码头的概念，类似于近码头设施。印度港口端集装箱码头最早于1991年3月在距离金奈港6千米范围内建立。港口端集装箱码头是与码头业务相伴随的多式联运枢纽，促进了港口进口集装箱的快速分散，有效地将出口集装箱及时装载到船舶上，缓解了交通拥堵，减轻了港口基础设施的压力，有助于优化港口的产能利用率，并进一步促进了铁路陆桥的发展，将印度东海岸和西海岸之间的专业港口连接起来。

二、韩国的陆港

韩国进出口的快速增长，带动了该国港口的扩张。然而，港口扩张的速度慢于贸易的增长，导致了釜山、光阳和仁川等门户港口的拥挤。因此，政府在1980年提出了发展内陆物流中心的政策。位于距首尔市中心25千米处的仪旺内陆集装箱站是1993年以公私合作模式（PPP）开发的。韩国铁路公司和私营运输公司投资了仪旺内陆集装箱站。它的容量为130万TEU，占地面积0.417万平方千米。除私营部门提供设施和参与经营外，海关、食品检验、植物检疫和铁路业务也在内陆集装箱站范围内。托运人通过公路将货物运送到内陆集装箱站，在那里货物被合并，并通过铁路运送到海港。该站每日可容纳36辆列车，采用两种运输方式，既可缓解道路挤塞，又可用作清关仓库。

图5-11显示了在仪旺内陆集装箱站处理的集装箱，在2002年和2006年超过了200万TEU。（Hanaoka et al.，2011）由于经济衰退，2008年以后仪旺内陆集装箱站吞吐量有所下降。此外，除2008年有所下降外，公路交通分担率约为75%。2010年，尽管内陆集装箱站已经超负荷运行，但内陆集装箱站处理的吞吐量中铁路交通分担率约为25%。利用铁路将货物从内陆集装箱站运输到海港有助于缓解交通拥堵、减少车辆有害气体排放。扩大内陆集装箱站的能力将进一步提高环境效益，铁路分担率也将增加。

韩国陆地、交通和海事部是负责韩国陆地港口规划、建设和管理的监管机构，它鼓励私营部门投资建设陆上港口和物流中心。公共和私人基础设施投资管理中心审查来自私营部门的大型基础设施项目提案，以确定它们是否符合政府的长期计划和投资重点。政府承担了部分土地征用和项目成本，为陆港的发展提供了一定的支持。在公私合营模式下，基础设施项目或由政府选择，或由私营部门提出。仪旺内陆集装箱站是市场驱动的陆港开发项目，并以PPP模式提高了运营效率。政府的物流政策及公共和私人基础设施投资管理中心在这一发展中发挥了支持作用。

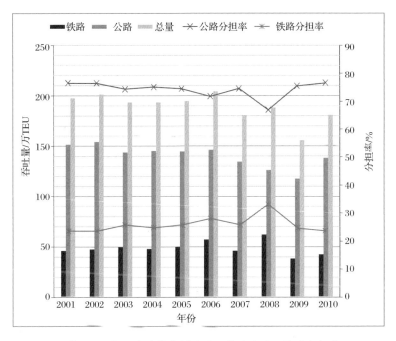

图5-11　仪旺内陆集装箱站吞吐量及公路、铁路分担率

　　距离韩国釜山300千米的京仁内陆集装箱站具有进出口集装箱货物的铁路运输、内陆通关、内陆运送、内陆港口的功能，能够向货主提供迅速的物流服务。此外，京仁内陆集装箱站运营着3栋共约3.2平方千米的保税仓库，在货物的进出库及保管业务方面发挥着与港口相同的功能，实现了港口功能的后移。

三、尼泊尔伯冈吉内陆集装箱站

　　尼泊尔伯冈吉内陆集装箱站是尼泊尔政府在世界银行的支持下开发建设的。它有一条12千米长的铁路连接印度边境附近的拉克索铁路，并进一步连接到印度的加尔各答哈尔迪亚港口。从印度加尔各答出发的公路长度为924千米，铁路长度为704千米。内陆集装箱站设施包括一个宽轨距铁路货场，一个集装箱堆垛场、一个有顶的集装箱货站，还有货棚和停车场。它配备了海关数据自动化系统。由于大部分铁路都在印度，尼泊尔方面花了一段时间才与印度签订了一项铁路服务协议，以运营陆港。伯冈吉内陆集装箱站在2004年7月即可使用，但在两年后才开始运营，被出租给私营部门运营。在对服务协议进行修订后，它现在可以处理集装箱、液体货物的油罐车和运送双边散杂货的平车。尼泊尔多式联运发展委员会拥有来自公众和私营部门的代表，是监督尼泊尔所有内陆集装箱站的监管机构。按照2009年贸易政策的设想，尼泊尔将建立多式联运发展管理局以规范运营问题，包括发放开发和管理该国陆港、集装箱货运站和综合海关点的许可证。尼泊尔伯冈吉内陆集装箱站目前平均每月接收15—16列货运列车。

伯冈吉内陆集装箱站的集装箱容积和货物吞吐量如图5-12所示。2004年5月至2005年6月间，拆装货物和集装箱货物数量大幅增加，原因是铁路服务协

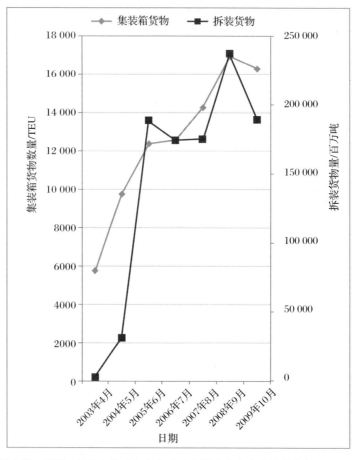

（数据来源：2003—2009年尼泊尔多式联运发展委员会发布的数据）

图5-12　尼泊尔伯冈吉内陆集装箱站集装箱容积和货物吞吐量

议内容扩大，允许有篷货车和双边贸易货物通过陆港。在此之前，内陆集装箱站只处理集装箱过境贸易。2008年9月，伯冈吉内陆集装箱站处理的货物包括16 928TEU和237 104百万吨货物。2009年10月销量下降可以归因于全球经济衰退。

伯冈吉内陆集装箱站位于边界附近，它的主要铁路从印度加尔各答港出发，而且它的大部分货运路线都在印度境内。铁路服务协议的签订和经营范围的扩大花费了比预期更多的时间。尼泊尔的其他陆港有靠近印度边境的比拉德讷格尔、派勒瓦和卡卡比塔，以及靠近中国边境的科达里。

尼泊尔内陆地区的比尔根杰港开始运营于2005年，由私人拥有，但融资得到了世界银行的支持。该港到加尔各答港约700千米，占地面积0.38平方千米。为了吸引更多的客户，陆港提供了降低关税、简化文件和增加铁路运输频率等服务。

四、泰国叻甲挽县内陆集装箱站

泰国叻甲挽县内陆集装箱站由泰国国家铁路公司开发，于1996年开始运营。它位于曼谷以东约27千米及莱姆查邦港以北118千米处，主要通过铁路和公路连接莱姆查邦港和集装箱货运站。码头业务由六家私营部门特许公司管理，这些公司提供货物整合、配送、仓储、清关和空箱储存等服务。泰国正在优先发展陆港，以助力货运从单一公路运输转移到多式联运。

叻甲挽县内陆集装箱站2008年处理了约170万TEU，远远超过其最初设计的50万TEU。因此造成内陆集装箱站拥挤和超负荷运转，许多来自莱姆查邦港的集装箱绕过叻甲挽县内陆集装箱站，直接进入外部设施进行货物处理。

图5-13显示了在叻甲挽县内陆集装箱站处理的集装箱基本增加情况。图5-14显示了公路和铁路运输集装箱的份额。尽管该内陆集装箱站是按照40∶60的铁路与公路分担率设计，但由于铁路连接能力有限、内陆集装箱站拥挤以及公路运输具有更大灵活性，铁路分担率一直在下降。在莱姆查邦港和叻甲挽县集装箱货运站之间开行26列货物列车，30辆转向集装箱平车，可装载60万TEU。2009年叻甲挽县内陆集装箱站的吞吐量中，铁路模式所占份额约为25%，这有助于减少交通拥挤和有害气体排放。除了建造新的陆港外，泰国国家铁路

公司计划在未来扩建叻甲挽县的道路设施，通过发展多式联运，鼓励公路运输向更环保的铁路和水路运输转变，努力提高泰国的物流能力。

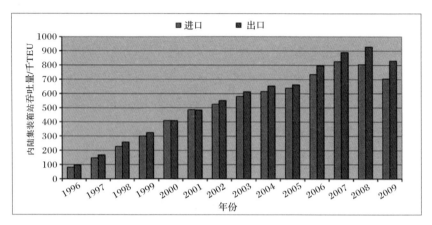

（数据来源：泰国国家铁路公司网站，http://www.railway.co.th/Home/Index.）

图5-13　叻甲挽县内陆集装箱站吞吐量

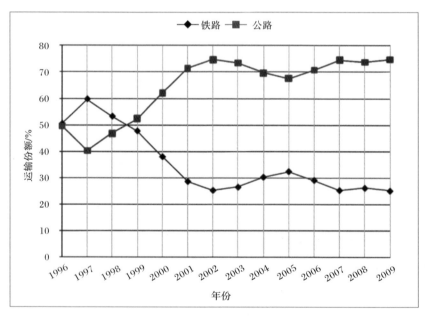

（数据来源：泰国国家铁路公司网站，http://www.railway.co.th/Home/Index.）

图5-14　叻甲挽县内陆集装箱站铁路和公路集装箱运输份额

五、巴基斯坦的陆港

除了海港和空港外，巴基斯坦在全国范围内建设了10个陆港，目的是为了促进远离海港和边境的内陆地区的经济发展，如巴基斯坦拉合尔、白沙瓦、拉瓦尔品第和奎塔。通过在内陆建设港口，就近提供进出口设施，使内陆地区的商业机构能够方便地从事国际贸易。在10个陆港中，有6个属于巴基斯坦铁路部门，4个属于私人企业。其中锡亚尔科特港是亚洲第一个由私人企业投资的陆港，建立于1984年3月，由锡亚尔科特陆港托拉斯运营，距离锡亚尔科特城20千米，位于巴基斯坦几个主要工业城市锡亚尔科特、德斯加等的交汇处，是巴基斯坦最繁忙的陆港，主要处理出口货物。费萨尔巴德陆港是巴基斯坦最大的私有陆港，1994年由一个理事会开放，其开通的主要目的是促进当地纺织工业产品的出口。它与卡拉奇港有公路和铁路连接，每年出口量约为33 000 TEU，进口量7000 TEU。陆港对该地区工业和贸易的发展做出了重要贡献。

第五节
国际陆港建设与运营经验借鉴

一、国际陆港建设的特点和发展趋势

1.功能特点

国际陆港是具备海港服务功能的内陆无水港，是海港及沿海口岸功能在内陆的延伸，具备办理报关、报检、检验检疫等通关、清关手续的功能，有助于实现内陆与沿海港口的互动发展。国外陆港提供的功能基本相似，主要包括运输中心、集装箱多式联运转运、海关商检、公共仓储、保税仓储、运管，并提供工商等政府监管服务、信息中心服务和增值物流服务，如加油、住宿、餐饮等后勤服务。如堪萨斯内陆物流中心的功能包括分拨、仓储、第三方物流服务等，有海关办公室为货物运输提供通关服务，运送至港口的货物可以在堪萨斯直接报关。同时，物流中心也是进口货物分拨中心。洛杉矶港和长滩港约38%

的货物由北柏林顿铁路公司铁路经双层集装箱车运至堪萨斯,再分拨至各地。所以,堪萨斯是一个集分拨、仓储、运输、口岸功能于一身的陆港。意大利博洛尼亚陆港内设有多式联运场站,便于铁路和公路的运输衔接,并兼有物流园区的集装箱仓储功能,同时陆港内可以办理海关商检等进出口手续,拥有良好的通关环境。

从服务功能来看,国外陆港主要有收发货、拼箱、海关监管、过境运输等功能。国外陆港尽管名称不尽相同,如称内陆验关站、内陆集装箱站、内陆货运站等,但提供的功能基本相似,主要包括海关监管、过境运输、配送和物流服务等。(张登健等,2013)从服务对象来看,国外陆港大多提供集装箱运输服务,也有一些陆港可提供杂货运输的服务,如西班牙瓜哈达拉市陆港。从互动模式来看,国外陆港都与相应的沿海港口形成互动关系。如 2003 年建成的欧洲最大的陆港马德里陆港,就与阿尔赫西提斯港、巴塞罗那港、巴伦西亚港和毕尔巴鄂港四个西班牙主要港口相连,通过不同航线为货物运输提供方便的海上通道。从投资模式来看,国外陆港的投资模式主要有四种:一是政府全额投资型,如俄罗斯的卡卢加陆港由俄罗斯经济部提供全额资金建设;二是政府主导投资型,如欧洲北海地区陆港项目,由欧洲地区发展基金提供开发资金的50%;三是港口投资型,如美国弗吉尼亚陆港;四是私人投资型,如巴基斯坦的锡亚尔科特陆港,它由52家出口商以相似的出资比例组成斯坦锡亚尔陆港公司来建设与管理。

2.建设特点

(1)国际陆港大多是海铁联运的内陆端点

从国际陆港的形成和发展动力机制来看,一方面需要满足供应链,特别是国际集装箱物流的需求。大部分的陆港最初均围绕多式联运设施而建,通过运输能力较强的铁路直接与海港相连,以提高国际集装箱多式联运的效率;另一方面,随着海港规模的扩大和吞吐能力的增加,争取更广阔的经济腹地和更多的货源逐渐成为港口竞争的重点,通过在内陆腹地设立陆港,将海港功能向内陆延伸成为海港发展的必然选择。

国际陆港大多可以通过铁路与海港衔接,提供除了海港码头装卸作业以外的几乎全部服务功能,重点包括轮船公司空箱布局、集装箱拆拼箱和口岸功能等。多数陆港与沿海港口形成"一对多"的互动关系，物流运营公司全力支持，铁路和港口公司主导运营。陆港建设和陆港与海港之间的物流通道的建设同步进行，使客户服务水平提高、服务成本下降，这除了归因于陆港基础设施的改善，很大程度上也归因于铁路运营商、公路运营商、陆港管理运营商等物流运营商创造的良好运营环境。堪萨斯内陆物流中心腹地产业基础雄厚，作为公路和铁路运输枢纽，可通过双层集装箱运输与沿海港口相连，运用贸易数据交换提供货物实时位置和安全状态，提高供应链的效率。意大利博洛尼亚陆港采用"一对多"港口服务模式，与沿海港口签订了合作协议，其联动关系较强。

综合比较世界各地陆港的发展历程发现，陆港建设的根本目的是服务客户，满足客户的要求，但由于各地经济发展水平的差异，客户的需求并不一致。欧洲、北美洲地区的陆港发展普遍比较注重陆港物流服务功能的集成化，"即除了基础的集装箱装卸、运输、口岸报关报检、保税仓储以外，还提供物流增值加工、按需配送等专业化服务"；而经济相对落后地区的陆港则普遍以口岸功能为主，"主要建设集装箱监管堆场、保税仓库，主要配备的设备也是集装箱装卸设备"。（郝攀峰，2019）

（2）国际陆港建设具有多种模式

陆港建设投资模式多样，但以政府和企业合作投资的模式为主，陆港所在地政府通常会担负较大比例的投资金额。国外陆港投资模式包括政府全额投资型、政府主导型投资、港口投资型和私人投资型等多种模式，其中占主导的是陆港所在地政府和物流企业合作投资。堪萨斯内陆物流中心是非营利性经济组织，采取公私合营的方式运营，致力于提高供应链可视性，运用贸易数据交换来提供货物实时位置和安全状态，以提高供应链的效率。西班牙科斯拉达陆港是依托于公铁联运的物流中心，由国家港口主体"国家港航局"和阿尔赫西提斯港、巴塞罗那港、巴伦西亚港和毕尔巴鄂港共同开发，它们各持有10.2%的股份，其余所有者分别是马德里地方政府、科斯拉达地方政府、苏洛帝国总督署。意大利博洛尼亚陆港建设初期由公共资金支撑，私人投资者随后而至，其中，博洛尼亚市政当局持有公司所有权的35%，博洛尼亚省持有18%，博洛尼亚商会持有6%，银行持有23%，私人公司持有16.5%，国家铁路运营商持有1.5%。

韩国京仁内陆集装箱中心建设25%由政府出资，75%是民间集资。

（3）陆港依赖政府高度参与

陆港的发展与所在地政府强力参与密不可分，政府提供资金和政策支持也成为陆港成功运营的要素之一。在国际上，政府发展陆港的初衷，或者说追求的目标不完全一致。欧洲地区民众对环保要求普遍较高，政府要求在陆港建设过程中尽可能降低对环境的破坏，实现节能降耗，对成本的考虑反而放到次要的位置。在美国，政府推动陆港建设更多地从促进区域经济发展、增加当地就业、提升本区域的竞争力的角度去考虑。在南美洲、亚洲等地区，当地政府建设陆港的初衷更多的是从改善投资环境、吸引企业投资的角度考虑。但陆港所在地政府、议会都为陆港的建设提供了信托基金、专项拨款等各种形式的支持，有些还通过土地划拨、减免土地出让金等形式支持陆港的发展。

（4）国际陆港建设对于缓解沿海港口压力起到重要作用

陆港的设立减少了港口与各交通场站、分拨中心、仓库之间的交互出行，使沿海水港的货运拥堵状况得到改善；"同时由于协同了多种交通方式和分拨中心，增加了运输的方便性和灵活性；由以前单一的公路运输转变为更多地采用铁路运输，促使客户运输成本降低25%以上"。将业务集中在陆港有助于环境的改善，能够降低决策者管理环境问题的难度；同时，由于吸引交通、物流、分拨、仓储等各个企业集中到同一个中心地带发展，也为社会创造了更多的就业机会。（郝攀峰，2019）

洛杉矶港集装箱吞吐量目前超过1000万TEU，货物吞吐量超过2亿吨，是美国第一大港。随着港口生产规模的扩大，港口集疏运系统压力逐步增大，这是堪萨斯内陆物流中心产生的首要原因。堪萨斯内陆物流中心不仅可以缓解沿海港口的拥挤，降低承运人和最终消费者的运输成本，还为美国中心地区创造了就业机会。西班牙1/5的海运货物都流经科斯拉达陆港。科斯拉达陆港吸引了沿海港口的部分物流到此陆港，有效缓解了沿海港口的拥堵。

3.国外陆港发展趋势

近年来，随着现代物流和供应链管理的发展以及全球环保意识的增强，国外陆港发展主要呈现如下趋势：

（1）拓展增值服务

陆港地区的土地价格和人工成本相比海港地区有很大的优势，为了更好地满足客户的需要并吸引更多的客户，很多国际陆港在传统的货物集散中心的基础上，开展了物流配送、信息、包装、金融和保险等增值服务。如印度拉贾斯坦邦政府明确规定其新建的陆港要区别于只提供陆港基本服务的一般集装箱装卸站和集装箱货场，成为一个功能齐全的物流中心。（杨静蕾等，2010）国际上很多陆港在传统的货物集散中心的基础上，拓展了物流金融和保险等增值服务，有些陆港还设立了自由贸易区为进出口货物集散提供方便。

（2）发展环境友好型的集疏运方式

在国际陆港的建设过程中，各国政府意识到公路运输对环境的影响，转而将目光投向了内河运输和铁路运输。政府将陆港作为整合综合交通运输网络，向环保型发展的有效途径，通过疏港铁路和内河航道的建设把长距离运输货流转向铁路运输和内河运输。

（3）建设陆港综合物流信息平台

沿海港口可以利用综合物流信息平台快速而高效地完成陆港的货物承揽、口岸服务以及货物追踪等一系列工作。

（4）注重陆港在综合交通网络构建中的作用

将陆港建设纳入国家和区域运输体系中统一规划，以促进整个地区的交通运输发展，提高物流运作效率，实现陆港大网络的构建，并进一步通过陆港之间的连接促进内陆贸易的发展。欧洲北海地区在物流中心网络整合的项目中，针对消除港口与内陆物流中心连接的瓶颈这一问题时，就提出北海地区的9个国家应将陆港建设与当地交通规划项目进行整合，以实现运输网络的合理布局。

二、国际陆港建设的经验

陆港城市自身良好的外向型经济基础，以及腹地经济发展带来的充足外贸货源，是陆港发展的前提条件。通过分析国外典型案例，我们发现经济基础良好、发展快、贸易需求大是刺激陆港形成的根本原因。例如美国的芝加哥及其腹地的产业带动贸易的发展。这就对当地物流条件提出了新的要求，包括运输成本低、运输快捷方便以及运输安全可靠等，而陆港正好能够满足新环境下的新要求。因此，经济贸易的快速发展促成了陆港的建立。另一方面，陆港也只有基于经济贸易基础，才能够发挥积极作用、获得良好经济社会效益。

构建完善的综合交通运输设施条件，并以经济、高效的方式实现集装箱多式联运，是陆港发展的生命线。交通区位优势是陆港发展的必备条件。一般来说，陆港多处于地理中心（铁路枢纽、高速公路交汇点、空港所在地、水路流经区域等）。例如国外的堪萨斯、芝加哥、达拉斯、马德里，它们都具有地理位置优越、交通便利的特点。陆港的建立是为了给客户提供经济高效的物流海关服务，而优越的交通区位环境是提供便捷高效、无缝衔接的多式联运的基础。除了交通区位条件以外，良好的交通基础设施也是决定低运输成本的要素。只有具备良好的交通区位、交通基础设施，陆港才能健康高效地运营，达到实现规模经济效益、降低物流成本、方便货物进出口的愿景。

以市场需求为导向，因地制宜设置陆港功能，做好运营管理和服务，是陆港发展的内在决定因素。在陆港的功能设置方面，国外成熟的陆港都配备与沿海港口相同的功能。陆港不仅作为一个集装箱多式联运枢纽，能保管、存储、转运、集散货物，而且具备对货物检查、检疫、报关的功能。在运营管理方面，"协同"是最大亮点，通过分析国外经典案例得出，国外陆港都协同了多种交通方式以及相关的沿海港口、分拨中心、运输公司，以增加承运人的灵活度。在组织管理方面，陆港多采取非营利性经济组织的形式，实行公私合营，并由海关局和税务局共同管辖。

政府和社会公众的支持，以及彼此之间的协调一致，是陆港发展的行政保障和社会基础。政府、社会团体和民众的支持对陆港的成功建设运营至关重要。政府需要出台政策刺激推动陆港发展，"确定其总体发展方向和战略，规范管理体制，监督行业管制，并且颁布相关的政策、法律、法规进行指导和约束"。陆港的健康发展还需得到社会团体和民众的支持。此外，政府、社会团体及民众之间要达成一致，这就要求信息透明化。政府对于发展陆港的设想及其优点缺点都要毫无保留地让公众知情，只有政府和公众最终达成一致，陆港项目建设才是可行的。（袁瑜，2013）

第六章

中国陆港空间格局及建设模式

　　全球经济一体化不断发展，港口作为全球供应链的枢纽，对于全球贸易具有重要作用。港口数量的不断增多，导致港口之间的竞争也越来越激烈。因此，在内陆地区争取更多资源、获得更多的业务量，争取更广大的内陆腹地成为港口竞争的关键。随着经济全球化的加速与物流网时代的到来，陆港成为国际贸易物流系统的重要组成部分。我国在西部大开发和"一带一路"的背景下，出现了陆港建设热潮，带动了区域经济的快速发展。构建外达内畅、货畅其流、衔接高效的综合交通枢纽体系——陆港，是内陆地区更好地参与"丝绸之路经济带"建设，发挥联通陆海作用，快速融入全球竞争合作的重要途径。

　　本章主要从中国陆港现状与空间分布、中国陆港的形成动因与发展阶段、中国陆港建设发展模式与功能服务、陆港在"一带一路"建设中的地位和作用、我国陆港建设问题与发展趋势等方面对中国陆港建设进行总体分析。

第一节
中国陆港现状与空间分布

一、主要陆港群空间分布

物流集群的发展理念为陆港的建设提供了基础，通过在特定的走廊上建设陆港来吸引贸易流，并通过集中和整合货物运输来发展规模经济。（Roso et al.，2009）与陆港已经发展了多年的欧洲和世界其他地方相比，中国陆港发展成为海上物流的重要组成部分也就是近十年的时间。（Roso et al.，2010）来自内陆运输和交易成本的压力，以及想要将集装箱化的利益从港口延伸到内陆的愿望促成了中国陆港的发展。我国陆港建设起步较晚，最初是在西部大开发的背景下，为了改善中国西部地区的经济状况而开发的。虽起步较晚但发展迅速，尤其是 2007 年后建设发展进入高峰期。2013年"一带一路"倡议提出以来，更是形成了陆港建设的热潮。在陆港发展的同时，中国的规模经济也通过货运集中和整合得到了发展。（Roso et al.，2009）随着我国沿海产业逐步向中西部内陆地区梯度转移，内陆地区的内外贸货物通过港口运输也日渐增多，促使沿海港口纷纷在货源集中的地区建立陆港，天津、青岛、大连、营口、宁波、深圳、厦门、连云港等港口积极实施陆港战略并取得实质进展。虽然我国陆港发展迅猛，但其中大多数还处于发展初期，经营规模较小，服务功能单一，尚不能形成集成化服务，物流枢纽优势暂时还没有得到很好地体现。

我国的陆港建设具备广泛性与普遍性。从陆港的发展进度来看，大致呈现陆港从北方地区向南方地区推进的趋势，我国较早投入运营的陆港多位于东部省份的内陆地区，然后向中西部地区推进。从陆港的全国布局来看，依托沿海集装箱枢纽港，在内陆地区逐步形成相应的陆港群。"我国目前已经形成四个陆港群：一是东北陆港群，以大连、营口港为出海口，主要包括沈阳、长春、哈尔滨等；二是华北西北陆港群，以天津为出海口，主要包括北京朝阳、石家庄、郑州、包头、西安、乌鲁木齐等；三是山东半岛陆港群，以青岛、日照为出海口，主要包括青州、临沂、淄博、洛阳等；四是华东、华南及西南地区的陆港群，以宁波、厦门、深圳、北部湾港为出海口，主要包括金华、义乌、绍

兴、南昌、赣州、龙岩、南宁、昆明等。"（李云华等，2015）

我国陆港发展主要以现代服务业、生产性服务业为主，在信息化、国际贸易、国内贸易等方面也形成了一定规模。陆港对区域经济发展也有较强带动作用，比如重庆西部陆港面向西南地区开发，形成长江上游地区重要的现代物流枢纽和产业化基地。从国内影响力较大的国际陆港布局来看，主要集中在两大区域：一是沿陇海线东西向的铁路大动脉，以郑州、西安、兰州为代表的中西部国际陆港，向东对接连云港、青岛、天津等港口群，向西借助新亚欧大陆桥通道连接中亚和欧洲；二是以重庆、成都、武汉等为代表的西南和华中地区，依托处于"一带一路"倡议与长江经济带国家战略交汇点的区位优势，通过统筹布局长江港口（水港）和铁路货运站（陆港），实现与"丝绸之路经济带"的无缝衔接。总体而言，当前我国陆港布局重心偏向中部和西南地区，东北地区陆港发展相对滞后。

从地理分布来看，我国陆港东部地区数量居多，分布也相对集中；中部和东北地区数量居中，分布较为均匀；西部地区数量相对较少，分布较为分散。从我国河流、陆地的地理特征来看，陆港大多设立在不可进行水路运输的内陆地区。在长江、珠江有较为发达港口的沿线及附近区域，很少形成具备规模的陆港。结合交通运输条件可知，我国陆港外部交通条件相对较好，均位于我国综合流通"三纵五横"骨干通道上，且位于公路"五纵七横"和铁路"八纵八横"主通道上；在区域内，陆港位于综合交通运输条件较好的地区，大部分陆港具备公路集疏运条件，少数陆港有铁路专用线。

二、物流枢纽和陆港规划

为贯彻落实党中央、国务院关于加强物流等基础设施网络建设的决策部署，科学推进国家物流枢纽布局和建设，发改委、交通运输部会同相关部门在2018年发布了《国家物流枢纽布局和建设规划》。

该文件提出，到2020年，通过优化整合、功能提升，布局建设30个左右辐射带动能力较强、现代化运作水平较高、互联衔接紧密的国家物流枢纽；到2025年，布局建设150个左右的国家物流枢纽，推动全社会物流总费用与GDP的比率下降至12%左右；到2035年，基本形成与现代化经济体系相适应的国家物流枢纽网络，实现与综合交通运输体系顺畅衔接、协同发展，物流规模化、组织化、网络化、智能化水平全面提升，铁路、水运等干线通道能力充分释放，运输结构更加合理。

《国家物流枢纽布局和建设规划》对国家物流枢纽进行了总体布局。国家物流枢纽分为陆港型、港口型、空港型、生产服务型、商贸服务型、陆上边境口岸型六种类型。其中陆港型指依托铁路、公路等陆路交通运输大通道和场站（物流基地）等，衔接内陆地区干支线运输，主要为保障区域生产生活、优化产业布局、提升区域经济竞争力，提供畅通国内、联通国际的物流组织和区域分拨服务。规划127个具备一定基础条件的城市作为国家物流枢纽承载城市，规划建设212个国家物流枢纽，包括41个陆港型（见表6-1）、30个港口型、23个空港型、47个生产服务型、55个商贸服务型和16个陆上边境口岸型国家物流枢纽。

表6-1　中国41个陆港型城市分布

华北	华东	东北	华中	华南	西南	西北
石家庄、保定、太原、大同、临汾、呼和浩特、乌兰察布	南京、徐州、杭州、合肥、济南、潍坊、南昌、鹰潭	沈阳、长春、哈尔滨、佳木斯	郑州、安阳、武汉、长沙、衡阳	柳州、南宁	重庆、成都、遂宁、贵阳、遵义、昆明、拉萨	西安、延安、兰州、酒泉、格尔木、乌鲁木齐、哈密、库尔勒

（资料来源：国家发改委等，《国家物流枢纽布局和建设规划》，2018年）

三、陆港空间布局演化方向

1. 依托海港从点到点向网络化发展

在我国陆港建设的初级阶段，很多陆港是由沿海港口通过多种方式在内陆区域建设的。由于陆港的很多职能是由港口协助完成的，陆港与港口之间以单一的"点"对"点"的方式联系。此阶段陆港的业务形式较为单一，主要是为港口提供货源支撑，港口对陆港具有很大的影响力。

内陆地区外向型经济的发展，为陆港物流业务的发展提供了足够的支撑，促进了陆港物流产业的集聚。陆港发展到了一定阶段后，陆港国际物流功能逐步完善，服务能力逐步提升，陆港成长为区域物流系统的一个重要环节，并深刻改变了沿海—内陆集疏运网络体系。港口进一步优化铁路、公路集疏运体系，扩大港口与陆港之间合作的广度与深度。陆港自身也处于变革、调整之中，通过不断拓展物流资源网络、客户网络及信息网络，提升自身的服务能力。为更好地开发客户、服务客户，陆港会以自身国际物流业务为核心，以国内物流为支撑点，构建物流组织网络、物流信息网络、物流基础设施网络，陆港物流网络开始逐步显现，在业务发展上逐步摆脱沿海港口的束缚。陆港开始主动发展，建立陆港自身的服务网络。

2. 陆港枢纽和自身腹地的形成

在陆港网络化发展过程中，港口会协同腹地陆港，围绕重点发展的物流节点，开展枢纽陆港建设，再通过枢纽型陆港的吸引力向周边区域延伸次级陆港，形成相对陆港的辐射面。而陆港之间围绕客户、网络之间的竞争也会更加激烈，有些陆港由于无法提供更加专业化、多样化、集成化的物流服务，或者由于经营不善、管理混乱等种种问题，使得陆港发展停滞，甚至倒闭。而那些更加适应市场需求并取得更好市场绩效的陆港，出于更进一步优化自身服务网络的需要，会兼并这些陆港或者与之联盟，并对物流资源进行整合并重新分配，促进各种物流环节的合理衔接。特别是通过陆港与 B 型保税物流中心及综合保税区的协同，会进一步扩展陆港的保税服务功能。B 型保税物流中心是可由多家保税物流企业在空间上集中布局的公共型场所，是物流集结区。它按照专业化、规模化的原则组织物流活动，将众多物流企业集中在一起，共享相关的基础设施和配套服务设施，发挥整体优势和互补优势，实现物流运作的专业化、集约化和规范化。而综合保税区则是经国务院批准设立，并设在内陆地区的享有保税港区税收及外汇政策和功能，由海关参照《中华人民共和国海关保税港区暂行办法》进行管理的海关特殊监管区域，具备保税区、出口加工区、保税物流区等综合性功能，可以集中发展国际中转、物流、配送、采购、包装和进出口加工等涉外业务，具备口岸通关的便利条件。

陆港的发展初期，需要依托海关总署的优惠政策，实现与 B 型保税物流中心和综合保税区的功能联动、信息联动和营运联动，即充分利用 B 型保税物流中心或者综合保税区的功能及各项政策，加强合作，积极为当地城市企业提供各种服务。通过积极拓展市场，迅速提高自身实力，在具备一定条件的基础上，尽快在陆港范围内开展 B 型保税物流中心的升级或者综合保税区的升级规划，更好地为本地经济服务。这些资源能力更为突出的陆港就发展成为陆港枢纽，吸引外向型企业来陆港周边形成口岸经济带，形成外贸型产业和内贸型产业的集聚。陆港临港产业区的进一步发展，又形成陆港自身的经济发展"腹地"，同时也促进了陆港辐射面的扩大。陆港借助次级港构成的物流网络，通过铁路、公路以及内河水路等多种运输方式，对货流的吸引范围就构成了陆港自身的"腹地"。

3. 陆港自身服务链体系的形成

随着世界经济一体化的发展和顾客需求的个性化、多样化，规模定制生产的普及，采用全球范围内采购模式和供应链整合方式成为企业发展的必由之路。这也给港口的发展造成了很大的压力，迫使港口构建港口服务供应链，陆港逐渐成为港口服务供应链的重要一环。

同时，陆港在协助港口完善供应链的同时，陆港自身也通过布局陆港临港产业，发展临港产业，与城市经济互动，促进陆港城市的发展，这也为陆港发展提供了足够的业务支撑。以此为基础，陆港进一步拓展物流网络，积极向物流链上下游延伸，陆港将不仅仅在国内港口供应链中发挥出积极作用，未来还可以与国外陆港协同发展，借助国际海运与国际铁路构建完整的供应链服务体系，如大陆桥等国际物流通道。

随着联合国亚太经社会《政府间陆港协定》的签订，未来国际范围内陆港间的协作将逐步开展，我国陆港将有可能与国外陆港协作，共同开发、维护客户。特别是我国"一带一路"规划的实施，可以使得陆港借助港口、国际铁路实现与国外更紧密的经贸合作，从而构建陆港自身的服务链体系。

第二节
中国陆港的形成动因与发展阶段

一、陆港的形成动因

1.海港提高综合竞争力的需要

伴随着我国社会经济的发展，国际贸易量快速增长，港口规模也不断扩大。随着港口规模的扩大、船舶大型化的发展和港口吞吐能力的倍增，集装箱港口之间竞争的重点已从单纯地提高吞吐能力转移到拓展内陆腹地市场。争取到更广阔的经济腹地和货源成为沿海港口发展的一种必然选择。

从港口吞吐量角度来看，我国港口在全球港口行业中占有重要地位。全球35个国际化的大城市中有31个是港口类型的城市，港口的便利迅速带动了当地经济的发展。2018年，全球货物吞吐量排在前十名的沿海港口中，中国内地有7个港口上榜。2010年以来，我国港口吞吐量持续增长，但增速逐渐放缓。2018年，我国沿海规模以上港口完成货物吞吐量921 294万吨，比2017年增长4.2%，增速较2010年的15.3%下降了近12个百分点。近年港口行业投资规模出现负增长，但新增产能仍维持高位，产能过剩较为突出，沿海港口泊位大型化趋势更为明显。沿海港口建设投资规模自2012年开始连续5个年度负增长，投资规模由2012年的1004.14亿元下降至2016年的865.23亿元，2007—2016年港口万吨级泊位新增吞吐能力为36.53亿吨，同期新增的年吞吐量为25.41亿吨，新增产能未能有效消化，产能过剩较为突出。2016年沿海港口万吨级及以上泊位数量在全国的占比为81.74%，10万吨级及以上泊位占比在96%以上，沿海港口泊位大型化趋势更为明显。2018年以来世界经贸格局深刻调整。全球保护主义、单边主义抬头，经济全球化遭遇波折，多边主义和自由贸易体制受到冲击，中美贸易摩擦不断升级，世界贸易受到影响。根据预计，全年商品和服务贸易将增长4.2%、放缓1.0个百分点。但从港口行业整体供需的角度来看，在国内外经济下行压力增大的背景下，2019年中国沿海港口生产主要指标仍将保持平稳增长，但港口行业的供需失衡将更加明显，港口行业的供需失衡将会加剧区域间的港口竞争。港口竞争迫使海港改变其商业模式策略。港口之间的竞争已基本被运输链之间的竞争取代。（Van Der Horst et al.，2008）区域内港口竞争的加剧促使港口寻求出路，对港口腹地和内陆腹地商业机会的竞争成为关键。在此背景下，沿海港口对内陆腹地市场的竞争将会更加剧烈，将港口功能延伸到内陆腹地城市，以更好地服务当地客户，从而获取更广阔的货源，满足需求。

此外，集疏运系统不发达是目前我国沿海港口面临的主要问题之一，对港口物流服务的效率和质量都产生很大的影响。海上运输、港口装卸、内地运输是集疏运系统的重要环节。我国沿海港口与内陆地区的运输，海公（海路和公路）联运占比大。但海铁（海路和铁路）联运的效率更高也更绿色环保，是欧美发达国家主要的集疏运方式，如美国洛杉矶港，其海铁联运量占比高达43%，德国汉堡港的海铁联运比例也高达30%，而我国海港中占比最高的大连港也仅占4.5%。因此，与陆港建立合作关系，提高海铁联运比例及港口的集疏运服务效率，从而为客户提供专业的一条龙物流服务，是提高港口竞争力的重要途径。尤其是对我国绝大多数港口而言，由于地理条件和自身影响力有限，吸引国际中转货源的能力非常有限。

陆港依托物流通道、区域口岸经济、港口区域一体化、综合交通、多式联运系统和管理体制上具备经济性条件的内陆物流节点，通过多种运输方式连接沿海港口，具备货源组织、空箱调拨、集装箱堆存、货物报关报检、单证处理、订舱集拼六大基础服务功能，兼具供应链服务能力，具备港口功能内陆前移和节点综合物流服务两大属性。通过国际陆港的建设，可以进一步扩大内陆腹地，可有效开发和扩大货源市场，提高港口的综合竞争力。

2.内陆地区社会经济发展的需要

外向型经济亦称"出口主导型经济"，指依靠优先发展出口产品生产，积极走进国际市场，参加国际分工和国际交换来带动经济发展的一种经济类型。在经济全球化背景下，随着国际间经济合作的不断深入，加速融入国际分工，加强区域贸易发展和经济合作成为一国或者一个地区发展国家或地区经济的必然选择。

改革开放以来，我国利用经济全球化的发展机遇，积极融入国际分工体系，大力发展外向型经济，以开放促改革、以开放促发展，取得了经济社会发展的一系列巨大成就，比如成为全球制造业第一大国、全球货物贸易第一大国、全球第二大经济体。当前，我国已经形成从东南沿海到西北内陆，从沿江到沿边的全方位、多层次开放格局。沿海地区凭借区位优势率先发展起外向型经济，发展成果有目共睹，而内陆地区则受限于不便利的交通，国际经贸活动不频繁，经济发展受限，西部地区贸易发展严重不平衡。2018年以来，中西部20个省市的进出口总额占全国总额的比例保持在15.80%左右，而沿海东部城市的进出口总额占了全国的84.20%。外贸依存度是用来衡量一国或地区经济发展对贸易的依赖程度，一般通过进出口总额占国内生产总值的比重来表示，该指标越高说明外向型经济发展水平越高。2018年，我国整体外贸依存度为23.63%，沿海省市如上海、北京、广东高达104.07%、89.69%、73.62%，中西部地区省份平均值仅为10.6%和10.2%，说明我国中西部地区的贸易不发达（见图6-1）。

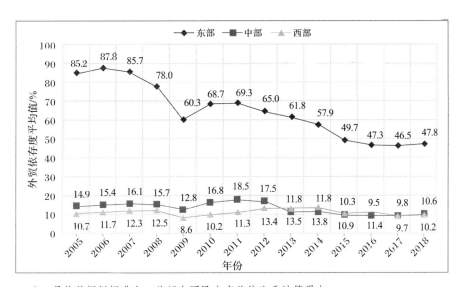

注：具体数据根据进出口总额占国民生产总值比重计算得出。

（数据来源：历年《中国统计年鉴》）

图6-1　东中西部各省份外贸依存度平均值（2005—2018年）

根据Carruthers和Bajpai（2002）的研究，中美贸易60%的运输费用是由进出海港的集装箱运输耗费的，这表明内陆供应链的运作有很大的改善空间。从运营效率和供应链总成本来看，内陆地区显然是供应链的一个重要组成部分。

陆港作为国际物流的重要节点，对提高内陆地区对外开放水平起着关键作用。陆港的建设和运作将促进内陆城市形成陆港—运输通道—沿海（河）港口的国际物流通道，拓宽内陆地区开展国际贸易的途径，使内陆地区更好地参与国际分工。陆港通过快速稳定、低成本的优势实现公路、铁路与沿海、沿江港口的无缝衔接，拉近内陆地区与国际市场的距离，提升对外开放水平，吸引外来资本投资，促进地区经济发展。内陆地区通过陆港建设，发展集装箱、散件杂货、公路铁路运输、国内国际贸易等，与沿海联动形成通道经济，进一步带动产业集聚和发展。

3.完善国际物流体系的需要

国际物流体系是在一定的时间和空间里（包括国内、国家间、区域间和洲际）进行物流活动，由物流人员、物流设施、待运物资和物流信息等要素构成的具有特定功能的有机整体。国际物流在国际贸易中的重要性不言而喻，然而与发达国家相比，我国物流成本较高、效率较低。

虽然我国社会物流总费用占国内生产总值的比率，在2012年到2017年实现了五连降，从18%下降到14.6%，但仍高出发达国家水平1倍左右，也显著高于巴西、印度等发展中国家的水平。因此，完善国际物流体系，提高物流效率、降低物流成本是我国发展现代化物流业的重要任务。与经济发展不平衡相似，我国物流体系发展也存在东西部不平衡现象。虽然内陆地区多个城市属于新亚欧大陆桥及"丝绸之路经济带"的节点城市，是国际物流网络的重要节点，但由于内陆地区交通运输基础设施薄弱，导致运输时间长、成本高，缺乏竞争力。

因此，推动内陆城市建设陆港将打通中国东西向物流运输通道，完善国际物流体系，既有利于提高沿海货物通过铁路经由内陆城市运往欧亚地区的物流效率，从而增强我国国际物流的全球竞争力，也有利于内陆城市和沿海港口紧密联结，从而更好地参与国际分工。内陆港与沿海港口对于撑起内陆地区与国际市场的连接通道，具有同等重要的作用，但相比于沿海港口的发展，我国内陆港尚处于起步阶段和探索时期，发展陆港应成为下一个阶段海铁联运发展、内陆地区建设国际物流通道、发展内陆经济的基础工程。

二、陆港的发展阶段

我国陆港的发展，从地位和功能拓展方面来看，主要分为四个阶段：

第一阶段：海港的"支线港"。

我国的陆港在发展初期大多依托海港而建，主要作为某个海港拓宽市场、吸引货源的一个后方集散地、中转站。这一阶段，部分陆港依托交通优势，开通了至海港的集装箱班列，比如上饶陆港开通了至宁波港的"五定班列"。部分陆港功能集中在货物装卸、仓储、换装等基本业务上，还有少部分由于依托物流园区而建，能通过提供简单保税仓储业务促进物流发展。但多式联运功能普遍不完善，还不能签发多式联运提单。

2000年左右，我国不少沿海港口就已经开始在内陆省市的一些地区建立无水港。在合作中，有的水运港口（企业）直接投资陆港建设和运营，依托生产型企业自建的陆港，利用海港的优势资源，建设集疏港物流通道，为其进出口货物提供物流服务保障；有的物流服务商选择办理站、专用线与铁路、公路或货主合作的形式，通过租赁道线、场地等资源，投入人员、作业设施设备来经营联运业务；少数陆港（企业）主动开展与水运港口的长期合作，方便大型专业物流公司入港直接参加"一条龙"合作运输，建立运输通道，提高物流运输效率和效益指标。

第二阶段：独立的"陆港"。

经过初步发展，陆港已初具规模，功能也有了一定拓展，开始作为一个主体，独立从其辐射范围集散货物。从货物种类和流向上选择合适的一个或多个海港，不再被动局限于某一海港，充分体现了其独立性。在功能方面，为了更好地服务内陆地区，陆港内或周边一般会建立相应的物流园区，进行物流配送和初级的增值服务。开始利用信息系统与沿海港口进行数据交换，为实现一站式通关服务。

第三阶段："港港联动"发展。

"港港联动"起源于早期保税区和沿海港口之间的"区港联动"。作为供应链上的重要节点，依托周边的物流园区，陆港能够和海港从各自利益出发，进行更为紧密的联动发展。在功能拓展方面，陆港已经成为包含货物流、信息流、资金流的现代综合物流中心。依托特殊的保税政策，陆港可享受境外货物入港保税、国内货物入港退税等优势。另外，在信息服务方面，建立了高效先进的信息服务系统，强化了和沿海港口的协同，开始打造供应链上的"虚拟物流链控制中心"。陆港和沿海港口能充分发挥双方在资源配置中的重要作用，降低物流成本，优化供应链。（见表6-2）

表6-2　我国陆港和海港的联动

沿海港口	后方陆港
大连港、营口港	沈阳、长春、哈尔滨、吉林、四平、通辽、延吉、牡丹江、齐齐哈尔
天津港	北京、石家庄、成都、西安、郑州、太原、兰州、乌鲁木齐、呼和浩特、包头等
青岛港	淄博、郑州、西安、侯马等
连云港、日照港	临沂、安阳、洛阳、西宁、银川等
宁波港	金华、义乌、绍兴、余姚、衢州、鹰潭、上饶等
厦门港	三明、武夷山、沙县、龙岩、南昌、吉安等
深圳港	赣州、大朗、韶关、醴陵、长沙等
广州港	昆明等
广西沿海港口	南宁等

第四阶段：综合性枢纽。

此时的陆港已经不是单纯的运输枢纽或物流中心，也不再局限于港口功能。出口加工区和其他特殊经济区在陆港内或周围集聚，促使其成为集物流、产业、贸易于一体的"综合性枢纽"。在功能拓展方面，依托良好的基础设施、发达的多式联运平台、优惠的政策和先进的信息平台，陆港能使客户实时掌握货物运输状态，实现"门到门"运输。更重要的是，产业积聚促进了贸易量的快速增长，客户能够通过陆港迅速获得提单，从而提高了结汇速度，加快了资金周转。

当前我国的陆港多数处于第一、二阶段，只有西安陆港、郑州陆港等少数几个发展到了第三、四阶段，但在发展过程中仍存在不少瓶颈。

第三节
中国陆港发展的类型与功能变化

一、陆港发展的类型

Bereford等（2012）在评估中国陆港发展时，将中国现有的陆港发展划分为三个空间类别：海港型、城市型和边境型。

1. 海港型

这类型的陆港主要位于沿海地区，其主要功能是代替海港预先通关。海港型陆港建立的最初目的是捕获更多沿内陆供应链流动的货物，并减轻海港的运力限制。初始阶段该种类型的陆港功能如下：运输模式转变（公路/铁路，内河航运连接），货物装卸，处理和储存货柜，预先通关检查和批准，低附加值的事项（可选），以准时制为目标的经销商。海港型是沿海港口为争取货源主动与内陆地区合建陆港的模式。其中运转比较良好的有围绕宁波港建立的金华、义乌、绍兴、余姚及衢州五个陆港，与天津港相连的北京、乌鲁木齐、石家庄、郑州等地的陆港。

2. 城市型

城市型陆港主要位于我国中西部，是基于附近城市经济增长的需要而建立的。进出口活动是沿海地区物流发展的主要动力，而内陆地区的物流市场主要是由国内经济增长推动的。以城市为基础的陆港通常位于一个大的物流集群中，它本身就服务于生产和消费。聚集的经济可能会吸引更多的制造企业进行投资。因此，以城市为基础的陆港的增值物流服务范围往往比海港型陆港更大。它们常位于物流园或出口加工区，直接支持当地贸易。此外，还需要运输资助。因此，道路交叉口、城市门户、工业中心和其他接入点附近的地点都比较受欢迎。这种类型的陆港有如下特点：位于中国中西部的战略交通枢纽；距海港较远；具有多种功能的大型设施；需要足够多的土地来进行未来的扩张；主要服务于出口市场；往往位于大都市；同时针对生产厂家和经销商，以中等订货提前期为目标。

陆港对区域经济的发展具有重要的支撑作用，产业聚集需要物流基础作为保障，陆港与产业聚集区相得益彰，两者结合使内陆地区变成"沿海地区"，主动接入沿海港口经济，增强对国内外资本的吸引力，为内陆地区的产业发展提供支持，同时也为港口城市本身的经济发展注入活力。这种模式是我国陆港目前的发展方向。

3. 边境型

边境型陆港主要是位于边境地区或城市的陆港。其距离海港很远，通常位于中国西部毗邻俄罗斯、中亚、南亚和东盟的边境地区，主要作为转运中心，或为通关服务，起到连接不同交通运输方式的作用。因此，在很多情况下，这些陆港通常作为跨模式中心，来连接不同地区的内陆货物运输系统。地理位置和低水平的贸易限制了它们的发展。因此，这些陆港往往规模较小，主要服务于公路和铁路的国内贸易。

二、陆港功能的变化

陆港已发展为"一带一路"产业集聚的物流中心。在初始成长阶段，陆港实践主要是投资改造交通条件良好的内陆集装箱场站、物流园区等；在成长阶段，重点提升物流服务，主要是提升低增值价值的物流服务，使之逐步成为区域物流配送中心；在成熟阶段，陆港与陆港物流园区实现联动发展，实现陆港的国际化发展并带动区域经济一体化发展。在功能设置方面，我国大多数陆港服务功能单一，仅具备基础的货物通关功能和仓储功能，部分陆港具备货物代理功能，少数陆港具备物流园区转运、集货、配送、加工功能，而高端的服务功能尚未具备。

1. 陆港在初期建设阶段的主要功能

我国陆港在初期阶段，主要具有三大功能：

一是内陆口岸功能。陆港通过改善通关软硬环境，吸引海关、检验检疫等监管机构入驻，建设卡口、监控设施、信息系统和联检办公大楼等，对出入境物资行使管理、监督、检查等口岸监督检查职能。不仅如此，还采用陆港申报管理系统，对接主要沿海港口网络信息平台，实现与口岸直通，构建大通关模式。为货主提供当场报关、签发提单、一票全程服务，施行"属地申报、口岸验放"，大大降低了企业通关成本。陆港虽能行使内陆口岸职能，却并不一定是政府批准的内陆口岸。

二是基本物流服务功能。物流是陆港最终的业务，但在初期阶段，陆港往往只能依托交通优势扩张运输，进而提供简单的装卸、仓储等传统物流服务。逐渐地，不少陆港规划建设保税监管仓库、公共保税仓库等，通过提供简单保税仓储业务促进物流发展。

三是初步具备多式联运功能。多式联运指基于集装箱运输发展起来的由两种及以上交通工具完成运输过程的复合运输。但前提是陆港实现货物集装箱化，转变传统的杂散货运输为集装箱运输。内陆地区通过公路、铁路条件开通陆港至海港的集装箱班列，初步建立国际多式联运机制，陆港成为货物在公路、铁路运输方式之间换装和对接海运的重要枢纽。但此时，陆港的多式联运功能尚不完善，不能够签发多式联运提单。

2. 陆港在功能完善阶段的主要功能

经过初期阶段，陆港雏形显现并具备基本的物流功能。陆港开始开发物流园区，建设以陆港物流基础设施、陆港物流信息系统、陆港物流运营系统、陆港物流产业系统与陆港物流管理系统等为主体的陆港物流体系。同时，依托己构建的装卸搬运和中转功能，完善集装箱堆场业务与多式联运功能，不断提升物流配送与物流增值等现代物流服务。在第二阶段的发展中，陆港的拓展功能主要体现在：

第一，完善集装箱场站与多式联运服务。陆港纷纷投资建设集装箱拆装库场、保养维修车间、熏蒸库等设施，大力扩展集装箱维修、拆拼箱服务及冷藏箱发电机租赁业务、危险品存储和监管服务等场站业务。部分陆港与船公司合作，在陆港设立还箱点，便利内陆客户提箱，并减少以港口码头堆场为中心的空箱调运带来的浪费与不便。另外，基于初步建立的多式联运机制，陆港吸引船代、货代和船公司入驻园区，以便签发以陆港为起运港的多式联运提单，拓展国际货运代理业务。

第二，物流配送与增值服务。配合内陆地区的地理、交通和产业等具体环境，有机结合运输、中转、仓储、加工、包装、配送等业务，壮大区域集装箱物流配送业务。出口时，货主或代理人在内陆站将散货装箱，然后安排进港；进口时，集装箱卸船后直接运到内陆拆箱，实现"门到门"运输。不仅如此，为满足区域产业更高层次的物流需求，陆港还开展流通加工、货运交易、信息处理、保税物流、金融和保险代理等增值物流服务。各种物流服务在园区集聚，其实是在园区形成现代物流产业体系。

总体来说，进入第二阶段的陆港根据区域自身发展的内在要求，重点发展具有运输、储存、加工、包装、装卸、配送和信息处理等综合功能的集成式物流，建设现代物流配送中心，也就是陆港的区域物流结点效应逐步凸显，而不再只是区域交通网络结点。陆港业务多以发展集装箱货物配送为重点，力争吸引区域中转货物、增加适箱货源。集装箱吞吐量也成为陆港发展水平的重要标志。

但需要认识到，在具体实践中，由于我国内陆地区发展多为加工制造业，生产物流所占比重要绝对大于消费性的商业物流，所以陆港物流活动多以空重箱堆存、拆装箱等低附加值的物流活动为主。

3. 陆港在"港港联动"发展阶段的主要功能

陆港进入发展成熟阶段，开始提供全方位的综合物流服务。陆港在全球供应链中的地位愈发重要，不断朝着全方位的增值服务方向拓展物流功能，尤其是第三方物流业务的增长，为企业提供物流活动的组织、协调和管理，设计最优物流方案，物流全程的信息搜集与管理等全程物流服务。在新阶段中，陆港物流活动将以国际物流、保税物流为主，以综合型为主，专业型、通用型为辅。跨国公司以国际采购或销售业务为主导，建立采购中心或分拨中心，形成面向全球物流网络的自营业务。这都将推动陆港物流朝向综合化、高端化发展。

陆港将促进城市的物流资源整合，合理衔接各个物流环节。陆港将以国际物流业务为依托，形成与空港国际物流园区的联动，从高层次整合城市物流系统。陆港与空港都是重要的国际物流园区，空港主要针对小运量的高端货物，陆港主要针对大运量货物，二者存在明显的互补关系，并将形成良好的联运关系。例如，大连港—长春陆港发展的目标定位是大连港与长春空港开发区及二道物流园区、铁北综合物流园区，集成构筑大口岸、大通关、大流通、大辐射的国际物流发展支撑体系，进一步优化城市空间布局。

此阶段的陆港具有强大的信息处理能力。通过建立先进、快速、高效的信息服务系统，为物流企业提供服务，促进物流企业与其他主体的联结，更推动陆港成为技术密集型智能港和虚拟物流链控制中心。港港联动阶段，基于物流配送功能，陆港发展成为货物、信息、服务的综合体，吸引运输、装卸、国际货运代理、通关、保税、会展等服务企业与机构集聚。它不仅是区域物流中心，更扮演着全球供应链管理中心的角色，促进了区域经济和贸易发展的国际化。

4. 陆港在综合枢纽网络化发展阶段的主要功能

进入陆港发展的成熟阶段，陆港将促进城市的物流资源整合，合理衔接各个物流环节。陆港综合化、增值化的物流业务，既有利于集中分散的物流资源，发展协同效应，也有利于打通物流企业与生产企业的联系。以西安陆港为例，西安关闭了大兴路仓库原二类货运口岸，开通西安国际港务区二类口岸，这将引导物流资源向陆港集聚，从而重新整合西安物流资源。

第四节
陆港在"一带一路"建设中的地位和作用

根据我国商务部公布的数据，2013—2018年，中国与"一带一路"沿线国家进出口总额达64 691.9亿美元。这些成绩的取得，与跨境物流的协同发展密不可分。2018年中国和"一带一路"沿线国家的进出口贸易总值增长速度高于全国进出口增速3.6个百分点。我国对沿线国家的出口额从2013年的5690.3亿美元增加到2018年的7047.3亿美元，年均增长4.4%。对沿线国家的进口额从2013年的4714.3亿美元增加到2018年的5630.7亿美元，年均增长3.6%。与此同时，我国对沿线国家的贸易也保持着顺差，2013年为976亿美元，2015年一度扩大到 2332.6亿美元。随着我国加大对沿线国家的进口力度，2018年贸易顺差回落到1416.5亿美元。作为我国全面对外开放的重要倡议，"一带一路"为我国陆港和海港发展提供了新机遇。陆港和海港作为构建跨境物流网络的关键节点，在"一带一路"建设中有着不可估量的效用，扮演着"先遣者"的角色。由陆港和海港合作形成的跨境物流网络是落实"一带一路"倡议的关键着力点和最佳破题点。"一带一路"倡议的实施让陆港向西与国外陆港合作连接"新丝绸之路经济带"，向东与海港合作连接"21世纪海上丝绸之路"的海陆枢纽功能得到凸显。

一、打造连接世界的全球物流体系的需要

全球化是当今世界最重要的时代特征之一。全球化深化了国际分工，促进了全球经济的增长和贸易扩张，推动了全球范围的人员、商品、资金、信息、知识和技术的流动。全球化要求各国间加强交通运输、物流、信息通信、互联网、金融、文化、制度等方面的连接。全球连接、全球流动进一步推动着全球化与全球经济的增长，是当今世界的一大重要特征。

过去的数十年，美、欧、日等发达经济体着眼于全球市场和在全球范围内配置资源，主导着全球连接，推动着要素、商品、服务的全球性流动。美国着眼于全球，将建设一个能够保障美国经济增长的全球交通运输、物流与供应链服务体系作为国家战略，通过掌控覆盖全球的交通运输网络、物流网络、信息网络和供应链网络，力图控制全球主要物流通道。欧盟的战略是通过建设一体化交通及物流网络确保欧盟的产业和产品有效进入欧洲统一市场及国际市场。日本高度重视流通发展，通过实现与东亚之间的无缝衔接，建立能将东亚与世界各地联系起来的综合国际交通运输系统和物流系统。

最近这些年，随着新兴经济体的兴起，中国、印度、俄罗斯、巴西等国不断增强全球连接能力，特别是中国在全球流动网络中的地位变得日益重要。中国在全球连接与流动格局中的地位显著提升，影响力不断增强。2013年，中国成为世界第一货物贸易大国，中国国内物流市场规模跃居世界第一位。互联网、移动通信等信息网络技术的广泛应用，使得中小企业能够与传统跨国企业一道参与全球连接的大潮。

经过改革开放四十多年的快速发展，中国已经成为有全球影响力的物流大国、最大的物流市场。但中国连接世界的物流能力有待加强。中国物流业规模虽大，但绩效并不理想。大而不强、粗放式发展、互联互通性差、全球连接能力弱、物流成本高、质量效益低，中高端、体系化、集约式物流服务与供应链服务严重不足，传统发展模式与运作方式难以为继。世界银行发布的物流绩效

指标表明，从基础设施、物流能力、海运能力、通关效率、货物跟踪、及时性等维度衡量，中国领先于发展中国家，但落后发达国家不少。麦肯锡的研究表明，美国和德国是全球连接能力最强的国家，中国的全球连接能力只有它们的一半。中国的产品出口已经覆盖220多个国家和地区，但尚无一家物流企业具有全球递达能力。

全球物流体系是中国连接各国、各地区的物流服务体系。党的十九大报告提出，加强水利、铁路、公路、水运、航空、管道、电网、信息、物流等基础设施网络建设。2019年中央经济工作会议也提出，深化电力、石油天然气、铁路等行业改革，降低用能、物流成本。这为我国发展现代物流，打造连接世界的全球物流体系指明了方向。把握全球化和国际格局变化的新特点，以"一带一路"建设为契机，构建全球物流和供应链服务体系，提升全球连接、全球服务、全球解决方案的能力。

打造连接世界的全球物流体系，陆港建设是其中必不可缺的一环。构建国际铁路货运网络，完善国际公路货运网络，构建国际多式联运系统和综合物流枢纽都离不开陆港的支撑。在内陆地区建设集报关报检、国际运输、多式联运、仓储加工、信息处理、跨境电商等功能于一体，具有跨区域集聚辐射作用的国际综合物流枢纽非常重要。中国应牢牢把握全球化和国际格局变化的新特点，紧紧围绕新时期中国的全球化发展和全球生产、流通、贸易的需要，本着"利他共生，共创共享，互利共赢"的原则，加强与各国的战略对接，以"一带一路"建设为契机，构建起"以中国为核心，连接世界各大洲，通达主要目标市场"的全球物流和供应链服务体系。

陆港将成为"一带一路"倡议中大陆桥连接的重要节点。为亚欧大陆经济中心城市之间建立国际贸易网络、实现亚欧经济一体化打下基础。同时，也使国际海洋物流网与陆地物流网联为一体，国际物流直接深入内陆地区和国际经济中心城市，助力全球经济一体化。

二、改善港口腹地互联互通的状况

随着经济全球化和专业化分工的发展，全球化、生产模式转变、城市化和环境意识的加强使得物流的重要性与日俱增。传统上，港口作为海上物流链的中心一直处于关注的焦点，但长距离快速物流的发展使生产模式发生了变化。因此，通过整合货物流动以及扩大港口对其内陆地区的影响，加强与港口腹地相关的交通联系，充分利用运输资源和基础设施，从而增加港口的竞争力变得非常重要。这也凸显了区域内运输系统和更大的区域运输系统之间联系的重要性。

全球集装箱贸易，特别是集装箱港口面临着与能力扩张、环境因素和社区限制有关的挑战。货运和物流功能也越来越融入全球供应链。集装箱贸易和班轮运输面临的挑战已经从海上移到了内陆，先是到港口再到内陆地区。船舶的增加给港口带来了更多的压力，因为它们必须在短时间内处理大量的装载单位。能够有效地将负荷单元分配到内陆地区，对港口的整体效率和整个供应链来说至关重要。在运输成本和时间上领先，越来越多地体现在较小的路线上，而不是在运输动脉上。高容量运输方式的使用，如火车和驳船，是增加内陆运输能力的一项措施。铁路和内河航道在减少环境影响、发展规模经济、增加港口吞吐量和缓解道路拥堵等方面都有一些优势。最大限度地提高腹地的效率将基于最优的运输方式和设置的组合，不能依赖单一的服务或解决方案。

因此，改善港口腹地的互联互通已成为当今物流挑战的重要内容。港口的腹地由于集装箱化和联运运输的可能性而得以扩展。随着内陆市场的扩张，内陆地区不同的港口自然有重叠和竞争。（Notteboom et al.，2001）这种激烈的竞争，加上内陆运输、相关基础设施和战略转运节点的复杂性，使得内陆互联互通成为港口价值的重要组成部分。潜在的更有效的内陆系统，与供应链中更好的合作和协调有关，陆港在设计和管理全球供应链中扮演着重要的角色。世界各地发展陆港解决了当代物流和港口面临的许多挑战。陆港的概念在实践中更常被使用，同时也被给予更多的关注。

2015年3月28日发布的《推动共建丝绸之路经济带和21世纪海上丝绸之路的愿景和行动》中明确指出，依托中原城市群，打造内陆开放型经济高地，支持内陆城市建设航空港、国际陆港，加强内陆口岸与沿海、沿边口岸通过合作，开展跨境贸易电子商务服务试点。"一带一路"的建设以国际海港与陆港为依托，连接内陆地区与沿海地区，不仅让内陆城市成为主动策划、组织和参与国际经贸活动、产业集聚和综合服务的基地与腹地，还成为商品流、资金流、技术流、信息流与人才流汇聚的中心，也促使内陆地区成为推动国家形成全方位开放新格局中的主力军。"一带一路"倡议依托沿线基础设施的互通互联，对沿线贸易和生产要素进行优化配置，将加快推进公路、铁路、民航、海运等多种运输方式的互联互通。沿海港口发展越来越依赖其腹地经济，现代陆港在整个物流供应链中的地位日渐凸显。而且，随着沿海港口数量及吞吐量的增加，港口间的竞争也愈演愈烈，海港企业需要不断提高效率、扩大规模，而双港联动对海港企业争取到更广阔的经济腹地和更多的货源也有积极影响。

三、减缓区域经济发展不均衡

地理因素会使社会经济发展面临挑战。大多数国家的经济增长和贸易历来以港口为中心。世界各地的沿海地区普遍比内陆地区富裕，经济增长也更快，这就加剧了国民经济空间上的不平等。在亚洲和太平洋地区，沿海地区主要通过成为区域生产网络中的重要节点而受益于全球化。

扩大内陆地区的发展刺激了陆港和门户海港相连。与沿海网络、内陆集装箱仓库、集装箱货运站相连接的内陆地区就如海港一样成为货物流通和分配的节点，提供一体化的多式联运服务。在促进亚洲公路和铁路项目建设的背景下，联合国亚太经社会研究了内陆国家和沿海国家内陆地区的多式联运的潜力、货运模式交换和内陆港口对贸易、交通成本缓解的程度。研究报告认为，亚洲公路和铁路将成为区域交通基础设施节点的催化剂，陆港可能会培育出制造业和服务业集群。陆港、内陆集装箱仓库、物流区或物流园、货运村庄等本质上都将促进货物的无缝连接运输和低成本高效运输。内陆集装箱仓库支持和鼓励港口、公路和铁路货运业务的整合。作为负载中心的陆港网络也有可能促进铁路交通的发展，带来显著的环境效益并提高能源效率。

陆港是推动"一带一路"倡议中内陆区域发展的重要平台。能够有效改变我国西部、中部和东北等"一带一路"重点区域外贸投资环境，促进内陆城市国际化和产业结构调整，提升国内消费需求，缓解内陆地区与沿海地区经济发展不平衡的矛盾。陆港也是助力"一带一路"倡议中城市发展的重要驱动力。陆港建设打开了制约内陆地区国际贸易发展的瓶颈，实现陆地国际物流与海洋国际物流的无缝连接，使经济中心城市具有完备的港口运行机制和方便快捷的运作体系，使内陆中心城市成为国际港口城市。

第五节
我国陆港建设的问题与发展趋势

一、我国陆港建设存在的问题

虽然我国陆港建设发展很快，也在推动国际贸易、带动内陆经济、完善物流体系等方面发挥了重要作用，但我国陆港体系建设还存在铁路建设滞后、口岸公路交通较差、技术标准与法规不统一、建设资金和政策支持不足及协调管理部门过多等问题。

1. 投资主体单一，建设资金和政策支持不足

我国当前陆港投资建设的主体有港务集团、地方政府和地方企业，投资方式比较单一，投资渠道有限。虽然陆港建设得到各方的重视，但各投资主体多以自身需要为出发点来建设，缺乏对市场需求的深度调查。近年来以公私合营方式投资开发建设陆港受到关注，如石家庄、邯郸等地的陆港建设方式。

我国内陆地区经济欠发达，交通基础设施底子薄弱，自我发展能力较差，在交通建设尤其是口岸交通建设上资金更显不足，且已经成为向西开放的瓶颈。周边国家多为中等发达或欠发达国家，财力有限，无力出资建设互联互通的基础设施。国内关于陆港项目建设的投资体制、融资渠道不完善，对外统筹的援外资金和优惠贷款规模有限，而国内企业往往因项目经济的可行性和当地发展环境差等原因参与积极性较低，国家没有支持或补偿政策，企业投资的动力不足。

2. 集疏运基础设施亟待加强

现阶段陆港集疏运多以公路为主，大部分陆港的铁路建设滞后，仅有部分陆港有铁路专用线。我国现有边境铁路口岸8个，客货运量主要集中于满洲里、阿拉山口、二连浩特和绥芬河4个铁路口岸。现规划跨境铁路国内段即将开工建设，但境外段铁路大多仍处于研究阶段，建设相对滞后，导致我国与吉尔吉斯

斯坦、巴基斯坦、缅甸、老挝等邻国尚无铁路联通。在"一带一路"倡议下，陆港建设大多布局欧亚铁路大通道，如果跨境铁路建设跟不上，势必影响陆港枢纽功能的发挥，进而制约"一带一路"国际物流体系的形成。

口岸公路交通条件较差。"丝绸之路经济带"口岸公路"通而不畅"问题较为突出，"建设等级较低，境内段多以二级、三级公路为主，境外段口岸公路条件普遍较差，技术等级仅相当于我国的三级、四级标准，还有部分为等外公路，路况较差，通行能力低。此外，界河桥建设较为滞后，与俄罗斯、老挝等国衔接的界河桥存在缺失段或瓶颈段，高峰时段拥堵严重。口岸公路建设水平滞后，严重影响了以口岸物流为特征的陆港建设"。（刘晓雷，2015）

交通运输技术标准与法规不统一。在"一带一路"倡议下建设陆港体系，最重要的是实现标准、法律、规则之间的协调，但目前的情况是沿线各国的技术标准和规则存在很大差异。在铁路运输方面，境内外轨矩标准不一，铁路货运需要换装换轨，虽然目前已经有自动调整轨矩的列车，但其成本高昂、经济性较差；在道路运输方面，周边国家对车辆轴重、排放标准等要求与我国不一致，经常造成我方车辆因不符合他国相关标准被阻、被罚。同时，"一带一路"沿线陆港尚未引入国际贸易术语，对国际物流体系的形成造成了阻碍。

在政府交通运输部门和外贸事业管理部门的推动下，陆港场站进入了快速建设和发展阶段，但受资金和地域因素限制，大多数场站规模较小，功能单一，手续与海港相类似，未能体现陆港自身独有的优势。

3. 功能设置不够多样化，信息化程度不高

我国现阶段大多数陆港功能设置以仓储、转运和清关为主。尽管部分陆港具备货代、加工和配送等功能，但保税和供应链增值服务等高端服务功能尚缺，在一定程度上会制约陆港未来的发展。

现代港口是国际商贸活动链上的重要环节和现代物流的基础平台。电子商务在其中起到穿针引线的作用，而现实中沿海港口、道路运输、海关、检验检疫、金融保险、物流企业等相关机构没有做到将其功能与电商平台、陆港相融合，管理方法存在许多漏洞，缺乏协调一致的机制。

4. 区域和部门协调难度大

"一带一路"倡议下陆港建设涉及的部门多，各管理部门间由于政策不统

一，协调难度很大，仅仅依靠某一地方政府或企业，无法满足政策条件和资金需求，造成项目实施较为困难。

二、我国陆港发展的新趋势

智慧物流作为一种创新型的物流业态，是将物联网、大数据、云计算、"互联网+"、智能感应技术等新型技术系统有机地应用于物流业务流程，将运输、仓储、装卸搬运、流通加工、信息处理和客户服务等物流环节紧密结合起来，不仅进行全程化的信息采集，使物流各环节的业务信息能够有效地交流和共享，而且通过实现物流系统的状态感知、实时分析、精准执行，形成以"数据+算力+算法"为核心的智慧经济决策模式，最终实现自主决策和学习提升，形成具有更高价值和一定智慧能力的现代物流体系。

智慧陆港通过物联网、传感网、云计算、决策分析优化等技术，透彻感知、广泛连接、深度计算陆港各个物流系统的相关信息，实现相关资源的互联互通。智慧陆港不仅是一种新的信息技术和解决方案，而且是一种新的理念和发展模式。建设智慧陆港，有利于提升陆港的服务水平和服务效率，增强陆港对腹地经济发展的支撑带动作用，推动物流业与制造业、商贸业的融合；有利于提升陆港专业化、规模化水平，实现产业集聚、城市功能升级战略目标；有利于发展物流金融、国际货运保险、仲裁、信息、交易等新兴交通运输服务业，进一步提升铁路集装箱代理、无船承运、国际多式联运等传统交通运输服务业；有利于陆港集疏运体系的建设，完善与沿边沿海口岸的陆海联运体系；有利于提高市场的综合监管能力，打造统一、开放、竞争、有序的行业市场体系。

随着"云商"时代的来临和"一带一路"倡议的全面实施，陆港不可避免地成为我国对外贸易的窗口，近几年来凭借其初显威力的智慧物流体系，融中国内陆地区海、陆、空多种运输方式于一体，正逐步实现中国内陆与世界各地陆路城市及沿海城市的"零距离"接触，从而为中国内陆地区的对外贸易打开了重要的物流通道。与此同时，由于陆港的开放性和复杂性，智慧物流体系还存在诸多问题，在物流服务方面与国际优秀陆港还有一定差距。因此，随着大数据、物联网、云技术的发展，中国陆港应抓住战略机遇，借助现代化信息技术，不断优化智慧物流体系，以此提高自身的物流服务能力。

第七章

中国陆港发展案例

陆港作为内陆地区发展外向型经济的重要载体已经成为国际贸易物流系统的重要组成部分。国际陆港近年来发展迅速，尤其随着"一带一路"倡议、"自贸区发展"等的提出，陆港建设正在成为区域经济新的增长点和新一轮竞争的焦点。我国陆港发展虽然只有十多年的时间，但已经在我国内陆地区外向型经济的发展中起到了很大作用，目前各地规划建设已有近百家陆港。西安、义乌、郑州、邯郸等地争相建立国际陆港物流集聚区，以期更好发挥陆港物流枢纽的功能。

在当前陆港建设迅猛发展的背景下，本章从我国铁路集装箱多式联运的发展、陆路口岸建设与陆港发展、城市型陆港建设三个方面选取陆港案例，基于各类文献、收集整理的访谈资料以及对各地陆港的实地调研，总结分析我国陆港空间布局现状、面临的形式及未来发展趋势，探索我国陆港空间布局的演化规律及深化方向。

第一节
中国铁路集装箱多式联运与陆港案例

一、中国铁路集装箱多式联运发展现状

1.发展背景

全球集装箱生产经过四次产业转移。20世纪60年代，美国、欧洲是世界集装箱的主要生产地；20世纪70年代，日本成为世界集装箱制造中心；20世纪80年代，韩国占据世界集装箱制造"霸主"地位，占据世界产量的85%；20世纪90年代，集装箱主要产地向中国大陆、印度、马来西亚和泰国转移。1993年，中国集装箱产量跃居世界第一位，并一直保持着世界中心的位置。集装箱行业是全球标准化最高的行业之一，规模化生产的成本优势、订单的快速响应能力、上游供应链的配套能力、进出口货量的优势、集装箱中转港的枢纽优势是构成集装箱行业世界中心的关键要素。近些年中国多式联运的高速发展，给中国集装箱行业带来新的机遇。在"一带一路"倡议下，中国积极推动建设新的国际合作市场、新的物流通道，为中国集装箱行业和多式联运提供了广阔的发展空间。

2018年全球集装箱海运量为2.01亿TEU，同比增长4.46%。中国集装箱全年产量约425万TEU，同比增长约12%，创历史最高水平，在全球市场占有率约为96.1%。集装箱运输作为劳动密集型和资源密集型行业，其技术储备能力、智能化制造能力、新市场开发能力和服务创新能力是行业下一步竞争的分水岭。2018年，中国多式联运呈现全面发展的良好势头，内贸运输以"散改集"为突破口快速增长，驼背运输、公铁两用车、智能空轨系统等新装备新技术带动下的多元化多式联运形态和服务开始起步。铁路系统全线发力，成为多式联运的主力军。港口、航空、水运和公路把多式联运作为业务创新与市场扩张的战略突破口。

2018年中国规模以上港口集装箱吞吐量为2.51亿TEU，增长5.2%；铁路集装箱发送量为1375.1万TEU，增长33.4%；铁路集装箱运量占铁路总运量的比重由5.46%上升至7.16%，但仍远远落后于欧、美、日等发达国家或地区。中国规模以上港口完成集装箱铁水联运量为450万TEU，占规模以上港口集装箱吞吐量

的1.8%。中欧班列开行8225列，增长73%。区域一体化带来更多政策红利，跨界合作平台型企业增加、技术装备创新不断涌现、枢纽与通道驱动下的规则与标准逐步建立等发展趋势正推动中国多式联运进入全面发展时期。

2.发展现状与问题

我国铁路集装箱多式联运发展势头良好，但与高效便捷的货运发展要求相比，仍然存在较大差距。我国铁路集装箱多式联运发展主要存在以下问题：

（1）铁路在我国综合运输体系中的作用未得到充分发挥

1995年、2000年、2005年、2010年、2015年及2017—2019年，我国铁路、公路和水路运输方式的货运量、货运周转量占全国综合运输市场比例的变化不难看出，铁路货运量、货运周转量占比均较小，水路货运量、货运周转量均有不同程度提升。（见表7-1）研究表明，铁路成本约为公路的1/3，能耗约为公路的1/7，排放为公路的1/13。2019年我国铁路货运周转量在综合运输市场中只占11.23%，公路运输达到27.77%。这与美国铁路货运周转量在综合运输市场占比33.23%（公路运输为39.01%，水路运输仅为9.34%）形成了鲜明对比。由此可见，铁路在我国综合运输体系中的作用未得到充分发挥。

表7-1　1995年、2000年、2005年、2010年、2015年及2017—2019年
全国各运输方式货运量、货运周转量占比

年份	货运量占比/%			货运周转量占比/%			平均运距/km		
	铁路	公路	水路	铁路	公路	水路	铁路	公路	水路
1995	13.44	77.1	8.03	54.44	19.59	23.42	786.2	49.93	573.21
2000	13.14	77.77	7.44	50.54	22.5	24.45	771.11	59	669.86
2005	14.46	73.99	9.43	49.7	20.84	26.66	769.64	64.79	649.93
2010	11.24	76.89	10.08	28.84	45.27	23.4	758.89	177.24	698.94
2015	8.05	75.52	14.72	13.41	32.67	51.49	707.39	183.98	1487.70
2017	7.70	76.75	13.89	13.75	34	49.69	730.68	181.28	1463.20
2018	7.95	78.23	13.81	15.55	30.73	38.87	716	180	1410
2019	9.18	72.99	15.87	11.23	27.77	20.24	——	——	——

（数据来源：《交通运输行业发展统计公报》《中国交通年鉴》）

由表7-2可以看出，2003—2013年期间，我国铁路集装箱运量占铁路货运总量的比例在2.41%—2.97%之间，平均为2.74%。2015年以来，铁路集装箱发展

加快，2016年集装箱运量比重已升至7.89%，2018年达到8.72%，但仍远低于美国和欧洲集装箱货运量占比 20%—40%的水平。我国铁路集装箱疏运量占沿海港口集疏运比例长期在 3%左右，比较优势没有得到充分发挥。

表7-2　2003—2019年铁路集装箱运量占铁路货运总量比重的变化情况

年份	货运总量/亿吨	集装箱运量/万吨	比例/%
2003	19.91	5907	2.97
2004	21.69	5952	2.74
2005	23.09	5565	2.41
2006	24.44	6891	2.82
2007	26.42	7608	2.88
2008	27.39	6863	2.51
2009	27.63	7172	2.60
2010	30.82	8612	2.79
2011	32.81	9351	2.85
2012	32.23	9265	2.87
2013	32.227	8844	2.74
2014	38.13	9356	2.45
2015	33.58	18 675	5.56
2016	33.32	26 295	7.89
2017	36.89	28 695	7.78
2018	40.26	38 279	8.72
2019	43.89	—	—

（数据来源：历年《交通运输行业发展统计公报》《中国交通年鉴》）

根据对我国铁路货运结构的分析，适箱货物占总运量的 20%左右，但实际集装箱运量仅占2.7%左右，"大量适箱货物并没有使用集装箱运输，仍以铁路整车或零担的方式运输，特别是在国际集装箱港口吞吐量中，绝大多数适箱货物都是在港口地区拆装箱，然后以散货的形式在港口和内陆之间进行运输"。（许奇等，2018）

（2）集装箱铁水联运处于较低水平

"我国集装箱铁水联运发展总体呈现'起步晚、规模小、形式单一'的特点。""自1992年新亚欧大陆桥开通之后，我国开始正式投入国际集装箱铁水联运业务"，但运量较少。"进入21世纪，随着我国加入世界贸易组织（WTO），国际贸易快速增长，中国成为全球最大的集装箱运输地，我国集装箱铁水联运发展开始发生了深刻的变革。随着铁路货运量的增长，铁路开始了五定班列的运行，中铁集装箱运输有限公司也在这一时期诞生，铁水联运进一步发展，但是运量规模依然很小。"（赖文光，2019）

我国铁水联运业务量小，且基本上集中在大连、营口、天津、青岛、连云港、宁波、深圳盐田港 7 个港口，以上港口 2018 年铁水联运量合计为 385.3 万 TEU（见表7-3），占全国铁水联运量的85.6%，集中度较高。从增速来看，我国集装箱铁水联运进入提速发展时期。2014 年以来，每年均以两位数的速度增长，其中 2018 年天津港、青岛港、宁波舟山港增速较快。

表7-3　2012—2018年主要港口集装箱铁水联运量统计

港口名称	2012年铁水联运量/万TEU	2013年铁水联运量/万TEU	2014年铁水联运量/万TEU	2015年铁水联运量/万TEU	2016年铁水联运量/万TEU	2017年铁水联运量/万TEU	2018年铁水联运量/万TEU
大连	38.0	29.0	32.3	34.9	40.6	41.2	39.3
营口	30.4	32.5	41.5	43.1	52.6	72.2	76.3
天津	34.6	26.9	20.6	31.0	32.0	34.8	49.2
青岛	15.0	8.4	22.0	30.2	48.3	77.6	115.4
连云港	30.3	25.7	21.6	22.9	20.6	25.7	30.3
宁波	5.5	10.5	13.5	17.1	25.0	40.1	60.2
深圳	13.9	14.8	17.2	16.9	14.8	16.2	14.6
合计	167.7	147.8	168.7	196.1	233.9	307.9	385.3

（数据来源：中国港口协会）

（3）我国集装箱运价偏高，货流呈现不均衡性

铁路集装箱运输在价格上不具备优势。与公路和水路比较，我国铁路集装箱运价普遍偏高。以郑州—佛山东为例，采用铁路集装箱和自备箱的运输价格比公路运价分别高 19.8%和15.4%，比公水联运价格分别高23.5%和19.1%。国外铁路集装箱多式联运发展经验表明，灵活的价格机制是铁路争取集装箱货源的重要手段。我国铁路集装箱价格明显高于其他运输方式，其主要原因：一是我国的铁路运价结构使集装箱运输比整车运输费用高，货主基于利润最大化的原

则更倾向于选择整车运输；二是"单向货流"可能产生集装箱排空的情况，空箱回程造成的成本问题将导致铁路集装箱运价缺乏优势。另外，我国铁路运价由国家发改委管理，铁路集装箱班列运价由铁路总公司制定。相比运价机制灵活的公路和水路运输，铁路运价无法根据市场情况及时调整，铁水联运的价格优势也难以得到充分发挥。

铁路集装箱运量主要集中在部分大站。广州、成都、天津、上海、北京、乌鲁木齐、昆明、重庆、哈尔滨、兰州十大集装箱作业点的发送量和到达量占铁路集装箱运输总量的1/3。

（4）铁路集装箱运输时效较差，集装箱班列效率较低

铁路集装箱运输时效性较差，运输时间较其他运输方式长。与水路运输相比，中远集团广州—沈阳集装箱班轮全程约需十天时间；铁路运输集装箱如不按班列组织，站到站运到期限约为十四天。与公路运输相比，铁路集装箱运输时间较慢。以郑州—佛山东为例，采用公路运输只需要两天，而采用铁路则需要五天。我国铁路集装箱运到时间较其他运输方式长，其主要原因包括：一是在集装箱班列实际运行中，铁路运输能力受限的情况经常发生，列车运行晚点使铁路运输丧失了时效性优势；二是铁路集装箱作业流程较公路烦琐，与铁路集装箱运输相比，公路集装箱运输少了铁路计划受理、取送车、开箱检查等环节的时间，明显较铁路集装箱运输效率高；三是政策性运输影响，例如，在春运期间，铁路运输以客压货，难以保证集装箱运输的时效性。

我国铁路集装箱平均运距保持在1000千米以上，是全国铁路货物平均运距的2倍左右，这表明铁路集装箱市场面过窄，没有发挥应有优势。市场供需对接不充分，运输组织方式较为传统，"门到门"全程物流服务刚起步，运输时效性和便捷性亟待提高。

（5）多式联运市场主体不够多元

我国集装箱多式联运运行规则不统一，相互之间的协调较差，而且各部门、各地区之间难以协调，多式联运经营主体欠缺，标准规则不统一，信息开放共享不足，市场开放水平亟待提高。例如，铁路部门与港航企业之间、集装箱联运各环节之间信息难以实现共享。由于单证标准不统一，集装箱运输时使用联运单据44张，过境箱单证22张，严重影响了多式联运的效率。

3.我国铁路集装箱多式联运网络规划与建设

我国铁路2019年年底营业里程达13.9万千米，其中高铁3.5万千米。高铁建设使铁路货运能力得到一定程度释放。铁路部门规划了集装箱中心站—专门办理站—办理站三级网络。中华人民共和国铁道部在《中长期铁路网规划》中提出形成以18个集装箱中心站为节点（哈尔滨、沈阳、大连、北京、天津、郑州、西安、武汉、青岛、上海、宁波、广州、深圳、成都、重庆、兰州、乌鲁木齐、昆明），约50个专门办理站为支撑，约200个办理站为网络的现代化程度高、处理能力强的集装箱场站布局。集装箱中心站具有办理集装箱列车及枢纽小运转列车的到发、集装箱列车整列装卸的功能，具有办理国际集装箱联运业务的口岸功能，具有办理集装箱多式联运及"门到门"运输服务的功能，具有集装箱检修、清洗和消毒的功能，具有装卸和运输机械检修、清洗功能，具有集装箱储存和空箱调配的功能，具有铁路运输和站内集装箱信息处理和运输的功能。

在物流通道建设方面，按照国家战略和产业布局调整要求，依托铁路、公路、水路等各种运输方式，围绕"十纵十横"综合运输大通道，重点完善境内通道，研究构建双层集装箱运输通道。贯彻落实"一带一路"倡议，推进我国与周边国家铁路互联互通，有序推动境外通道建设，积极推动与中欧班列沿线国家共同制定欧亚铁路规划，稳步推进境外铁路建设。

在多式联运枢纽建设方面，在原有约2800个铁路货场基础上，规划建设208个现代化物流基地，基本覆盖《全国流通节点城市布局规划（2015—2020年）》中国家级、区域级城市和《全国物流园区发展规划（2013—2020年）》中一、二级物流园区布局城市。目前，已对50多个具有多式联运服务功能的物流园区给予资金扶持，建成106个一、二级铁路物流基地，全国70多个城市正在规划建设具有多式联运功能、口岸服务功能的陆港。

在集疏运体系建设方面，加快打通铁路进港"最后一公里"。统筹港口与铁路规划对接，加快推进疏港铁路建设，实现铁路与港口高效衔接，形成干支布局合理、衔接有效的铁水联运体系，加快港区铁路装卸场站建设。目前，全国43个规模以上港口建成了集疏运铁路，沿海和内河主要港口铁路进港率不断提高，约1/2的重要港区接入了高等级公路。青岛港、连云港、宁波港等已经实现港区与铁路无缝衔接；上海外高桥港、北部湾铁山港等港正在加快推进港区专用线建设。通过加快疏港铁路建设，力争实现全国80%左右的主要港口引入铁路，2020年实现铁水联运占港口集疏运比例由1%提高到3%。

二、甘肃（兰州）国际陆港

1. 发展概况

甘肃（兰州）国际陆港位于"丝绸之路经济带"甘肃黄金段重要节点、兰州市"西大门"，规划区建设用地面积14平方千米，属全国城镇体系9大综合交通枢纽、21个物流节点、18个铁路集装箱中心站之列，是甘肃省扩大对外开放，服务国家向西开放的重要平台，先后被确定为甘肃国际陆港的龙头、甘肃实施"十三五"规划的标志性工程，是"一带一路"上重要的国际物流中转枢纽和国际贸易物资集散中心。

甘肃（兰州）国际陆港作为"丝绸之路经济带"黄金段上重要节点和咽喉枢纽，位列全国九大物流区域、十大物流通道之中，属于国家铁路一级物流基地，在全国大物流格局中具有重要地理优势。铁路、公路的主要交通干线中，陇海、兰新、兰青、包兰、兰成、兰渝六大铁路干线交汇于此，连霍、青兰、兰海、京藏、G312、G109等高速公路、国道在此汇聚，形成了"丝绸之路经济带"黄金段上重要的中转枢纽和集散中心。目前，中欧、中亚、南亚、中新南向国际班列已开通发运。国家发改委和铁路总公司已将中欧国际班列中转枢纽列入国家"十三五"发展规划，南亚国际班列正在积极申请列入图定班列，多式联运示范项目列入国家交通运输部首批16个多式联运示范工程。兰州铁路口岸监管场所已建成封关运营，确定为甘肃省铁路口岸关检合作铁路口岸示范区。甘肃（兰州）国际陆港成功获批为国家发改委、国土资源部、住建部三部委联合公布第二批示范物流园区。

甘肃（兰州）国际陆港的建设目标为：成为甘肃省经济发展的新引擎、新增长点，积极融入国家形成"陆海内外联动、东西双向互济"的开放格局，以现代物流、现代商贸、出口加工为三大主导产业，以新能源材料、商务服务、信息服务、金融服务、旅游文体五大辅助产业为发展方向，以铁路口岸为核心，发挥国际通道优势，建设成为一个口岸成熟、贸易完善、物流集聚、产业优化、功能合理、宜居宜业的国际化时代新城。

2. 发展历程

2014年年初，甘肃省启动了新建兰州铁路集装箱中心站和西站货场搬迁项目，选址在西固区东川镇，建设东川铁路物流中心（国家一级铁路物流基地）。在西部大开发政策背景下和国家"一带一路"倡议，甘肃省委、省政府考虑到兰州的区位、交通、枢纽、能源、产业等综合优势，在东川铁路物流中心建设基础上，谋划了兰州国际港务区项目。

2015年10月，甘肃省确定了"省市联动，向上争取以省为主、建设实施以市为主"的工作方针。随即，兰州市成立了由市政府主要领导为组长的港务区建设工作领导小组；成立了由常务副市长为主任的港务区筹委会和工作机构筹委办。筹委办工作人员由西固区和经济区抽调，西固区政府主要领导担任筹委办主任。西固区和经济区各出资1亿元资本金，注册成立了兰州国际港务区投资开发有限公司（由市国资委代管），作为港务区开发、建设和运营的平台，由经济区负责土地储备，西固区负责征地拆迁，全面启动了港务区建设，形成了省、市、区"三级联动、同频发力"的建设工作格局。2015年12月，甘肃省政府将兰州国际港务区确定为全省实施"十三五"规划的标志性工程。

2016年8月，港务区与西固区实行"区区合一"的管理模式。2016年11月，甘肃省政府批复《甘肃（兰州）国际陆港规划（2016—2020年）》，将兰州国际港务区定位为甘肃（兰州）国际陆港，规划建设面积14平方千米，以现代物流、现代商贸、出口加工为三大主导产业，打造服务国家对外开放的重要平台，"一带一路"重要的国际物流中转枢纽、国际贸易物资集散中心，建设一流国际陆港、智慧国际陆港。甘肃（兰州）国际陆港规划建设具有铁路集装箱、铁路口岸、保税、多式联运、智慧陆港等核心功能和国际综合物流园、公路集装箱分拨物流园、冷链物流园、大宗物资物流园、汽车物流产业园、跨境电商产业园、国际商务贸易中心、进出口加工物流中心、国际陆港博览中心、综合客运枢纽中心十大产业园，着力打造中新陆海新通道及中欧、中亚、南亚四大国际贸易通道。

2018年5月，兰州国际港务区管委会更名为甘肃（兰州）国际陆港管理委员会。2018年6月，《关于促进甘肃（兰州）国际陆港加快发展的意见》，明确甘肃

（兰州）国际陆港为市委、市政府派出机构，规划控制范围扩展到73平方千米，享受市级经济管理权限，在机制体制、土地政策、财政支持等方面提供强大保障，西固区主要负责征拆和社会事务，兰州经济区西固园区与陆港实行"两块牌子、一套人马"管理体制，是陆港办理项目立项、备案、建设等手续的来源。

3. 主要国际贸易通道

（1）中欧国际班列贸易通道

以"兰州号"中欧国际货运班列为基础，以铁路口岸为龙头，以全国16个多式联运示范工程为平台，充分发挥国家铁路一级物流园和兰州的交通枢纽优势，与其他开通中欧国际班列的省市以及沿海港口城市建立合作联盟，进而优化整合编组，提高运输效率，实现"联合走西口、集疏在兰州"。

（2）中亚国际班列贸易通道

利用已开通的"兰州号"国际货运班列兰州至哈萨克斯坦阿拉木图国际货运通道和银川至乌兹别克斯坦塔什干国际班列，整合义乌至阿富汗喀布尔中亚班列和义乌至伊朗德黑兰班列，逐步形成辐射中亚各国的中亚国际贸易通道。

（3）南亚国际班列贸易通道

"兰州号"兰州至加德满都公铁联运班列打通了通往南亚的国际货运通道，是全国唯一一条以铁路运输为主、公路运输为辅、通往南亚的贸易通道，运输时间短、成本低，依托兰州国际陆港货物集散转运功能，形成规模化运输，汇集全国各地的生活及生产资料，在甘肃（兰州）国际陆港实现集结、整合、编组、发运。在此基础上，"兰州号"下一步将力争打通兰州至瓜达尔港的中巴贸易通道。

（4）国际陆海贸易新通道

中新互联互通南向通道将利用铁路、公路、水运、航空等多种运输方式，由兰州向南经重庆、贵州，通过广西北部湾等沿海沿边口岸，通达新加坡及东盟主要物流节点，进而辐射南亚、中东、大洋洲等区域；向北与中欧班列连接，利用兰渝铁路及甘肃的主要物流节点，连通中亚、南亚、欧洲等地区。

4. 甘肃（兰州）国际陆港的核心功能

（1）铁路货运中心

东川铁路国际物流中心共占地面积约2平方千米，建成后预计年吞吐量达

3000万吨，将具有整列集装箱班列编组、集疏运等功能，是西北规模最大、功能最全的综合性铁路集装箱货运中心。

（2）兰州铁路口岸

兰州铁路口岸（含汽车、肉类、粮食、木材四个指定口岸）将建成国家一类对外开放口岸，占地面积约0.03平方千米，建设监管专用电子卡口、海关及检验检疫查验场地、检验检疫处理区、监管集装箱堆放区、监管仓库、查验平台、熏蒸及焚烧处理库等现场查验设施，配有海关、检验检疫等查验信息系统，口岸紧邻铁路货运中心，可为进出口业务提供最为便捷的服务，建成后将具备"港口后移、多式联运、就地办单、无缝对接"的功能。2019年12月6日，国家口岸管理办公室批复同意兰州铁路集装箱场站作为临时口岸对外开放，具体包括兰州新区中川北站、兰州东川铁路物流中心两个作业区。

（3）保税物流中心

保税物流中心（B型）占地面积约0.3平方千米，建设保税监管仓库、综合服务大楼、大型堆场、智能化卡口、围网巡逻道、监控报警系统、查验场地等海关监管设施以及物流分拨中心和跨境电商试验区，成为开放程度最高、优惠政策最多、功能最齐全的海关特殊监管区。

（4）多式联运物流中心

甘肃（兰州）国际陆港多式联运物流中心是全国首批多式联运示范工程，占地面积约0.33平方千米，分两期实施，主要建设物流通道基础设施、物流节点设施、智能化装卸与转运、信息平台、跨境电商实验区、联运一体化服务专项提升、多式联运服务标准体系七大工程。

（5）国际陆港物流信息中心

甘肃（兰州）国际陆港物流信息中心占地面积约0.06平方千米，以建设智慧陆港、打造国际化信息发布平台为目标，以"互联网+"与现代物流服务体系融合发展为核心，以智慧管理和智慧服务为重点，建设"一中心、四平台"，即大数据中心、智慧陆港多式联运平台、电子商务平台、电子口岸平台、政务服务管理平台。实现与国际口岸的信息互联互通，为甘肃（兰州）国际陆港的国际化提供保障。

5.主要产业园区

（1）中联物流园

项目占地面积约0.07平方千米。一期规划建设跨线式装卸仓库一座、大型石化专用仓库一座、货物装卸设施若干，二期规划建设大宗商品电子交易服务中心、大型专用仓库和配套设施，三期规划建设大型石化产品（塑料原料）现货交易中心。

（2）综合客运枢纽中心

综合客运枢纽中心占地面积约0.05平方千米，以国家一级客运站标准进行建设，主要建设长途客运、出租车服务、汽车修理、物流配送等功能于一体的综合客运枢纽。

（3）建材国际物流园

项目占地面积约0.2平方千米，主要建设大宗物资商贸仓储物流中心和成型钢筋智能加工配售中心。包括供应链智能管理系统，一站式购物中心、堆场，铁路专用线配套设施，成型钢筋加工厂区，钢材原料库区，生活配套设施，等。

（4）冷链物流加工综合园

项目占地面积约0.09平方千米，主要建设大型现代化分拨运营中心，现代化冷链及恒温仓库分拨中心，进出口商品拆拼仓库、分包作业等物流加工及相关配套服务设施。

（5）汽车综合物流园

项目占地面积约0.05平方千米，主要建设公铁联运的仓储综合性场地，区域性铁路公路交换式物流中心，提供汽车物流仓储服务、汽车物流金融服务，建设货运代理及相应生活配套综合物流基地，最终建成集仓储、运输、配送、信息交换为一体的汽车物流互联平台。

（6）跨境电商物流园

跨境电商物流中心位于港务区综合保税物流中心范围内，具备通关、报税、仓储、分拨等功能，是办公、供应链、营销、会务、物流、仓储、通关、跨境等一体化服务平台的综合物流中心。

（7）电子商务运营中心

项目占地面积约0.2平方千米，按照设施现代化、硬件智能化、管理信息化的标准，建设集运输配送、现代仓储、货物分拨、包装加工、物流信息为一体的电子商务物流园区。

（8）公路集装箱分拨物流园

项目占地面积约0.32平方千米，是承载编组枢纽、发展港务经济、助推现代物流、实现多式联运的重要组成部分，主要功能为公路运输配送、货物分拨、物流信息集成、集装箱业务等。

（9）国际陆港博览中心

项目占地面积约0.45平方千米，主要建设专业展厅、免税商品展销中心、多功能展览观演厅、会议中心、智能化建设系统等。

（10）国际商务贸易中心

项目占地面积约0.38平方千米，主要建设国际金融中心、国际商务贸易中心、进出口展示交易中心、五星级酒店等。

三、云南（昆明）国际陆港

2013年11月7日，中国、老挝、俄罗斯和韩国等14个成员国在泰国曼谷签署了联合国亚太经社会《政府间陆港协定》，确定了诸多国际陆港城市，标志着亚太地区互联互通的交通基础网络已形成规模，国际陆港成为亚太地区经济发展的基础设施之一。作为国际陆港城市之一的昆明，地处中国西南边陲，是中国面向东南亚与南亚的"桥头堡"城市，处于"一带一路"建设的重要节点位置。云南（昆明）国际陆港的建设对中国发展东南亚与南亚地区对外贸易起到了关键的作用。

云南（昆明）国际陆港建设对于完善昆明城市功能、提升其国际化水平、实现跨区域经济合作、开拓国外消费市场、获取原材料创造了极为有利的条件。把昆明建设成为西南地区综合型的国际陆港服务平台，从而带动云南、西南部向外向型经济模式转变，打造外向型经济的聚集区，带动产业的大发展，势必在某种程度上成为支撑我国面向西南开放的桥头堡区域战略定位转型的有力支点。

1.云南省物流发展背景

云南省政府逐渐加强物流业发展的宏观指导，并注重营造使其良好发展的软、硬环境。现代物流体系建设在城市总体规划、综合交通体系规划中得到重视并开始启动，这极大地推动了云南积极参与国际区域经济合作，促进了与东盟各国特别是大湄公河次区域国家的贸易往来。云南省过去外贸出口主要是磷化工和矿产资源等资源性结构的产品，通过这些年的调整，逐渐形成了以矿产资源、高新产品、农产品为主的良性结构。与此同时，一大批有实力的企业，也走出云南到周边国家投资兴业，为昆明的陆港建设提供了良好的货源。但云南省的进出口企业依然面临着二次转关、成本较高的困境，不利于贸易企业提升其在国际市场上的竞争力。

在物流基础设施发展方面，云南省提出了对内、对外开放"两把扇子"的构想。一把扇子是以南昆、贵昆、成昆、内昆等铁路为主干，辅以通往省外的主要公路干线，国际、国内多条航空线和金沙江水运航线。这是云南向内的扇形开放区，它强化了云南省与全国的联系。另一把"扇子"，是以昆明为中心，以广大铁路、昆河铁路、昆畹公路、昆洛公路、澜沧江航道等昆明至边境的交通干线和沿这些干线所形成的沿边国家级口岸和省级口岸城市，形成一个以昆明为中心向外辐射140度的"云南沿边扇形开放区"，其辐射范围以越南、老挝、缅甸北部地区为第一辐射圈，周边国家经济腹地以及中南半岛国家和马来西亚、新加坡为第二辐射圈，东南亚其他国家和南亚诸国为第三辐射圈，并以此加快对外通道及口岸建设。昆明作为滇中城市群的中心城市，四条泛亚铁路的交汇点城市，与省内玉溪、曲靖、楚雄、红河等城市的时距均在2个小时以内，为云南省重要的交通枢纽。

随着昆明市经济、社会的快速发展和对外开放步伐的不断加快，物流业作为国民经济发展的重要基础性产业，在规模、结构、质量、效益等方面都取得了较大成绩，为云南（昆明）国际陆港的建设奠定了良好的基础。昆明市烟草、生物医药、冶金化工、农特产品加工、机械等工业产业发展以及运输枢纽、公铁货运站场的建设，使昆明市物流业和服务业得到了较快发展。以国际大通道为轴线、国家级口岸和区域性交通枢纽为节点，形成国际国内双向辐射的区域性现代物流网络。"东连黔桂通沿海，北经川渝进中原，南下越老达柬泰，西接缅甸连印巴"的独特区位优势，使昆明市成为云南省和西部地区重要的货运集散中心。

2.昆明铁路物流发展现状

（1）发展现状

铁路物流是承载大宗货物存储、转运、集散等功能的物流设施集群和区域物流活动的运营组织中心。在"一带一路"倡议指导下，云南省尤其昆明市的铁路物流发展迎来了前所未有的机遇，这也为加快昆明市物流行业转型升级和创新发展注入了新的活力。随着我国"一带一路"倡议的深入，云南也将从边缘地区和"末梢"变为开放前沿和辐射中心，其物流发展潜力大、发展空间广。

在"一带一路"倡议指导下，铁路基础设施得以加快推进。因此近年来铁路物流也得到了长足发展。2019年，云南铁路运营里程达4031千米，高铁及动车运营里程1105千米，客货航线达466条、国内外通航城市185个，航道通航里程达4538千米。而作为我国辐射南亚东南亚的最大陆港，云南依托最大铁路枢纽昆明东站建设了云南（昆明）国际陆港。

随着互联网、物联网、大数据、云计算等现代信息技术以及新能源车、无人机、无人仓、物流机器人等智能化、绿色化设施设备在运营管理中逐步推广应用，铁路物流枢纽的运行和组织效率得到提高。

在铁路基础设施建设加快发展和信息化应用的双重推动下，昆明铁路物流枢纽的货物集散转运、仓储配送、装卸搬运等基础服务能力明显增强，与制造、商贸、金融等相关产业联动融合趋势日益明显，已出现供应链服务新模式。

（2）存在问题

云南省和昆明的物流业整体水平尚处于一个较低的状态，基础设施不完善，组织化程度落后，技术手段滞后，物流企业规模较小、物流方式落后，网络资源缺乏整合，成本高、效率低、流转慢、损耗大，缺乏高素质的专业人才，专业化、信息化程度低。同时，按照不同运输方式划分分管部门，使得物流体系内部联系被分割，很难形成管理合力。

物流内部各环节整合困难。一方面国际陆港物流涉及众多部门、地区、行业，复合程度高。在建设运营过程中，涉及大量的政府部门，如商务、交通、铁道、民航、邮政、海关、质检、公安、信息等等。不同部门间的协调、沟通会有一定障碍。另一方面，云南现行的物流相关政策法规，缺乏统筹规划和整体协调，对于整合物流各环节与功能之间的关系、形成陆港产业优势不利。

国际物流结算体系不健全，增加双边资金的流通成本。从滇越、滇老、滇泰情况来看，我国虽已与其签订了双边结算与合作协议，建立了初步的银行与双边结算网络，但基础架构和服务功能仍脆弱；从滇缅边境情况来看，中缅两国银行仍未签订双边结算和合作协议，未建立任何代理业务关系。

内部管理机制不健全。首先，内部协调不到位，同一批次货物做不到"一次申报、一次查验、一次放行"，移箱、开箱、查验次数多，不符合高效率便利化的要求。其次，查验单位透明度较低、标准未公开，收费不统一。

3. 云南（昆明）国际陆港建设环境

（1）区位条件

云南深处亚欧大陆的腹部地带，国境线上无海洋、沙漠阻隔，地理条件优越。云南拥有无可比拟的黄金水道资源——澜沧江（湄公河），它流经云南、缅甸、老挝、越南、柬埔寨、泰国，直入东南亚"金三角"区域，造就了云南比其他任何口岸省市都便利的水上航道。同时，云南还有滇越铁路、中印公路以及建设中的泛亚铁路等，构筑了云南与东南亚各国的陆路交通网。云南还具有陆上口岸优势，现有12个国家一类口岸，9个国家二类口岸。

昆明处在南北国际大通道和以深圳为起点的东西向亚欧大陆桥的交汇点，是亚洲五小时航空圈的中心，东盟"10+1"自由贸易区经济圈、大湄公河次区域经济合作圈、泛珠三角区域经济合作圈的交汇点。其独特的区位优势使其在面向南亚、东南亚、西亚、南欧、非洲全方位开放中具有重要的前沿和门户作用，是我国面向南亚东南亚辐射的核心。

昆明市已初步形成较为完善的公路、铁路、水运和航空立体交通网络。云南省的高等级公路和铁路干线均以昆明为中心向周边地区辐射，昆明新机场的建设，使昆明市作为西南地区航空枢纽的地位将更加突出，云南（昆明）建设国际陆港所需的立体化交通体系已初步形成。

（2）市场优势和经济互补性

云南（昆明）国际陆港具有巨大市场。其中，东南亚市场约5.3亿人口，涵盖11个国家。南亚市场约14.5亿人口，涵盖8个国家。从地理位置上来看，云南与中南半岛、马来半岛相连，在发展条件、资源结构、产业结构、市场消费水平等方面与东盟各国具有十分明显的互补性。在中国—东盟建立自由贸易区进程中，云南与东盟国家可以在农业和农产品加工、生物资源开发、矿产资源开发、环境保护以及贸易、旅游、交通、信息等领域广泛开展合作。

中国丝绸之路自古商贾频繁往来，云南作为丝绸之路的必经之道，发挥了重要的交通作用。此外，云南是一个多民族的边疆省份，许多民族在云南和东南亚国家跨境而居，这就使得云南与东南亚各国有着相对密切的民族关系，有利于各国之间的友好往来。

（3）东盟自由贸易区的桥梁纽带

云南是中国—东盟建立自由贸易区不可或缺的陆上通道。其与生俱来的区位优势决定了云南将承担起中国与东盟各国的经济、文化往来交流的重任：交通上，云南东连贵州通向沿海地区，北边经过四川就是中原地区，南边与越南、老挝、泰国、柬埔寨相连，西边与缅甸、印度、巴基斯坦相接，可以成为连接四方的国际大通道，实现中国与东盟各国的大规模经济往来。

贸易上，利用云南与东盟各国在发展条件、资源结构、产业结构、市场消费水平等经济方面的良好互补，将澜沧江—湄公河次区域合作开发区以及昆明—曼德勒发展走廊、昆明—河内发展走廊等"一区两走廊"作为依托，促进各方的贸易往来，形成快捷通畅的三流（物流、人流、信息流）网络，为贸易与投资创造便利条件，在云南与相邻国家之间建立良好的自由贸易区。

产业合作方面，实现云南与东盟各国的产品、产业开发跨区域、跨国合作，在资金引导、技术合作、人才引进方面达到共赢。

4.云南（昆明）国际陆港发展规划

（1）发展目标定位

云南（昆明）国际陆港承担以滇中城市群经济区为中心，涵盖云南省及周边内陆地区企业进出口业务，是依托铁路、航空、公路的综合交通物流体系枢纽，也是沿海港口在西南地区重要的"支线港"，是云南国际物流业连接海港形成的国际贸易基地，是带动滇中城市群经济区及云南省出口加工和对外贸易的重要载体，对于完善昆明城市功能、提升其国际化水平，实现跨区域经济合作和西部大开发战略具有重要意义。

云南（昆明）国际陆港发展战略的目标是：以昆明为中心，建成连接中国西部地区、沿海经济发达地区以及与周边国家的物流快速通道，基本形成与中国—东盟自由贸易区建设及与南亚开放相适应的，布局合理、层次分明、运转有序的现代物流网络。打造以昆明为核心的滇中城市群物流圈，将云南（昆明）国际陆港建设成为带动云南省，辐射大西南，连接东、中、西部，面向东南亚、南亚、西亚、南欧、非洲的国际性陆港，把昆明建设成国际物流枢纽城市。

云南（昆明）国际陆港的建设定位是技术密集型的"智能港"，是为促进港区经济向国际化、规模化、系统化方向发展而设。它仿照海港采取建设硬件、研究开发软件，积极协商配套服务的组合模式，谋划建设昆明保税港区和出口加工区。

云南（昆明）国际陆港不仅属于云南，而且是整个中国面向东南亚、南亚、西亚桥头堡中不可或缺的组成部分。云南（昆明）国际陆港发展的外部目标是：按照陆港资源科学配置原则，合理有效地进行配置。充分考虑陆港建设在发展国际物流、缓解交通运输压力、支撑昆明经济增长的同时，带动陆港周边地区经济联动发展，促进与云南周边国外地区的资源交换，从而实现资源的保值和增值，增加社会的共同利益。

（2）发展思路和策略

以物流基础设施系统、物流信息系统、物流组织系统构建物流产业体系，重视逐步建设以跨境人民币结算为基础的国际金融物流体系，大力扶持物流人力资源的开发与应用，推动陆港智能化运输系统的建设。

以物流节点、物流通道、物流网络为物流基础设施建设的支撑体系。重视物流基础设施的衔接与协调，突出考虑促进以集装箱为载体的多式联运、跨区域贸易物流、边境和跨境物流的发展，强化陆港经济带的建设与发展。

以安全物流、应急物流、绿色物流构筑符合社会效益的物流网络体系；坚持"港港联动"（陆港和海港）、"港区联动"的原则，促进少数民族地区、边疆地区的社会经济发展，保障国家安全稳定。

吸引沿海地区乃至国际物流巨头入驻云南，培育扶持云南本地物流公司发展，使其提高物流管理水平和运作效率、有效降低物流成本、提高物流信息化程度。促进物流产业集聚，创建国家与地方、政府与企业分工合作、公平竞争的物流服务市场，构建科学、实用、有效的物流产业政策体系。

以国际陆港为平台，通过大力发展物流服务和加工业，来承接东部地区转移的一些产业，以空间布局战略性、产业结构调整性、功能组团集聚性为规划核心思想，引导产业梯度布局和集群发展，逐步形成分工合理、相互促进、协调发展的区域经济新格局，改善云南本地的产业结构，缩小与东部沿海地区的经济差距。

（3）规划建设布局

规划兴建五大物流基地，以及与之相配套的国际集装箱物流园区，并纳入区域性的发展规划之中，使其获得地区和国家的大力支持。重点发展十三大物流园区，在地理空间范围内涵盖滇中城市群。这十三大物流园区分别为嵩明物流飞地经济区、嵩明石化储备物流园区、寻甸化工矿产物流园区、沾益工业物流园区、大桃花铁路物流园区、草铺工业能源物流园区、楚雄广通南亚物流园区、晋宁青山多式联运物流园区、玉溪研和工业物流园区、通海农产品物流园区、昆明空港物流园区、王家营铁路集装箱物流园区、宜良果蔬物流园区。加快与沿海港口、边境口岸功能的联系，使其功能向内陆延伸。推动"港岸联动、港港联动"功能的实现和深化。与沿海地区建立稳定的合作关系（如与上海港、深圳港、北海港等），协作建设国际陆港，形成国际陆港通道，使国际陆港成为沿海港口的重要支线港。陆港选址需建立在有大量物资集散、转运、配送和流通、加工功能等网络的节点，昆明无疑是陆港建设的最佳选择，同时陆港是一个系统，需要有多个子系统的支持。云南（昆明）国际陆港主要建设的区域包括：嵩明保税港区、安宁南亚国际陆港区、晋宁东南亚国际陆港区、昆明国际空港物流基地、呈贡铁路集装箱物流基地等物流支撑体系。

①嵩明保税港区。云南（昆明）国际陆港嵩明保税港区将整合海关特殊监管区域的所有功能，如国外货物入区实行保税，国内货物入区视同出口、实行退税，企业在区内不仅可以进行货物的保税仓储和加工、制造业务，还可以开展对外贸易（包括国际转口贸易），国际采购、分销和配送，国际中转，检测、维修，商品展示、研发，以及港口作业，等业务。相比洋山、天津和大连等保税港区侧重的口岸通关功能，云南（昆明）国际陆港嵩明保税港区直接服务于周边的加工制造业，为企业提供更为全面的功能平台，满足加工贸易的各种需求。

云南（昆明）国际陆港嵩明保税港区规划主要由出口加工区、保税物流中心（B型）、直通式陆路口岸进行功能整合和政策叠加而形成，规划总面积约30平方千米，是集保税加工、保税物流、进出口贸易、采购分销、金融服务、检测维修、展示展览等功能于一体的特殊监管区域，将建立具有口岸作业、保税物流、保税加工、国际贸易等多种功能，配套服务完善的综合保税区，最终发展成为连接东、中、西部，面向东南亚、南亚、西亚、南欧、非洲的生产服务业基地和重要的国际货物集散地。

②安宁南亚国际陆港区。安宁南亚国际陆港区作为云南（昆明）国际陆港的重要组成部分，定位于云南省最大的钢铁、磷盐化工和重要的火电、新型建材物流基地，并有望成为全国重要的石油炼化物流基地，重点发展黑色冶金、建材、电力、磷盐化工产业。项目位于昆明西部的昆明铁路枢纽西北环线昆阳支线区域范围内，安晋高速公路和昆玉铁路之间，乌龟塘北面，桃花村片区。紧邻安宁市区，距离昆明中心城区27千米。项目建成后将充分发挥昆明铁路枢纽和公路枢纽的优势，立足昆明，面向云南及西南地区，以发展服务于昆明市生产制造业、商贸业的现代物流业为基础，以综合物流服务为基本功能，以发展完善公铁联运为特色，通过构建现代物流业的产业集聚区、物流业务运作平台和公共信息平台，把安宁南亚国际陆港区打造成为昆明市乃至云南地区最大和最重要的综合物流基地。

③晋宁东南亚国际陆港区。晋宁东南亚国际陆港区规划以中谊村铁路货场区为核心，由周边的公铁联运平台、公路货运枢纽站场、综合管理服务中心等所组成，是整个物流片区的中转、联运中心，也是管理、信息、商务服务中心。晋宁东南亚国际陆港区规划分别为沿铁路南北向发展的多式联运仓储发展轴，沿环湖南路南北向发展的商贸物流发展轴，沿安晋高速南北向发展的公路货运通道。

④昆明国际空港物流基地。昆明国际空港物流基地将借助良好的区位条件和空间优势，发展临空经济，重点发展航空物流、保税物流、仓储配送、快件分拨等现代物流业，提供配套物流服务，建成面向东南亚、南亚，连接欧亚的国际航空物流基地。

⑤呈贡铁路集装箱物流基地。呈贡铁路集装箱物流基地依托区内的国家

级铁路集装箱中心站、云南东盟商贸港、新螺蛳湾国际商贸城等商贸物流资源，发挥中国—东盟自由贸易区门户的区位优势，大力发展第三方物流，吸引仓储、运输、邮政快递企业，航空、铁路、公路货运公司及货运代理公司，以及大型零售企业、跨国企业采购中心、商业连锁企业和旅游服务企业等进入园区，建成国际化、规范化、规模化、网络化的国际物流基地，成为云南（昆明）国际陆港的重要组成部分。

第二节
中国陆路口岸建设与陆港案例

一、中国口岸空间分布与布局

1.口岸的类型与布局

口岸作为国家对开外放的门户，随着我国外向经济的不断发展，不仅限于开展日常对外贸易业务，同时还可作为地区外向型经济的重要物流枢纽节点，一方面可以通过口岸的建设和发展加强对周边区域的辐射作用，另一方面通过口岸的聚集效应又可带动周边区域的经济发展及产业结构升级。近些年，随着"一带一路"建设的推进，口岸的设立已不仅仅限于沿海、沿边地区，内陆腹地也开始兴建功能全面的对外开放口岸。

按出入境的交通运输方式划分，可将口岸分为水运口岸、陆路口岸和空运口岸。水运口岸是国家在江河湖海沿岸开设的供货物和人员进出国境及船舶往来挂靠的通道，其中又分为河港口岸和海港口岸。陆路口岸是国家在陆地上开设的供货物和人员进出国境及陆上交通工具停站的通道，其中又分为公路口岸和铁路口岸。空运口岸是国家在开辟有国际航线的机场上开设的供货物和人员进出国境及航空器起降的通道。截至2018年12月31日，我国共有经国家批准的对外开放口岸303个，即水运口岸135个（其中河港口岸54个，海港口岸81个），陆路口岸94个（其中公路口岸74个，铁路口岸20个），空运口岸74个。

2.中国陆路口岸空间分布

在陆港发展过程中，口岸是推动其发展的重要一环，口岸进出口功能和保税区功能是陆港的一大优势。

公路口岸（74个）：都龙、勐康、打洛、孟定清水河、腾冲猴桥、天保、金水河、磨憨、河口、畹町、瑞丽、卡拉苏、红其拉甫、伊尔克什坦、吐尔尕特、木扎尔特、都拉塔、霍尔果斯、巴克图、吉木乃、阿黑土别克、红山嘴、塔克什肯、乌拉斯台、老爷庙、普兰、吉隆、樟木、乌力吉、满都拉、珠恩嘎达布其、阿尔山、额布都格、阿日哈沙特、室韦、黑山头、策克、甘其毛都、二连浩特、满洲里、丹东、集安、沙陀子、古城里、开山屯、三合、临江、长白、圈河、珲春、南坪、图们、虎林、密山、东宁、绥芬河、硕龙、峒中、平孟、龙邦、水口、东兴、友谊关、河源、珠澳跨境工业区、横琴、拱北、福田、深圳湾、沙头角、文锦渡、皇岗、罗湖、马鬃山。

铁路口岸（20个）：东莞、广州、深圳、佛山、肇庆、凭祥、郑州、绥芬河、哈尔滨、图们、珲春、集安、丹东、满州里、二连浩特、阿拉山口、河口、北京、上海、霍尔果斯。

国境铁路口岸（9个）：满洲里、绥芬河、二连浩特、阿拉山口、霍尔果斯、凭祥、河口、丹东、图们。

中俄边境铁路口岸主要是满洲里口岸和绥芬河口岸。从中国满洲里口岸出境可直接抵达俄罗斯后贝加尔斯克口岸。绥芬河口岸位于滨绥线终点，与俄罗斯格罗迭科沃站接轨。二连浩特口岸位于我国正北方，与蒙古国扎门乌德相连，是目前中国通往蒙古国的唯一铁路口岸。中哈边境铁路口岸主要是阿拉山口和霍尔果斯，从阿拉山口可以到哈萨克斯坦的多斯特克口岸，从霍尔果斯可以到哈萨克斯坦的阿腾科里口岸，两者均有直达的国际货物铁路运输线路。中越边境铁路口岸主要是凭祥和河口。中朝边境铁路口岸主要是丹东和图们。

铁路陆港包括铁路集装箱中心站（6个）和集装箱办理站（19个）。铁路集装箱中心站有圃田（郑州）、吴家山（武汉）、新筑（西安）、城厢（成都）、团结村（重庆）、王家营西（昆明）。集装箱办理站有香坊（哈尔滨）、沈阳东、襄阳、杭州北、无锡南、常州、金华、义乌西、南京西、杨浦（上海）、芦潮港（上海）、艮山门（杭州）、苏州西、合肥北、蚌埠南、新余、赣州东、笋岗（深圳）、霞凝（长沙）。

海关多式联运监管中心（6个）：西安（依托新筑铁路集装箱中心站）、青岛（依托胶州铁路集装箱中心站）、郑州（依托圃田铁路集装箱中心站）、成都（依托城厢铁路集装箱中心站）、连云港（依托中哈物流园）、满洲里。

汽车整车进口国境铁路口岸（3个）：满洲里、阿拉山口、霍尔果斯。

汽车整车进口内陆铁路口岸（3个）：重庆（团结村）、郑州（圃田）、成都（团结村）。

进境粮食指定铁路口岸（5个）：二连浩特陆路口岸、满洲里陆路口岸、绥芬河口岸、阿拉山口口岸、霍尔果斯口岸。

进口肉类指定铁路口岸（1个）：郑州（依托郑州航空口岸、铁路口岸）。

二、依托陆路口岸形成的边境陆港——满洲里陆港

1.口岸概况

满洲里口岸是全国最大的陆路口岸。近几年来，口岸功能不断完善，已发展成为我国沿边口岸中唯一的公、铁、空三位一体的国际口岸。

（1）满洲里陆路（铁路）口岸

满洲里陆路（铁路）口岸位于中俄41号界标处，与俄罗斯后贝加尔斯克铁路口岸相对应，是我国规模最大的铁路口岸，换装能力8000万吨，是中俄贸易最大的通商口岸，承担了中俄贸易60%的货运量。

满洲里陆路（铁路）口岸于1901年开通，距今已有百余年的历史。2002年，满洲里陆路（铁路）口岸被国务院确定为重点建设和优先发展的两个铁路口岸之一。现有宽准轨到发编组线51条，其中宽轨24条，准轨27条；口岸站换装线、专用线等线路90余条；宽轨列车会让站一个。满洲里陆路（铁路）口岸查验手段先进，通关作业信息化程度高。配有钴60火车自动检查系统、列车电子监控系统、放射性检测仪等现代化设备设施，建立了覆盖各监管场区的网络系统，实现了进出口货物远程监控和查验信息的同步传输。各货代报关企业与海关、检验检疫局、铁路车站实现了微机联网。海关与铁路车站实现了舱单的网络传输。满洲里铁路车站与俄后贝加尔斯克车站间实现了电子数据交换。配备了多种性能先进的现代化换装设备，能够满足各种进

出口货物的换装仓储需求。

目前正在建设的新国际货场占地面积约15平方千米，一期投资33亿元，是由中国铁道部、中铁集装箱公司、俄罗斯伊利托集团等多家国内外知名企业共同出资建造，主要包括铁路物流中心、煤炭散装货场、汽车专业货场、集装箱专办站、矿石散装货场和化学危险品等专业货场。

满洲里陆路（铁路）口岸进口货物主要有木材、原油、化工、纸类、化肥、铁矿砂、合成橡胶等。货物流向全国29个省（市/自治区）。出口货物以轻工产品、机电产品、矿产品、石油焦、食品、建材等为主。

利用口岸优势，满洲里口岸扩大口岸跨区域合作，形成了以"苏满欧"为代表的中欧班列线路。2014年3月正式开通了"苏满欧"班列，是当前运行速度最快（十三天左右）、运输价格最低（企业报价7300美元/大柜，较"渝新欧""郑新欧"运价低近30%）、口岸服务最优（在满洲里口岸3个小时内办完手续出境）的班列。在"苏满欧"班列的带动下，相继开通了从营口、大连、天津、重庆、长沙、武汉、昆明、南京、广州、哈尔滨、长春、沈阳、盘锦、赤峰、通辽等地发运，经满洲里口岸出境到俄罗斯和欧洲的班列及"苏满欧"等返程班列，并培育开行了从满洲里口岸始发的中欧班列。2017年新增开了从山西太原、福建厦门、江西赣州、黑龙江大庆和齐齐哈尔、山东济南发车的中欧班列以及"渝满俄""赣满欧""连满欧"等返程班列，使满洲里口岸中欧班列线路达到42条，开行中欧班列1302列，在全国沿边口岸中欧班列线路和发运量最多。

（2）满洲里国际公路口岸

满洲里国际公路口岸于1998年建成投入使用，是24小时通关的国际口岸，口岸占地面积1.2平方千米，口岸封闭区分为旅检区和货检区。旅检区开设了7进7出14条人员通道和3进3出6条客车通道。货检区功能定位为中俄蒙口岸中俄合作中心。新建的公路口岸货运场区南北大门通道工程总建筑面积0.01平方千米，南大门开设了3进3出6条货车通道，北大门开设6进6出12条货车通道。满洲里国际公路口岸出口的货物主要以蔬菜和水果为主，进口的货物主要以废钢和木材为主。目前我国有20多个省区的蔬菜和水果经由这里出口到俄罗斯，可以辐射到俄罗斯的20多个州和地区，最远可以到达俄罗斯的莫斯科、圣彼得堡等地。公路口岸年过货能力达到1000万吨，旅客人员通关能力达到1000万人次，车辆通关能力达到100万辆次。

满洲里综合保税区于2016年9月13日通过国家十部委联合验收，2016年12月20日正式封关运营，是内蒙古自治区首家综合保税区，规划面积1.44平方千米，总投资7亿元人民币。截至2017年年底签订的协议入区企业达17家，封关运营以来共有6家企业建立账册，主要有保税物流业务、保税加工业务、分类监管业务，区内保税加工业务主要为松子加工和芯片加工。进出区商品主要有：西伯利亚松子、松子仁、小麦粉、葵花籽油、边境展示仓库小商品、芯片等。

满洲里电子口岸于2012年下半年建成投入运行，主要由货物通关查询系统、进出境车辆管理系统、口岸通关监控调度系统、"一次录入、分别申报"等七大系统组成，在沿边口岸处于领先位置，是全国一流的电子口岸。2016年，它在全国沿边口岸率先建设"单一窗口"，完成了进出境客车电子车牌自动核放系统、进出口货物"一次申报、一次放行"系统、自助通关一体机和进出境货车信息查询管理系统建设并投入试运行。2017年，在新建的公路口岸货运联检查验报关楼内建设了口岸通关监控指挥系统，建设了口岸公共信息平台、进出口货物"一次申报、一次放行"系统、进出境车辆卡口自动核放系统等，并在全国沿边口岸率先上线运行"单一窗口"，单一窗口标准版覆盖率达到了50%，进一步提高了口岸通关效率，最大限度地方便了企业。

（3）满洲里国际航空口岸

满洲里国际航空口岸于2009年5月对外开放，相继开通了满洲里至俄赤塔、乌兰乌德、伊尔库次克、新西伯利亚、克拉斯诺亚尔斯克等多条国际航线，另外还开通了满洲里至蒙古国乌兰巴托、乔巴山的国际航班。

2. 口岸运输能力与贸易

如图7-1所示，2013—2018年，满洲里口岸的客运量人数均保持在100万以上，2018年口岸进出境人员191.8万人次，同比增长3.2%。口岸的货运量均在3000万吨以上（总货运量中包括转口货运量），并逐年稳定增长，2018年满洲里口岸货运量累计完成3192.4万吨，同比增长3%；口岸贸易额约52亿美元，同比增长5%；上缴关税、代征税约39亿元，同比下降7%。

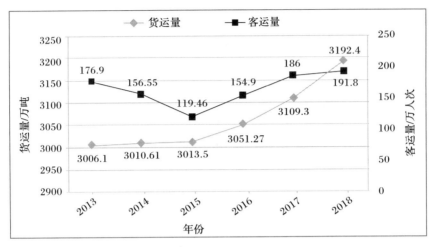

（数据来源：内蒙古自治区商务厅官网）

图7-1　2013—2018年满洲里口岸货运量和客运量

2012—2016年，满洲里进出口总额有增有减，2016年，其进出口总额占全区进出口总额为20.25%。受俄罗斯经济发展影响，2014年开始，满洲里进出口额有所减少，其中出口额下降明显，2017—2018年又开始上升。2018年满洲里进出口总额达354亿元，其中，出口总额129.5亿元，进口总额224.5亿元，分别占内蒙古进出口总额的34.24%和34.20%。（见表7-4）

表7-4　满洲里进出口总额及其占内蒙古进出口总额的比重

年份	满洲里进出口额/亿元			内蒙古进出口总额/亿元			进出口额占比/%		
	总额	出口	进口	总额	出口	进口	总额	出口	进口
2012	701.81	247.57	454.24	132.71	15.63	117.08	18.90	6.31	25.77
2013	731.57	249.80	481.78	141.22	24.22	117.00	19.30	9.70	24.28
2014	894.00	392.00	501.20	201.70	80.31	121.39	22.56	20.49	24.22
2015	807.01	357.90	449.11	175.59	68.49	107.10	21.76	19.14	23.85
2016	807.37	308.50	498.87	163.46	37.61	125.86	20.25	12.19	25.23
2017	942.42	334.80	607.70	333.40	110.50	222.90	35.40	33.00	36.68
2018	1034.40	378.70	655.70	354.00	129.5	224.5	34.22	34.20	34.24
2019	1095.70	376.80	718.90	—	—	—	—	—	—

（数据来源：历年《内蒙古统计年鉴》《内蒙古国民经济和社会发展统计公报》《满洲里市国民经济和社会发展统计公报》）

3.口岸产业

（1）加工业

加工业发展极大地带动了口岸经济的发展，为加快口岸进口资源加工园区的建设，园区设立了专项扶持资金。进入园区的投资者在享受国家规定的财税优惠政策基础上，还将根据其纳税情况得到专项资金的扶持。2015年，满洲里有木材加工企业126家，其中规模企业有56家，实现木材落地交付量为664万立方米，产值83.4亿元。入驻进口资源加工园区厂家有130家，其中投资上千万元的达到60多家。

（2）物流业

在物流园区的发展方面，截至2016年，满洲里国际物流产业园区引进进出口企业30余家，其中实体投资企业10家，兴建亿元以上投资项目10余项，累计完成固定资产投资超过30亿元。

（3）旅游业

随着"全域旅游"概念的推广，满洲里的旅游产业得到了新发展。差异化是旅游产业的活力所在，满洲里依托中蒙俄三国旅游资源，开发了多条三国旅游环线，打造了多种特色旅游产品。目前，一批促进跨境旅游的政策在满洲里得以落实，如边境异地旅游办照业务恢复后，实现了当天申领，当天出证。满洲里边检站主动推出边境旅游团预检预录、简化通关查验手续等十余项举措。满洲里旅游总收入逐年增加，2013—2016年，年均增长率为3.43%，旅游创汇收入对旅游总收入的贡献较少。

4.跨境电子商务

随着互联网经济的发展，满洲里口岸利用互联网便捷、高效的特点，口岸企业开始自建跨境电商交易平台、物流平台等，将边贸产业与互联网深度融合，使得跨境电商成为满洲里口岸新的经济增长点。2016年满洲里跨境电子商务交易额突破7亿元，淘宝店铺超过300家，企业自建跨境电商交易平台、物流平台等13家。

第三节
城市型陆港发展案例——西安陆港

一、西安陆港概况

西安陆港是陕西省、西安市为打造内陆改革开放新高地而设立的现代服务业核心功能区与开放型经济先导区，也称西安国际港务区。作为中国第一个不沿海、不沿江也不沿边的国际陆港，西安陆港是陕西省、西安市践行国家"一带一路"倡议、建设对外开放大通道的重要抓手和主要平台，是陕西自贸区的核心板块，旨在建设中国大型国际陆港，承担全球物流商贸中心的重任。

西安陆港是中国内陆最大的铁路交通枢纽和内陆最大的铁路交通通信中心之一，处于"米"字形辐射状干线公路网的中心，是中国干线公路网中最大的节点之一。这里将成为西北地区连接珠三角经济圈、长三角经济圈、环渤海经济圈的门户和桥梁，成为服务陕西、覆盖西北、辐射亚欧大陆桥节点城市物流体系的平台。西安陆港位于西安主城区东北部灞河与渭河之间的三角洲地带，规划建设面积89.89平方千米，规划控制区120平方千米。港区交通区位条件优越，距西安咸阳国际机场28千米，距西安北高铁站5千米，距西安行政新中心仅15分钟车程，穿区而过的西安地铁3号线已建成通车。园区对外与陕沪、包茂、连霍、福银等8条高速公路通过绕城高速无缝衔接，是国家多式联运示范基地。

西安陆港北侧与渭北工业园隔河相望，东临临潼副中心，西临浐灞生态区，有泾、渭、浐、灞四水涵养的良好自然环境。城市北迁东拓的良好产业环境，积蓄了西安陆港的发展活力，促进了西安陆港的快速发展。

西安陆港目前主要依托三大支撑平台，即西安综合保税区、西安铁路集装箱中心站、西安公路港。其中，西安综合保税区是目前我国开放层次最高、功能最齐全的海关特殊监管区之一。西安铁路集装箱中心站拥有先进完善的铁路装卸到发设施，是西北地区最大的铁路集装箱枢纽。西安公路港被交通运输部列为国家"十二五"交通运输发展规划重点建设项目，是《西咸国家公路运输枢纽总体规划》中的重要场站之一。西安综合保税区、西安铁路集装箱中心站、西安公路港的功能叠加，为打造开放型经济先导区及现代服务业聚集区搭建了良好平台。三大支撑平台总用地约为13平方千米，占总用地面积的1/3。

自建设运营以来，西安陆港按照"先建内陆港，后建开发区，再建东部新城"的发展路径，依托"西安综合保税区、西安铁路集装箱中心站、西安公路港"三大核心平台，致力于打造"'一带一路'上最大的内陆型国际中转枢纽港、商贸物流集散地和大西安东部城市新中心"，目前已形成了以"长安号"国际货运班列、"西安港"、一类开放口岸、跨境电子商务试点为基础的对外开放格局，创建了"港口内移、就地办单、海铁联运、无缝对接"的陆港模式。港区被写入《关中—天水经济区发展规划》《中共中央国务院深入实施西部大开发战略》《推动共建丝绸之路经济带和21世纪海上丝绸之路的愿景与行动》《关中平原城市群发展规划》等国家规划，并明确提出要"打造西安内陆型改革开放新高地"，"支持西安陆港建设"，"打造中欧班列品牌"，"打造国际性综合交通枢纽"，先后获得了"国家级现代服务业创新基地""国家跨境贸易电子商务服务试点核心区""国家电子商务示范基地"等15个国家级称号，基本形成了临港产业、电子商务、新金融、现代商贸物流、文体健康五大主导产业体系。

二、西安陆港的发展历程

西安国际陆港共经历了以下五个发展阶段：

1.雏形发展期（2003—2008年）

2003年11月，新亚欧大陆桥区域经济合作国际研讨会在郑州举行，会议发表了《在西安建立上海港务区，以此为基础建立西部地区的国际物流中心》一文，标志着西安国际港务区构想的正式提出，旨在推进与上海港合作，实现西安与上海经济合作和产业对接，将国际港口功能引入西北内陆，搭建陕西乃至西部地区的现代物流产业平台。

早期西安陆港主要是同上海港合作，旨在建立"上海港西安港务区"，即在西安建立上海港的一个支线港口和物流操作平台。通过二者便捷的交通实现货物有效运输，既能带动西安地区经济和现代物流发展，又能扩大上海港辐射范围，对双方都具有重要意义。

2005年12月，西安市政府166号文件正式批复，将西安国际港务区建设纳入浐河经济开发区建设范围，港务区项目正式启动。

进入"十一五"时期，西安国际港务区项目被列入陕西省"十一五"规划物流龙头项目和重点建设工程，进入全面筹备和建设阶段。此外，国家发改委原则上同意将西安国际港务区项目列入国家"十一五"物流业发展重点项目，并原则上同意在西安国际港务区内设立B型保税物流中心，标志着西安国际港务区项目建设上升到国家战略层面。

2. 基础发展期（2008—2013年）

2008年6月，西安市委市政府决定成立西安国际港务区管理委员会，为市政府派出副市级机构，标志着西安国际港务区正式成立。西安国际港务区从政府批复到正式成立经历了两年半时间，在此期间，浐河经济开发区管委会完成了港务区总体规划咨询报告、可行性研究报告等，得到国家、陕西省、西安市的大力支持。港务区在相关规划和政策指导下展开筹备建设并最终成立港务区管委会。

西安国际港务区项目建设多次被写入国家战略规划，于2009年和2010年分别被写入《关中—天水经济区发展规划》和《中共中央国务院深入实施西部大开发战略》当中，强调发挥以国际港务区为重点的西安现代物流服务，发挥西安作为国家重点物流节点城市的辐射带动作用，力争将西安打造成为内陆型物流枢纽城市。

2010年4月，西安综合保税区项目一期保税物流中心通过海关总署等四部委联合验收。同年7月，西安铁路集装箱中心站竣工开通。同年12月，西安公路港项目正式开工建设。自此，西安国际港务区三大支撑平台初步形成，西安国际陆港口岸服务功能也初步成型。（衡希，2017）

西安综合保税区、西安铁路集装箱中心站、西安公路港等三大平台的建设对西安国际港务区的发展至关重要。港务区各项工作都以三大平台建设和功能发挥为出发点，充分实现其作为国际陆港的国际物流服务和口岸服务功能。

3. 全面发展期（2013年至今）

2013年11月，西安开通"长安号"国际货运班列，起点为西安国际港务区，被誉为"丝绸之路经济带"上的"黄金通道"。"长安号"运输同样的货物，运输时间可缩减到六至十天，运输成本比公路降低30%左右。

2014年5月，中国港口协会陆港分会在西安正式成立，推选西安国际港务区管理委员会为中国港口协会陆港分会第一届会长单位，西安国际港务区作为西北内陆地区首个国际陆港，其发展模式和成功经验获得业内人士认可，引来众多地区参观效仿。同年12月，"西安港"国际代码（CNXAG）、国内代码（61900100）正式启用，表明西安国际港务区正式踏入国际运输机制，同时也成为国内首个具有双代码的内陆港口，西安港正式成为国际运输"始发港/目的港"，成为真正意义上的国际陆港。

2015年3月，经国务院授权，国家发改委、外交部、商务部联合发布的《推动共建丝绸之路经济带和21世纪海上丝绸之路的愿景与行动》明确提出："打造西安内陆型改革开放新高地"和"支持西安建设国际陆港"。西安国际港务区被写入"一带一路"倡议中，为国际港务区建设提供了重大发展机遇。

"长安号"的开通和"西安港"的启用，在西安国际港务区发展史上都具有里程碑式的意义，使港务区能够方便快捷地参与全球物流供应链活动，将货运班列直接开至国门外。此外，在"一带一路"倡议推动下，港务区再次被提升到内陆地区对外开放的前沿，并进入全面发展阶段，在物流园区建设、招商引资、电子商务、融资租赁、创新创业、科学研究、社会事业和城市管理等方面展开了全方位建设。

进入十三五时期，西安国际港务区迎来又一次巨大的发展机遇。2016年8月，陕西省自贸试验区经党中央、国务院批准设立，为陕西省区域经济发展注入新的活力并指明发展方向，成为陕西省重大发展战略之一。西安国际港务区作为陕西省自贸区片区之一，可以借此契机阶梯推广和输出陆港物流模式，辐射并带动整个西北地区，推进"一带一路"建设和西部大开发战略实施，充分发挥港务区陆港建设的核心作用。自此，西安陆港进入自贸区片区建设的新阶段。

西安国际港务区从项目提出到建成再到发展，历经近二十年，目前正逐渐发展成为中国内陆地区最大的国际陆港，打造西部地区综合国际物流园区，助力推进西安市发展成为内陆地区对外开放战略高地。

三、西安陆港的发展现状

自成立以来，西安陆港始终以"做实开放通道，做优开放平台，做大开放经济，加快建设内陆型改革开放新高地"为目标，坚持以港为魂、以港兴城、港城一体、融合发展，经过十余年的建设发展，目前已超越原有的港口功能，在产业集聚、城市建设与产城融合等方面均实现了突破，成为陕西省、西安市万亿级商贸物流大产业的核心承载区，是西安市东部重要的城市新中心。

1.港口发展

港口建设是西安陆港的核心组成部分。西安陆港是中国唯一获得国际、国内双代码的内陆港口。在铁路枢纽方面，西安陆港拥有亚洲最大的铁路物流集散中心，包括西安铁路集装箱中心站、新筑铁路物流基地和新筑火车站，总占地面积约3.73平方千米，到发线48条，设计集装箱吞吐量310万标准箱，运力3870万吨。在公路枢纽方面，建设了中国邮政邮件处理中心、圆通西北总部、传化丝路公路港、卡行天下西北智能公路枢纽等公路港平台项目，总占地面积约0.67平方千米，已实现了公路口岸功能大件、邮件、快件的城际、区域配送全覆盖。在门户口岸方面，已建成铁路一类开放口岸、公路二类开放口岸，粮食、肉类、整车指定口岸及国家跨境电商综试区等；在综合服务平台方面，西北规模最大的综合保税区——西安综合保税区全部验收投入运营，占地面积4.67平方千米，已入驻企业220余家，在德国法兰克福、哈萨克斯坦卡拉干达州等地设立8处"海外仓"。西安港港口口岸功能日臻完善，中国内陆第一大港的国际影响力显著提升。

西安陆港通过公、铁、海、空多式联运，构建起承东启西、连接南北、贯通欧亚的重要商贸物流大通道，着力构建全网物流体系。向西、向北开通了西安至中亚五国、德国汉堡、波兰马拉舍维奇、荷兰蒂尔堡、白俄罗斯明斯克、俄罗斯等13条干线，覆盖"丝绸之路经济带"沿线45个国家和地区，2018年开行1235列，创造了重载率、货运量、实载开行量"三个全国第一"，2019年1—6月开行846列，是2018年同期的1.55倍，运输货物总重77.9万吨，是2018年同期的1.37倍，重载率达到100%；向东与青岛、宁波、天津、深圳、上海等沿海港口合作开行货运班列，辐射日、韩等地区；向南推进与广西凭祥口岸、防城港的合作，打通与东南亚各国的陆海、陆路大通道。同时，加快内外通道和区域性枢纽建设，全力打造中欧班列（西安）集结中心，真正构建陆海内外联动、东西双向互济的对外开放大格局。

西安国际港务区公路口岸功能实现了城际和区域配送，大件、快件，粮食、肉类整车进口全部覆盖。占地面积4.67平方千米的综合保税区与8个海外仓为跨境加工贸易开展搭建了理想的平台。实施了通关一体化建设,跨境贸易便利化大幅提升,监管现场整体通关时间压缩68.2%,无纸化率达到90%以上,联通全国、服务世界的口岸门户平台体系已经形成。

2.产业集聚

依托国际陆港的核心功能,西安陆港近年来在产业集聚上表现出强大活力。目前已形成了商贸物流、电子商务、新金融、临港、文化体育五大主导产业。在商贸物流产业方面,以美国安博、招商局集团、国药等国内外知名企业为龙头,实现了产业集聚发展。在电商产业方面,有阿里、京东、国美强势带动,优信、蜜芽、驴妈妈等"独角兽"抢滩登陆,国内排名前十位的电商龙头企业纷纷落户,丝路城、佳帮手等本土电商逐渐壮大,铜、铝、木材等大宗商品交易日趋活跃。线上网络零售额占西安市近80%,占陕西省的56%。在新金融产业方面,以中民投、关天国际、陕西金控等为代表的新金融产业集群快速崛起,园区融资租赁企业数占陕西省的70%、商业保理企业数占陕西省的90%。在临港产业方面,仅2018年,园区智能终端制造方面就引进沿海城市科技型加工企业49家,将带动就业约5000人,实现年产值约500亿,正在着力打造东南沿海产业转移基地。在文体健康产业方面,以华润文体、国家广告产业园、当当数字出版基地、连连看全球运营中心等为代表的文化体育产业正在快速发展。

3.城市新中心建设

西安国际港务区在"造港"同时,坚持"产城融合"发展,按照TOD、EOD、XOD等发展理念,以宜居宜业宜游为目标,高标准打造国际化、生态化、现代化的城市新中心。在经历了成立初期以商贸物流、产业集聚等为主的发展后,近年来西安陆港城市配套服务设施日趋完善,城市功能不断增强,使西安东部新中心开始形成。招商局和华润、绿地、绿城、中冶等知名企业竞相投资园区,以奥体中心为核心的城市板块布局已定。招商局丝路之门、绿地全球贸易港、华润未来城市、绿城全运村等重点项目,以及陆港国际医院、全运中小学、全运湖、灞河幸福岸线等国际化服务配套项目陆续开工建设,总体规模将达4.67平方千米左右。2021年第十四届全国运动会主场馆——占地面积约0.67平方千米的西安奥体中心正在加快建设。

四、西安陆港的发展模式与形成条件

1.国际中转型枢纽陆港模式

国际中转型枢纽陆港位于内陆无水地区，主要业务为国际集装箱中转，凭借对外贸易政策的自由条件和地理优势为货主提供海铁联运、仓储物流、保税加工以及口岸作业等多方面配套服务与增值服务。其基本特征包括：

（1）具有发达的交通设施设备和畅通的交通线路

陆港所处地理位置优越，通常情况下位于交通枢纽或重要的运输线路上，具有比较齐全的公路、铁路、航空等交通运输方式。为保障货物能安全快捷地抵达目的地，陆港凭借公路、铁路、航空和海运等多种运输方式的组合优势，开展海铁、公铁、公铁海等各种形式的国际集装箱多式联运。

（2）以经营集装箱中转业务为主

在陆港所经营的业务中，集装箱运输最为主要，陆港需提供国际分拨、租赁、保险、包装、拼箱、集装、运输、配送、展示等服务功能。

（3）通关手续的办理方便快捷

国际陆港内设有国检、海关等政府部门的办事处，可以为货物的通关、检验检疫提供方便快捷的服务，港内贸易、进口报税、出口退税都享有免税的待遇。凭借国家海关特殊监管区的功能与政策优势，陆港提供海铁联运、保税加工、口岸作业以及物流仓储等多方面的配套服务与增值服务。

西安陆港的形成条件为：首先，政策支持。政策上的自由度越高，陆港对大型船公司及人力资源的吸引力便越大，使得陆港内聚集了较多人才和先进的管理理念及技术，货物的保税仓储、中转加工可以得到更好的发展。其次，具备一定基础设施条件。具有专业人才、保税物流中心等优势。再次，位于区域交通枢纽上。方便快捷的航空、铁路运输可以将货物输送到海港和口岸。

2.西安国际陆港当前发展模式

西安国际陆港是"一核多区联合编组"的有机统一整体，以西安国际港务区为核心建设区和主功能区，以海关特殊监管区为联动配套区，依托西安陆港信息网络系统，通过西安铁路集装箱中心站和新丰镇编组站联合编组，以空港、宝鸡、渭南、延安、榆林等口岸为子码头，形成畅通的国际多式联运通道。以"一带一路"倡议为契机，立足大西部，服务大西北，最终形成各种运输方式无缝衔接，进出港货物有序集散，各功能区域联动发展的有机统一整体。

西安国际港务区总规划建设面积为89.89平方千米，规划控制区120平方千米。地理位置优越，与城市三环路和绕城高速公路相连，交通便利，凭借交通与区位的优势以及物流需求和产业基础，形成以保税物流中心为核心，国际物流区为支撑，物流产业集群区和国内综合物流区为两翼的物流体系战略格局。西安国际港务区具有仓储、商检、检疫、保税、海关以及船务市场等功能，是沿海国际港口各项功能在西安的延伸，也是国内外物流的结合部，其区位优势、基础设施平台以及完备的交通体系为西安国际陆港进行合理布局、科学规划、实现港口功能要素聚集提供了有利条件。通过与霍尔果斯口岸、青岛港、天津港、连云港港、宁波港等沿边口岸和沿海港口的合作，西安国际陆港实现了"海铁联运、港口内移"的梦想，为内陆城市发展提供了新思路。

3.西安国际陆港的SWOT分析

（1）优势分析

西安是国家实施西部大开发战略的桥头堡，是"丝绸之路经济带"重要的物流节点，具有贯穿东西、沟通南北的作用，可以实现货物的远辐射与强聚集，为建设陆港提供了有利条件。

西安的公路、铁路与航空已经构成了初步的立体交通网络。西安陆港周边交通便利，经西安绕城高速与京昆、连霍、陕沪、包茂等高速公路与周边12个省会城市形成"一日交通圈"，覆盖7亿人口。此外，西安国际陆港距离西安咸阳国际机场约28千米，利于形成多式联运的模式，方便物流业发展。

西安综合保税区、西安铁路集装箱中心站和西安公路港三大核心物流支撑平台已初步建成，使得西安具备内陆地区发展港口物流的优势。此外，"长安号"的运行和"西安港"的成立，进一步促使港务区物流发展。

（2）劣势分析

首先，基础设施及其配套服务功能有待完善。西安要建设国际自由贸易陆港，基础设施和服务功能与自由贸易港的要求还有差距，陆港配套服务有所欠缺，综合性物流中心尚未形成。

其次，负面清单管理模式存在差异。中国目前内地实施的负面清单管理模式主要适用于上海、天津、福建、广东四个自贸区，在适用范围、不符措施内容等方面还存在差异。中国内地包括西安陆港的负面清单冗长，清单所列项目有待简化，特别是在外资投资准入方面存在很多限制性标准，一些服务行业也存在诸多限制。

再次，港口税费偏高。西安陆港目前在自贸区实施的税收政策相比于其他国家竞争力不足，单企业所得税15%的税率同其他国家的减免政策和数十年的免交年限相比，税种较多，吸引力不足。如果是同样的税收优惠力度，即便同国内自贸区相比也是优势微弱，不足以凸显国际自由贸易港的优势。

（3）机遇分析

首先，西安国际港务区在建设过程中获得国家、陕西省、西安市各级政府大力支持，具有良好的政策环境。西安国际港务区项目多次被写入国家战略当中，为港务区物流建设提供了空前的发展机遇。

其次，腹地经济发展为西安国际港务区物流建设提供了良好的外部环境。西安市国民经济发展快速平稳，连续十年GDP增速都保持在10%左右，第三产业发展迅速，表明西安已经具有后工业化阶段的发展特点。与此同时，周边地区也在不断增强经济发展、扩大对外开放，为西安国际港务区物流发展奠定良好的经济和产业基础。

（4）挑战分析

西安国际港务区在陆港建设取得成功之后，郑州、昆明、邯郸、乌鲁木齐等市也纷纷效仿开始筹建国际陆港。各类陆港的建设加剧了西安国际港务区的竞争压力，且昆明、郑州、邯郸等地和西安相比距离海港更近，而乌鲁木齐距离中亚地区更近，西安国际港务区的陆海联运和陆上贸易都遭遇了其他地区的挑战。

此外，由西安国际港务区开出的"长安号"国际货运班列目前已开至汉堡、华沙、莫斯科境内，而"渝新欧""蓉新欧""汉新欧""郑新欧"等也同样越过西安将火车开到欧洲，且重庆、成都、武汉、郑州经济实力都强于西安，给西安国际港务区发展国际货运带来威胁。（衡希，2017）

五、西安陆港国际班列运营现状

1.国际班列概况

中欧班列是指由中国开往欧洲的适合装运集装箱的快速货物班列。目前为止已经有了东、中、西三条中欧班列运行线，东部是从东南部沿海地区至满洲里（绥芬河）出境，包括苏州—华沙线、哈尔滨—俄罗斯线；中部是从华北地区至二连浩特出境；西部是从中西部地区至阿拉山口（霍尔果斯）出境，包括重庆—杜伊斯堡线、长沙—杜伊斯堡线、成都—罗兹线、武汉—捷克/波兰线、义乌—马德里以及郑州—汉堡线等。

亚洲与欧洲之间主要有海运通道、陆运通道、空运通道，中欧班列沿途国家经贸交往活跃，其物流发展日趋成熟，具有速度快、运距短、绿色环保、安全性高、受环境影响较小等优势，遵循统一品牌标志、统一协调平台、统一全程价格、统一经营团队、统一运输组织、统一服务标准即"六统一"强化机制，不断优化组织方案，现已发展成为国际物流的骨干陆路运输方式，在使"一带一路"倡议由起初的"商贸路"变成人口和产业聚集的"经济带"过程中发挥了重要作用。

2.西安陆港"长安号"国际班列运行现状

2013年11月28日上午10点，陕西省首趟国际货运班列"长安号"列车，将满载41个集装箱的货物，从西安港务区出发，前往哈萨克斯坦的阿拉木图市，行程仅需六天，比过去节省了十九天。2016年8月18日，"长安号"（西安—华沙）正式开行，该班列共41车，装载41个集装箱从阿拉山口口岸出境，直达波兰华沙，中途经过哈萨克斯坦、俄罗斯以及白俄罗斯，全程共9048千米，运行了十九天，拉近了陕西西安和欧洲国家间的距离，构建了新的国际物流大通道。西安陆港的最大辐射范围包括贵州省、四川省、湖北省西部地区、湖南省西部地区、内蒙古西部地区、河南省西部地区、山西省西南部地区以及西北地区等。

（1）主要陆路运输线路

目前，"长安号"直达欧洲的国际大通道有三条，东部通道通过满洲里（绥芬河）出境，中部通道通过二连浩特出境，西部通道通过阿拉山口（霍尔果斯）出境。陆路运输线路主要包括五条：

一是从西安出发，途经阿拉山口、哈萨克斯坦、俄罗斯、白俄罗斯、波兰，最终抵达德国/荷兰。荷兰鹿特丹港的吞吐量在欧洲的港口中排名第一，而且，在"长安号"沿线上，荷兰与陕西省的贸易结合度指数较高，所以，中欧班列延伸至荷兰，为贸易市场带来了极大利益。

二是从西安出发，途经阿拉山口、哈萨克斯坦，最终抵达俄罗斯。目前，纺织、服装、轻工产品在俄罗斯市场的需求量相当大，而我国与俄罗斯间的贸易关系友好，所以可以通过中欧班列"长安号"进行货物运输，促进两国间的贸易。

三是从西安出发，途经阿拉山口、哈萨克斯坦、俄罗斯、白俄罗斯，最终抵达波兰。波兰属于欧洲的中心区域，为货物在欧洲进行集中与分散提供了便利条件。

四是从西安出发，途经阿拉山口、哈萨克斯坦、土库曼斯坦，最终抵达伊朗。目前，中—哈—土—伊铁路干线是中国至波斯湾最为经济且快速的线路之一，而且伊朗对中国的生产设备、建筑原材料等的需求量日益增加，所以中欧班列延伸至伊朗是必然要求。

五是沿西伯利亚大陆桥向北通道延伸，从西安出发，途经天津、营口港、满洲里，最终抵达莫斯科。营口具有优越的地理位置，依托密集的海运航线有效整合了铁路与海运这两种运输方式，保障运输时间，大幅度降低综合物流成本。该线路是中欧班列中虽无政府补贴但却能盈利的少数线路之一。为大力扩展西安陆港的对外经济贸易，需要挖掘货源、培育市场，加密中欧班列线路，将货源延伸至欧洲。

（2）开行线路

从2013年11月28日，中欧班列"长安号"首次开行以来，线路从最初的1条增加到常态化开行12条，开行频次也从平均每周1列发展到现在的每天开行5至6列，货品遍布"一带一路"沿线40多个国家和地区，实现了中亚及欧洲地区主要货源地全覆盖。

截至2018年10月30日，"长安号"国际货运班列已开通12条国际线路。其中，中亚、西亚3条，分别为中亚五国（哈萨克斯坦、乌兹别克斯坦、吉尔吉斯斯坦、土库曼斯坦及塔吉克斯坦）和西亚的伊朗、阿富汗和阿塞拜疆；中欧9条，分别为德国的汉堡及杜伊斯堡、波兰马拉舍维奇及华沙、匈牙利布达佩斯、芬兰科沃拉、比利时根特、意大利米兰、白俄罗斯明斯克、俄罗斯莫斯科及拉脱维亚里加，基本覆盖了中亚及欧洲地区的主要货源地。（见表7-5）

表7-5 "长安号"国际货运班列开行现状统计

区域	序号	线路	班次
中亚、西亚	1	中亚五国	2班/天
	2	德黑兰（伊朗)/阿富汗	
	3	巴库（阿塞拜疆）	
欧洲	4	汉堡（德国）	7去2回/周
	5	布达佩斯（匈牙利）	2去1回/周
	6	莫斯科（俄罗斯）	1去1回/周
	7	科沃拉（芬兰）	1去1回/周
	8	马拉舍维奇、华沙（波兰）	1去1回/周
	9	米兰（意大利）	
	10	明斯克（白俄罗斯）	
	11	里加（拉脱维亚）	
	12	根特（比利时）	

（资料来源：中欧班列长安号综合服务平台）

2019年，西安港全面推进中欧班列（西安）集结中心和陆海联运通道建设，"襄西欧""徐西欧""蚌西欧""冀西欧""厦西欧"国际货运班列相继开行，集结中心建设织线成网；与天津、青岛、宁波等沿海港口合作开行了陆海联运班列，实现了与海上丝绸之路的无缝衔接；陆海内外联动、东西双向互济的对外开放大格局加速形成，赋能贸易发展和产业聚集。2019年，中欧班列"长安号"共开行2133列，运送货物总重达180.2万吨（见图7-2），分别是去年的1.7倍和1.5倍，开行量、重箱率、货运量等核心指标均位居全国前列，蝉联中欧班列高质量发展综合评价全国第一。

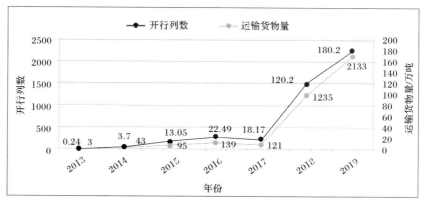

（数据来源：中欧班列长安号综合服务平台）

图7-2 "长安号"国际货运班列开行统计

（3）货物品类及流量、流向

出口货物品类涵盖工业原材料、机械设备、工业零配件、建材及轻工产品六类，货源主要来自陕西、甘肃、宁夏、山东、江苏、上海及浙江等地。

进口货物品类主要为板材、棉纱、小麦、面粉、食用油、沃尔沃汽车、电子设备及洗涤用品等。（胡必松，2019）

六、西安国际陆港进一步发展的对策建议

1.完善国际陆港港口功能

目前我国国际陆港的规划与发展还没有形成完整且规范的体系，基础设施建设环节的薄弱使得国际陆港集疏和仓储能力受到影响，客户满意度降低导致物流业发展水平不高。所以西安在以后发展国际陆港的过程中，应加大对完善物流基础设施以及国际陆港设备服务的投资力度，从而使西安综合保税区、国际物流区、国内综合物流区、物流产业集群区更好地协作发展。

2.提升内部协调机制与运营效率

西安陆港的建设起步较晚，发展还未成熟，陆港内的海关部门、货代公司、物流企业应与当地政府和管委会及时沟通，共同规划陆港周围的腹地利用情况，安排合适的运输线路以及各配套设施，以提升陆港的货物集散能力；对于西安陆港建设和运营的相关意见，应由各部门共同商讨，以确保陆港的有效运营。目前，西安陆港与铁路集装箱中心站、公路港、空港等未能实现无缝对接，大大降低了陆港的运营效率。所以在加大基础设施建设的同时，西安陆港各部门要积极配合协作，并与天津港、青岛港、秦皇岛港、日照港和阿拉山口、霍尔果斯陆港等主动合作，通过沿海港口或口岸的部分功能转移至西安陆港，使沿海港口专注于自身核心功能的发展。同时构建陆港与沿海港口的物流大通道，对于西安陆港这类远距离内陆港，通过铁路集装箱中转站能够准时、低成本地运输货物；利用陆港的海关、检验检疫服务与海港形成"一次查验、一次通关、一次放行"的大通关模式，并与国际货代企业及物流企业搭建物流平台，通过提升西安陆港内部机构协同配合能力形成国际物流系统，更好地服务于客户。提高产业与要素集聚功能。加强保税仓储、加工、国际中转、采购、分销和配送等基础功能。拓展研发、检测和售后服务维修等延伸功能，鼓

励在区内发展精工制造，设立技术与资本密集的研发机构。在西安综合保税区内建设贸易功能区，赋予区内企业一般纳税人资格。协助西安海关全面复制上海自贸区通关便利化23条措施。大力建设电子口岸，促进口岸通关便利化。全力打造中西部地区功能齐全、作业高效、监管安全的多式联运监管中心，为各种运输方式货物提供换装、仓储、中转、集拼、配送等"一站式服务"和一体化作业平台，通过整合和优化监管资源，实现进出口货物物流高效运转。

3.建立完善的电子商务口岸

在陆港建设过程中，电子商务口岸的建设提高了物流通关效率，使陆港与海港之间形成有效对接，实现信息的共享。海关、检验检疫、港口行政管理机关以及港口企业等所有部门全面对接，政府和港口可通过口岸网站发布最新的政策法规和相关数据报表，企业则可通过网络进行通关申报；不仅加快了货物通关效率，也实现了政务的公开透明。同时，电子商务口岸可实现无纸化通行，通过内部联网与信息共享使企业无需多次录入信息，提高了整体的作业效率。加强综合运输信息、物流资源交易、电子口岸和大宗商品交易等平台建设，促进各类平台之间的互联互通和信息共享。鼓励龙头物流企业搭建面向中小物流企业的物流信息服务平台，促进货源、车源和物流服务等信息的高效匹配，有效降低货车空驶率。以统一物品编码体系为依托，建设衔接企业、消费者与政府部门的第三方公共服务平台，提供物流信息标准查询、对接服务。建设智能物流信息平台，形成集物流信息发布、在线交易、数据交换、跟踪追溯、智能分析等功能为一体的物流信息服务中心。

目前包括西安国际陆港在内的我国陆港信息平台建设有很大成效。为了继续提升国际陆港的通关效率与服务水平，应继续强化信息平台建设，从而实现通关业务电子化，打造高效的国际陆港物流营运信息化系统。

4.建立国际多式联运中心

规范运输代理业，大力发展多式联运经营人。运输代理业从经营上推动了集装箱多式联运的发展，但是，运输代理市场的不规范行为，如层层代理、多次分包、价格混乱等问题会阻碍多式联运的可持续发展。因此，进一步规范运输代理业，大力发展专业的多式联运经营人有利于减少运输环节，降低运输成本，促进多式联运的健康发展。要建立多式联运管理信息系统，实现多式联参与者的信息共享。电子信息的采集、电子数据的传输和电子数据的交换，不仅使多式联运经营人、集装箱班轮公司、船代、卡车公司、铁路运输公司、集装箱码头公司、货代公司和内陆集装箱货运站经营人等运输部门互相联结，而且将发货人和收货人以及"一关三检"、银行和保险等外贸部门、监管查验和服务部门紧密结合，能实现整个集装箱多式联运系统信息的快速流动，提高了整个多式联运的效率。

构建西安市货运通道网络体系，提高物流业区域配送能力。明确货运通道的规划建设情况和管理模式，强调货运通道与人行通道的适度分离，货运通道干线与支线的层级分明，货运通道网络与物流节点的无缝衔接。搞好城市快速运输网络建设；抓好国省道公路沿线城际快速干道、公铁立交、城市出入口、关中环线和环城快速公路建设，力争省际城市区间构成一小时经济圈。适时将窑村军用机场改建为军民两用机场，发挥其在航空物流、应急物流方面的补充作用。

陆海联运物流：逐步与天津、上海、青岛、大连、连云港的海港实行陆海联运，成为我国西北与中东部地区和国际市场经济交流的陆路口岸。

铁路物流：要推进各种联运方式，积极做好干支线铁路规划建设工作，发挥铁路中远距离运输的优势，构建连接西北、华北、华中与西南地区的铁路物流大通道。以陇海、宝成、西侯和西延铁路干线为基础，打造装备制造业运输通道。

公路物流：完善西安"米"字形公路网络，建设关中快速环线，做好面向各地区的延伸与衔接工作，创造出舒适、安全、方便、经济的公路物流大通道。

航空物流：通过与咸阳国际机场的对接，实施货运主导型战略，强化航空快捷物流服务功能，通过着力发展国内、国际航空货运，开辟快件、鲜活、贵重等物品的高速运输航线，建成国际航空物流大通道。

5.促进区域物流发展

陆港的发展与当地的经济水平、交通环境以及物流水平紧密相联，一个地区的经济发展水平与它的对外开放程度呈正比，经济越发达地区物流需求就越大，因此本地的货物需要一个中转平台来完成与沿海港口的对接。良好的交通环境以及物流发展水平，能够极大地促进国际陆港的发展。

（1）打造现代化物流平台

结合数字化西安建设，搭建西安物流公共信息平台，加快西安物流中心网站和物流中心数据库建设。完善物流建设和服务标准，促使物流设施资源向集约化发展。引进具有国际水准的货代、船代及配载企业，实现货物资源集散的专业化、信息化运作。着力打造西安国际港务区物流综合服务信息网、城市商贸电子商务综合服务工程、农业电子商务工程、陕西大件运输车辆GPS定位系统、黄马甲城市物流配送网络工程。以"长安号"国际货运班列为重要抓手，持续构筑西安到中亚地区和欧洲的物流黄金通道。通过发展集装箱国际运输、整车国际运输等运输方式，打造向西开放，联通中亚与欧洲的国际铁路物流平台。同时，大力发展从西安港出发，开行至主要沿海港口的"五定班列"，实现"海铁联运、无缝对接"。积极与长江丁线重要交通综合枢纽建立合作关系，依托黄金水道，发展网络化运输，打造立体式交通集疏运体系。另外，依托空港，建立陆港—空港无缝对接的运输模式，积极探索设立"虚拟空港"，通过信息化技术的应用，打造"立体丝绸之路"。加强物流信息平台和货物配载中心建设，大力发展铁海联运、公铁联运、陆空联运、道路货物甩挂运输等运输方式。

（2）建设物流大通道

构筑东、西、南、北物流大通道。向西通道的国际段，将向西由中亚、西亚各国逐步扩展到包括波兰、俄罗斯在内的中东欧国家，最终实现覆盖亚欧大陆桥节点城市的铁路物流通道网络。国内段的探索开行西安—新疆的货运班列，建立起进出新疆的铁路物流通道。向东的通道将与天津港、青岛港、连云港等沿海港口建立完善的通关合作机制，逐步增加向东部沿海港口的班列线路，建立向东开放、实现海铁联运的物流大通道。向北的通道将与内蒙古等北部边境建立通关合作机制，通过开行往来班列，打开北部出口，推动与蒙古、俄罗斯等国的经贸往来。向南的通道将与西南区域和港口建立战略合作关系及通关合作机制，建立起"丝绸之路经济带"新起点与东盟的密切联系，充分利用中国—东盟自由贸易区的政策优势。加快建设陆港与空港间的快速货运专线，实现陆港与空港的信息共享，加强两港之间的联动发展，完善陆空网络，打造航空—铁路—公路无缝衔接的现代综合交通枢纽港。

加强与港口城市及周边城市的战略合作。利用港口城市积极发展内陆口岸战略合作伙伴的机遇，重点加强与天津、青岛、连云港、上海等港口城市的战略合作，逐步提升西安物流枢纽的地位。支持物流园区开发运营商与港口运营商建立战略合作，交叉投资，共建信息平台，实现双赢互动发展。

（3）培育物流龙头企业

物流龙头企业作为国际陆港内活跃的集成体，是国际陆港运作的主体、提供物流服务的主导力量，其所产生的物流集成引力是影响国际陆港集聚力的关键。同时，物流企业也是集聚货源的主要渠道。自由贸易试验区是一个高水平扩大开放和制度创新的平台，各项优惠政策及法治化、国际化、便利化的营商环境能够吸引国内外企业的投资及入驻，西安国际陆港目前缺乏物流龙头企业，应依托自贸区平台引入或培育物流龙头企业。

目前，西安国际陆港已在全国乃至"丝绸之路经济带"沿线产生了较大影响力，吸引了招商局集团、阿里巴巴、顺丰等知名企业来陕投资，目前应结合自贸区优势加大招商引资力度，吸引国内外知名物流企业的入驻、合作，主要为世界500强企业、跨国公司、上市公司中的知名物流企业。首先，提升物流国际化水平，使自贸区发展具备全球眼光、参与到全球供应链的运作中；其次，整合陕西省物流企业，通过推动兼并、破产等措施，集中物流优势资源，打造省内物流龙头企业。在培育与大件运输、煤炭、整车、农副产品相关市场的领军物流企业的同时，扶持技术型、高附加值货物运输等物流企业的发展。此外，通过设立物流联盟等形式，扩大省内物流市场的主体规模。

6.加大政府支持力度

西安陆港的建设是一项长期且庞大的规划体系，离不开政府的扶持和组织协调，只有海关、检验检疫、管委会以及陆港行政等部门密切配合，才能达到预期的效果。

（1）加大政策倾斜

在陆港建设期间协同海关、检验检疫、金融、税务、工商、银行、物流企业等共同制定相关规划与政策，引导陆港的健康发展。陆港要与海关、检验检疫、货代、船公司、运输部门等各单位共同探讨陆港的建设与运营策略，综合各方面的意见，为完善陆港的各项功能提供便利；另外还要与物流园区、物流产业集群区等方面实现统筹规划，避免道路交通的拥堵，提高陆港的执行效率。

动态调整西安国际港务区参与"一带一路"建设的总体方案和政策保障体系。加快研究制定支持西安国际港务区发展的财税优惠政策。完善金融保障政策。建立健全贸易便利化政策，加快完善制定"十三五"时期《西安国际港务区产业发展重点支持目录》，制定各项优惠政策吸引优秀的国内外企业进驻，形成产业集聚效应。

（2）加大财政支持

建设陆港是一项庞大的工程，前期需要大量的资金投入，政府在财政方面予以扶持，但仅靠政府方面会使财政负担过大，不利于陆港的活跃性发展，因此需要政府引进民营资本。西安陆港以西安铁路集装箱中心站为依托，增强集装箱联运能力，开行了港口（青岛港、天津港）至陆港的"五定班列"，为了促进班列的顺利运营，初期政府应对物流企业和铁路集装箱中心站给予补贴资金，并通过减免税务、政策支持，鼓励企业开行"五定班列"。另外，对于经陆港进出的货源运输车辆，应减免路桥通行费或给予相应补贴，以此减少物流成本，提升陆港的腹地运输优势与地位。

除了西安陆港以及当地政府的财政扶持之外，国家交通局、发改委、海关总署、国家检验检疫局等有关部门，也应当设立专项资金以补贴形式用于各地陆港的发展建设，设立个别发展较好的陆港为试点并进行推广，通过与税务部和财政部的协调，制定相关的退税补贴政策和规章制度。有了政府的政策及财政扶持，陆港的建设便有了强大的后盾，才能更加稳健地发展。

（3）完善人才培养体系

大力实施人才引进战略。实施西安国际港务区"553全球引才"计划，即用五年时间，面向全球引进5个优秀创新创业团队，30名高层次创新创业人才。在现有基础上再建立1个企业博士后创新创业实践基地。实施"现代服务业百人引进"计划，即引进国际型、专业型、复合型人才100人；现代商贸、现代物流、电子商务等核心生产性服务业的高层次人才100人；金融、信息、服务外包等新兴服务业的高层次人才100人。以特惠政策促进人才引进，用特色模式加速人才培养，用特殊政策强化人才奖励，以特效机制选拔任用人才，用特定标准规范人才评价，加大人才体制机制创新力度，建设人才特区。针对重点产业，建立人力资源保障持续供给体系。

陆港的发展主要依靠现代物流业的支持，在当前经济快速发展的大环境下，日常社会的各个领域都离不开现代物流业，整个社会对于物流管理人才的需求日益增长。目前我国物流专业人才十分匮乏，在物流企业、零售企业中，具有物流相关专业理论知识的中下层管理人员非常紧缺，管理层大部分是非物流专业出身，并没有受到过系统且专业的物流知识培训与学习，因此企业需要一些对现代物流业有一定认知，熟悉物流行业的各个流程并且能够将自己各方面知识运用到实际运营与管理中的人才。一些大型物流企业则需要在经营管理、物流专业知识、规划运营方面都精通的高级管理人才。伴随着这些人才方面的需求，专业出身的物流人才在今后的发展中将会有更大空间。

陆港方面的人才培养对西安陆港的发展具有重大意义，当前西安陆港发展态势良好，对人才的需求量非常大，国际陆港职工素质会在一定程度上影响其发展速度，因此应充分利用西安的人才优势，开发与高校的合作项目，培养在国际陆港管理、建设方面的专业性人才。同时，可以在各高校内进行人才引进，定期进行招聘与培训计划。除了从外部引进人才以外，西安陆港还可以从内部挖掘有潜力的人才，通过与高校的合作项目，将陆港职员统一组织，进行交流与培训。随着西安陆港自身实力的不断增强，新型的物流专业人才将发挥重要作用，配合具备陆港现代化管理知识的精英，将成为西安国际陆港未来发展的重要支撑。

7.促进与海港及其他陆港互动

西安国际陆港地理位置优越，是沿海港口在内陆地区中心城市的支线港口和现代物流的操作平台。作为国家发展战略的现代物流业示范区，西安国际陆港为内陆地区经济发展提供方便快捷的国际港口服务，通过连接我国东西部、新欧亚大陆桥及中亚地区，实现内陆地区与沿海地区无差别的对接。因此，西安国际陆港应加强与各出海港口的合作，依托新欧亚大陆桥，充分利用地处陇海—兰新经济带的优势，发挥其枢纽与桥梁作用，实现"属地申报、口岸验放"的"大通关"模式。以西安国际陆港为核心，与天津港、上海港、日照港、青岛港和连云港港建立互联互通的友好合作关系。同时，加强与石家庄、郑州、昆明、乌鲁木齐等的陆港间的协作，通过区域间的协调发展，相互带动，通过陆港间的合作实现陆港与海港的无缝对接。西安国际陆港是陕西发展对外贸易的切入点，是沿海港口辐射内陆腹地的重要节点。通过促进西安国际陆港与其他沿海港口群及陆港间的互动发展，对其他陆港起到带动和支撑作用，充分发挥其西部地区物流中转枢纽的集散作用，实现物流和信息流的双向流通与交换，改变重点在沿海地区发展世界贸易的固有观念，促进沿海、内陆地区共同发展并互相补充，使世界经贸体系更加完整。

参考文献

[1] 蔡拓，2015.全球学导论[M].北京：北京大学出版社.

[2] 蔡武，2014.坚持文化先行 建设"一带一路"[J].求是（9）：44-46.

[3] 曹清峰，倪鹏飞，马洪福，2019.全球城市体系的网络结构与可持续竞争力研究[J].经济体制改革（6）：39-45.

[4] 陈浩，权东计，赵新正，等，2019.基于交通流的关中城市群空间联系网络研究[J].资源开发与市场（2）：236-242.

[5] 丁建岚，2017."一带一路"战略下西安国际港务区物流业发展研究[J].商业经济研究（1）：88-89.

[6] 董千里，2012.物流集成场：国际陆港理论与实践[M].北京：社会科学文献出版社.

[7] 方志斌，2019.中国—中南半岛经济走廊建设的发展现状、挑战与路径选择[J].亚太经济（6）：21-25，144.

[8] 高虎城，2015.促进全球发展合作的中国方案[N].人民日报，2015-09-18（7）.

[9] 顾清扬，2018.丝路评论："一带一路"将引领新型全球化[EB/OL].（2018-05-02）[2020-10-09].https://baijiahao.baidu.com/s?id=1599343433885211857&wfr=spi349.der&for=pc.

[10] 国际燃气网，2020.中国—中亚天然气管道投运以来共向中国出口天然气3046亿立方米[EB/OL].（2020-04-06）[2020-05-10].http://gas.in-en.com/html/gas-

3306725.shtml.

[11] 国务院发展研究中心"国际经济格局变化和中国战略选择"课题组，何建武，朱博恩，2019.2035年全球经济增长格局展望[J].中国发展观察（3）：37-44，60.

[12] 海事服务网，2018.全球集装箱运输业的六大趋势，真会是这样吗？[EB/OL].（2018-08-29）[2019-10-28].http://www.sofreight.com/wap/sfnews/index.html?id=26850.

[13] 郝攀峰，2019.从国外经验看我国内陆无水港发展思路[J].中国远洋海运（10）：66-68，70.

[14] 衡希，2017.西安国际港务区物流发展评价及对策研究[D/OL].西安：陕西科技大学，[2020-08-16].https://kns.cnki.net/kcms/detail/detail.aspx?dbcode=CMFD&dbname=CMFD201801&filename=1017070811.nh&v=kR5NwIDICBfHIEmmPlHmsasCbXHoFnt1koWKy%25mmd2BSX7526wsLZeYXIjsShgtexaZnr.

[15] 胡必松，2019.长安号国际货运班列发展策略研究[J].现代交通技术，2（5）：8-10，20.

[16] 黄奇帆，2019.新时代国际贸易新格局、新趋势与中国的应对（上）[N].第一财经日报，2019-10-08（A11）.

[17] 黄奇帆，2019.新时代国际贸易新格局、新趋势与中国的应对（下）[N].第一财经日报，2019-10-09（A11）.

[18] 黄晓辉，2003.经济全球化及其历史进程考[J].福建论坛（人文社会科学版）（3）：18-21.

[19] 姜瑞，郭萍，2019."一带一路"下西安建设自由贸易陆港之探究[J].特区经济（5）：69-72.

[20] 蒋晓丹，范厚明，2017."一带一路"战略下中欧班列开行中的问题与对策探讨[J].对外经贸实务（1）：28-30.

[21] 赖文光，2019.我国集装箱铁水联运发展现状、存在问题及建议[J].中国港口（10）：21-25.

[22] 来有为，2019.中国—中亚—西亚经济走廊建设取得的进展及推进对策[J].发展研究（4）：41-44.

[23] 李长久，1997.经济全球化的进展、内涵和影响[J].世界经济（7）：14-18.

[24] 李大伟，2014.如何在中亚铺设"丝绸之路"[EB/OL].（2014-04-25）[2019-06-24].https://www.guancha.cn/LiDaWei/2014_04_25_220488.shtml.

[25] 李恩康，陆玉麒，杨星，等，2020.全球城市网络联系强度的时空演化研究：基于2014～2018年航空客运数据[J].地理科学，40（1）：32-39.

[26] 李佳峰，2016."一带一路"战略下中欧班列优化对策研究[J].铁道运输与经济，38（5）：41-45.

[27] 李澜涛，2019."一带一路"平衡、重塑经济全球化进程[EB/OL].（2019-06-14）[2020-10-09]. http://theory.gmw.cn/2019-06/14/content_32920927.htm.

[28] 李云华，董千里，2015.中国陆港空间布局演化研究[J].技术经济与管理研究（7）：119-123.

[29] 梁林，赵玉帛，刘兵，2019.京津冀城市间人口流动网络研究：基于腾讯位置大数据分析[J].西北人口，40（1）：20-28.

[30] 林备战，2020.中欧班列：2019年提质增效明显[J].中国远洋海运（3）：54-55，9.

[31] 林毅夫，2015."一带一路"助推发展中国家现代化[N].人民日报，2015-09-18（7）.

[32] 刘桂云，阮士平，2009.港口区域化的发展模式[J].宁波大学学报（理工版），22（1）：148-151.

[33] 刘培林，2012.世界城市化和城市发展的若干新趋势新理念[J].理论学刊（12）：54-57.

[34] 刘冉昕，2017.我国陆港发展问题研究[J].综合运输，39（3）：68-71.

[35] 刘晓雷，2015."一带一路"战略下陆港建设的问题与对策[J].中国发展观察（5）：28-31.

[36] 隆国强，2019.经济全球化的新特点新趋势[J].商业观察（3）：11-13.

[37] 吕顺坚，2007.我国无水港的发展及缺陷[J].中国港口（9）：13-14.

[38] 马斌，2018.中欧班列的发展现状、问题与应对[J].国际问题研究（6）：72-86.

[39]马俊如，孔德涌，金吾伦，等，1999.全球化概念探源[J].中国软科学（8）：7-9，24.

[40]毛艳华，2015."一带一路"对全球经济治理的价值与贡献[J].人民论坛（9）：31-33.

[41]钱永昌，2011.关于中国港口发展的几点思考[J].大陆桥视野（7）：48-49.

[42]秦英，2010.兴建内陆无水港，实现经济贸易无缝对接[J].中国商贸（8）：230-231.

[43]秦玉，2018.丝绸之路经济带（境内段）节点城市陆港建设对经济增长的影响研究[D/OL].北京：北京外国语大学，https://kreader.cnki.net/Kreader/CatalogViewPage.aspx?dbCode=cdmd&filename=1018069450.nh&tablename=CMFD201901&compose=&first=1&uid=WEEvREcwSlJHSldSdmVqMDh6a1doazVNeW52cStySU82MmxjSzYrVTg5cz0=$9A4hF_YAuvQ5obgVAqNKPCYcEjKensW4IQMovwHtwkF4VYPoHbKxJw!!

[44]沙莎，2012.中国陆港的成长阶段及其空间格局变化研究[D/OL].上海：华东师范大学，https://kreader.cnki.net/Kreader/CatalogViewPage.aspx?dbCode=cdmd&filename=1012435202.nh&tablename=CMFD201301&compose=&first=1&uid=WEEvREcwSlJHSldSdmVqMDh6a1doazVNeW52cStySU82MmxjSzYrVTg5cz0=$9A4hF_YAuvQ5obgVAqNKPCYcEjKensW4IQMovwHtwkF4VYPoHbKxJw!!.

[45]沈丽珍，汪侠，甄峰，等，2017.社会网络分析视角下城市流动空间网络的特征[J].城市问题（3）：28-34.

[46]孙家庆，唐丽敏，刘敬彬，等，2011.集装箱内陆港理论与实务[M].北京：中国物资出版社.

[47]孙可朝，钟朝晖，王海洋，2013.无水港基础理论与发展模式研究[J].交通建设与管理（8）：80-81.

[48]汤敏，2015.中国需要第三极，需要"一带一路"[J].财经界（2）：95-98.

[49]唐宜红，符大海，2017.经济全球化变局、经贸规则重构与中国对策："全球贸易治理与中国角色"圆桌论坛综述[J].经济研究，52（5）：203-206.

[50]滕文生，2019.为何说经济全球化的演变和发展大体经历了这三个阶

段？看专家解读[EB/OL].（2019-03-18）[2020-10-09]. https://baijiahao.baidu.com/s?i d=1628319469059476284&wfr=spider&for=pc.

[51] 田聿新，1999.国际集装箱货物多式联运组织与管理[M]. 大连海事大学 出版社.

[52] 推进"一带一路"建设工作领导小组办公室，2019. 共建"一带一路"倡议：进展、贡献与展望[EB/OL].（2019-04-22）[2019-10-20]. http://www. xinhuanet.com/world/2019-04/22/C_1124400071. htm.

[53] 王刚，2009.内陆无水港建设与发展模式探索[J].港口经济（3）：27-30.

[54] 王杨堃，2019.中欧班列是怎么运营的[J]. 中国投资（1）：75-77.

[55] 王蕴，卢岩，2019.经济全球化的新动向和新趋势[J]. 经济导刊（7）：69-73.

[56] 温灏，2017. 推动境外园区合作共赢的战略思考[J]. 国际工程与劳务（10）：20-25.

[57] 伍佳妮，Hans-Dietrich Haasis，2017.国际陆港网络化成长的理论基础与路径探索[J]. 城市发展研究，24（10）：111-116.

[58] 席平，2001.建立中国西部国际港口："西安陆港"的设想[J].唐都学刊（4）：12-14.

[59] 谢泗薪，尹冰洁，2020."云商"时代中国陆港智慧物流体系"三位一体"优化攻略[J]. 价格月刊（1）：70-80.

[60] 许奇，何天健，毛保华，2018.我国铁路集装箱多式联运现状与发展[J]. 交通运输系统工程与信息，18（6）：194-200.

[61] 杨静蕾，李蕊，2010.国际无水港建设经验及其启示[J]. 中国海洋大学学报（社会科学版），（3）：40-43.

[62] 杨睿，2006.我国内陆"无水港"建设浅析[J].港口经济（5）：53.

[63] 杨雪，杨瑾，黄玲，2019. 全球集装箱贸易与多式联运发展形势分析发布[EB/OL].（2019-12-03）[2020-01-20]. http://www.zgsyb.com/news. html?aid=530092.

[64] 叶龙，2005.构建内陆"无水港"[J].中国水运（4）：54-55.

[65] 伊丹丹，2019.改革开放以来中国对全球化的认识与研究[J]. 全球化

（2）：74-83，135-136.

[66]佚名，2015.丝绸之路经济带情况概览[EB/OL].人民网，（2015-07-10）[2019-12-10]. http://politics.people.com.cn/n/2015/0710/c70731-27283308.html.

[67]佚名，2019. 人民日报：经济全球化始终是不可阻挡的大趋势[EB/OL].（2019-11-06）[2020-10-09].https://www.yicai.com/news/100392097.html.

[68]佚名，2019.丝绸观察：六大经济走廊建设面面观（上）[EB/OL].（2019-06-26）[2020-10-10]. http://www.sohu.com/a/323157779_120158144.

[69]佚名，2020.2019年中欧班列开行数据总结分析[J].大陆桥视野（1）：41-43.

[70]于新才，2020. 全球航空运输发展趋势与我国发展重点的思考[J].民航学报，4（3）：1-7.

[71]袁瑜，2013. 国外内陆无水港经典案例分析及经验借鉴[J].交通世界（运输·车辆）（7）：105-107.

[72]袁志刚，2013.中国（上海）自由贸易试验区新战略研究[M].上海：格致出版社.

[73]赵白鸽，2017.“一带一路”倡议引领人类第四次全球化[J].中国人大，（8）：25-26.

[74]赵白鸽，2019.“一带一路”：新型全球化实践[J].全球化（3）：111-114.

[75]赵青松，2015. 中欧国际铁路班列运行特点、问题及对策：基于“渝新欧”班列的运行实践[J].对外经贸实务（3）：33 35.

[76]张波，周芳，2018.“一带一路”境外产业园区建设面临的挑战与对策研究[J].中国物价（12）：13-15.

[77]张登健，唐秋生，2013.内陆无水港发展模式与对策研究[J].物流工程与管理，35（10）：41-43，40.

[78]张婕姝，真虹，李建丽，等，2009.基于供应链思想的第四代港口概念特征及发展策略研究[J].中国港湾建设（5）：70-73.

[79]张戎，黄科，2008.依托铁路集装箱物流中心建设内陆港的探讨[J].铁道运输与经济（3）：69-71.

[80] 张戎，艾彩娟，2010. 内陆港功能定位及发展对策研究[J]. 综合运输（1）：44-47.

[81] 张帅，2009. 我国无水港的功用探讨[J]. 中国储运（12）：91-93.

[82] 张宇圣，2015. 西安国际港务区发展中存在的问题及对策[J]. 大陆桥视野（15）：58-66.

[83] 郑必坚，2017. "一带一路"是经济全球化进入新阶段的重要标志[J]. 人民论坛（28）：57.

[84] 中国境外经贸合作区投促办公室，2018. 纳入统计范围的境外经济贸易合作区[EB/OL].（2018-11-15）[2020-04-29].https://oip.ccpit.org/ent/parkNew/138.

[85] 中国社会科学院习近平新时代中国特色社会主义思想研究中心，2019. 势所必然：发展中国家助力世界多极化[EB/OL].（2019-02-15）[2020-10-09]. http://theory.people.com.cn/n1/2019/0215/c40531-30676771.html.

[86] 中华人民共和国商务部，2020. 2020年中亚地区人口预计将增加逾100万人[EB/OL].(2020-03-19）[2020-04-20].http://www.mofcom.gov.cn/article/i/jyjl/e/202003/20200302946580.shtml.

[87] 朱长征，2010. 国际陆港作用机理与布局规划理论研究[D/OL]. 西安：长安大学，https://kreader.cnki.net/Kreader/CatalogViewPage.aspx?dbCode=cdmd&filename=1011185423.nh&tablename=CDFD1214&compose=&first=1&uid=WEEvREcwSlJHSldSdmVqMDH6a1doazVNeW52cStySU82MmxjSzYrVTg5cz0=$9A4hF_YAuvQ5obgVAqNKPCYcEjKensW4IQMovwHtwkF4VYPoHbKxJw!!.

[88] 朱长征，董千里，2009. 国际陆港基础理论研究与探讨[J]. 物流技术，28（1）：17-19.

[89] 邹云美，2009. 我国内陆无水港的发展探析[J]. 中国水运（12）：18-19.

[90] AMJADI A, YEATS A J，2020. Have transport costs contributed to the relative decline of sub-saharan African exports? Some preliminary empirical evidence [R/OL].（2020-09-10）[2020-10-09]. https://core.ac.uk/display/6373081.

[91] ANDERSSON D, ROSO V,2016.Developing dry ports through the use of value-added services[M]//CLAUSEN U, FRIEDRICH H, THALLER C, et al. Lecture Notes in Logistics of Commercial Transport .Switzerland: Springer.

[92] ARVIS J-F, OJALA L, WIEDERER C, et al.2018. Connecting to Compete 2018 Trade Logistics in the Global Economy:The Logistics Performance Index and Its Indicators [R/OL]. （2018-07-24）[2020-09-05].https://openknowledge.worldbank.org/handle/10986/29971.

[93] BANIYA S, GAFFURRI N P, RUTA M, et al. 2020.Trade Effects of the New Silk Road: A Gravity Analysis[J]. Journal of Development Economics,146: 1-42.

[94] BASK A, ROSO V, ANDERSSON D, et al. 2014.Development of seaport-dry port dyads: two cases from Northern Europe[J]. Journal of Transport Geography, 39: 85-95.

[95] BERESFORD A K C, DUBEY R C,2020. Handbook on the management and operation of dry ports[Z/OL]. （2020-10-09）[2020-10-09]. https://unctad.org/en/pages/341PublicationArchive.aspx?publicationid=1581.

[96] BERESFORD A, PETTIT S, XU Q, et al.2012. A study of dry port development in China[J]. Maritime Economics & Logistics, 14（1）: 73-98.

[97] BERG R V D, LANGEN P W D, 2015.Towards an 'inland terminal centered' value proposition[J]. Maritime Policy & Management, 42（5）: 499-515.

[98] BERGQVIST R, WILMSMEIER G, CULLINANE K, 2013. Dry Ports: A global perspective challenges and developments in serving hinterlands[M]. London: Routledge.

[99] BLACK J, ROSO V, MARUSIS E, et al.2018. Issues in dry port location and implementation in metropolitan areas: The case of sydncy, Australia[J]. ACM Transactions on Mathematical Software, 7（1）: 41-50.

[100] BIRD J H, 1971.Seaports and seaport terminals[M]. London: Hutchinson University Library.

[101] BULLOCK R, 2005. Results of Railway Privatization in Africa[R/OL]. （2005-01-01）[2020-09-05].https://openknowledge.worldbank.org/handle/10986/17415.

[102] CASTAGNETTI F,2012. Facing up the congestion and environmental challenges of Europe[J]. Procedia: Social and Behavioral Sciences, 48: 12-20.

[103] CARRUTHERS R, BAJPAI J N, 2002.Trends in trade and logistics: An east asian perspective World Bank [R/OL].（2002-06-01）[2020-09-05]. https:// openknowledge.worldbank.org/handle/10986/17399.

[104] CASTELLS M, 1996.The rise of the Network Society[M]. Oxford: Blackwell, 58-60.

[105] CARDILLO A, ZANIN M, JESUE G-G, et al. 2013.Modeling the multi-layer nature of the European Air Transport Network: Resilience and passengers re-scheduling under random failures[J]. The European Physical Journal Special Topics , 215（1）: 23-33.

[106] CEMT,2017. Land access to seaports [R/OL].（2017-05-20）[2020-09-05]. https://www.bts.gov/archive/publications/americas_container_ports/2011/spotlight_01.

[107] CHANG Z, et al. 2015.A two-phase model for dry port location with an application to the port of Dalian in China[J]. Transportation Planning and Technology, 38（4）: 442-464.

[108] CHEN J, FEI Y, ZHANG F, et al.2018. Evaluating correlations between a seaport and its dry ports: Case study of Xiamen port in China[J]. Discrete Dynamics in Nature and Society（3）: 1-16.

[109] COLIN J,1997. New Trends in Logistics in Europe: report of the hundred and fourth Round Table on Transport Economics[R]. Paris:European Conference of Ministers of Transport.

[110] DADVAR E, GANJI S R S, TANZIFI M, et al. 2011.Feasibility of establishment of "Dry Ports" in the developing countries: the case of Iran[J]. Journal of Transportation Security , 4（1）: 19-33.

[111] DERUDDER B,TAYLOR, P J,WITLOX F, et al. 2003.Hierarchical tendencies and regional patterns in the world city network: A global urban analysis of 234 cities[J]. Regional Studies, 37（9）: 875-886.

[112] DU W B, ZHOU X L, LORDAN O, et al.2016. Analysis of the Chinese airline network as multi-layer networks[J]. Transportation Research, 89: 108-116.

[113] FENG X, ZHANG Y, Li Y, et al., 2013. A location-allocation model for seaport-dry port system optimization[J]. Discrete Dynamics in Nature and Society（11）: 1-9.

[114] FOSTER V, BRICENOGARMENDIA C, 2009. Africa's Infrastructure: A time

for transformation[M]. World Bank Publications.

[115] FRIEDMANN J,1986. The World City Hypothesis[J]. Development and Change , 17（1）: 69-83.

[116] GUO W S, TOADER B, FEIER R, et al.2019. Global air transport complex network: multi-scale analysis[J/OL]. SN Applied Sciences,1:680[2020-6-10]. https://link. springer.com/article/10.1007/s42452-019-0702-2.

[117] GRUNDEY D, RIMIENĖ K.2007. Logistics centre concept through evolution and definition[J]. Engineering Economics, 54（4）: 87-95.

[118] HANAOKA S, REGMI M B,2011. Promoting intermodal freight transport through the development of dry ports in Asia: An environmental perspective[J]. Iatss Research, 35（1）: 16-23.

[119] HARALAMBIDES H E, GUJAR G, 2011.The Indian dry ports sector, pricing policies and opportunities for public-private partnerships[J]. Research in Transportation Economics , 33（1）· 51-58.

[120] HARALAMBIDES H, GUJAR G,2012. On balancing supply chain efficiency and environmental impacts: An eco-DEA model applied to the dry port sector of India[J]. Maritime Economics and Logistics, 14（1）: 122-137.

[121] HANAOKA S, REGMI M B,2011. Promoting intermodal freight transport through the development of dry ports in Asia: An environmental perspective[J]. IATSS Research , 35（1）: 16-23.

[122] HEAVER T, MEERSMAN H, MOGLIA F, et al.2000. Do mergers and alliances influence European shipping and port competition?[J]. Maritime Policy and Management, 27（4）: 363-373.

[123] HENTTU V, HILMOLA O,2011.Financial and environmental impacts of hypothetical Finnish dry port structure[J]. Research in Transportation Economics, 33（1）: 35-41.

[124] HIGGINS C, FERGUSON M, KANAROGLOU P S,2012. Varieties of logistics centers: Developing Standardized Typology and Hierarchy [J]. Transportation Research RecordRecord: Journal of the Transportation Research Board, 1: 9-18.

[125] iContainers,2018. Top 5 ports in Mexico[EB/OL].（2018-06-12）[2019-12-

12]. https://www.icontainers.com/us/2018/06/12/top-5-ports-in-mexico/.

[126] JAREMSKIS A, VASILIAUSKAS A V, 2007.Research on dry port concept as intermodal node[J]. Transport, 22（3）: 207-213.

[127] JEEVAN J, SALLEH N, LOKE K B, et al.2017. Preparation of dry ports for a competitive environment in the container seaport system: A process benchmarking approach[J]. International Journal of E Navigation and Maritime Economy,7: 19-33.

[128] KHASLAVSKAYA A, ROSO V,2020. Dry ports: research outcomes, trends, and future implications[J]. Maritime Economics & Logistics,22（2）: 1-28.

[129] KRAMBERGER T, MONIOS J, STRUBELJ G, et al.2018. Using dry ports for port co-opetition: the case of Adriatic ports[J]. International Journal of Shipping and Transport Logistics, 10（1）: 18-44.

[130] KOMCHORNRIT K,2017.The selection of dry port location by a hybrid CFA-MACBETH-PROMETHEE Method: A case study of southern Thailand[J]. The asian Journal of Shipping and Logistics, 33（3）: 141-153.

[131] LATTILA L, HENTTU V, HILMOLA O P,2013. Hinterland operations of seaports do matter: Dry port usage effects on transportation costs and CO_2 emissions[J]. Transportation Research Part E: Logistics and Transportation Review, 55: 23-42.

[132] LAURANCE W F, CLEMENTS G R, SLOAN S, et al. 2014.A global strategy for road building[J]. Nature, 513（7517）: 229-232.

[133] LI W, CAI X,2015. Temporal evolution analysis of the European air transportation system: air navigation route network and airport network[J]. Transportmetrica B: Transport Dynamics, 3（2）: 153-168.

[134] LIMAO N, VENABLES A J,2001. Infrastructure, geographical disadvantage, transport costs, and trade[J]. The World Bank Economic Review, 15（3）: 451-479.

[135] LI Y, DONG Q, SUN S, 2015.Dry port development in China: Current status and future strategic directions[J]. Journal of Coastal Research, 641-646.

[136] MACKELLAR L, WORGOTTER A, WORZ J, 2002. Economic growth of landlocked countries,in OKONOMIE in Theorie und Praxis[M]// CHALOUPEK G, GUGER A, NOWOTNY E,et al. Okonomie in Theorie und Praxis. Berlin: Springer:213-

216.

[137] MARTIN J, THOMAS B J,2001. The container terminal community[J]. Maritime Policy & Management, 28（3）: 279-292.

[138] MAZAHERI A, EKWALL D,2009. Impacts of the ISPS code on port activities: A case study on Swedish ports[J]. World Review of Intermodal Transportation Research, 2（4）: 326-342.

[139] MORGAN F W,1952. Port and Harbours[M]. London:Hutchinson.

[140] MONIOS J,2011. The role of inland terminal development in the hinterland access strategies of Spanish ports[J]. Research in Transportation Economics, 33（1）: 59-66.

[141] MONIOS J, WILMSMEIER G,2012. Port-centric logistics, dry ports and offshore logistics hubs: strategies to overcome double peripherality?[J]. Maritime policy and management, 39（2）: 207-226.

[142] MURAVEV D, RAKHMANGULOV A, 2016.Environmental factors' consideration at industrial transportation organization in the Seaport-Dry port System[J]. Open Engineering, 6（1）: 476-484.

[143] MUNFORD C,1980. Buenos Aires: Congestion and the dry port solution[J]. Cargo Systems International: The Journal of ICHCA, 7（10）: 26-27.

[144] NG A K Y, GUJAR G C,2009. Government policies, efficiency and competitiveness: The case of dry ports in India[J]. Transport Policy, 16（5）: 232-239.

[145] NG A K Y, TONGZON J L,2010. The transportation sector of India's economy: Dry ports as catalysts for regional development[J]. Eurasian Geography and Economics, 51（5）: 669-682.

[146] NG A K Y, PADILHA F, PALLIS A A, 2013.Institutions, bureaucratic and logistical roles of dry ports: the Brazilian experiences[J]. Journal of Transport Geography, 27: 46-55.

[147] NGUYEN L C, NOTTEBOOM T,2016. A multi-criteria approach to dry port location in developing economies with application to vietnam[J]. Asian Journal of Shipping and Logistics, 32（1）: 23-32.

[148] NGUYEN L C, NOTTEBOOM T,2017. Public-private partnership model

selection for dry port development: an application to Vietnam[J]. World Review of Intermodal Transportation Research, 6（3）: 229-250.

[149] NGUYEN L C, NOTTEBOOM T,2019. The relations between dry port characteristics and regional port-hinterland settings: findings for a global sample of dry ports[J]. Maritime Policy and Management, 46（1）: 24-42.

[150] NOTTEBOOM T, PAROLA F, SATTA G, et al. 2017.A taxonomy of logistics centres: overcoming conceptual ambiguity[J]. Transport Reviews, 37（3）: 276-299.

[151] NOTTEBOOM T E, RODRIGUE J P, 2005. Port regionalization: towards a new phase in port development[J]. Maritime Policy and Management, 32（3）: 297-313.

[152] NOTTEBOOM T E, RODRIGUE J P, 2009. Inland terminals within North American and European supply chains[J]. Transport and Communications Bulletin for Asia and the Pacific, 78（1）: 1-39.

[153] NOTTEBOOM T E, WINKELMANS W,2001. Structural changes in logistics: how will port authorities face the challenge? [J]. Maritime Policy & Management, 28（1）: 71-89.

[154] QIU X, LAM J S L,2018.The value of sharing inland transportation services in a dry port system[J]. Transportation Science, 52（4）: 835-849.

[155] RABALLAND G F, KUNAKA C, GIERSING B,2008.The impact of regional liberalization and Harmonization in road transport services: A focus on Zambia and lessons for landlocked countries, World Bank Policy Research Working Paper No. 4482[R]. Washington, Dc: World bank.

[156] RATANACHINDA S,2010. Lat Krabang inland container depot[R]. Bangkok:ESCAP regional expert group meeting on dry ports.

[157] REGMI M B, HANAOKA S, 2012.Assessment of intermodal transport corridors: Cases from North-East and Central Asia[J]. Research in Transportation Business and Management, 5: 27-37.

[158] REGMI D R,2010. Development and operations of dry ports in Nepal[R]. Bangkok:ESCAP regional expert group meeting on dry ports.

[159] RODRIGUE J-P, DEBRIE J, FREMONT A, et al.2012. Functions and

actors of inland ports: European and North American dynamics[J]. Journal of Transport Geography, 18（4）: 519-529.

[160] RODRIGUE J-P, NOTTEBOOM T,2012.Dry ports in European and North American intermodal rail systems: Two of a kind? [J]. Research in Transportation Business & Management, 5: 4-15.

[161] ROSO V, 2007.Evaluation of the dry port concept from an environmental perspective: A note[J]. Transportation Research Part D Transport and Environment, 12（7）: 523-527.

[162] ROSO V,2009.The emergence and significance of dry port: the case of the port of Gateborg[J]. World Review of Intermodal Transportation Reaearch,2（4）.

[163] ROSO V, 2013.Sustainable intermodal transport via dry ports-importance of directional development[J]. World Review of Intermodal Transportation Research, 4（2-3）: 140-156.

[164] ROSO V, WOXENIUS J, LUMSDEN K, 2009.The dry port concept: connecting container seaports with the hinterland[J]. Journal of Transport Geography, 17（5）: 338-345

[165] ROSO V, LUMSDEN K, 2010. A review of dry ports[J]. Maritime Economics and Logistics, 12（2）: 196-213.

[166] SASSEN S, 1991.The Global City: New York, London, Tokyo[M]. Princeton: Princeton University Press.

[167] STABENAU H,1997. New trends in logistics in Europe[R].Paris: Round Table 104.

[168] TSAO Y C, LINH V T,2018. Seaport-dry port network design considering multimodal transport and carbon emissions[J]. Journal of Cleaner Production Journal, 199: 481-492.

[169] VAN D H M R, DE LANGEN P W,2008.Coordination in hinterland transport Chains: A major challenge for the Seaport community[J]. Maritime Economics and Logistics, 10（1-2）: 108-129.

[170] WANG B, ZHEN F, ZHANG H,2015. The dynamic changes of urban space-time activity and activity zoning based on check-in data in SinaWeb[J]. Scientia

Geographica Sinica, 35（2）: 151-160.

[171] WANG C X, et al. 2018.Locating dry ports on a network: a case study on Tianjin Port[J]. Maritime Policy & Management, 45（1）: 71-88.

[172] WEI H, et al. 2018.The role of dry port in hub-and-spoke network under Belt and Road Initiative[J]. Maritime Policy & Management, 45（3）: 370-387.

[173] WEI H, SHENG Z,2017. Dry ports-seaports sustainable logistics network optimization: Considering the environment constraints and the concession cooperation relationships[J]. Polish Maritime Research,24（3）: 143-151.

[174] WEISS D J, NELSON A, GIBSON, H S, et al.2018. A global map of travel time to cities to assess inequalities in accessibility in 2015[J]. Nature, 553（7688）: 333-336.

[175] WOXENIUS J, ROSO V , LUMSDEN K, 2004.The dry port concept-connecting seaports with their hinterland by rail[C]. Dalian: the First International Conference on Logistics Strategy for Ports.

[176] WOODBURN A G,2006. The Non-bulk market for rail freight in Great Britain[J]. Journal of Transport Geography, 14（4）, 299-308.

[177] WOODBURN A,2007. The role for rail in port-based container Freight Flows in britain[J]. Maritime Policy and Management, 34（4）: 311-330.

[178] XU Z, HARRISS R,2008. Exploring the structure of the U.S. intercity passenger air transportation network: a weighted complex network approach[J]. GeoJournal, 73（2）:87-102.

ISBN 978-7-5695-1359-2

9 787569 513592 >

定价：78.00 元